Napoleón Baccino

Die traurige Freiheit der Meere

Napoleón Baccino

Die traurige Freiheit der Meere

Magellan und die erste Weltumsegelung

Roman

Erlebte Geschichte

Seehamer Verlag

Aus dem uruguayischen Spanisch von
Fritz Rudolf Fries

Titel der spanischen Originalausgabe:
„Maluco. La novela de los descubridores“

Genehmigte Lizenzausgabe 1998 für
Seehamer Verlag GmbH, Weyarn
Titelgestaltung: Bine Cordes, Weyarn,
unter Verwendung eines Bildes von
Ivan Aivazovsky,
„Storm in the arctic ocean“, 1864
Printed in Austria
ISBN 3-932131-78-9

I

Im Jahr der Menschwerdung Unseres Herrn Jesus Christus fünfzehnhundertundneunzehn reiste ich, Juanillo Ponce, gebürtig in Bustillo del Páramo, im Königreich León, mit meinem Herrn, dem Grafen Don Juan, zu seinem Herrschaftssitz Monturque nahe bei Córdoba, der Ungläubigen. Und weil es das Schicksal wollte, daß dieser große Herr, der großzügigste und gutmütigste von allen Dienstherren in Gottes Fegefeuer – ist doch die Fleischeslust eine läßliche Sünde – nach wenigen Wochen sozusagen in Eros' Armen dahinschied, hatte er sich doch in der Liebe wie im Krieg trotz seiner Jahre leidenschaftlich und unverzagt gezeigt, beschloß ich, nach Sevilla zu gehen, um dort mein Handwerk als Spaßmacher zu betreiben und dergestalt eine Gelegenheit zu finden, mein Glück in dem unlängst von Columbus entdeckten Neuen Indien zu versuchen. Und da ich in dieser Stadt weilte, die zu den Königreichen Eurer Majestät gehört, und das Matrosenpack für eine Brotkrume mit meiner Kunst erfreute, erfuhr ich, daß eine Expedition zu den Molukken in Vorbereitung war, und beschloß also, mein Glück dort zu versuchen.

Der Teufel mußte mir eingeflüstert haben, mich an die Casa de Contratación zu wenden und meine Scherze und Späße den mit der Rekrutierung der Leute beauftragten Beamten anzubieten. Nachdem sie die vielen Wechselfälle meines Lebens aus vollem Halse belacht und gewürdigt hatten, beschlossen sie, mich als Spaßmacher der Flotte aufzunehmen, nicht ohne mich zuvor gewarnt zu haben, daß Kurs (und Ziel) der Flotte ein Geheimnis sei, welches mir zu gegebener Zeit enthüllt werden würde.

Da ich in großer Not war, denn seit dem Tode meines Herrn lebte ich nur von gelegentlichem Mundraub, und zum Schlafen hatte ich den Himmel als Dach und die Erde als Bett, vereinbarte ich gegen einen Vorschuß, nicht nach weiteren Einzelheiten zu fragen, überzeugt davon, daß die Reise dorthin ging, wo wir alle reich würden.

Wie konnte ich, Hoheit, das düstere Schicksal ahnen, welches uns bestimmt sein würde? Man sagt zu Recht, Not schaut aus Ketzeraugen, und obgleich ich bekehrt bin in allem, was ein Mensch nur sein kann, mit Ausnahme dessen, was mir sieben Tage nach meiner Geburt von meiner Vorhaut abgeschnitten und den Hunden zum Fraß vorgeworfen wurde und für dessen Wiederherstellung kein Gebet noch Schwur taugt, hatte ich in jenen Tagen die gleichen Bedürfnisse wie Fürsten und Päpste – nämlich ab und zu meinen Wanst zu füllen, und so schätzte ich mich glücklich mit dem, was die Beamten der Casa mir anboten, und ließ keine anderen Sorgen an mich heran.

Also gab ich alles aus, was ich gewonnen hatte, da ich meine Seele dem Teufel verkaufte; denn der Mann, den uns Eure Majestät zum Kapitän gab, war kein anderer als der Teufel selber. Dabei war er besser als die anderen und nicht zu vergleichen mit demjenigen, der seinen Ruhm mit Zustimmung Eurer Hoheit an sich riß. Von besagtem Geld und von meinen Künsten hielt ich mich in Sevilla am Leben bis zu jenem zehnten August des Jahres fünfzehnhundertundneunzehn, an dem wir an Bord der *Trinidad* jene verrückte Reise rund um die Welt antraten.

Und weil mich ein weiteres Mal nun die Hunde der Not im Alter hetzen, da meine Künste, andere zum Lachen zu bringen, verloren sind – denn wer will einen Spaßmacher, der auf der traurigen Seite des Alters angelangt ist? –, habe ich beschlossen, bevor ich sterbe, Eurer Hoheit von den vielen Wundern und Entbehrungen Kenntnis zu geben, die wir auf jener Reise geschaut und erlitten haben, den häufigen Schmerz und den großen Hunger, den wir erduldet haben, neben den vielen erstaunlichen Dingen und Freuden, die uns geschahen. Möge Eure Majestät in Eurer vornehmen Zurückgezogenheit erfahren und darüber nachdenken, wie der Ehrgeiz und die Launen der Fürsten das Leben derjenigen beeinflussen, die blind durch die Welt ziehen und stets machthaberischer Willkür ausgeliefert sind.

Und so dieser genaue und wahrheitsgetreue Bericht unserer Beschwerlichkeiten, ein Bericht, den Euer Chronist Pedro Mártyr de Anglería zum größeren Ruhme Eurer Kaiserlichen Hoheit in Gänze verfälscht hat, gleich den vielen Dingen, die jener weise Herr Don Antonio de Pigafetta aus dem italienischen Vicenza aus dem nämlichen Grund verschwiegen und korrigiert hat, das Herz Eurer Hoheit erreicht, dann möget Ihr berücksichtigen, daß dieser Juanillo, der Narr der Flotte, der mit seinen Späßen ebensoviel für das Unternehmen getan hat wie der Generalkapitän mit seiner Hartnäckigkeit, in seinem Heimatdorf Bustillo del Páramo bittere Armut leidet.

Vielleicht veranlaßt Euch dies, sich bei Eurem Sohn, unserem geliebten Philipp, dafür zu verwenden, daß man mir die Pension zurückerstattet, die man mir genommen, weil ich über Dörfer und Plätze gezogen bin und nichts anderes als die Wahrheit verkündet habe.

Damit würde Eure Majestät nicht nur die großen Schäden wiedergutmachen, welche durch Eure Entscheidung, jene Flotte zu den Molukken zu schicken, entstanden, sondern Ihr würdet darüber hinaus unserem edlen Beruf Gerechtigkeit widerfahren lassen; denn indem wir unsere eigenen Schmerzen vergessen, bringen wir andere zum Lachen und lindern fremdes Leid. Kann es auf dieser Welt etwas geben, das notwendiger wäre als Schalksnarren und Spaßvögel und als dieser Juanillo mit seiner Profession eines Possenreißers?

Da schwiegen mit einemmal all die Gerüchte, die in Sevilla auf den Plätzen und in den Tavernen die Runde gemacht hatten; all die zornigen Stimmen, die sich gegen Eure Kaiserliche Majestät erhoben hatten, verstummten beim Anblick des Zaubers der mit der Leichtigkeit eines Traums sich im Winde entfaltenden großen Segel.

Einen Augenblick lang schien alles stillzustehen.

Der Fluß hörte auf zu fließen. Die Sonne am Himmel emporzusteigen. Die Wolken vorüberzuziehen.

Die Vögel verharrten schwebend in der ruhigen Luft. Ein Hirte und seine Herde am gegenüberliegenden Ufer glichen Figuren aus Porzellan.

Langsam verloschen die Stimmen, eine nach der anderen, und niemand machte mehr die geringste Bewegung.

Die Zeit schien ausgelöscht, und vielleicht hätten wir so eine Ewigkeit ausgeharrt, wenn nicht eine Artilleriesalve den Zauber gebrochen hätte.

Der mächtige Kanonendonner der *Trinidad* rollte durch die Straßen und Plätze von Sevilla und verlor sich in der Ferne, die Kunde von unserer Ausfahrt in die entlegensten Ortschaften tragend. Das Gedröhne schreckte die Tauben auf, die sich von allen Höfen und Türmen der Stadt zum Fluge erhoben.

Dann belebte sich die Mole erneut. Alle Dinge gewannen ihre wahre Beschaffenheit im Strom der Zeit zurück und begannen sich zu entfernen.

Es entfernten sich die weinenden Mütter, die alleingelassenen Frauen, die Kinder und ihr Erstaunen, die Neugierigen und ihre Gleichgültigkeit.

Es entfernten sich die schimmernden Türme, beflaggt mit den Fahnen Eurer Majestät, die malerisch wehten.

Es entfernten sich die große Kathedrale, die Schlösser, die Stadtmauern, die hundert Türme und Kampanile, die Dächer von Sevilla, der Roten.

Alle Dinge setzten sich in Bewegung und entfernten sich von uns, die wir uns regungslos die Welt rauben ließen, die uns gehörte.

Keiner wußte in Wahrheit, wohin sich die Dinge begaben, die sich an jenem Morgen von uns entfernten.

Eine erneute Artilleriesalve, diesmal von der *San Antonio*, verkündete, daß die Flotte auslief, und beinahe im Gleichklang fingen alle Glocken an zu schwingen, die Luft betörend mit ihren ungleichen und traurigen Stimmen.

Der Fluß gleitet jetzt unter den Schiffen dahin, und die Erde dreht sich.

Sevilla zieht vorüber, und es folgen öde Felder und Hügelketten.

Die staubigen Olivenhaine. Die gepflügte Erde. Eine einsame Palme, die sich im Wind wiegt. Und andere Dörfer.

San Juan de Alfarache, reich an Weingärten, taucht jetzt an Steuerbord auf.

Es ist wie ausgestorben, abgesehen von einigen Kindern, die auf die Ruinen einer alten maurischen Brücke hinaufgeklettert sind und angeln.

Wie unsere Schiffe vorbeifahren, legen sie ihre Ruten beiseite, und auf einem der Brückenpfeiler stehend, grüßen sie uns mit erhobenen Armen.

Sie verharren in dieser Stellung, bis das letzte der fünf Schiffe vorbei ist, und dann kehren sie zu ihren Angelruten zurück, und man sieht sie unbekümmert spielen und lachen.

In den Weinbergen außerhalb des Ortes bleiben die Menschen, mit riesigen Körben beladen, einen Augenblick stehen, um unsere Fahrt zu betrachten. Drei junge Männer, die in einem Zuber in der Nähe einer Hütte Wein stampfen, winken uns mit erhobenen Armen zu, ohne dabei ihre Arbeit zu unterbrechen.

Zwischen den Reihen erheben sich eine nach der anderen die Frauen, den Blick auf den Fluß gerichtet, und sogleich beugen sich die schwarzgekleideten Gestalten mit den weißen Kopftüchern, wie Vögel über einer offenen Saatfurche, über die Weinreben.

Dann wieder Felder und hier und da etwas Viehzeug, und weiter vorn erscheint über der Reling an Steuerbord Gelves, die Weiße Stadt.

Wegen einiger Sandbänke fuhren wir so nahe an ihr vorbei, daß wir fast ihre Mauern streifen und die Wohlgerüche atmen konnten, von denen die Zimmer und die Schränke voll sind.

Die Segel bringen Bewegung in die ruhige Luft, und ihre Schatten streifen die Wände und dringen in die Wohnungen.

Es war, als ob die Schiffe durch die staubige Straße mit ihren niedrigen weißen Häusern und den Blumentöpfen ohne Blumen dahinglitten.

Hier war niemand, unsere Fahrt zu begrüßen, bis auf eine Schar alter Leute, die neben einer Stallwand in der Sonne sitzen.

Eine Alte, schwarz gekleidet, die Bohnen schält, wobei sie die

Kerne in ihrer Schürze sammelt und die Hülsen in einen Korb fallen läßt. Ihr Blick folgt für eine kleine Weile den Schiffen, ohne daß ihre Hände die Arbeit unterbrechen.

Zwei alte Männer, der eine trägt eine kastilische Mütze, der andere einen verblichenen Korduanhut, sitzen vor einem Würfelbrett, indes ein dritter an der Mauer lehnt und schlummert. Keiner von ihnen scheint die fünf großen Schiffe wahrzunehmen, die wenige Meter von ihrem Ruheplatz entfernt langsam vorüberziehen.

Fast könnten wir sie berühren, wir brauchten nur die Arme auszustrecken, aber wir wären nicht in der Lage, in ihre in sich verschlossene Welt einzudringen.

Dann, nach einer Flußbiegung, verliert sich Gelves, die Weiße Stadt.

Der Wind bläht die Segel, die Strömung erfaßt die Schiffe, und die Bilder von Dörfern und unbewohnten Landstrichen folgen mit der Geschwindigkeit eines Traumes aufeinander.

Coria, die Taubenreiche, bleibt zurück, ohne daß jemand erschienen wäre, uns vorbeifahren zu sehen. Nur das betäubende Gurren der Tauben, der Fluß, der das Meer sucht, und die schwarzen Schiffe, die dahingleiten wie Schatten im hellen Sonnenschein.

Später das schattenreiche Puebla an der Mündung des Repudio, schüchtern lugt es hervor zwischen Weiden und Schwarzpappeln. Ein Hund, der den Schiffen nachrennt und bellt, und ein junger Mann, der regungslos neben der Tür des Landhauses steht, die Fahrt der Flotte beobachtet, und dann der leere Fluß.

Weiter vorn sind die Felder rot und staubig. Ein Bauer geht pflügend hinter seinem Ochsengespann. Eine Gruppe sich im Wind wiegender schlanker Palmen. Ein winkender Hirte.

Der Fluß windet sich mehr und mehr, dahinfließend zwischen Hügeln und Olivenhainen, und Trebujera, die Windreiche, lugt in der Ferne zwischen den Hügelketten hervor.

Der Wind verteilt jetzt das Arom der Schiffe über die verwaiste Landschaft.

Die Schiffe riechen nach frischgehobeltem Holz, riechen nach Teer, riechen nach dem Hanf der Taue, nach der Leinwand der

Segel, nach der Bronze der Beschläge, nach dem Leder, das die Maste schützt.

Die vollgestopften Lagerräume riechen nach Mehlsäcken und nach Weinschläuchen, nach den Käselaiben, die die Regale füllen und zu schimmeln anfangen, nach den Speckseiten und Schinken, die von den Balken hängen, nach den Knoblauch- und Zwiebelzöpfen, die an den schwarzen Dauben hängen; nach Honig und Essig, nach Talg und Pökelfleisch.

Sie riechen auch nach unseren ehrgeizigen Wünschen. Nach Nelken und nach Zimt. Nach den Inseln, die wir entdecken wollen. Nach dem Salz der zu befahrenden Meere. Und nach den verwesenden Träumen, nach Pest und Hungersnot, darin sie verderben.

Man könnte denken, daß dieser ungesunde Mief uns vorausgeeilt war, als wir in Sanlúcar, dem Ziel der ersten Etappe, ankamen.

Erfahre Eure Majestät nun, daß wir uns neunundzwanzig Tage in diesem dreckigen Hafen Eures Reiches aufhielten, ohne daß irgendein Brief oder eine Botschaft noch irgendein Abgesandter die Schiffe erreichte, um uns Mut zu machen oder Antwort zu geben auf eine der vielen Fragen, die wir uns damals stellten.

Wir waren von Sevilla ausgelaufen, ohne daß unsere Kapitäne, die auch einen Monat später noch immer nicht auftauchten, sich der Flotte annahmen. Sonne und Regen ließen das dunkle Holz faulen, das lange Warten verdarb unsere Träume, und niemand, die Kapitäne nicht und nicht Verwandte und Freunde, auch nicht die Einwohner dieser Stadt, niemand schien sich über uns Gedanken zu machen.

Es war, als ob die Flotte bereits in irgendeinem unbekannten Meer verlorengegangen wäre, ohne sich von den Pieren in Sanlúcar entfernt zu haben.

Es war, als wären wir bereits vor langer Zeit gestorben. Als wären wir Fremde. Ausländer. Als litten wir an einer schrecklichen Krankheit, vor deren Ansteckung sie Angst hatten.

So jedenfalls mußten uns die Bewohner von Sanlúcar sehen, da sie uns mit ihrer Gleichgültigkeit schwer bestraften. Die an den Hals eines jeden Helden Eures Chronisten Pedro Mártyr de Anglería die Schelle der Aussätzigen hängten, damit sie uns nicht mit den übrigen Seeleuten verwechselten, die für gewöhnlich durch die Straßen und Weinstuben ihrer Stadt zogen. Es genügte, die Schwelle einer Taverne zu überschreiten, und schon fiel ein Netz jähen Schweigens auf die Männer Don Hernandos. Auf den Märkten bezahlten wir für das schlechteste Rindfleisch oder das kümmerlichste Gemüse dreimal mehr als die anderen. In den Hurenhäusern waren nie Frauen für uns frei, so viele wir auch im Hof sehen mochten, müde und gelangweilt auf Kunden wartend, die nicht kamen. Nicht einmal die Hunde, welche die Reste unserer Nahrung verschmähten, näherten sich den Schiffen. Es war, als hätten wir die Pest an Bord.

Viele Male fragte ich mich während dieses Monats des Wartens, was es denn war, das uns von anderen Fremden unterschied, die in Sanlúcar herumlungerten, und die Antwort, Herr, erhielt ich viele Monate später.

Ja, wir waren angesteckt, und die Krankheit war schrecklicher als schwarze Pest oder Lepra: Wir waren infiziert von unseren eigenen Träumen. Und sie fürchteten die Ansteckung, weil sie wissen, daß Traumkeime sich mit der Leichtigkeit einer Seuche vermehren. Sie wissen, man trinkt sie aus Gläsern und ißt sie von Tellern. Daß sie in den Bettlaken zurückbleiben. An den Händen kleben. Die Augen verpesten, welche schauen, den Mund, welcher küßt, und die Ohren, welche lauschen, bis die Augen nicht mehr sehen, die Ohren nicht mehr hören und der Mund nur noch Lügen spricht.

Aber hatte das Übel sich nicht schon in allen vier Ecken Eurer Königreiche ausgebreitet? Waren wir etwa die einzigen Infizierten? Hatten wir uns von einer öffentlichen Ausrufung verführen lassen, in welcher von Gold und Gewürzen die Rede war, aber der Kurs der Flotte und die Dauer des Abenteuers mit keinem Wort erwähnt wurde? Wir wären die zweihundertfünfzig Mann gewesen, die sich für dieses wahnsinnige Unternehmen anwerben ließen? Hätten bereitwillig hingenommen, ein geheimes Ziel mit unbekanntem Kurs anzusteuern? Denn wahrlich, was konnten uns die Molukken bedeuten? Nur ein Name. Ein fremdländischer Name, den jeder seinen eigenen Träumen einverleibte, sich an den Zauber seines fremden Klanges klammernd, ohne jedoch nach seiner Bedeutung zu fragen, als ahnten wir, daß dieses portugiesische Wort nichts anderes bedeuten konnte als wahnsinnig, denn in der Tat, das waren wir.

Doch vielleicht war unser Wahnsinn größer als der der Anführer? Hatten diese Herren es nötig, noch mehr Gold zu suchen? Wußten sie vielleicht, wohin sie ihre Männer führten? Kannten die Kapitäne die Fahrtrichtung der Flotte?

Kannte sie Eure Hoheit? Wußte Eure Hoheit, wohin Ihr Eure Männer schicktet?

Wenn also Männer von so hohem Rang, dazu die reichsten und mächtigsten von ganz Europa, von jenem Übel befallen waren, das weder Priester noch Barbiere zu heilen vermochten; wenn sogar der Bischof von Burgos, der sich den Plänen Columbus' widersetzt hatte, dem Unternehmen nunmehr seinen Segen gab – sollten wir da eine Ausnahme sein?

Ja, wir waren wahnsinnig, wie es Ruy Faleiro und der Kapitän Don Hernando immer gewesen waren, wie es Eure Kaiserliche Majestät und die hohen Beamten der Casa und der Bischof von Seca und Don Cristobao de Haro gewesen sind, welcher das Unternehmen finanzierte.

Und nicht anders diejenigen, welche die Schiffe kalfaterten, und diejenigen, die sie mit mehr Proviant und wertlosem Tand, als jemals eine Flotte mit sich führte, beluden. Wie es die Frauen gewesen sind, die liebevoll die Segel nähten, und die Schmiede, welche die bronzenen Beschläge formten, und die Schreiner, die unter den staunenden Blicken der Einwohner und der Aufregung der Kinder den Masten Form gaben. Und was ist mit denen, die zurückblieben, um auf einen Sohn, einen Vater, einen Gatten, einen Freund zu warten? Wußten sie, woran sie Anteil hatten? Wußte es der Holzfäller, der die hohen Eichen fällte, aus denen die schwarzen Schiffe entstehen würden? Wußten es die jüdischen Frauen, die sich unter Lachen und Gebeten mit den ungeheuren

Segeln beschäftigten? Kannte der Schmied im rötlichen Dämmerschein seiner Werkstatt das Schicksal der blankpolierten Geschütze, die er im Hof stapelte? Dachte der Schreiner, daß der große Mast, den er auf der Straße glatthobelte, andere Himmel durchkreuzen würde, bis der Sturm ihn knicken und er dann schwimmend an einen unbekannten Strand gelangen würde, um in der Sonne zu modern und aller Art Ungeziefer als Unterschlupf zu dienen? Wußte die jungvermählte Frau, die mit Quittenduft ihr neues Heim parfümierte, ob ihr Mann wiederkehren würde?

Meiner bescheidenen Meinung nach wußte nicht einmal Don Hernando, wohin wir fuhren, so sehr er auch alle zu täuschen versuchte, indem er Sicherheitsgründe vorgab, um das Geheimnis nicht preisgeben zu müssen.

Und dennoch. Waren wir auch deren viele, die so dachten, so waren wir hier beisammen, um auf die Kapitäne zu warten, sehnsüchtig die Segel im Wind zu hissen, ohne uns um Vernunft noch um Vorahnungen, noch um Warnungen zu scheren.

Nicht einmal jene unsinnige Warterei, die sich niemand zu erklären vermochte, war imstande, uns zu entmutigen, und dabei waren wir durchaus nicht alle mutig, ich jedenfalls bin von klein auf ängstlich gewesen, und daran hat sich auch im Alter nichts geändert, und wie Juanillo gab es viele; um so mehr, als es genug Gründe gab, schlotternd wie ein geprügelter Hund herumzulaufen, und Tag für Tag kamen neue Beunruhigungen dazu. Aber nichts reichte aus, der Kraft unserer verrückten Träume, die jeden von uns antrieb, entgegenzuwirken. Nichts. Und Ihr sollt wissen, daß diese Tage, wie ich Euch schon sagte, nicht die leichtesten waren. Die Gerüchte hatten von unserer herrenlosen Flotte Besitz ergriffen und regierten sie nach Lust und Laune.

Der in jenen Tagen in aller Munde war, hieß Ruy Faleiro. Er war es, der das Schicksal eines jeden einzelnen von uns sowie das der Schiffe und der Häfen, die wir anlaufen, und der Meere, die wir befahren würden, festgeschrieben hatte, indem er alles in dünne Linien verwandelte, die einander kreuzten und sonderbare Figuren ergaben, und indem er alles in kleine Zahlen und komplizierte Formeln verwandelte, die zu entziffern nur er allein in der Lage war. Und dennoch kursierten nun hartnäckige Gerüchte, daß der portugiesische Kosmograph, der Urheber des Schwindelkurses der Flotte, der Verantwortliche für Seefahrt und -krankheit, nicht mit von der Partie sein würde.

Manche behaupteten, Faleiro stünde im Ruf, ein Sterndeuter und Astrologe zu sein, einer von denen, die Sternbilder lesen, und daß ein Hausgeist und Dämon ihm sein Wissen eingäbe und er dank seiner das tragische Ende, das der Flotte bestimmt war, habe voraussehen können, weshalb er sich als geistesgestört ausgegeben habe, um von der Reise fernbleiben zu können.

Hingegen vertrat der Bakkalaureus Morales, der Chirug der Flotte, die Meinung, Faleiro sei von Anfang an nicht bei Troste gewesen. Er wußte es von einer Konkubine, die des Geldes wegen, welches dieser ihr gab, mit einem hohen Beamten der Casa de Contratación schlief und mit besagtem Bakkalaureus der Lust wegen. Die Konkubine erzählte, der hohe Beamte habe gesagt, daß der Kosmograph bereits vor drei Jahren den Verstand verloren habe, als plötzlich seine kleine vierjährige Tochter starb. Der Bakkalaureus fügte hinzu, nach dem, was der Beamte der Konkubine erzählt habe, sei dieser Faleiro so subtil und so sehr seinen Studien hingegeben, daß er, sei es des harten Schicksalsschlags wegen, sei es, weil Gott es so gewollt, sich seither in die Abgründe des Wahnsinns gestürzt habe. Er habe derartige Beweise geliefert, sich außerhalb seines gesunden Menschenverstandes zu befinden, daß Eure Hoheit ihn im Amt der Persona Conjunta und des Zweiten Befehlshabers durch Don Juan de Cartagena ersetzt habe. Als er davon erfuhr, verschaffte sich Faleiro gewaltsam Zutritt zur Casa de Contratación, wo er schwor, sich nicht von der Stelle zu rühren, bis man ihm das Kommando über die Armada zurückgebe. Morales sagte außerdem, die Konkubine habe gesagt, der hohe Beamte habe gesagt, es sei beeindruckend gewesen, ihn am Tag unserer Ausfahrt über den Hof wandeln zu sehen, welcher bis zu diesem Abend eine lärmende Freistatt für Abenteurer aus allen Winkeln Europas gewesen war, und der nunmehr still und verlassen dalag, übersät mit Speiseresten und taub raschelnden Papierfetzen, die der Wind wie trockene Blätter hin und her trug. In sein schwarzes

Cape gehüllt, das er zum Zeichen der Trauer nie ablegte, lief der Kosmograph gemessenen Schrittes über den großen leeren Hof, und bei jedem Kanonenschuß von den Schiffen ließ er sich in Verwünschungen gegen den Verräter Don Hernando und alle diejenigen aus, die sich seine Kenntnisse zunutze gemacht hatten, wobei er ihnen das finsterste aller Schicksale voraussagte.

Dies also wurde über Ruy Faleiro gemunkelt, und wenngleich es in jenen Tagen nichts weiter als Geschwätz war, so war die Verspätung der Anführer und das Ausbleiben von Nachrichten Anzeichen dafür, daß etwas Böses im Schwange war. Als endlich die Kapitäne eintrafen, war der Kosmograph nicht unter ihnen. Nichtsdestotrotz ruhte das ganze Unternehmen weiterhin auf seinen Plänen und Berechnungen, die Don Hernando für gut befand und Ihr desgleichen.

Der Zustand der Schiffe gab ebenfalls Anlaß zu aller Art von Gerüchten. Martín, der Küper, der ein alter Fuchs war und Columbus auf zwei seiner Reisen begleitet hatte, sagte, die von Cristobao de Haro ausgerüsteten Schiffe seien nichts anderes als alte, äußerlich veränderte Galeonen. Er schwört, daß er in der *Santiago* eines der Schiffe Pinzóns wiedererkennt. Daß die Rippen der *Trinidad* weicher seien als Butter. Daß selbst eine Nußschale den Rumpf der *Concepción* an Ansehnlichkeit und Stärke übertreffen könne. Daß das Segelwerk der *Victoria* weniger vertrauenswürdig sei als die Versprechungen einer Frau. Daß das Mastwerk der *San Antonio* mit dem ersten Seewind zusammenbrechen werde.

Aber nichts erregt die Phantasie der Menschen so sehr wie das Unbekannte, denn es nährt unsere Ängste und Hoffnungen.

Wir reden von der Feuerzone, wo es, jenem Aristoteles zufolge, der alles wußte, niemals regnet und das Wasser wegen der großen Hitze siedet, das Holz zerkocht und die Schiffe zerschmelzen. Wir reden von schrecklichen Seeungeheuern, die südlich vom Kap der Guten Hoffnung aus dem dampfenden Wasser auftauchen und die Schiffe packen und zermalmen, als wären sie aus Zucker. Wir reden über Geschöpfe von den Antipoden, die mit dem Kopf nach unten leben. Von Menschen mit nur einem Auge mitten auf der Stirn, die nichts anderes sehen als die Zukunft. Andere haben ein Auge im Genick, um die Vergangenheit zu sehen, und diese sind ihre Sklaven. Frauen mit Schweinsköpfen und andere mit Hufen wie Stuten, die durch den Urwald streifen und die Reisenden mit ihren schönen Leibern und ihren Jungfrauengesichtern betören. Man spricht auch von Pflanzenmenschen, die nur einen riesenhaften, am Boden festgewachsenen Fuß haben, der ihnen jede Bewegung unmöglich macht, und so werden sie geboren und so sterben sie und erhoffen alles vom Regen und von der Sonne. Und natürlich gibt es auch Frauen mit Reptilienkörpern, die sich wie Schlangen bewegen, und Männer, die bellen anstatt zu sprechen, und Kinder, die Weltreiche regieren und die Alten behandeln, als wären sie Kinder, und es gibt auch – warum nicht? – feurige Amazonen mit nur einer Brust, welche die Männer zwingen, ihnen zu Willen zu sein, und Königinnen in Schlössern aus Elfenbein und Jade, die ihre Nacktheit mit Goldstaub bedecken, und Prinzessinnen, die ihre Jungfräulichkeit mit einem feinen Gespinst aus Diamanten schützen, hinter welchem unerreichbar das köstliche Geschlecht schimmert, und schließlich, auf den Molukken, wohin wir angeblich fahren, gibt es Nelken, Pfeffer, Safran und Zimt, damit wir als die Allerreichsten heimkehren können, und Titel, Gouverneursstellen und Ehren ohne Ende.

Nun darf Eure Hoheit nicht meinen, daß sich nur das Matrosenpack seine Zeit dergestalt zwischen Träumen und Ängsten vertreibt, denn auch die Offiziere an Bord nehmen daran teil, und unter den Lästerzungen fällt einer auf, den ein launisches Schicksal zum großen Usurpator des meinem Herrn Don Hernando vorbehaltenen Ruhmes machen wird. Dieser finstere kleine Mann, dessen Name ich nicht zu nennen brauche, denn Ihr kennt ihn zur Genüge, dank der Ehren und Geschenke, mit denen Ihr ihn ausgezeichnet habt, er war, auch wenn Ihr es nicht glauben mögt, einer der größten Feinde des Unternehmens. Dieser Komödiant behauptete, daß die größte Flotte, die je in Spanien für eine Reise nach Neuindien ausgerüstet wurde, nichts als ein kostspieliges Spielzeug im Dienste der Mächtigen sei, wobei er in ein und denselben Sack den Faktor Aranda, Cristobao de Hao und den Bischof von Seca steckte. Und wir, mit unseren lächerlichen Träumen und kindlichen Ängsten, was waren wir? Einfältige, von unsichtbaren Fäden gezogene Marionetten, Puppen, die von der Willkür einiger Wahnsinniger abhingen, damit die Reichen zufriedengestellt werden konnten, damit auf den Tischen der Mächtigen weder der Pfeffer fehle, das Fleisch zu würzen, noch Nelken und Zimt, ihren Wein zu würzen, während wir ihn sauer tranken, während unser Wasser wie die Pest stank und wir durch tote Meere und Wüsteneien zogen; und wenn wir endlich die Molukken erreicht hätten, würde man sich unser entledigen. Der Hunger und die Gefahren würden ihre Verbündeten sein. Es würde sie nicht interessieren, die Männer nach Hause zurückzubringen, denn war einmal das Ziel erreicht, wäre jeder Mann ein Hindernis, eine unnütze Last auf den für Nelken und Zimt gebauten Schiffen.

Und so, während wir uns in Sanlúcar befanden, von den Kapitänen im Stich gelassen und allein mit unserem ungewissen Schicksal, wuchsen Ängste und Hoffnungen wie Pilze in der Brust eines jeden Mannes und vermehrten sich wie die Ratten, die ständig in den Schiffen auftauchten, die Taue hinaufkletterten, in die Laderäume sprangen und sich nachts ins Bugkastell einschlichen, wo wir alle taten, als schliefen wir.

Umsonst die Mühe Deines Juanillo, damals mit Hilfe seiner Lieder und Scherze und tausend Kunststückchen, die nie zuvor versagt hatten und die später noch manches Mal erfolglos versuchen würden, den Mut aufrecht zu erhalten. Von Tag zu Tag wurde es schwieriger, diese von der Last eines Morgen, das sie nicht zu enträtseln vermochten, niedergedrückten Wesen zum Lachen zu bringen.

Zwölf kluge Männer desertierten damals im Schutze der Nacht, die weniger undurchdringlich war als unsere eigenen Zweifel. Zwölf Männer, die in ihr Zuhause zurückkehren konnten und in das Land, das sie hatte aufwachsen sehen. Zwölf mutige Männer, sage ich, die in der Lage waren, auf ihre Träume zu verzichten, als es noch Zeit war.

Wir anderen warteten weiter auf die Ankunft der Kommandanten. Und als sie endlich kamen und ihr Eisen und ihr Flittergold mächtig zur Schau stellten, fand keiner mehr die nötige Kraft, um wegzugehen.

Eine dichte Staubwolke kündigte von weitem das Herankommen des Gefolges an.

Zwischen den von der Sonne ausgedorrten Hügeln hatten ihre Gestalten etwas von Insekten an sich, die eine höhere Gewalt zur Eile antrieb. Die Rüstungen glänzten in schillernden Farben. Die Lanzen und Banner glichen Fühlern, die aus dem Staub herausragten. Mensch und Reittier bildeten eine unteilbare Einheit, darin Arme und Pferdebeine sich in der kaum wahrnehmbaren Bewegung vermengten, während sie in Formation heranrückten.

Von der Landschaft und ihrer Trostlosigkeit erdrückt, bot die Gruppe ein ärmliches Bild.

Zweihundertsiebenunddreißig Männer in Waffen und mit Sturmhauben trotz der großen Hitze erwarteten sie auf beiden Seiten der Brücke. Spannung liegt in jedem Gesicht. Die Ungeduld entfesselt die Wut der Sonne noch heftiger über unseren Greifenhäuptern. Schwerer wiegen die Waffen, die auf Rücken und Schultern drücken. Die Füße schmerzen. Die Hände brennen.

Der Weg verliert sich hinter einem toten Hügel. Das Gefolge verschwindet. Die kahle Landschaft unter dem sich verschwendenden Licht erscheint noch trostloser.

Nach wenigen Minuten, die wie Jahrhunderte scheinen, taucht die Kolonne auf der Höhe des Weges noch einmal auf. Sie ist kaum hundert Meter weit entfernt, und die Gestalten beginnen sich deutlich abzuzeichnen.

Als erster, scharf gegen den weißen Himmel, ist Don Hernando zu erkennen, gleich einem Gott. Seine Waffen, die das Licht zurückstrahlen lassen und sein Umhang aus grünem Samt, der seine Schultern und das Kreuz seines Reitpferdes bedeckt, verleihen ihm ein übernatürliches, nicht menschliches Aussehen. Der Kopf lugt nervös aus seinem Eisenpanzer hervor. Eine Hand, sie steckt in einem Panzerhandschuh, gibt Anweisungen an die Kolonne, die ihm folgt.

Ihm zur Seite vier Reiter, die auf den Wappenschilden und Standarten den Gold-Phönix auf Purpurgrund tragen. Sie transportieren die Sänfte, in welcher der Zweite Befehlshaber der Flotte reist. Zwischen schwerem Samt und Reliefstickereien erkennt man einen reglosen Don Juan. Über seinem Brustpanzer liegt ein feines Spitzenhemd aus Flandern, auf welches das Santiago-Kreuz gestickt ist. Auf seinem Gesicht zeigen sich trotz der beschwerlichen Reise keine Anzeichen von Müdigkeit, noch sieht man Spuren von Staub auf seinen Kleidern.

Hinter ihm Gaspar de Quesada, der Prächtige, er hat die Beine in Eisen gepanzert, und sein Leib unter dem Waffenputz ist nackt. Von viel Sonne gebräunt und glänzend vom Schweiß scheint seine Brust wie aus den feinsten Hölzern des Orients geschnitzt. Aus der Nähe ähnelt er einer griechischen Ikone; von weitem scheint er ein Baum in der Blüte seiner Kraft. Vom Gipfel aus wendet sich sein kindliches Gesicht dem Gefolge zu, und seine unruhigen Augen suchen seinen Diener Luís del Molino, der schwarzgekleidet einem Schatten ähnelt, der ihm nachläuft.

Zwischen den ersten Standarten, die auftauchten, erscheint nun, klein und schlau, Juan Serrano, das Gesicht verdeckt von einem breitkrempigen Hut, an welchem kleine Schellen glänzen.

Auf ein Zeichen von Don Hernando bleibt die Truppe stehen. Umringt von einer Eskorte zwischen Lanzen und Panieren, die sich in seinem Rücken bewegen, ist Don Luis de Mendoza zu erkennen, von zerbrechlichem Äußeren, doch mit einer gewaltig dröhnenden Stimme.

Regungslos die Kolonne, ruhig die Luft, ungebrochen das Schweigen; der Generalkapitän in seinem eisernen Panzer betrachtet die Stadt mit den niedrigen Häusern und im Hafen die schwarzen Schiffe.

Erneut dann in Marsch gesetzt, bergab zu den Pieren. Der riesige Schatten des Schlosses von Medina Sidonia fällt auf den Weg und löscht den Glanz der Waffen, der Rüstungen und Harnische, der schweißglänzenden Reittiere aus. Aber die Linderung für unsere müden Augen währt nicht länger als einen Moment. Als sie wieder ans Licht kommen, sind sie nur wenige Meter von der doppelten Reihe entfernt, in der wir Aufstellung genommen haben.

Mit einemmal das Schlagen der Hufe auf den Steinplatten der Brücke. Die Luft gerät in Bewegung. Der frühe Morgen riecht nach Schweiß, nach Staub, nach Eisen, nach Pferd. Die Anführer streifen, als sie vorbeireiten, fast die Männer. Die Augen reichen nicht aus, die tausend Einzelheiten festzuhalten, die einander folgen: ein grünes, schaumbedecktes Zaumzeug, ein Lanzenschaft, feucht vom Schweiß einer Hand, ein eisernes Knie, eine andere Hand, welche die Zügel umklammert, ein runder, glänzender Pferdehintern, eine wohlgeformte Flanke. Die Ohren können die sich überlagernden Klänge nicht mehr unterscheiden: das Schlagen der Hufe, das Knarren der Harnische, das Reiben der eisernen Schuppen, in die sich die Krieger kleiden, das Tönen der Schellen Juan Serranos, das Aufeinanderschlagen von Metall, das Rauschen der Seide, der opake Klang von Samt, das Wiehern der Pferde, die Stimmen der Männer.

Ich stehe reglos an einem der Brückenpfeiler und bemühe mich, im Gesicht eines jeden Kapitäns Hinweise auf unser ungewisses Schicksal zu entdecken. Nichts sagt mir Don Hernandos ausdruckslose und harte Miene, anmaßend geht er an mir vorbei und hinterläßt einen penetranten Geruch nach Eisen, der sich nach einer Weile erst in der gesättigten Luft jenes Morgens verflüchtigt. An seiner Seite Juan Serrano, die Augen verborgen unter der Hutkrempe und wie beschützt vom seltsamen Zauber der Schellen, die den Hut schmücken. Er prüft jeden einzelnen, blickt ihm geradewegs in die Augen, die sich beobachtet fühlen, ohne den Blick erwidern zu können. Don Juan de Cartagena grüßt mit leichter, anmutiger Handbewegung. Ihm weht der Duft orientalischer Parfüms voran – einzige weibliche Note inmitten all dieser scharfen und herben Gerüche. Etwas Verführerisches liegt in seinem halb zärtlichen, halb zynischen Lächeln. Das massige und kindliche Gesicht Gaspar de Quesadas flößt den Männern Vertrauen ein. Weiter hinten die klaren, schüchternen Augen Don Luis de Mendozas, die für mich eine unerklärliche Frömmigkeit ausstrahlen.

Die Schar wendet sich den ersten Häusern von Sanlúcar zu.

Die Straßen sind verwaist. Hinter ihren Fensterläden versteckt, beobachten die Leute den Vorbeimarsch des Gefolges. Durch die Ritzen, die schmale Strahlen weißen Lichtes ins dunkle Innere werfen, kann man die Blicke ahnen, neugierig und verstohlen wie die des Hirsches. Stumm hinter den Jalousien beobachten die Frauen den Vorbeizug all der Abenteurer, die sie fürchten und heimlich bewundern und die so verschieden sind von ihren Männern, eher Götter als Menschen. Wo sie vorbeikommen, bekreuzigen sich die alten schwarzgekleideten Frauen und murmeln Gebete. Der Lärm der Pferdehufe hallt wider in den stillen Häusern. Don Hernando läßt seine Augen von Tür zu Tür schweifen, und seine Miene wird noch härter. Serrano rückt an die Spitze und schaut unruhig zu den verschlossenen Balkonen. Das Lächeln im Gesicht Juan de Cartagenas ist gefroren.

In unserem Rücken bewegt sich eine zweite, noch dichtere Staubwolke durch die Ebene auf die Brücke zu. Die stille Luft gerät erneut in Aufruhr, und diesmal ist es eine zornige Mischung aus Gebrüll und Geblök, aus Vogelgeflatter und Hufgetrappel auf den Steinplatten.

Ein jäher Gestank nach frischem Dung strömt durch Sanlúcar. Die ganze Stadt riecht nach Stall, den Charakter einer Hafenstadt hat sie verloren, befreit wird sie vom bedrückenden Geruch nach Meer, in ihrem Selbstgefühl unterdrückt von der unaufhaltsamen Invasion von Tieren und Pflanzen, die der Kolonne folgen.

Mit Geschrei und dem stürmischen Galopp ihrer Pferde bemühen sich die Reiter, diese unförmige Masse, die wie ein Fluß außerhalb seines Bettes an beiden Seiten des Weges auszubrechen droht, unter Kontrolle zu halten.

Ach, Majestät! Seht dort die armen Mutterkühe, wie sie sich schwerfällig am Eingang zur Brücke drängen, zusammengetrieben von den Hunden, und wie sie in ihrem wahnsinnigen Lauf gegen die marmornen Brückenköpfe prallen! Schaut nur, wie sie hin und her laufen, die vielen Schafe, die von Panik ergriffen sind. Sie begreifen nicht, was mit ihnen geschieht, aber der Instinkt sagt ihnen, daß sie zusammenbleiben müssen. Mitten unter ihnen wühlt wutschnaubend eine Sau mit großen Zitzen und sucht ihre Ferkel. Treiber und Vieh, sie alle laufen hastig, als drängte eine dunkle Kraft sie zu den Schiffen. Hinter ihnen kommen mit Gedröhn die Karren. Da ist einer mit weißen Hühnern beladen, die ihre Köpfe ängstlich zwischen den Gitterstäben der Käfige hindurchschieben. Dann kommen die Zitronen- und Apfelsinenbäume und sogar Olivenbäume von natürlicher Größe, die in Fässern wachsen. Und sogar Treibbeete für Kohl und andere Gemüse in großen Blumenkästen. Und Erde. Schwarze, lockere Erde, die mein Herr aus den Wäldern im Norden, an der Grenze zum Königreich Portugal, hat holen lassen.

Der schwimmende Garten, mit dem der Kapitän die schrecklichen Folgen des Skorbuts mildern möchte, bringt eine ungewohnte Note in diese von der Trockenheit versengte Landschaft.

An der Kopfseite der Kolonne, einsam und in sich gekehrt, setzt Don Hernando seinen Weg zu den Schiffen fort.

Bis in den späten Abend hinein waren wir an jenem Tag damit beschäftigt, die Tiere und Pflanzen auf den dank der Vorsorge meines Herrn in eine wahre Arche Noah verwandelten Galeonen unterzubringen. Aber erst drei Tage später war die Fracht komplett, als eine große Barkasse den Fluß hinabkam, von der ein sonderbares Funkeln ausging. Von den Spähern darauf hingewiesen, kletterten einige von uns in die Bemastung der Schiffe, um ihr Näherkommen zu beobachten. Es war ein flaches, breites Boot, und der Glanz, den es verbreitete, blendete unsere Augen, die darauf brannten, ihr Geheimnis zu entdecken, das sich erst zeigte, als es am Flaggschiff festmachte, im Schutz seines Schattens. Das Funkeln kam von der Ladung des Bootes und vom Sonnenlicht, das sich darin spiegelte: es waren abertausend Spiegel unterschiedlicher Größe sowie kleine Glasstücke und mannigfarbene Glasperlen und zwanzigtausend Schellen in drei Sorten sowie zweitausend Blecharmbänder und noch einmal zweitausend aus Kupfer, außerdem zehntausend Angelhaken und vierhundert Messer aus Deutschland und fünfzig Dutzend Scheren, die zusammen mit zweihundert bunten Mützen und unzähligen farbigen Tüchern unseren Vorrat an Tausch- oder Freikaufware bildeten.

Dies, Hoheit, sollte unser Bargeld in den zu entdeckenden Ländern sein. Dieses waren die Gaben unserer Zivilisation, und im Tausch dafür sollten wir die begehrten Schätze erhalten, mit welchen andere Völker der Welt von der Natur überschüttet worden waren. Seltsam wahrlich, daß diese Spiegelchen und Schellen, die als Stückgut auf der Barkasse transportiert wurden und nichts wert waren, am Ende jene Völker vollkommen betäuben und zerrütten würden. Diese Glasperlen und ein paar Stücke hübschen Tuches würden für die Anführer bald mächtiger sein als ihre Götter und ihre Gelehrten und ihre Traditionen. Jede der tausend Schellen, die wir mitnahmen, würde mehr wert sein als das Leben eines Mannes, und ganze Dörfer würden für eine Handvoll davon verkauft werden.

Wenn Ihr sie gesehen hättet, Majestät, hättet auch Ihr meinem Herrn recht gegeben, als er sagte, die Welt würde nach unserer Reise nicht mehr die sein, die sie war.

Das jedenfalls waren seine Worte, als die Fracht bereit war und er die Ausfahrt ankündigte, als, wie er sagte, »größte Unternehmung, die der Mensch je ersonnen hat«.

So also setzte Don Hernando dem qualvollen neunundzwanzigtägigen Warten, seit wir Sevilla verlassen hatten, ein Ende.

Sonne und Regen hatten das schwarze Holz der Schiffe ausgelaugt, unsere besten Träume rochen langsam ranzig wie der Käse im Schiffsraum, aber hier waren wir, zweihundertsiebenunddreißig Männer, glücklich, weil die Flotte endlich in See stechen würde.

Und so geschah es. Am Morgen des zwanzigsten September fünfzehnhundertundneunzehn fuhren wir aufs Meer hinaus.

Es war ein schwüler Morgen, der Himmel bleifarben und stahlblau das Meer. Ich erinnere mich, daß eine beinahe übernatürliche Stille herrschte, trotz des Stimmengewirrs aus verschiedenen Sprachen. Die Befehlshaber schrien, wie Insekten bewegten sich die Männer, wie von Sinnen flogen die Vögel, brüllten die Rinder, schnatterte das Federvieh, aber meine Ohren vernahmen nicht einen Laut. Alles schien sich abzuspielen wie auf einem alten Stich, und die gleichmäßig graue Farbe, welche alle Dinge unter dem Licht jenes Himmels annahmen, betonte noch die Ähnlichkeit.

Denn alles war grau an jenem Morgen, und nur die leichten Unterschiede in der Tönung hoben ein Ding vom anderen ab auf dem scheinbar schlafenden Meer, das dennoch auf der Lauer lag wie eine Raubkatze, und unter dem bedrohlichen Himmel sahen die Schiffe aus wie Schatten, die aus der Bucht hinausglitten.

Da es in der geschlossenen Reede an Wind mangelte, mußte man die Flotte ins offene Meer ziehen, sie mit rudergetriebenen Schaluppen abschleppen. Die Galeonen schienen sich vielleicht wegen des Gewichts ihrer gewaltigen Fracht zu weigern, den Hafen zu verlassen, und so erforderte die Sache eine große Anstrengung.

Mit eingerollten Segeln hatte das Takelwerk der Schiffe das traurige Aussehen eines Waldes im Winter. Maste und Rahen bildeten eine endlose Zahl von Kreuzen, die sich hoch über der Flotte in den Himmel erhoben.

Als alle fünf Schiffe aus der Bucht gezogen waren, wurden die Segel gehißt, die nicht länger weiß waren wie in Sevilla, sondern grau und schlaff durch den fehlenden Wind. Dennoch begann die Flotte, ganz langsam und aus eigener Kraft Fahrt aufzunehmen. Mit einemmal verwandelte sich die sanfte Brise in einen Sturm. *Schwarze* Gewitterwolken verdeckten den Himmel, und das Meer schäumte um die Schiffe. Jetzt knarrten die Maste, neigten sich wie Binsen unter der Last des Windes. Die Rahen stöhnten und drehten sich wie wildgeworden in ihren Gelenken, einige inzwischen mürbe gewordenen Seile zerrissen, und die Segel blähten sich auf und bekamen so wieder ihre weiße Farbe. Die *schwarzen* Bugs in ihrer wahnwitzigen Wettfahrt verschwanden unter den Wellen, um Augenblicke später im Triumph aufzutauchen, an beiden Seiten vor Wasser triefend.

Da schauten wir alle hinüber zur Küste, welche die rasenden Schiffe zurückließen. *Dunkel* gegen den graublauen Himmel erhob sich die steinerne Masse des herzoglichen Schlosses. In der Ferne dahinter unterschied sich die Sierra kaum vom Horizont der Schwaden wegen, die schmutziger Baumwolle glichen und von den niedrigen Wolken an den Gipfeln herrührten. Nahe am Strand verloren sich die weißen Häuser von Sanlúcar, als wären sie schutzlos inmitten der düsteren Landschaft. Kaum daß man die Anwesenheit eines neugierigen Bewohners auf den leeren Molen erkennen konnte, und trotz der Ablehnung, die uns von diesen Leuten zuteil wurde, glaube ich, daß wir alle anfingen, sie zu vermissen. Und sie zu beneiden, weil jene ungastliche Stadt angesichts der Unermeßlichkeit des Meeres wie die sicherste und wärmste Behausung erschien. Ich sage Behausung, weil wir wie die Tiere waren, die eine unwiderstehliche Kraft aus der natürlichen Welt gerissen hat, der wir angehörten.

Bereits am späten Vormittag war die Küste nicht mehr auszumachen, und das Toben des Windes wurde so stark, daß man die Segel reffen und beidrehen mußte. Dennoch bewegten wir uns, getrieben von den Wellen, mit atemberaubender Geschwindigkeit in die Richtung, welche Don Hernando vorgegeben hatte. Der Wind nahm die Schiffe von hinten, und diese schienen zu fliegen wie kaiserliche Adler.

»Niemals werden wir zurückkehren«, murmelte eine Stimme neben mir, »niemals.«

Mit der Zeit kam ich selber darauf, daß unsere Reise tatsächlich eine ohne Wiederkehr war. Aber Eure Hoheit lasse es damit gut sein, befreit Eure Nase vom fatalen Duft nach Samt und Seide an Eurem Hofe und atmet das unvergleichliche Arom der alles durchtränkenden Seeluft ein. Schließe Eure Majestät Don Carlos die Augen vor den gepuderten Sekretären und rosenwangigen Damen, die Eure Schlösser mit ihrem italienischen Marmor und orientalischen Teppichen bevölkern, und nehmt in Eure königlichen Pupillen das Bild auf von fünf schwarzen Schiffen, die sich eilig einen Weg zu den Grenzen der bekannten Welt und darüber hinaus bahnen. Laßt Euch vom Brennen des Salzes und dem Tosen der Wellen durchdringen, spürt in Euren kaiserlichen Eingeweiden den unvergleichlichen Geschmack der Seekrankheit, und gebt heute abend, zu unseren Ehren und Gedenken, keine Nelken in Euren Wein und keinen Pfeffer an Euer Rindfleisch, weder Safran an Euren Fasanenbraten noch Minze, noch Ingwer, noch ...

II

Na schön, da sind wir nun, Hoheit, an irgendeinem Punkt des Äquators dahintreibend auf einem Wald aus Eichenstämmen, die das Meer getränkt hat.

Wahrlich, ein merkwürdiges Unternehmen, das Euer Generalkapitän sich hat einfallen lassen, vor dessen Unvernunft nicht einmal die alten Bäume noch die spanische Erde, die ihnen Leben gab, ein Entkommen haben.

Mehr als tausend hochgewachsene, stämmige Eichen hat Eure Majestät in diesem Regen, der an diesem Punkt des unendlichen Ozeans nie aufhört, der Fäulnis ausgesetzt.

Weite und reiche Ländereien, die ein anderer Regen und andere Sonnen und andere Generationen von Blättern und tausendjährigen Knochen gedüngt haben – herausgerissen wurden sie aus ihrer natürlichen Umgebung eines wahnsinnigen Plans wegen und wurden aufs Meer geschickt und treiben dahin.

Eine richtige Insel, aus Eichen errichtet, die nicht mehr ausschlagen werden (oder vielleicht doch), das ist unsere Flotte auf diesem gleichgültigen Meer, das von Träumen nichts weiß.

Das Beste aus dem Eichenwald von Corpes hat sich die *Trinidad* einverleibt. In ihren Hölzern liegen die Enttäuschungen und Hoffnungen von Tausenden von Jahren.

In der seltsamen Stille, der urzeitlichen Feuchtigkeit, der schwülen Atmosphäre pflanzlicher Ausdünstungen und verstörter Matrosen kehrt den Hölzern ihre Erinnerung wieder, und sie erzählen wortlos ihre Geschichte. Es erzählen die Maste und der Kiel, eingeschlossen zwischen Bohlen, die aus den Ästen gehauen wurden, denen Blätter und Sonnenlicht Leben gaben. Jetzt preßt man sie in eine dunkle, von Nägeln und Bolzen, Werg und schwarzem

Teer verwundete Oberfläche. Sie reden, während sie mit dem Tode ringen, und sind doch unfähig, gänzlich zu sterben, sie erzählen von Menschen, die wie Tiere im Schatten ihres jungen Laubs lagen, ängstlich wie Vögel duckten sie sich nachts in ihre Höhlen und waren am Tage ungestüme, mit Steinen bewaffnete Jäger. Die Rippen der *Trinidad* bewahren die Erinnerung an andere Menschen, die von Bronze glänzend eines Tages auftauchten, mit gefahrbringenden Metallen bewaffnet, denen das harte, über Jahre gereifte Holz nicht standhielt. Menschen, die rote Federbüsche auf ihren Adlerköpfen trugen und eine melodische, seltsame Sprache sprachen, ähnlich dem Rauschen der Blätter, wenn ein leichter Wind sie rührt. Es waren keine Frauen unter ihnen, auch keine Kinder oder Hunde. Sie blieben nur eine Nacht und waren ohne Furcht. Sie waren die ersten Menschen, die die Eichen sahen, welche keine Furcht hatten, und da begannen sie sich zu fürchten. So kam es, daß sie immer kräftiger und kräftiger wuchsen, ihr Holz wurde immer härter, damit das Metall der Menschen ohne Furcht nicht in sie eindringen könne. Aber es half nichts, jene Menschen kamen stets wieder und ihre Waffen waren noch schärfer, von größerer Härte, als die Bäume sie zu erreichen imstande waren. So fielen viele, und einige verbrannten. Und die Menschen ohne Furcht bauten ihre Häuser für die Nacht aus dem Holz jener Eichen.

Doch der Wald wuchs. Er wurde immer dichter, um sich gegen das Vieh zu schützen und sich vor den Menschen zu verstecken. Jeder Baum, der wuchs und gedieh, glaubte sich unter den vielen anderen in Sicherheit, und alle zusammen taten nichts anderes, als den Wald zu vergrößern, der eines Tages die Aufmerksamkeit der Erbauer der *Trinidad* erregen sollte. Doch lange vor diesem Tag, an welchem der Wald anfangen würde, sich in die Insel und den Ankerplatz unserer unglückseligen Schicksale zu verwandeln, wechselten unzählige Male Sonne und Regen und folgten andere Männer und Frauen gleich jenen beiden jungen Mädchen, die von dem Grafen von Carrión am Fuße des Großmastes geschändet wurden. Die ganze Nacht blieben sie dort, starr vor Kälte, die Kleider in Fetzen, die besten Gaben ihrer Tugend hatten sie verloren, und ihre schönsten Hoffnungen waren zerbrochen.

Der Großmast mit seinem kräftigen Stamm beschützte die beiden Mädchen, die selbst einen königlichen Stammbaum tragen würden. Am anderen Morgen kam Álvar Fáñez, und in seinem Zorn gegen die Sippe von Carrión, die sich an seinen Cousinen vergangen hatte, schlug er mit seinem Schwert ein Kreuz in die Eiche und schwor dabei Rache.

Vom Schwert des Kastiliers verwundet, vermehrte sich die Eiche an jenem Nachmittag, und als ihre Nachkommen von großer Gestalt mehr als tausend waren und unzählbar die vielen kleineren, wirft Eure Kaiserliche Majestät sie ins Meer, darin sie mit Mann und Maus verfaulen wird und mit ihrer Erinnerung an das Land, den Regen und die Sonne, der Sehnsucht nach Blättern, Vögeln und Viehherden.

Noch trägt der Mast der *Trinidad* das Zornesmal von Álvar Fáñez und den Duft der kostbaren Essenzen, mit denen Ximena ihre Töchter im Alcázar von Valencia verabschiedet hatte; noch wehrt sich der Duft gegen den Geruch des Harzes und gegen das Salz, welches auslöscht und zehrt, für immer mit unserem Großmast verbunden.

Doch wozu von den Bäumen sprechen, Majestät, wenn auch der Stammbaum des Menschen von alters her seine Wurzeln tief in der Erde hat, und dennoch – seht ihn hier, wie er auf diesen gestern robusten Eichen, die heute zerbrechliches Holz sind, dahinschwimmt, ohne einen Wind, der uns vorantriebe, ohne einen Kurs, dem zu folgen wäre.

Wir ließen die Kanarischen Inseln hinter uns und fuhren entlang der Küste dieser wunderlichen Welt, die man Afrika nennt, als uns eine völlige Flaute überraschte, und für den Zeitraum von fast sechzig Tagen liegen die Schiffe fest wie in hart gewordenem Mörtel.

Das halten die Männer für eine Art Vorzeichen oder Warnung, als würden die Götter sich unserem dreisten Unternehmen entgegenstellen.

Tag für Tag wachsen an Bord der Flotte Furcht und Unzufriedenheit und nähren unvernünftige Meutereipläne; in der spannungsgeladenen Stille keimen tragische Ereignisse.

Die größte Unruhe stiftet besagter Juan de Cartagena, der Vetter und Ziehbruder des allmächtigen Bischofs von Burgos. Der Kapitän der *San Antonio* ist nicht nur der Zweite Befehlshaber, sondern auch der Inspekteur der Indiengesellschaft. In deren Interesse fordert er von Don Hernando, ihn über seine Pläne in Kenntnis zu setzen. Er will wissen, wozu dieser lange Umweg entlang der afrikanischen Küste, wenn wir in Richtung Westen über den Atlantik fahren wollen.

Aber mein Herr bleibt taub für seine Fragen. Er zeigt Eurem Gesandten die kalte Schulter und verheimlicht weiter seine Absichten.

Seine Haltung erzürnt die Gemüter der von Anfang an feindlich gesinnten kastilischen Kommandanten.

Die schwarze Masse der *San Antonio* bleibt ungerührt an der Seite der übrigen Flotte, aber ihr Kapitän trotzt in aller Öffentlichkeit der Autorität meines Herrn Don Hernando.

Bei Sonnenaufgang, wenn auf den Mastspitzen die Flagge mit den Wappen des Generalkapitäns zu wehen hat, sind auf dem Schiff des Inspekteurs nur die Eurer Kaiserlichen Hoheit zu erkennen.

Nachts brennen auf der *San Antonio* nicht die Hecklaternen, wie es den Steuermännern vor der Abfahrt aus Sanlúcar befohlen wurde. Jedes Schiff muß entsprechend seiner Tonnage eine bestimmte Anzahl Laternen anzünden, und da Don Juans Schiff das größte ist, müssen jeden Tag bei Sonnenuntergang fünf Lampen brennen. Auf diese Weise beabsichtigt Don Hernando, die Flotte jederzeit beisammen zu halten und die genaue Position jedes einzelnen Schiffes erkennen zu können, denn er fürchtet eine Verschwörung.

Aber seit wir in die Falle dieser leblosen Gewässer geraten sind, weiß Don Hernando in der Nacht nicht, wo sich die *San Antonio* befindet, und jeden Morgen erwacht er mit der geheimen Befürchtung, sie könnte weg sein.

Im Morgengrauen, wenn das Meer ohne ersichtlichen Grund sich einen Augenblick lang regt und eine einsame Welle den Rumpf der *Trinidad* erreicht, fährt mein Herr aus dem Schlaf und liegt wach in der Dunkelheit, bis die Sonne aufgeht. Begierig betrachtet er jeden Augenblick den Himmel, und sobald die Sterne verblassen, verläßt er seine Koje und geht an Deck, um auf das erste Licht des Tages zu warten und die Position der *San Antonio* auszumachen. Ungeduldig hat er viele Nächte hindurch versucht, ihre Silhouette anhand der Sterne zu ermitteln, die das Mastwerk seinen Augen verbergen könnte; aber es sind vier Schiffe, welche die *Trinidad* umgeben, und es ist unmöglich, sie in der Dunkelheit zu unterscheiden; mit Ausnahme vielleicht der *Concepción.* Das Schiff von Gaspar de Quesada duftet gewaltig nach fruchtbarer Erde, nach schattigem Wald, nach sonnigem, gut bewässertem Gemüsegarten. Von diesem Duft angelockt, halten die Vögel das Schiff für eine Insel und kommen tagsüber, um sich in seinem Mastwerk niederzulassen und im Takelwerk ihre Nester zu bauen.

Don Hernandos Furcht läßt nach in den Mondnächten, wenn das Licht auf der glatten Wasseroberfläche schwimmt und man die Konturen der Schiffe erkennen kann. Sie scheinen aus Stein gehauen, wenn der Mond am höchsten steht, und aus Elfenbein, wenn er sein rotes Gesicht am Himmel zeigt. Sie gleichen Gegenständen, die ein Silberschmied von dunkler Sinnesart, die ihm selber rätselhaft ist, ausgestattet hat. Er verbringt Stunden damit, sie anzuschauen, als könne er sie bei ihrem Geheimnis belauschen.

Viele Nächte hindurch war auch ich damals schlaflos und leistete meinem Herrn still Gesellschaft; denn obgleich Juanillo ziemlich kühn war und sich gewisse Freiheiten herausnahm, die seinem Beruf gut anstehen, erdreistete er sich niemals, diesen Mann aus seinen nächtlichen Grübeleien zu reißen.

Die herrschende Windstille, der wolkenlose Himmel, das sanfte Schaukeln der *Trinidad*, alles erfüllte mein Gemüt mit dem angenehmen Gefühl von Zufriedenheit.

Ich unterhielt mich damals damit, die nahe, wenngleich unsichtbare Küste anhand der Düfte zu erahnen, die von dort das Schiff erreichten.

Tagsüber kann man manchmal ein Gebirge erkennen, das man Sierra Leone nennt und das an vielen Tagen hinter Nebelschleiern verschwindet. Seine Existenz spürt man besser in den Nächten, wenn der Hauch einer Brise die Gewißheit seiner vegetationsreichen Nähe bringt. Ich vermag zu riechen, wie es sich dann in dem Maße verändert, wie die Stunden verrinnen, von Sonnenuntergang bis zu ihrem erneuten Erscheinen am Horizont. Sein Duft wird stärker, wenn die Regenfälle der Abenddämmerung nachlassen. Dann wird der starke Geruch des Meeres schwächer und der seine kräftiger. Man könnte meinen, es rieche nach Weib, glühend und sanft. Es ist ein süßes und unbeschreibliches Arom, das seine glänzende, vom Regen feuchte Haut verströmt. Ein Duft, der herber und heißer wird, wenn der Mond am Himmel steigt; und um Mitternacht genau riecht es nach Moschus. Später im Morgengrauen legt sich die schwache Brise, und die Küste rückt immer weiter weg. Zuweilen, wenn die Sonne scheint, kann ich seinen Gipfel sehen, aber ich kann es nicht mehr riechen, weil der fürchterliche, ekelhafte Geruch des Salzwassers alles durchdringt. Es ist ein anderer Geruch, männlich und aggressiv, stark wie der eines Kriegers.

Zu dieser frühen Stunde mit ihrem ungewissen Licht ist der riesige Rumpf der *San Antonio* noch schwärzer, und sein langer Schatten reicht bis an das Heck unseres Schiffes.

Dann zieht sich der Kapitän zurück, ohne mir auch nur gute Nacht zu sagen, während im Eichenbauch der *Trinidad* das an jedem Tag gleiche Leben von neuem anhebt.

Eintönig sind die Tage, wenn wir auf Wind warten. Sie vergehen nur langsam und wiederholen sich gleichmäßig, ohne daß etwas geschieht.

Der Überdruß beherrscht die Männer, und sie wandeln wie Gespenster willenlos umher.

Weder feierliche Reden noch Versprechungen sind in der Lage, ihren von kranker Sehnsucht bedrückten Mut zu heben.

Unter diesen Bedingungen haben die Späße Deines Juanillo mehr für die Moral des Unternehmens getan als die Beredtheit und Besessenheit der Kapitäne. Der *Conde del Maluco*, der Graf der Molukken, ist ein Erfinder von Geschichten, zumeist anzüglichen, wie jene von Melibea, die, nachdem sie das Glied ihres Stiefvaters zwischen ihren Beinen und das ihres Beichtvaters in ihrem Mund ausprobiert hatte, ihren Körper an denen einiger hoher Damen bei Hofe rieb, in der Absicht, ihre Glut zu befriedigen; und sie war so feurig, Hoheit, daß sie sich schließlich in einen Stier verliebte, weshalb sie, um sich besteigen zu lassen, ein plumpes Gestell bauen ließ, in das sie sich, mit der Haut eines Kalbs bedeckt, auf allen vieren begab, und das Tier, der Nähe zu den Weibchen seiner Art beraubt, führte bei ihr, auf das seltsame Gestell gestützt, sein Glied ein, das wie ein glühendes Eisen war.

Ihr hättet sie sehen sollen, Majestät, Eure Argonauten, wie sie an Deck in der Sonne lagen mit so steifen Gliedern in der Hose, daß man meinte, ein neues Geschwader rüstiger Maste segle dahin – dank des Werkes und des Witzes Deines Juanillo Ponce!

Ebenso gefiel es ihnen, die Geschichte von der Herzogin Rosinalda zu hören, welche König Cacavus von Ungarn in ihrer Burg belagerte. Jeden Morgen mußte die Schöne, hinter ihren Burgzinnen verborgen, mit ansehen, wie ihre Männer starben, bis sie aus Angst um ihr Erbe und das Leben ihrer Töchter, die bereits den künftigen Königen von Frankreich und Deutschland anverlobt waren, nach ihrem Feind schickte, ihm auszurichten, daß sie ihren schönen Körper zum Tausch gegen einen Vertrag biete, der ihr das Leben ihrer Töchter und den Besitz ihrer Ländereien und Burgen sichere. Der König antwortete, er halte den Handel für ungleich, denn keine Frau sei so viel wert. Rosinalda aber gab sich nicht besiegt und begann im Blickfeld des ungarischen Heeres nackt zwischen den Zinnen zu wandeln. Und sie war so geschickt im Vorzeigen ihrer Reize, daß ihr Auftauchen jedes Mal eine große Verwirrung unter den Belagerern stiftete. Rosinalda entblößte eine Brust, und der Kampf hörte auf. Die Männer der Vorhut blieben wie versteinert stehen, und die Kämpfer der Nachhut rannten, die Befehle mißachtend, zum Fuß der Burgmauern. Und sogar wer mit der Bewachung des Feldlagers beauftragt war, verließ, betört vom Duft nach orientalischem Parfüm und nach der Milch jener Brust, seine Stellung. Bei anderer Gelegenheit zeigte Rosinalda, ihren Körper hinter einer Zinne verbergend, ihren weißen Hintern, und die Ungarn verwundeten sich gegenseitig und erlitten zahlreiche Verluste. Bis endlich am dritten Tag die Herzogin voller Anmut ihren roten Samtrock hob und unverfroren ihr Geschlecht zeigte. Das Gebüsch schwarzer Haare, eingefaßt von einer Art Tiara aus Perlen und halbverdeckt von einem durchsichtigen Netz, darin Diamanten und Rubine funkelten, glänzte wie das kostbarste aller Kleinode. Da konnte Cacavus nicht mehr und ließ der Herzogin ausrichten, er würde die Belagerung aufheben, wenn er dafür ihren Körper genießen dürfe.

Als es Abend wurde, betrat König Cacavus an der Spitze eines imposanten Gefolges die Burg und wurde in das Schlafgemach der Herzogin geführt, wo ihn die Kriegsbeute erwartete.

Doch Rosinalda war eine tugendhafte Frau, die ihrem Gatten, der sich in Jerusalem auf Kreuzfahrt befand, Treue geschworen hatte, und sie war entschlossen, ihren Schwur zu halten. Also steckte sie sich Hühnerfleisch unter die Brüste, bestrich ihr Geschlecht mit Hammelfett und legte ihre besten Gewänder an. Sie glänzte wie eine reife Frucht in ihrem pfirsichfarbenen Kleid, aber sie stank wie der Teufel. Als Cacavus sie sah, wurde er sehr erregt, aber da so viel Schönheit ihm Respekt einflößte, blieb er reglos an der Tür stehen. »Hol dir deine Belohnung«, sprach Rosinalda zu ihm mit ihrer verführerischsten Stimme. Da ging Cacavus auf das Bett zu, legte seine Waffen und seinen Harnisch ab, zog Rock und Stiefel aus und warf sich in ihre Arme. Aber kaum preßte er seine großen Ungarnlippen auf Rosinaldas Brüste, zwang ihn der Gestank, sich abzuwenden. Er versuchte, den Ekel, den er empfand, zu verbergen, weil er den Stolz der Herzogin zu verletzen fürchtete. Er versuchte, sich zu überwinden, weil er noch immer erregt war. Er tat alles, um sich auf den Anblick jenes juwelengeschmückten Geschlechts zu konzentrieren, welches er vom Fuße der Burgmauer aus gesehen hatte. Und dorthin lenkte er seine Hände. Die Herzogin ließ ihn gewähren. Sie erlaubte ihm, ihr Unterkleid und ihre Wäsche auszuziehen. Erlaubte seinen Fingern, mit den Perlen der Tiara zu spielen. »Gefällt dir meine Schmuckschatulle?« sprach sie zu ihm. Und der sehr erregte Cacavus sagte »Ja, ja.« »Küß mein Juwell!« befahl ihm Rosinalda. Und Cacavus, der so etwas gern tat, steckte seine Nase in das dichte, mit Hammelfett bestrichene Gebüsch. Als er den Gestank wahrnahm, konnte er nicht weitermachen. Er erhob sich. Zog Rock, Harnisch und Stiefel an. Verneigte sich und sagte: »Herrin, Cacavus hat kein Recht, auf diese Weise Euch zu lieben. Ihr seid frei und habt mir nichts dafür zu geben.«

Da entgegnete ihm Rosinalda, die ihren Spott weitertreiben wollte, schnurrend wie eine Katze: »O Cacavus, verlaß mich jetzt nicht! Mach mich zu der deinen. Stoß mich. Nimm dir mein Juwel.«

»Ich bedaure, Herzogin«, sagte der König, »aber um deiner und meiner Ehre willen muß ich gehen.«

«Wegen meines Geruchs, habt Ihr gesagt?« erkundigte sich Rosinalda mit empörter Miene.

»Nein, Herzogin, um deiner Ehre willen«, erwiderte Cacavus. Und dann stob er in Windeseile davon, beschimpfte seine Männer und entfernte sich mit ihnen im Galopp. Keiner traute sich, ihm eine Frage zu stellen, aber alle waren erstaunt über die kurze Zeit, die er im Schlafgemach geblieben war, und an Cacavus' schlechter Laune merkten sie, daß irgend etwas schiefgegangen war.

Der König befahl, das Lager abzubrechen, und bei Sonnenaufgang verließen sie die Gegend. Cacavus blieb weiterhin stumm, aber als sie an Rosinaldas Burg vorbeikamen, rief er: »Bei Gott, wie stinken diese lombardischen Weiber!« Und dann gab er seinem Pferd die Sporen.

Auf Betreiben eines gewissen Sánchez de Reina, der noch immer auf den kahlen Hochebenen des Südens herumirrt, mußte der Bootsmann meine schönen Geschichten verbieten, die doch am Hof und im Salon so gute Aufnahme fanden und sogar in Klöstern und Sakristeien; doch ließen mir die Leute keine Ruhe und wollten mehr hören, und der Narr der Flotte konnte sich dem nicht verweigern.

Abgesehen von diesen Augenblicken der Erheiterung und wenn wir ein wenig mit den Arkebusen prahlten, mit denen wir uns die Zeit vertrieben, verbrachten wir den Rest des Tages mit der Instandhaltung der Schiffe, und das war eine ebenso unfruchtbare Arbeit wie Regen auf dem Meer.

Die Luftfeuchtigkeit und die Seenebel lassen das Metall rosten und blähen das Holz der Rahen auf, die sich mühsam an den Masten in ihren Gelenken drehen. Die gerefften Segel werden von Pilzen befallen, die Bronze zeigt eine grünliche Patina, welche von den Männern morgens eifrig entfernt wird, die jedoch abends wieder auftaucht, und sogar der Stahl der Schwerter wird stumpf und schwarz, soviel Mühe man auch auf die Reinigung verwenden mag.

Unsere Gegenwart und die der Dinge, die sie möglich machen, wird ständig bedroht. Ein unsinniger Wille, zum Ursprung zurückzukehren, der uns unweigerlich der Schutzlosigkeit preisgeben würde, scheint alles befallen zu haben. Das Holz und das Eisen, von der Feuchtigkeit und dem Gift dieser Flaute durchdrungen, verweigern den Gehorsam. Maste, Rahen und die anderen Dinge aus Holz, bis gestern noch der Hand des Menschen willig, blähen sich auf, wachsen und entstellen sich, als wollten sie ihre pflanzliche Herkunft wiedererlangen. Auch die Bronze der Beschläge und das Eisen der Kanonen und der Stahl der Schwerter zeigen sich rebellisch bei unseren Befehlen.

Jeden Tag beginnt von neuem der gleiche Kampf gegen den pflanzlichen oder mineralischen Willen der Welt, die uns umgibt und von der wir abhängig sind.

Das Holz schrubbend oder das Metall polierend, unterscheiden wir die Tage nicht mehr voneinander, bis wir das Gefühl für die verstrichene Zeit verlieren und das Warten ewig erscheint.

»Das ist eure Arbeit«, sagt Francisco Albo, »und ihr müßt sie erledigen. Es spielt keine Rolle, wenn es zu nichts führt. So ist das Leben auf dem Meer. Außerdem«, fügt er hinzu, »hilft es, nicht nachdenken zu müssen.«

Der Kampf um die Macht entbrannte inmitten der Flaute mit der Gewalt eines Sturmes. Der arrogante spanische Adel, von Euch der Willkür eines portugiesischen Abenteurers untergeordnet, sollte mehr als einmal versuchen, sich den Usurpator vom Halse zu schaffen.

Eines Morgens, nachdem wir mit Warten auf Wind so viele Tage die Gefangenen dieser Gewässer waren, erscheint Juan de Cartagena, Vetter des Bischofs von Burgos und Inspekteur der Indiengesellschaft, auf dem Flaggschiff.

Was mochte diesen Mann bewogen haben, sich bei einem Unternehmen wie dem unseren einzuschiffen?

Besagter Cartagena hatte es nicht nötig, sich der Gewürze wegen zu den Molukken aufzumachen, weil er genug davon auf seinem Tisch hatte, wohin sie ihm auf der Fahrt in den Orient gebracht wurden; weder mußte er für Gold nach Neuindien fahren oder neue Länder seinen Besitztümern hinzufügen, welche allesamt aufzusuchen er in den dreißig Jahren seines Lebens noch nicht vermocht hatte; noch mußte er sein Ansehen vergrößern, das in der Schlacht von Alfácar, in der er beide Beine verloren hatte, mit Ruhm bedeckt worden war. Er war auch kein junger Draufgänger wie Gaspar de Quesada noch ein Schwachkopf wie Ruy Faleiro. Er liebte wie kein anderer das behagliche Leben im Palast. Er genoß Seide und Samt, Gold und Marmor, Weine und fette Speisen; er war stets parfümiert wie eine Kurtisane und ein Beispiel an Anmut und Eleganz in der Art, wie er auf sein Äußeres achtgab. Was also bewog jenen zum Krüppel geschlagenen Mann, sich als Seefahrer zu betätigen und namenlose Meere zu befahren, einem Kurs folgend, den er nicht kannte, einem Schicksal nachjagend, das in unbekannter Ferne lag? Und doch wollte er vom ersten Augenblick an bei dem Unternehmen dabeisein, und es gelang ihm schließlich, daß der mit ihm verwandte Bischof Fonseca, ein Mann von großem Einfluß, Eurer Majestät riet, ihn zum Inspekteur der Indiengesellschaft zu ernennen, als Ersatz für Ruy Faleiro. Wie sehr bemühte sich Don Juan, dies hohe Amt zu bekommen, ohne zu ahnen, wie verhängnisvoll es für ihn sein würde.

An diesem Morgen also erscheint Don Juan ohne Vorankündigung auf der *Trinidad.* Es begleiten ihn der Kosmograph Andrés de San Martín sowie vier der zehn Diener, die der Inspekteur an Bord hat. Ihre Aufgabe ist es, Cartagena, der unbeweglich in einem schweren und prächtigen Armsessel sitzt, auf das Schiff zu hieven.

Esteban Gómez, der Steuermann des Flaggschiffs, bringt sie zum Achterkastell. Unter dem Sonnendach, die Augen auf eine der Seekarten geheftet, befindet sich Don Hernando und steckt wie immer in seiner Rüstung. Seit uns die Winde verlassen haben, hat sich mein Herr in ein hartnäckiges Schweigen gehüllt, das undurchdringlicher als das Eisen ist, mit welchem er seinen Körper gegen einen eventuellen Überfall schützt.

Don Juans Diener setzen den Armsessel mit äußerster Vorsicht auf das Deck und verschwinden. Andrés de San Martín, der neben ihm steht, räuspert sich. Don Hernando sieht nicht auf.

Cartagena trägt ein feines Hemd aus Holland, einen grünen Samtumhang, der über die Arm- und Rückenlehne des Sessels fällt, und Beinkleider aus dem gleichen Stoff. Die Sonne spiegelt sich in den Schnüren und Goldspangen, welche die Hosen des Inspekteurs an der Stelle verschließen, wo seine Beine fehlen. Eine Hand hat er am Jadeschaft seines Schwertes, und mit den Fingern der anderen trommelt er ungeduldig auf die Sessellehne.

San Martín sagt Esteban Gómez etwas ins Ohr; dieser nickt und nähert sich meinem Herrn. Der Steuermann flüstert Don Hernando etwas zu, und der antwortet, ohne den Blick zu heben: »Wer, sagst du, sei gekommen? Der Inspekteur der Krone? Ich erinnere mich nicht, ihn gerufen zu haben.«

Esteban flüstert meinem Herrn erneut etwas ins Ohr. »Nun gut«, sagt dieser, »wenn er schon hier ist, möge er sprechen.«

Seine Wut mühsam im Zaum haltend, sagt Cartagena, er sei gekommen, um im Namen der Indiengesellschaft, deren Interessen er vertrete, nach dem Grund für diesen langen Umweg zu fragen, durch den wir fast zwei kostbare Monate Fahrt verloren hätten, die Schiffsvorräte wie die Stimmung der Männer aufs Spiel setzend. Die Flaute verderbe das Wasser in den Fässern, lasse die Lebensmittel in den Schiffsräumen verfaulen und verpeste die Seele der Leute, die nur an Umkehr denken, sagt er. Unser Trinken und unser Essen und unsere Träume und Erwartungen, alles vergiftet, alles dem Verderben ausgeliefert durch Schuld des unsinnigen Kurses, den wir nehmen. Wenn du wirklich die Absicht hast, die Molukken von Westen her zu erreichen, wie einige sagen, warum dann nach Süden steuern und den Widrigkeiten jenes Teiles der Welt die Gefahr hinzufügen, welche von den portugiesischen Schiffen ausgeht? Sollte der Generalkapitän vielleicht übersehen haben, daß der König von Portugal Schiffe ans Kap der Guten Hoffnung mit dem Ziel gesandt hatte, die Durchfahrt der Flotte ins Indische Meer zu stoppen? Wollten wir vielleicht den Kriegsschiffen López de Sequeiras begegnen? Sollte mein Herr womöglich nicht wissen, daß der Vizekönig von Indien über eine weitaus mächtigere Armada verfüge, die in der Lage wäre, die Flotte samt ihrer Fracht an Männern und Tauschwaren auf den Grund des Ozeans zu schikken? Nein, mein Herr konnte diese Dinge nicht übersehen haben; nicht er, der an der Seite von López de Sequeiras gekämpft hatte. Sollte alles nur Lug und Trug sein, dazu bestimmt, dieses kostspielige Unternehmen scheitern zu lassen? So fragt er. Er jedoch weigere sich, den Befehlen Don Hernandos weiter Folge zu leisten, bis dieser ihn nicht in Kenntnis gesetzt habe über den Kurs und die Pläne der Flotte. Sie sollten gemeinsam darüber reden. Hatte der König etwa nicht die Beamten der Casa de Contratación mit Datum vom 15. Mai 1519 angewiesen, daß der Generalkapitän und Faleiro schriftlich den Kurs bestimmen sollten, welcher einzuschlagen war, und daß diesem zufolge und in Übereinstimmung mit ihm die Instruktion erteilt werde, mit allen Längenberechnungen, die besagter Faleiro vorgeben würde; wobei diese den Steuermännern gezeigt und jedem eine beglaubigte Abschrift zu ihrer Befolgung ausgehändigt werden sollte? Und dennoch wußten weder er noch die anderen Kapitäne und Steuermänner etwas über den Kurs der Flotte. Doch er sei nicht mehr bereit, unter diesen Bedingungen weiterzufahren, bekräftigt er.

Kühl, gefaßt und ohne auch nur einmal die Augen von den Seekarten erhoben zu haben, die ihn gerade beschäftigen, antwortet der Generalkapitän, wobei er den Kopf in seinem metallnen Panzer kaum bewegt: »Der Herr Inspekteur ist wie die anderen verpflichtet, mir Gefolgschaft zu leisten.«

Für einen Augenblick verstummt Don Juan. Unruhig, sich mit beiden Händen aufstützend, setzt er sich im Sessel zurecht.

»Euch Gefolgschaft zu leisten – wohin?«

»Der Königliche Brief, auf welchen Ihr verweist, trat im Juli außer Kraft. Die Pläne der Flotte sind geheim. Ein Geheimnis zwischen dem König und mir«, antwortet der Generalkpitän und schaut ihm zum ersten Mal in die Augen.

»Ein Geheimnis, bei dem das Leben von zweihundertfünfzig Männern auf dem Spiel steht und das die Interessen der Indiengesellschaft kompromittiert, welche ich vertrete«, entgegnet Cartagena, sichtlich bemüht, die Beherrschung nicht zu verlieren und so gefaßt zu bleiben wie sein Widersacher.

»Der Inspekteur der Krone ist ebenso wie der Rest der Besatzung dem Unternehmen durch einen Vertrag verpflichtet, den er unterzeichnet hat; wo liegt da der Unterschied, ob man den Kurs der Flotte kennt oder ob man ihn nicht kennt?«

Angesichts der kühnen Antwort zögert Don Juan. Die Schatten des Takelwerks kreuzen sein Gesicht mit den vornehmen Zügen. Ein paar Wolken schieben sich zwischen Schiff und Sonne und dämpfen ein wenig das verschwenderische Licht.

»Ist es nicht Sache vernünftiger Männer, etwas über die Bestimmung der Flotte wissen zu wollen? Seit vielen Tagen sind wir wegen des fehlenden Windes die Gefangenen dieser öden Gewässer. War auch das in den Geheimplänen der Flotte vorgesehen? War es in Euren Plänen vorgesehen, Kapitän? Und was wird nun geschehen? Wie kommen wir von hier fort? Wohin richten wir den Bug unserer Schiffe? Sagt es, Kapitän, oder habt Ihr kein Vertrauen in Eure Männer? Vertraut Ihr etwa nur Euren Instrumenten und dem Kurs, den Ruy Faleiro für Euch berechnet hat? Ist es vielleicht nicht vernünftig, worum man Euch bittet?« beharrt Don Juan.

Don Hernando scheint unentschlossen. Er weiß, es herrscht Furcht und Unzufriedenheit unter seinen Männern. Er kennt aus eigener Erfahrung die schrecklichen Auswirkungen der toten Gewässer. Er kennt ihr langsam wirkendes Gift. Er weiß genau, daß der Wahnsinn sich rasch eines durch Windstille festgehaltenen Schiffes bemächtigt. Andererseits gewahrt er die natürliche Autorität, die von Cartagena ausgeht, und im Geiste mißt er ihrer beider Kräfte. Drei der fünf Schiffe würden dem Inspekteur gehorchen; er aber kann sich nur auf Serrano von der kleinen *Santiago* verlassen.

Die Haltung, die unser Kapitän einnehmen wird, ist ein vollkommenes Rätsel. Wird er den Drohungen Cartagenas zum Nachteil seiner eigenen Autorität nachgeben, oder wird er versuchen, seine Macht auszuspielen? Entscheidet er sich für diesen letzten Ausweg, sollen wir ihm dann treu bleiben oder uns auf die Seite des Inspekteurs schlagen? Wer von beiden wird am Ende der Sieger sein, der allmächtige Don Juan oder der kühne Abenteurer Don Hernando? Wenn der Kampf ausbricht, auf welcher Seite werde ich stehen? Das ist die Frage, die sich jedermann stellt; denn eines ist gewiß: Es wird Strafen und Repressalien geben für alle Verlierer.

Da wir gerade von Strafen und Repressalien reden, laß mich Dich einmal mehr fragen, Hoheit, warum Dein Sohn Philipp, der groß ist wie ein Turm, seine Wut an mir ausläßt, der ich von der Größe eines Wichts bin. Warum erregt sich die mächtige Unterlippe der Habsburger gegen diesen bescheidenen Diener, der seinem Hause nichts Böses getan hat? Weil es stimmt, daß Juanillo zuviel redet und seinen Vortrag mit ein paar kleinen Lügen würzt – aber wer nimmt ihn schon ernst? –, um ihn schmackhafter zu machen, leiht Philipp, der blond und blauäugig ist wie ein Posaunenengel, verführerisch wie eine Nymphe und fromm wie eine Päpstin, vielleicht den Schwindeleien eines zwergenhaften und mißgestalteten Schwätzers sein Ohr? Ist es seiner vielleicht würdig, der weise ist wie ein Rabe, listig wie ein Fuchs und mächtig wie ein Löwe, hinter einem kleinen Wiesel herzulaufen, wie ich eines bin? Ich sei vor Zeiten umhergezogen und habe, mein Brot zu verdienen, ein paar Dummheiten erzählt? Das stimmt, aber es waren Scherze ohne böse Absicht, harmlose Witze: daß es in Leganés einen Knaben gäbe, den man Hieronymus nennt und der ein Bastard des Kaisers sei; daß Don Carlos ihn im Schoß einer hübschen Wäscherin gezeugt habe, zu deren Aufgabe die Pflege der königlichen Beinkleider gehörte und die eines Tages schwanger wurde, weil sie eine jener Hosen anzog, um zu sehen, wie es sei, wenn man König ist, aber daß Eure Hoheit sie geliebt habe, weil sie eine feurige und saubere Dame gewesen sei, und daß der so gezeugte Knabe der Liebling Eurer Majestät gewesen sei, oder: die Kaiserin Isabella sei gestorben, als sie einem Kind mit einem Kalbskopf das Leben schenkte, und auch Philipp habe einen Kalbskopf gehabt, aber die königlichen Chirurgen hätten es verstanden, die Sache wieder in Ordnung zu bringen, damit er ein menschliches Aussehen bekäme, und am meisten hätten ihnen die Hörner zu schaffen gemacht, die ihm ein ums andere Mal nachwuchsen; daß sie nicht vermocht hatten, ihm den Kiefer zu richten, weswegen er ein Kuhgesicht habe, oder daß Don Luis de Quijada Philipps eigentlicher Vater sei, weil sie beide mächtige Unterkiefer hatten, wenngleich der von Philipp größer war. Alle wußten, daß es Scherze waren und lachten mit gesundem Humor darüber. Sogar die Herren von der Inquisition, als sie mich in Philipps Auftrag verhörten. Sie lachten sich fast tot, Hoheit, aber als sie es müde wurden, ihren Spaß an mir zu haben, wurden sie sehr ernst und fingen von der Reise an. Da erfuhr ich, daß sie mich nicht wegen der Scherze festgenommen hatten. Sie wollten wissen, warum ich durch Häuser und Marktplätze ziehe und behaupte, was Eure Chronisten sagen, sei alles Lüge. Und auch, warum ich immer Erkundigungen einzog nach meinen alten Reisegefährten. Wozu ich sie suche. Warum ich nach Beatriz, der Frau meines Herrn, frage und warum ich mich »Graf Maluco« nennen lasse. Und ob es wahr sei, daß ich eine Chronik voller Lügen schreibe, um sie dem Kaiser vorzulegen. Und da ich alles verneinte und bei Gott schwor, alles sei erstunken und erlogen, nichts davon sei wahr, ich die Reise seit langem vergessen hätte und kein Interesse habe, mich an sie zu erinnern, sagten sie zu mir: »Du bist ein jüdischer Hurensohn, und wir werden dich lehren, nicht zu lügen!« So brachten wir eine Weile zu, sie beschimpften und bedrohten mich, und ich schwor bei der Asche meines unbekannten Vaters, bis sie mich in ein Verlies warfen, wo sie mir drei Tage lang nicht einmal Wasser gaben. Nach Ablauf dieser Frist fingen sie erneut mit ihren Verhören an. Sie stellten mir dieselben Fragen, und ich gab dieselben Antworten, und sie steckten mich wieder in dasselbe Verlies und verweigerten mir dasselbe Wasser, abgesehen von ein paar Schlucken, die ich zwischen Frage und Antwort trinken durfte, weil ich so schwach war, daß ich nicht einmal mehr sprechen konnte. Die Prozedur wiederholte sich in gleicher Weise an die viertausendmal, bis sie mir sagten, daß ich frei wäre, wenn ich eine Erklärung unterschreiben würde. Ich dachte nur daran, meine Haut zu retten, so daß ich, ohne es zu lesen, ein Papier unterschrieb, welches sie mir reichten. Dann sagte einer der Richter oder Gerichtsdiener, oder was immer sie waren, mit zynischem Lächeln zu mir, ich brauche nicht mehr zu erscheinen, um meine Pension abzuholen, die mir für meine Dienste in der Flotte zustand, weil ich meiner eigenen Erklärung zufolge nie an einer Expedition zu den Molukken teilgenommen hätte. Und als ich protestierte, las er mir vor, was ich unterschrieben hatte, und sodann eine Liste der Überlebenden, auf der mein Name nicht erschien. Und ich solle mich ja nicht beschweren, fügte er hinzu, weil man mich aufhängen oder die Rückgabe all dessen fordern könnte, was ich in diesen Jahren durch Betrug verdient hätte. Ich konnte es nicht glauben und bat ihn, mir die Liste zu zeigen. Aber lesen konnte ich sie nicht, weil meine Augen mich im Stich ließen. Er tat es noch einmal, und ich zählte mit den Fingern nach: Es fehlte einer, und dieser eine war ich.

So kam es, Hoheit, daß der Name und jeglicher Hinweis auf Juanillo Ponce, Graf Maluco, durch die Gnade meines Herrn Don Hernando, aus den Listen und auch aus den Chroniken verschwand. So kam es, daß ich mich meiner Pension und meiner Identität beraubt sah. Juanillo war ein Gespenst. Sein ganzes Leben hatte sich um jene verdammte Reise gedreht, und mit einemmal sprach man ihm jede Beteiligung ab. Deshalb habe ich meine letzten Kräfte der Suche nach weiteren Überlebenden gewidmet. Ich hoffte, daß sie mich wiedererkannten. Und ich fand deren einige. Durch sie erfuhr ich, worauf unsere ruhmreiche Reise um die Welt letztendlich hinausgelaufen war, aber das ist eine andere Geschichte, die ich mir für den Schluß aufhebe; wichtig ist jetzt eine andere Sache: Keiner meiner alten Seegefährten hat mich wiedererkannt. Der eine zeigte sich höflich, der andere mitleidig, und es gab keinen, der nicht auf meine Fragen Antwort gab; aber allen war ich ein Fremder. Eingeschüchtert von den Inquisitoren, oder wer immer die waren, die mich verurteilt hatten, weigerten sie sich, mich wiederzuerkennen. So daß ich mir, als ich mich mit meiner Wahrheit allein sah, sagte: »Ich habe nur noch Don Carlos. Er muß mir glauben. Er muß von mir gehört haben.« Eure Hoheit weiß, wer der Graf Maluco ist. Don Carlos wird es machen, daß man mich wieder auf die Listen setzt und mir die Pension zurückgibt. Und falls es sehr aufwendig ist, die Listen neu zu schreiben, werde ich wenigstens mein Geld wiederbekommen. Und so ging ich daran, diese Chronik zu schreiben, die wie folgt weitergeht:

Francisco Albo, der Obermaat der *Trinidad*, beobachtet aufmerksam Don Hernando, als möchte er seinen Befehlen zuvorkommen. Neben ihm nehmen die drei anderen Offiziere verschiedene Haltungen ein, die jedoch gleichfalls von der Vorsicht geprägt sind, welche die Situation erfordert. Esteban Gómez beobachtet Cartagena. Juan Bautista betrachtet seine Fußspitzen. Gonzalo läßt zerstreut den Blick über das Mastwerk und den Himmel schweifen, von dem es sich abhebt.

Einige Männer, es sind die verwegensten, haben die Wanten und Nocken der Rahen erklommen, um ungehindert beobachten zu können, was auf dem Achterkastell geschieht. Die *Trinidad* ähnelt jetzt einem alten Baum voll von ruhenden Vögeln.

Ich gedachte mich im Unterdeck zu verstecken, bis sich der Pferdefuß an der Sache gezeigt hätte, als ich die gedämpfte Stimme meines Herrn vernahm, welche langsam und scharf aus dem Eisen hervordrang. Er war aufgestanden und glänzte in der Sonne wie ein Heidengott.

»Hast du keine Angst, der du ein Krüppel bist, hier auf mein Schiff zu kommen und die Männer zu Meuterei anzustiften?« fragte er.

»Ich warne Euch, die Kanonen der *San Antonio* sind in diesem Augenblick auf Euer Schiff gerichtet: Und zweifellos werdet Ihr nach ihnen dem Feuer der *Concepción* und der *Victoria* standhalten müssen«, sagte Don Juan und rang sich ein Lächeln ab.

»Und was wirst du deinem König sagen? Du habest dich gegen seine Macht erhoben? Meine Befehle nicht befolgt? Daß du mich verraten hast? Oder womöglich, daß du eifersüchtig warst, alle Reichtümer für dich allein wolltest, alle Nelken und allen Zimt nur für deinen Tisch brauchtest? Aber nein, du wirst ihm womöglich sagen, daß du ein Feigling bist, daß du Angst gehabt hast, daß du, kaum warst du an Bord, um dein Leben gefürchtet hast und nur an Rückkehr denken konntest. Denn ich will dir sagen, was ich jetzt mit dir tun werde: Ich werde dir die Zunge herausschneiden und dich an den Großmast hängen, damit alle Welt sehen kann, wie Verräter enden. Waffenmeister, nehmt diesen Mann gefangen!«

»Kapitän ...!« sagte Andrés, der bis zu diesem Augenblick geschwiegen hatte und jetzt umsonst versuchte einzugreifen.

»Das wirst du nicht wagen!« rief Cartagena herausfordernd.

»Die Todesstrafe demjenigen, der versucht, diesen Mann zu verteidigen!« sagte mein Herr.

»Roque, Joan!« rief Don Juan seine Diener. »Bringt mich aufs Schiff! Ich werde diesem Wahnsinnigen nicht Folge leisten!«

»Du hast kein Schiff mehr«, erwidert Don Hernando unnatürlich langsam artikulierend.

Der Inspekteur öffnet den Mund, um zu antworten, aber diesmal kommen die Worte nicht über die Barriere der Zähne, sie rollen die Kehle hinunter, es scheint, als ersticke er an ihnen. All seine Kräfte sind jetzt auf die eisige Berührung des Stahls konzentriert, welcher ihm die zarte, parfümierte Haut am Hals zu verbrennen scheint.

In dieser Nacht rief mich der Kapitän in seine Kabine. Er lag in der Koje ausgestreckt mit angelegter Rüstung, und neben ihm saß mit gekreuzten Beinen sein Sklave Enrique auf dem Boden. Don Hernando hatte ihn als Kind aus Malacca mitgebracht, und er befand sich in der Flotte nicht nur zu seinen persönlichen Diensten, sondern auch als Dolmetscher. Mein Herr mochte ihn sehr gern, und Enrique vergalt es ihm mit der Treue eines Hundes. Er war es, der zuerst das Essen probierte, welches man seinem Herrn brachte, und in der Nacht schlief er ausgestreckt am Boden neben dessen Tür mit einem schreckenerregenden Dolch in der Hand. An Deck ging er nur, wenn sein Herr es tat, und blieb die übrige Zeit eingeschlossen in der Kammer. Es fehlten selbstverständlich diejenigen nicht, die sagten, daß er bei Don Hernando auch die Rolle der Frau übernahm, eine übrigens sehr seemännische Angewohnheit, welche sich der Generalkapitän auf seinen langen Reisen zugelegt haben mochte; aber ich persönlich habe das nie geglaubt. Don Hernando war zu sehr um die Zukunft besorgt, um eine andere Art von Bedrängnis zu spüren, wo er doch kaum das Essen zu sich nahm. Diese Gerüchte, wie so viele andere, die über meinen Herrn kursierten, waren erfunden, vielleicht von Neid oder Eifersucht eingegeben, obgleich dieser ergebene und ölglänzende Sklave, das muß ich Euch gestehen, nach zwei Monaten auf hoher See, ziemlich attraktiv wirkte.

Als ich eintrat, sah mich Enrique argwöhnisch an, man konnte meinen, daß ihn meine Anwesenheit störte. Der Kapitän sagte, er könne nicht schlafen und wünsche irgendeine Romanze zu hören. Von allen mochte er am liebsten jene, welche die Abenteuer des Infanten Arnaldos erzählt, und er brachte es fertig, sie mich hundertmal wiederholen zu lassen, mich immer zu unterbrechen, um die Betonung oder den Tonfall zu korrigieren, welche ich einem bestimmten Wort gab.

Also setzte ich mich wie eine liebevolle Mutter ihm zu Füßen und begann jene Verse vorzutragen. Er hörte mir mit halbgeschlossenen Augen zu. Mit einemmal und ohne sie zu öffnen, unterbrach er mich: »Es tut mir leid«, sagte er. Und da ich ihn erstaunt ansah, fügte er hinzu: »Ich bedaure, auf diese Weise habe handeln zu müssen, aber es gab keinen anderen Weg.«

Ich wollte ihm antworten, aber bevor ich es tun konnte, gab er mir mit einer Handbewegung zu verstehen, daß ich fortfahren solle. Als ich zu den Zeilen kam, in welchen der Seemann dem Infanten antwortet:

»Ich singe mein Lied nur dem,
der mit mir geht«,

sagte er: »Cartagena ist ein guter Mann, aber er lebt in der Vergangenheit. Er ist Ballast, den ich abwerfen muß.« Und seine Worte schnitten wie Stahl.

Wir schwiegen beide, und er schloß die Augen.

»Sag diese Romanze noch einmal für mich auf«, sagte er dann.

Als ich zum Ende kam, schien er eingeschlafen. Er rührte sich nicht, und sein Atem ging tief. Das Eisen, mit dem seine Brust bedeckt war, bewegte sich in gleichmäßigem Rhythmus. Es hob sich, erhaschte für einen Augenblick den Schein der Lampe, die von der Kabinendecke hing, und gleich darauf senkte es sich düster in die Dunkelheit des kleinen Raumes – auf und ab, einmal und noch einmal, als hätte es ein eigenes Leben.

»Was glaubst du, mag Beatriz jetzt tun?« sagte er plötzlich.

»Beatriz, Herr?« erwiderte ich verwirrt.

»Meine Frau. Was glaubst du, tut sie jetzt?«

Die Frage überraschte mich.

»Ich weiß es nicht, Herr.«

»Und der kleine Rodrigo? Weißt du, daß meine Frau wieder ein Kind erwartet? Vielleicht ist es schon geboren. Erzähl mir von ihnen.«

»Ich kenne sie nicht, Kapitän.«

»Du bist doch Dichter, oder? Schließ einfach die Augen und sag mir, was du siehst.«

Ich zögerte, aber es war offensichtlich, daß er sehnsüchtig auf meine Worte wartete.

»In Sevilla geht jetzt die Sonne auf und . . .«

»Sie ist nicht in Sevilla«, unterbrach er mich. »Aber das macht nichts, fahr fort.«

»Also, es ist die Stunde des Sonnenaufgangs, und da ist ein Balkon, der auf einen verlassenen Platz hinausgeht, und in dem Zimmer, das kaum hell ist vom undeutlichen Licht der Morgendämmerung, geht eine Frau barfuß auf und ab, die Hände liegen auf dem wie eine reife Frucht geschwollenen Leib. Neben ihrem Bett steht Rodrigos Wiege, die Ihr aus dem gleichen Holz wie die *Trinidad* habt zimmern lassen, und die Frau schaukelt die Wiege, wie die Wellen das Schiff wiegen, ganz sacht.«

»Das gefällt mir«, sagt er. »Weißt du, daß mein Sohn wegen Faleiro Rodrigo heißt? Wir waren sehr gute Freunde. Aber dann ist er wahnsinnig geworden, und dein König hat ihn von dem Unternehmen ausgeschlossen.«

»Also ist es wahr, was man sagt?«

»Was sagt man denn?«

»Daß die Berechnungen und Bemessungen des Kurses das Werk eines Wahnsinnigen sind, Herr.«

»Er dachte, ich hätte etwas mit der Entscheidung von Don Carlos zu tun. Aber dem war nicht so. Es gab gewisse Zwänge. Er war mein Freund.«

»Man sagt auch, daß er ein Seher und Sterndeuter sei.«

»Als Cartagena statt seiner ernannt wurde, habe ich geraten, daß sein Bruder Francisco Faleiro als Kapitän auf einem der Schiffe mitfahren solle. Ich wußte, daß er der einzige war, dem Ruiz eine geheime Methode weitergeben würde.«

»Daß er sich wahnsinnig gestellt hat, um nicht fahren zu müssen, weil sein Dämon ihm das unheilvolle Ende der Flotte gezeigt habe.«

»Ich brauchte seine Methode zur Beobachtung der Ost-West-Länge mit den entsprechenden Berechnungen. Aber er weigerte sich, mich zu unterrichten.«

»Ist er wirklich verrückt, Kapitän?«

»Das muß nicht deine Sorge sein. Sag mir lieber, was tut sie gerade?«

Ich zögerte. Zu gern hätte ich mehr über den Kurs und seinen Urheber gewußt, aber es war ein Gespräch unter Tauben, und ich fürchtete meinen Herrn zu irritieren, wenn ich weiter in ihn drang.

So fuhr ich fort mit meiner Geschichte: »Sie beobachtet den ruhigen Schlaf des Kleinen. Sie denkt, daß er Euch ähnlich sieht, und lächelt. Dann geht sie zum Balkon und beugt sich hinaus, um den Himmel zu betrachten, an dem die letzten Sterne verlöschen. Ich glaube, sie stellt sich fünf schwarze Buge vor, die eilig durch die Wellen jagen. Ihre Augen ruhen auf der *Trinidad*, die vergnügt und stolz den Weg öffnet, und ihr Blick reicht bis in die Kabine, wo ihr Gatte wacht und an sie denkt. Sie stellt sich vor, wie sie ihn bei seiner Rückkehr mit beiden Kindern empfangen wird. Sie sieht sich sehnsüchtig am Pier stehen, während die Schiffe in den Hafen einfahren, die Luft mit dem Wohlgeruch der Gewürze schwängernd, und das Königliche Gefolge sich bereit macht, Euch Ehren zu erweisen. ›Jener Herr da ist der König‹, sagt sie zu Rodrigo. ›Wo ist Papa?‹ fragt der Knabe. ›Ich sehe ihn nicht, wo ist er?‹ beharrt er, während der schwarze Koloß der *Trinidad* sich dem Pier nähert und der Schatten ihrer großen Segel die Köpfe all derjenigen streift, die dort warten, und dabei den Glanz der Krone Seiner Majestät auslöscht.«

»Ist sein Vater nicht dabei?« fragt Don Hernando.

Ein Schauder überläuft mich und eine dunkle Vorahnung überfällt mich.

»Warum legst du nicht die Rüstung ab, Herr? Es wäre bequemer für dich, und der Schlaf käme leichter«, sage ich.

»Ich darf nicht. Dieser Panzer schützt mich gegen die Menschen.«

»Weißt du, daß es heißt, da drin sei nichts?«

»Was glaubst du?«

»Ich glaube, da drin steckt ein großer Mann.«

»Da siehst du, weshalb ich den Panzer nicht ablegen kann«, antwortet er und fügt hinzu: »Ist sein Vater nicht dabei?«

»›Dort ist er‹, sagt auf einmal die Mutter. Ihre Stimme erstickt in Tränen. Das Kind ruft und winkt mit beiden Armen. Die Menge bricht in Jubel aus, und die Kanonen der Flotte zerfetzen die laue Morgenluft«, sage ich.

Am nächsten Morgen ruft der Kapitän die Kommandanten zum Rat zusammen. Cartagena ist zum Meuterer erklärt und in Arrest genommen worden. Den Befehl über sein Schiff bekommt Antonio de Coca. Die Fahne mit den Wappenzeichen Don Hernandos ist auf dem Großmast der *San Antonio* über die Toppen geflaggt. Mein Herr nimmt den Vorschlag an, Don Luis de Mendoza die Bewachung des Inspekteurs anzuvertrauen. Jeder neuerliche Versuch der Meuterei soll mit dem Tod durch Enthaupten bestraft werden. Alle scheinen einverstanden, und die Junta geht mit merkwürdiger Eile auseinander; die Kommandanten zeigen sich begierig, auf ihre Schiffe zurückzukehren.

Für den Augenblick jedenfalls ist das Gerangel um die Macht in den Hintergrund getreten. Denn die Brise, die sich anzudeuten scheint, erfordert jetzt jede Aufmerksamkeit.

Es beginnt wie ein leichtes Erschauern der während so vieler Tage ruhigen Luft. Dann ist es ein fast vergessenes Gefühl der Erleichterung auf der Haut. Nun schärfen sich die Sinne. Das Bewußtsein wird Wahrnehmung. Mählich wölbt sich das Meer, und eine Welle rollt unter den Rumpf. Gedämpftes Knarren von Holz. Ein ganz leichtes Schwanken der Maste. Vom Mastwerk der *Concepción* heben ein paar Vögel zum Fluge an. Die Kommandanten diskutieren, aber ihre Worte sind Vorwand und sie selbst ausgerollte Segel im Warten auf Wind. Sogar Cartagena, der regungslos in seinem Armstuhl sitzt, bläht die Nasenflügel, als wolle auch er auf diese Weise die ersten Anzeichen wahrnehmen. Trotzdem scheinen alle sie nicht wahrnehmen zu wollen, und jeder begibt sich stillschweigend auf sein Schiff. Eine Weile später ergießt sich eine frische steife Brise wie Honig über die Decks und lähmt die Männer mit ihrer unverhofften Liebkosung.

In dieser Nacht wurde aus der Brise ein starker Wind. Wie von der unsichtbaren Hand eines fremden Gottes berührt, fuhren die Hölzer der *Trinidad* aus ihrem Todesschlaf. Der ganze ehemalige Eichenwald von Corpes erwachte wieder zum Leben. Das alte Schiff, so viele Tage hindurch still und schweigsam, begann in seiner ganzen Länge und Breite zu beben und zu knarren. Es knarrte der Kiel und der Bugspier, es stöhnten die Bodenbretter und die an ihnen befestigten Leisten, um die Rippen jenes merkwürdigen, in der Erde Eures Königreiches geborenen Pflanzenkörpers zu bilden. Es seufzten die großen Balken, die das Deck, den Schauplatz unseres Unglücks, hielten. Maste und Segelwerk schrien ihren Durst nach Abenteuern heraus, den ihre Hersteller ihnen als letzte Bestimmung mitgegeben hatten.

Am anderen Morgen schwollen die Segel an wie der Bauch der Mütter, die uns für dieses wahnwitzige Unternehmen geboren hatten. Es spannten sich die schlaffen Taue, und die Schiffe hörten auf, Inseln zu sein, rebellisch gegen den Willen der Steuermänner, um sich durch die Wellen hindurch einen Weg zu bahnen gen Süden, in die Richtung, die mein Herr ihnen gewiesen hatte.

Niemand, nicht einmal Cartagena, hätte sich jetzt an Land gewünscht, wenn man ihm die Freiheit gegeben hätte, es zu tun.

Eines frühen Morgens ist der Polarstern nicht mehr zu sehen, und durch die Schiffsbäuche läuft die Nachricht, daß wir den Äquator passiert haben.

Ein Glück und den Göttern sei Dank – dem meinen wie dem meiner Mutter und allen anderen, lebenden oder toten –, es geschah nichts. Das Wasser begann nicht zu sieden, das Holz nicht aufzuweichen und die Schiffe nicht zu zerschmelzen, wie gesagt worden war, die Abgründe taten sich nicht auf, das Geschwader zu verschlingen, und so sahen wir nach vier Tagen das Kap der Guten Hoffnung sich in der Ferne abzeichnen. Bei 23° 30' nördlicher Breite verließen wir den Südkurs und steuerten nach Westen zum Land des Verzino, das von den Portugiesen Brasilien genannt wird.

Diese Kursänderung brachte nichts anderes mit sich als die Vergrößerung unserer Zweifel. Wir wußten weder mit einer Magnetnadel umzugehen noch Längenberechnungen oder Seekarten zu lesen, noch hatten wir die geringste Vorstellung, ob die Erde die Form einer Birne, einer Weintraube oder eines Rettichs habe.

Was war es, was der Kapitän wirklich vorhatte, fragten wir uns. Wenn unser Ziel die Molukken waren, weshalb berichtigte er jetzt den Kurs, indem er auf das Indien des Generalkapitäns zusteuerte, fragten wir uns. Freilich ging das Gerücht um, er beabsichtige, die Molukken von Westen her zu erreichen. Sollten wir wirklich Teil eines solch verrückten Vorhabens sein?

Die Offiziere wußten nichts. Der Kaplan zeigte sich melancholisch und so, als bereute er, seine ruhige Gemeinde verlassen zu haben, um sich bei diesem Abenteuer einzuschiffen. Der Kosmograph hüllte sich in hartnäckiges Schweigen. Wir alle hatten Angst, aber es war eine unfruchtbare und ohnmächtige Angst, die uns den Launen Don Hernandos noch gefügiger machte. Und wir ließen uns fortschleifen, ohne Widerstand zu leisten.

Während der zwei Wochen Überfahrt hörte der Wind nicht auf, stark und zuverlässig hinter unseren Hecks zu blasen. Wir durchquerten den Ozean mit der Geschwindigkeit eines Traums und machten nur einen Vormittag halt wegen einer dichten Nebelbank.

Mein Herr gab Befehl, die Segel zu streichen, da er ein unsichtbares Riff fürchtete, und dank der mit den Schiffslaternen gegebenen Signale gelang es uns nach zwei Stunden, die fünf Schiffe zusammenzubringen und zu vertäuen. Vielleicht fürchtete er, es könnte ihm in diesem unbekannten Meer, welches der Nebel so unwirklich machte, eines der Schiffe verlorengehen; oder vielleicht war es nur, um zu verhindern, daß, wer sich seinem Kommando widersetzte, die Situation ausnutzen würde, um sich davonzustehlen.

Der Nebel war so dicht, daß die mit dem Befestigungsmanöver beschäftigten Männer kaum die Hand vor den Augen sahen, und dieser Zustand hielt einige Stunden an, bis die kollektive Blindheit die natürliche Ordnung der Dinge völlig verändert hatte.

Seltsam ist die Wirkung eines lang andauernden Nebels, Hoheit. Sehr bald vergißt der Mensch seine täglichen Bezugspunkte und ist dem Chaos ausgeliefert. Sogar die Empfindung, den Himmel über sich und das Meer unter sich zu haben, ändert sich. Niemand vermag wirklich zu sagen, wo das eine anfängt und das andere aufhört, und schon beim nächsten Schritt weiß man nicht, wo das Schiff aufhört und was dann käme. Die komplizierte Geographie von Holz und Tauen, nach wenigen Tagen so vertraut, weil sie sich ständig wiederholt, daß man sie durchquert ohne hinzusehen, beinahe unbewußt, wird unter diesen Bedingungen erneut ein Labyrinth wie am ersten Tag. Ist man eine Weile wie eingetaucht im Nebel, verliert jede frühere Gewißheit ihren Sinn. Jede Kehre, jede Kiste, jeder Bottich kann für die Backe eines Segels gehalten werden und umgekehrt. Das Achterkastell kann mit einemmal am Heck liegen oder einen Tag lang ständig seine Lage ändern. Jede Berührung, jeder Stoß, jeder Laut kann Verwirrung stiften und der vertrauten Ordnung ein Ende bereiten. Mit dieser schrecklichen Binde vor den Augen verwischen sogar die Umrisse oder die Grenzen des eigenen Körpers. Alles ist vage, konfus, chaotisch, unsicher inmitten dieser Wolke, und dennoch strahlt vielleicht wenige Meilen weiter die Sonne, und alles ist klar und hell wie immer.

Eine ganze Weile schon steckten wir in dieser Wolke, womöglich waren es Stunden, da man sogar das Zeitgefühl verliert, als ein Bursche mit Namen Francisco plötzlich zu rufen anfing, daß ein riesiges Schiff neben der *Trinidad* dahingleite, so nahe, wie er sagte, daß wir es anfassen könnten, wir bräuchten nur die Arme auszustrecken.

Wir dachten sogleich, es müsse sich um eines der Schiffe der Flotte handeln, das zum Flaggschiff hin abgedriftet war, und ein Zusammenstoß sei unvermeidlich, weshalb alle Augen starr in die Richtung blickten, in die Francisco wies. Vergebens versuchten wir die Umrisse des Schiffes zu entdecken, das er uns beschrieb.

Doch die abgewetzten Segel, die von den Rahen hingen, grauen Fetzen gleich zwischen den Nebelschwaden derselben Farbe, die Wanten und Taue, die lose und unordentlich ein richtiges Durcheinander um die Maste bildeten sowie das ganze Mastwerk, welches trostlos und unheimlich aussah wie ein Winterwald, und der mit mannigfachen Weichtieren und Algen befallene Rumpf, der einem dieser alten Baumstämme glich, die jahrelang im Meer treiben, dies alles und manches mehr, von dem wir nicht wußten, ob wir es aus Franciscos Mund erfuhren oder ob es aus dem Nebel kam, das wir aber in unseren Köpfen zusammenfügten zu anderen Bildern, erfüllte uns mit einer Unruhe, die ganz anders war, als was wir zuerst gedacht. Ich will sagen, es war nicht mehr die Angst vor dem Zusammenstoß mit einem unserer Schiffe.

Da begannen wir zu rufen und Laternen zu schwenken, aber niemand gab Antwort, weder auf unser Rufen noch auf die Signale.

»Vielleicht eine Karavelle...«, sagt jemand nach einer Weile, den Bann brechend, der uns verstummen ließ.

»Nach allem, was der Junge sagt, könnte es wohl sein«, meint der Böttcher Martín, der sich mit Schiffen auskennt.

Die Fragen nehmen kein Ende und gehen in die Irre.

»Aber wer sind sie?«

»Portugiesen vielleicht?«

»Vielleicht der Generalkapitän, der noch immer versucht, Indien vom Westen her zu erreichen.«

Es klingt wie ein Scherz.

»Ein Gespensterschiff? Ich hab' davon gehört...«

»Meint ihr, wir sollten es entern? Womöglich sind sie in Schwierigkeiten?«

»Voll mit Gold und Gewürzen?«

»Sie könnten die Pest an Bord haben. Die Schiffsräume voller scheußlich stinkender Pestleichen... Wenn wir es jetzt nicht anhalten, werden wir es für immer aus den Augen verlieren.«

»Ich werde springen!« ruft Francisco, der ganz in unserer Nähe zu sein scheint, den wir aber wegen des Nebels nicht sehen können.

»Komm zurück!« ruft Blas. »Man wird dich hängen, wenn du es tust.«

Niemand antwortet.

»Komm zurück, sag ich dir!«

Es vergehen ein paar Augenblicke mit der Langsamkeit von Jahrhunderten, bevor wir wieder Francisco sprechen hören: »Hört mal, es sieht aus wie die *Trinidad*, aber es ist vollkommen leer. Hier ist nichts! Nichts! Hört ihr mich? Nur verfaultes Holz, zerschlissene Seile und schimmlige Bronze. Aber nicht ein Mensch, keine Tasse und kein Löffel...«

Die Stimme des Jungen wird schwächer und höher, wie die eines Kindes.

»Es ist die *Trinidad*!« sagt er jetzt. »Ich schwöre bei meiner Mutter, daß es die *Trinidad* ist! Ich kann die Bronzetafel am Fuß des Großmastes lesen! Da steht, es ist die *Trinidad*!«

»Er ist verrückt geworden«, meint Albo.

»Wo bist du?« fragt Blas und dreht sich um sich selbst, ohne zu wissen, wohin er seine Schritte lenken soll. »Francisco!« ruft er wieder und wieder mit der Verzweiflung einer Mutter, die ihren Sohn in der Menge verloren hat. »Francisco, du verfluchter Hurenhund, antworte!«

Doch dann werden seine Rufe immer seltener, verlieren an Stärke und verstummen ganz.

»Was geschieht hier?« fragt jemand. »Was geschieht hier?«

Aber niemand gibt ihm Antwort.

Ich war wie gelähmt und stumm vor Angst, als ich das bekannte metallene Geräusch hinter mir vernahm. Es war der in seinem Eisenpanzer steckende Don Hernando. Eine grünliche Schicht überzog Teile seiner Rüstung und dort, wo der Stahl blank hervorsah, zog sich der Nebel in winzigen Wassertropfen zusammen. Er sah aus wie eine dieser großen, massigen Schildkröten von den Tropen, eine Ähnlichkeit, die sein kleiner, wie der eines Reptils spitz zulaufende Kopf, noch betonte; aber es hinderte mich nicht, kaum daß ich ihn in seiner Gelassenheit neben mir spürte, seine Hand zu ergreifen. Die zufällig entstandene Gruppe löste sich auf. Mann für Mann verschwindet sie schweigend im Nebel.

Schweigen umgibt Eure fünf schwarzen Schiffe. Eines an das andere vertäut, sind sie wie die Perlen eines Rosenkranzes. Stecken in einer Nebelwolke an irgendeinem Punkt im unendlichen Ozean und wiegen ihre Fracht blinder Geschöpfe. Zweihundert und mehr Männer genau wie Ihr, wenn auch nicht von Adel, so doch ohne Tadel. Sie haben Durst, Hunger, Müdigkeit, Träume, Angst. Große und Kleine. Reiche und Arme. Mächtige und Unbedeutende. In der Lage, einen guten Wein ebenso zu genießen wie ein schönes

Weib, einen sonnigen Morgen wie irgendein Essen mit oder ohne Gewürze. Väter, Söhne, Ehemänner, Bräutigame und Junggesellen. Heißverliebte, Untreue, Betrogene und Betrüger. Es ist ihnen zum Kotzen schlecht, ihre Eingeweide schmerzen, und am liebsten möchten sie immerzu pissen und manchmal weinen. Es macht ihnen ebensoviel Spaß wie Dir, herumzuhuren, sich zu kratzen, zu lachen und Nichtigkeiten zu erzählen. Matrosen, Kapitäne, Kalfaterer, Bootsmänner, Lambardiere, Böttcher, Schiffsjungen, Dienervolks, und Was-weiß-ich-für-Leute. Aber ein Nichts sind sie für Eure Hoheit, eine Liste mehr mit Namen, deren bloße Lektüre Du vor Langeweile nicht ertragen würdest, da Du Dir nicht einen von ihnen vorstellen kannst. Namen auf einer Liste und Zahlen auf einem Papier. Alle ohne Gesicht, ohne Hände, ohne Füße, ohne Glied, ohne Augen, ohne Ohren, ohne Hintern, ohne Geruch. Namen nur und Zahlen in ein paar Büchern mit schwarzem Deckel, von denen Du annimmst, daß es sie gibt, weil man Dir davon erzählt hat, aber Du hast sie nie gesehen; Bücher, die für Dich andere Namen und Zahlen tragen als die, welche Du nie gesehen hast. Und die Du Dir auch nicht vorstellen kannst. Also sind wir Scheiße, weniger als Scheiße, denn die stinkt wenigstens. Wirklich, ein mutiges Handwerk, das Regieren! Da ziehe ich meins als Possenreißer und Narr vor. Und auch die Seefahrt mit ihren Gefahren und allem sonst ist mir lieber. Trotz Angst und Hunger, der Ungewißheit oder der ganzen Geheimniskrämerei, wohin die Reise geht, fahre ich lieber zur See, und also kannst Du Dir ein Bild machen, ob ich die Seele eines Lügners habe. Nein, mein Herr, ich ziehe es vor, den Leuten ins Gesicht zu sehen, und wenn nicht, sehe ich ihren Hintern, was auf dasselbe hinausläuft; an etwas anderes denk' ich nicht mal im Traum. Und wenn ich Graf Maluco geworden wäre, wie mein Herr es gewollt, dann nur widerwillig, und es wäre mir eine Kalamität gewesen. Es gibt nun einmal Berufe, wie Deiner und meiner, die man nicht lernen kann, man wird mit ihnen geboren. Obschon in Eurem Fall, Hoheit, ich weiß nicht... denn von Eurem erlauchten Thron aus habe ich Euch Späße machen und Kapriolen schlagen sehen mit einer Kunst und einer Unverfrorenheit, um die Euch jeder Schalk und Spaßmacher beneidet hätte, dieser Francesillo nicht ausgenommen. Und was Ihr für ein Auditorium habt! Und welchen Spaß Ihr ihnen bereitet! Aber lassen wir die Sache damit ihr Bewenden haben, denn für die Verrückten gibt es Juanillo und für die Könige Don Carlos, und so soll es sein.

III

Der Boden ist hart und staubig, von tiefen Rissen durchzogen, deren Enden sich im Pflanzendickicht verlieren, das den Weg säumt. Zu beiden Seiten sieht man welke Blumen, Pflanzen und Zweige, die von einem gefräßigen Feuer niedergebrannt scheinen. Lianen, so dick wie unsere Ankertaue, hängen schlaff und ausgefranst herab. Die kletternden Ranken der Schlingpflanzen weben ein wantenähnliches Netz um die großen Bäume. Seltsame, von der Sonne verbrannte Früchte verdorren in einer todesähnlichen Stille, die nur ein fernes Kreischen unterbricht, das aus den hohen Baumwipfeln zu kommen scheint. Der Weg wird beschwerlich. Zur Müdigkeit gesellen sich Hitze und Durst. Hintereinander durchqueren wir schweigsam das ausgetrocknete Bett eines Baches. Unsere Füße versinken im selben rötlichen Schlamm, in dem die Fische verwesen.

Eine Grabesstille hat sich des Urwalds bemächtigt. Nicht die geringste Spur von Leben ist darin zu entdecken.

Nachdem wir wenige Minuten, die uns wie Jahrhunderte oder vielleicht auch wie Jahrtausende erscheinen, marschiert sind, öffnet sich eine Lichtung im Dickicht. Eine dichte Rauchwolke zieht über die Baumwipfel und steigt in den Himmel.

Nur das schwere Flügelschlagen eines Geiers, der über die Stelle fliegt, ist zu hören.

Niemand sagt etwas.

Wir setzen den Marsch fort und nach einigen Minuten gelangen wir auf eine abgeholzte, mehr oder weniger kreisrunde Fläche, hier und da übersät mit schwarzen Stümpfen, den Resten ehemaliger, von Menschenhand verstümmelter und verbrannter Bäume.

Dein Juanillo beobachtet.

In der Mitte dieses dem Urwald abgetrotzten Platzes befindet sich eine kleine Pflanzung, die von elenden Hütten umgeben ist.

Nichts regt sich. Das Dorf scheint verlassen.

Ein trockener Wind wirbelt Wolken rötlichen Staubes auf. Meine Augen ruhen auf dem bescheidenen Garten.

Die Pflanzen sind welk und von dunkler graubrauner Farbe, die an Asche erinnert. Die Rohrpalmen sind beinahe alle unter der Last ihrer verkümmerten Früchte zusammengebrochen. Da bewegt sich etwas zwischen den Hütten und erregt meine Aufmerksamkeit. Es ist eine Meute ausgehungerter Hunde, die nur Haut und Knochen sind und mit hängendem Kopf herumstreunen. Zwei oder drei von ihnen schnüffeln unter den aufmerksamen Blicken der anderen vergebens in einem Haufen von der Sonne ausgeblichener Knochen herum.

»Es sieht aus, als gäbe es hier kein Wasser«, sagt der Erste Offizier Juan Bautista.

Niemand antwortet.

Er gibt den Befehl, paarweise auszuschwärmen, um den Platz zu erkunden. Die Hundemeute zieht sich, nachdem sie unsere Anwesenheit bemerkt hat, lautlos in den umliegenden Urwald zurück.

Am Tag zuvor waren wir auf einer kleinen Insel nahe der Küste in jener Bucht gelandet, welche mein Herr Santa Lucía nannte, weil gerade der Namenstag dieser heiligen Jungfrau war; ein Name, der den Portugiesen nicht gefiel, die sie Rio de Janeiro nannten.

An Land gehen und Wasser suchen war eins.

Zwei Monate zuvor hatten wir die Vorräte in Teneriffa ergänzt, aber die lange Zeit ohne Wind, die wir vor Sierra Leone verbracht hatten, und der launische Kurs, welcher uns zuerst ans Kap führte, bevor wir die Segel nach Westen setzten, hatten unseren Proviant erschöpft.

Von zwei Bechern einer dunklen Flüssigkeit pro Tag, die nach Kloake stank und noch schlimmer schmeckte, war die Ration auf einen gesenkt worden.

Zu unserer Enttäuschung kehrten die Patrouillen, die am gleichen Tag die Gegend erkundeten, mit leeren Fässern zurück. Das

Land litt unter einer schweren Trockenheit, und in den einst wasserreichen Flußläufen war nichts als stinkender Schlamm. So daß sich auf jene Hütten, welche die Matrosen im Ausguck oben von den Mastkörben erspäht hatten, all unsere Hoffnungen richteten, unsere einzigen Hoffnungen, wiederhole ich, um uns den Durst aus der Kehle und aus den Eingeweiden zu schaffen, in die er seine Krallen wie eine eifersüchtige Katze geschlagen hatte.

Hoffnungen, ich wiederhole es Euch noch einmal, die jetzt, nach der langen und beschwerlichen Reise durch den Urwald, zu schwinden schienen, unter einer Sonne, die uns mit ihrer ganzen Wut traf, die wir vorsichtshalber in unseren Rüstungen steckten, vor Hitze erstickt und von Durst gepeinigt.

Als ich jenen Schauplatz betrachtete, den ein Feuer niedergebrannt zu haben schien, hätte ich Lust gehabt zu weinen. Zu weinen wegen meines Geschicks und das meiner Gefährten sowie das des Kapitäns und seines kopflosen Unternehmens und wegen der vielen Wahnsinnigen, die es gleich uns in der Welt gibt; und ich hätte es getan, wenn ich nicht in diesem Augenblick die Schreie von Juan Ginovés gehört hätte, der uns in seinem unverständlichen Dialekt herbeirief.

Wir alle eilten zu ihm und standen dann wie versteinert da, als wir einen erbärmlichen Tümpel sahen, auf dessen Grund ... auf dessen Grund ... schlammiges Wasser schimmerte, das nach uns rief mit seinem Glitzern. Einer nach dem anderen fielen wir auf Knien in den Schlamm, wobei wir eine Weile stritten, bis wir unsere Lippen mit der warmen Flüssigkeit benetzten, die nach Blut roch und auch so aussah, die wir jedoch mit Hingebung tranken.

Nachdem mein Durst gestillt war, stellte sich das Gefühl wieder ein, daß wir beobachtet wurden, und dasselbe fühlten meine Gefährten; aber wir sahen niemanden.

Die Augen auf den dichten Pflanzenvorhang gerichtet, füllten wir einige Fässer und machten uns auf den Rückweg zu den Schiffen.

Schnell und plötzlich brach die Nacht über den verdorrten Urwald herein, Schatten fielen auf den schmalen Pfad, und das Schweigen ringsum wuchs ins Unermeßliche. Auf dem ganzen

Weg stießen wir nicht auf das geringste Lebenszeichen; es war tatsächlich der verlassene Schauplatz einer für immer untergegangenen und toten Welt.

Als wir an den Strand gelangten, schien in der Tiefe der Bucht ein riesiger roter Mond über den fernen Berggipfeln.

Der Hitze wegen schliefen wir in dieser Nacht an Deck und sahen, wie in diesen scheinbar unbewohnten Bergen nach und nach kleine Feuer brannten.

Es war ein merkwürdiges Gefühl, hier auf Holz zu liegen inmitten des ungeheuren Amphitheaters, welches die von Felskuppen eingefaßte Bucht bildete, während eine Welt unbekannter Wesen und Erscheinungen unseren Schlaf bewachte.

In den vier Tagen, die dann folgten, kehrten wir zu dem Tümpel zurück, ohne mit den geheimnisvollen Bewohnern des Dorfes Verbindung aufnehmen zu können. Dennoch tauchten des Nachts abermals die Feuer aus dem Nichts auf.

Auf den Schiffen war eine angespannte Atmosphäre entstanden. Der sonderbare Zustand machte die Männer feindselig, und auf Schritt und Tritt brach ein Streit oder ein Faustkampf aus. Eines Abends, nach dem Essen, kommt großes Stimmengewirr vom Vorschiff: Blas und Martín, der Böttcher, prügeln sich, und ein paar versuchen, sie zu trennen. Aber Blas ist stark wie ein Pferd und schüttelt diejenigen ab, die sich dazwischenwerfen, und stürzt sich dann wieder auf Martín.

Ursache des Streits war das rätselhafte Verschwinden von Francisco. Ihr müßt wissen, Hoheit, wir haben ihn, als der Nebel sich verzog, in allen Winkeln des Schiffes gesucht, ohne ihn zu finden, und dann versuchten wir es auf dem umliegenden Meer. Aber es war umsonst und der Kapitän befahl, ihn verloren zu geben und die Reise fortzusetzen. Nun aber scheint es, daß Blas, der ein unzertrennlicher Freund des Jungen war, Martín die Schuld gibt, indem er versichert, der Böttcher sei es gewesen, der behauptet habe, wir hätten eine vielleicht mit Gold und Gewürzen beladene

Gespenster-Karavelle vor uns, was ihn veranlaßt hatte, ins Leere zu springen. Und der andere verteidigt sich und sagt, Francisco sei ein großer Dummkopf gewesen und habe Visionen gehabt, es habe kein solches Schiff gegeben und er sei ins Meer gesprungen; und da fingen sie an, sich zu prügeln.

Nachdem das Handgemenge eine Weile ging und er nicht aufhört zu schreien, fällt Blas denjenigen erschöpft in die Arme, die ihn von seinem Opfer zu trennen versuchen. Während andere Martín zu Hilfe eilen und ihn wegziehen, schüttelt ein ungestümer, unterdrückter Schluckauf, der bald in lautes Weinen übergeht, Blas' großen Körper. Hast Du jemals, Hoheit, einen Mann von solchem Kaliber weinen sehen? Während ihm die Tränen durch die Finger rinnen und er mit den Händen sein Gesicht bedeckt, verliert Blas wie durch Zauberkraft seine übliche Grobheit und wird wieder das wehrlose Kind, das wir alle im Grunde sind und das auch, wenn Ihr mir gestattet, gewissermaßen Eure Kaiserliche Majestät Don Carlos ist, wenngleich die Würde Eures Amtes Euch verbietet, es einzugestehen. (Nehmt meinen Rat an, weint manchmal, zeigt Euer von Tränen gefurchtes, erlauchtes Gesicht vor versammeltem Rat, damit die Völker, welche Ihr regiert, wissen, daß ihr König manchmal Kummer hat und sich so wehrlos fühlt wie der letzte Landmann oder die verachtetste Hure.)

Als sich nach einer Weile alle zurückziehen, bleiben Blas und ich allein.

»Willst du«, frage ich ihn sanft, »daß wir reden? Du mußt nicht, wenn du nicht möchtest.«

Er nickt mit dem Kopf. Ich warte schweigend, während ich den sternenbesätesten Himmel betrachte, den ich jemals gesehen habe. Diese vielen Punkte von Sternen unterschiedlicher Größe und Helligkeit, diese wolkenähnlichen Flecken, in denen sie sich an manchen Stellen versammeln, die deutliche Figur einiger Gestirne, der dunkle Kontrast des Hintergrundes, der dem Ganzen eine unendliche Tiefe verleiht, dieses ganze Mysterium überwältigt und verzaubert mich, läßt mich all meinen Verdruß vergessen, sinnlos sind jetzt meine Ängste und Sorgen und verschwinden, ich selbst schwebe außerhalb meines Körpers und über der Erde wie im Fluge dahin.

»Ihr wart große Freunde, nicht wahr?« sage ich nach einer Weile.

Blas scheint gegen die Niedergeschlagenheit anzukämpfen, die ihn beherrscht. Er nimmt die Hände vom Gesicht, und ohne den Blick zu heben, antwortet er, nein, nein, sie seien beide aus demselben Dorf, aus Almunia und Aragón, und er, Blas, habe ihn als Junge einmal beschützt, weil er ihm leid tat; das war alles. Francisco hatte keinen Vater, es hieß, er sei der Sohn eines Pfarrers, welcher im Dienst der Gemeinde stand und sich nach kurzer Zeit, von der Schwindsucht verzehrt, aus dem Staube gemacht hatte. Seine Mutter besaß ein bescheidenes kleines Steinhäuschen am Rande der Landstraße, und es ging der Ruf, daß sie, sobald eine Staubwolke von weitem das Nahen eines Reisenden verkündete, ihre nackten Brüste auf die Fensterbank legte, um den Wanderer anzulocken. Sie hatten einen guten Ruf, diese Brüste. Man sprach von ihrer Größe, ihrer Wohlgeformtheit, dem Duft nach Lavendel, den sie verströmten, und von den dicken und dunklen, stets aufrecht stehenden Brustwarzen.

Mit Ausnahme des plötzlichen Todes eines Ochsen, dem fehlenden Regen, den Saatbedingungen und den Ernteerträgen, waren die Brüste von Franciscos Mutter das Thema Nummer eins in Almunia. »Es heißt, das schamlose Weib badet ihre Brüste im Mondlicht, damit ihre Haut glatt wird.« »Gestern nacht ging es hoch her bis in den frühen Morgen hinein, Gott wird sie dafür strafen.« »Sie hat es gern, wenn man stundenlang mit der Zunge darüberfährt, dann werden sie hart wie Stein.« »Es heißt, ein Wolf käme von den Bergen herunter, um sie ihr zu lecken, das ist alles Unsinn.« »Milch und Honig und Ambrosia fließen aus ihnen.« Jahrelang machen die Gerüchte die Runde vom Markt zum Haus oder vom Kirchvorplatz bis hinaus auf die Felder. Blas selbst verbrachte als Junge einige Nächte damit, nach jenem Fenster Ausschau zu halten, das sich freilich nie öffnete. Und die Kinder vermehrten sich. Sie hatte eine enorme Nachkommenschaft, die am Wegrand im Staub herumkroch, durch die Gegend streunte und die im Dorf die Einkäufe für ihre Mutter machte. Francisco war der Älteste. Als er das Alter erreicht hatte, in welchem Kinder sich zusammentun und hinaus auf die Felder zum Spielen gehen, in den Bächen Fische fangen oder Vögel jagen, versuchte er mit ein paar von ihnen Freundschaft zu schließen. Aber er wurde abgewiesen. Man kränkte ihn. Die Burschen, die in dem Alter waren, wo ihre natürlichen Regungen erwachen, machten sich über die Brüste von Franciscos Mutter lustig, gingen sogar soweit, Einzelheiten von ihm zu verlangen, und das, Hoheit, verletzte den Knaben. Er war nicht allzu groß, hatte eine gebräunte Haut und sehr große tiefschwarze Augen, die er immer unnatürlich weit aufriß, als käme er nie aus seinem Staunen heraus. Blas zeigte Sympathie für ihn, und einmal, als er ihn weinend fand, von mehreren gleichaltrigen Kindern umringt, die ihm Anzüglichkeiten über seine Mutter ins Gesicht schrien, verprügelte er einige und brachte andere zum Weinen, indem er ihnen sagte, sie täten besser daran, an ihren Vater, den Dieb, oder an ihre Schwester, die große Hure, zu denken und ähnliche Dinge.

Seit jener Zeit konnte er sich Francisco kaum vom Leibe halten, welcher ihm folgte wie ein Schatten, stets in einiger Entfernung, wie er ihm geboten hatte. Aber als die Nachricht von der Bekanntmachung Eurer Majestät zu ihm drang, welche denjenigen goldene Berge versprach, die sich auf das ehrgeizige Unterfangen des Kapitäns einlassen wollten, da dachte Blas, das sei die Gelegenheit, die einzige, die er haben würde, wollte er Francisco aus dem Dorf herausbringen. Und würde das Glück ihn begleiten, käme er mit genügend Geld zurück, um den Rest seiner Familie aus diesem Wespennest zu befreien und an einen Ort zu bringen, wo niemand mehr über die Brüste seiner Mutter reden würde. Die Brüste seiner Mutter! Als er das erste Mal in Franciscos Haus kam, um die Frau von den Plänen zu unterrichten, die er für ihren Sohn hatte, konnte er, obschon er es sich vorgenommen, die Augen nicht von diesen Brüsten wenden. Er bemühte sich, so sehr er konnte, versuchte, sich auf das Gespräch zu konzentrieren, aber die Frau sprach wenig, und trotz des Rauches, der die Küche füllte, witterte er den aufregenden Duft dieser unter der Leinenbluse verborgenen Brüste.

Dann konnte er sich nicht länger zurückhalten und suchte sie verstohlen mit den Augen. Er versuchte ihre Form unter dem Stoff zu entdecken, aber die Falten der Bluse verhinderten dies. Er fing an, sich diese beiden Kugeln aus zarter, warmer Haut vorzustellen, ihre steil aufgerichteten Brustwarzen, die Mulde dazwischen, ihre Umrisse. Er dehnte die Unterhaltung aus, suchte ihr näher zu kommen, versuchte die leichteste und zufälligste Berührung. Er war wie verzaubert. Er kam noch mehrere Male vor der Abreise in Franciscos Haus; jeder Vorwand war gut genug. Einmal stießen beide zusammen, als sie durch eine Tür gingen, und majestätisch streiften beide Brüste Blas' nackten Oberkörper, welcher sich von hundert spitzen Klingen aus bestgehärtetem Toledostahl durchbohrt fühlte. Eines Nachts, es war kurz vor der Abreise, ließ sie ihn holen. Sie wollte ihm Francisco anvertrauen, sie wußte, daß Blas auf ihn aufpassen würde wie auf einen Sohn, und wollte ihm für alles danken, was er bereits für ihn getan hatte. Der Mond schien auf ihren Weg und tauchte die Wälder der nahen Berge in sein silbernes Licht. Plötzlich blieb sie stehen. Sie schien bewegt. Sie sagte, von allen Kindern sei Francisco ihr liebstes. Sie habe große Pläne für ihn geschmiedet. Sie sei damals für einige Monate glücklich gewesen. Nie würde sie sein von der Geburt gerötetes Gesichtchen vergessen und seinen geöffneten Mund, der begierig ihre Brüste suchte. Blas glaubte den Augenblick für gekommen. Er brauchte nur eine Anspielung auf ihre Brüste zu machen. Oder kaum eine Geste. Jetzt oder nie. Dann erinnerte er sich, wie Francisco ihm gefolgt war Tag und Nacht wie ein Hund, und es war nie. Gewiß, in Wirklichkeit waren sie gute Freunde, aber er hatte es vielleicht nicht bemerkt. »Verflucht sei sie«, sagte er, »verflucht sei sie, es war alles meine Schuld. Ich habe diesen Jungen zu diesem Unternehmen von ein paar Verrückten gebracht. Weil er vor meinen Augen etwas Großes tun wollte, ist er nach dieser verfluchten Karavelle gesprungen. Und der alte Saukerl Martín will mir einreden, er sei ein Schwachkopf gewesen und verschwunden, weil er dumm war.«

Francisco war keine Leuchte, das gab er zu; er hatte eine gewisse Plumpheit in seinen Bewegungen. Aber ein Dummkopf war er nicht. Einfältig, ja. Und ziemlich durcheinander. Blas hatte ihm helfen wollen. »Eine schöne Hilfe«, sagte er, und seine Augen füllten sich mit Tränen. »Aber gewiß wird er an Bord dieses Gespensterschiffes nicht einsamer sein, als er es immer in diesem Dorf voller Hyänen in Almunia gewesen ist. Und er wird nicht mehr vom Wege abkommen in diesem Meer ewiger Nebel. In Almunia wird man weiter von den Brüsten seiner Mutter reden, auch nach ihrem Tod. Niemand wird sich an Francisco erinnern.«

Der Mond hatte sich bereits verkrochen, und die geheimnisvollen Feuer warfen einen gespenstischen Schein auf den schwarzen Mantel des Urwalds.

Unfähig, mir auch nur das Aussehen dieser unsichtbaren Geschöpfe vorzustellen, die das Feuer bis zum Sonnenaufgang schürten, besessen von den rätselhaften Zeichen, deren Botschaft ich nicht habhaft werden konnte, und verfolgt von Visionen jener märchenhaften Brüste, von denen Blas gesprochen hatte, verbrachte ich den Rest der Nacht schlaflos.

Am fünften Tag bestimmte Don Hernando auf Anraten des Kaplans Pedro de Balderrama, an Land eine Messe zu zelebrieren und ein Kreuz in der Mitte des Fleckens aufzurichten.

Schwarze Gewitterwolken verdunkelten den Himmel und verdeckten die höchsten Gipfel, als die Kolonne bei Sonnenaufgang aufbrach. An der Spitze schritt der Priester, ganz Spitzenborte und Tressen aus Silber und Gold. Zu seiner Rechten ging der Sklave Enrique und schwang einen, wie mein Herr es nannte, »Botafumeiro«, welcher die Täler mit dem Duft des heiligen Weihrauchs erfüllte; und zu seiner Linken, als Meßdiener herausgeputzt, Buch und Pult tragend, Dein Diener. Dann folgte Don Hernando, gottähnlich in seiner Rüstung; hinterdrein kam in seiner prunkvollen Trage Don Juan, der eine Spur feinen orientalischen Parfümdufts nach sich zog; danach Gaspar de Quesada, der Prächtige, und weiter hinten Antonio de Coca, gefolgt von Luis de Mendoza, der blasser war als sonst. Drei Männer schleppten unter großer Anstrengung ein riesiges Kreuz den Pfad entlang.

Indes wir voranmarschierten, donnerte es, und von Zeit zu Zeit wurde das düstere Himmelsgewölbe von einem jähen Blitzstrahl erhellt.

Als wir auf die Lichtung kamen, kündigte der niedrige und bedrohliche Himmel bevorstehenden Regen an.

Im Dorf herrschte tiefes Schweigen, und die Stille war vollkommen.

Wie unbeeindruckt schaute sich Don Hernando um und zeigte auf die Stelle, wo das Kreuz errichtet und der improvisierte Altar aufgestellt werden sollte. Die Männer machten sich sogleich an die Arbeit, und als alles bereit war, knieten wir vor dem Kaplan nieder, welcher mit der Messe begann.

Zusammen mit den ersten Litaneien begannen die ersten Tropfen zu fallen. Anfangs waren sie dick und vereinzelt und schlugen mit einem dumpfen Geräusch auf die großen Blätter. Dann waren es immer mehr, und ein geschlossener Wasservorhang fiel tosend über den Urwald.

Der Regen läßt den scharlachroten Samt Cartagenas dunkel werden, welcher das Wasser aufsaugt wie ein Schwamm, und prasselt wie gegen Glas auf Don Hernandos Rüstung, der mit kaum wahrnehmbarer Geste befiehlt, weiterzumachen.

Der Priester deckt den Kelch mit einem Tuch zu und fährt fort. Die Befehlshaber verharren in andächtiger Haltung auf den Knien. Wir alle tun es ihnen nach.

Innerhalb weniger Minuten wurde der Regen zu einer wahren Sintflut. Die rote Erde der Lichtung wurde unter unseren Knien zu Schlamm. Das Getöse des Wassers erstickte die Stimme des Priesters. Das Kreuz war nicht zu erkennen.

Mit einemmal wird die Messe unterbrochen. Den Geistlichen scheint irgendeine merkwürdige Vision zu lähmen. Die noch immer knienden Befehlshaber drehen den Kopf nach der einen und der anderen Richtung und eine Grimasse, eine Mischung aus Erstaunen und Furcht, zeigt sich auf ihren Gesichtern.

Alle Blicke gehen in Richtung auf die grüne Mauer, welche die Lichtung umgibt.

Hinter dem dichten Wasservorhang hat sich der Wald mit tausend fremden und verstohlenen Augen bevölkert, die uns beobachten, ohne daß wir sie sehen können. Mensch und Tier vereint in Furcht und Schrecken, aus ihren Verstecken die Götter beobachtend, die in ihren bauchigen Schiffen vom Meer gekommen sind.

Das Bewußtsein, fremd zu sein, nicht zu dieser Welt zu gehören, erfüllt uns mit Sorge. Verwirrt uns. Macht uns in unseren eigenen Augen zu unbekannten Wesen.

Niemand weiß, was tun.

Niemand spricht.

Niemand hat Augen, außer für den undurchdringlichen Urwald, der nun wie das gigantische Rad eines Pfaus ist.

Nun sag mir, Hoheit, verdiente nicht, wer derart Deinen erlauchten und eintönigen Ruhestand zu zerstreuen weiß mit der Kunst – nicht der Schmeichelei – seiner Feder, ein klein wenig Dein kaiserliches Mitleid? Ist es vielleicht zuviel verlangt, nachdem man Euch mit den tausendundein Mißgeschicken Deiner ratlosen Argonauten unterhalten hat, darum zu bitten, Euch einen Augenblick für das Schicksal desjenigen zu interessieren, der zum Ruhme Deines Königreiches der erste Schalksnarr des ganzen Erdballs gewesen ist?

Ein einziger Satz von Deinen kaiserlichen Lippen würde diesem Deinem Diener den Frieden zurückgeben. Blind irrt er durch die Straßen von Bustillo del Páramo, die Not im Nacken, die ihm keine Ruhe läßt, ohne eine andere Stütze im Alter als seinen schmalen Schatten. Ein einziger Satz, einem Deiner Sekretäre in einem Augenblick der Muße diktiert und gerichtet an unseren vielgeliebten Philipp, daß er mir die Pension zurückgäbe, die mir durch meine Arbeit zusteht. Ein einziger Satz von Dir, damit Graf Maluco in Ruhe und Würde sterben kann, ohne um Brot betteln zu müssen und in Ställen zwischen Kuhmist zu schlafen. Ist die Wahrheit denn eine so große Sünde, daß man mich derartig bestraft? Nachdem ich die unzähligen Greuel jener Reise über mich habe ergehen lassen, sollte ich da ohne weiteres die Ungereimtheiten und

Schwindeleien Eurer Chronisten hinnehmen? Für sie ist alles so einfach, als sollten sie mit vier oder fünf Zutaten ein Essen zubereiten. Doch was wissen sie, Hoheit, davon, was jeder von uns wirklich angesichts dieser vier oder fünf großen Begebenheiten, auf die sie ihre Geschichte beschränken, gefühlt hat? Ich muß Euch sagen, nur hier liegt die Wahrheit, tief im Inneren jedes einzelnen von uns, die wir an der Unternehmung beteiligt waren, und in niemand anderem, nicht einmal in Euch, Majestät. Nirgendwo sonst; es bringt nichts, wenn Ihr in den Archiven sucht, in den Bibliotheken wühlt: nichts, gar nichts gibt es dort. Die vermaledeite Reise wurde mit uns geboren; irgendwer legte ihren Samen in uns, noch bevor wir geboren wurden, und dann gedieh sie wie eine Pflanze, bemächtigte sich unserer Köpfe, bestimmte unsere Handlungen, verwelkte ganz, doch blieben ihre Wurzeln, und jeder von uns wird das alles ins Grab nehmen; und deshalb forscht, wenn Ihr die Wahrheit wollt, in den Gräbern, befragt den Staub unserer Knochen, verfolgt die von unserer Wahrheit gesättigten Würmer.

Nur deshalb strenge ich mich an, Euch zu schreiben, um etwas von dem Staub zu retten, bevor der Wind der Jahre ihn mit seinem unerbittlichen Atem gänzlich zerstreut hat. Aber schon lassen meine Kräfte nach, Hoheit, und wenn die Vergebung Eures Sohnes mir nicht erlaubt, zu essen und zu ruhen, wie es meinen Jahren zukommt, könnt Ihr sicher sein, falls es Euch bekümmert, in Zukunft die Würmer befragen zu müssen.

Doch vorausgesetzt, die schwachen Kräfte verlassen mich nicht ganz, wollen wir nunmehr zu unserem Thema zurückkehren.

Seht dort Juan Carvajo kommen, der sich fast auf allen vieren einen Weg zum Kapitän bahnt. Er fällt vor ihm auf die Knie und murmelt ein paar Worte. Gleich darauf gibt Don Hernando den Befehl, sich nicht zu rühren und mit der Messe fortzufahren. Don Pedro de Balderrama zögert, späht nervös aus den Augenwinkeln und fährt dann mit zitternder Stimme in seinen Litaneien fort.

Auf leisen Pfoten, die Ohren gespitzt, den Hals gereckt, nähern sich ein paar Hunde. Ein großer Hirtenhund, nur Haut und Knochen, beschnuppert das Eisen der Kapitänsrüstung und bleckt knurrend die Zähne. Niemand rührt sich. Ein paar Affen schwingen sich von einem Baumwipfel zum anderen durch den leeren Raum bis hinter den Altar. Hinter dem dichten Wasservorhang scheint alles unwirklich.

Der Regen wird stärker, und ein Blitz schlägt ganz in der Nähe im Wald ein. Ein Donner folgt, als würde ein Baum im Fallen andere mit sich reißen.

Als die Messe zu Ende war, glich die leere Lichtung einem See, aus welchem kleine Bäche von der Farbe des Blutes flossen. Die tiefergelegenen Stellen waren überschwemmt und vereinzelt ragten ein paar Bäume heraus, die allerlei Getier Unterschlupf boten. Der Strom zog schwimmende Inseln, Zweige und tote Tiere mit sich fort, die sich in Wirbeln im Umkreis der Baumkronen drehten, bevor sie ihre Reise in die Tiefe des Urwaldes fortsetzten. Das Getöse der strömenden, sich über Täler und Lichtungen ergießenden Wassermassen erstickte die vereinzelten Stimmen.

Angesichts der Unmöglichkeit, auf die Schiffe zurückzukehren, traf Carvajo Vorkehrungen, damit wir die Nacht hier verbringen konnten.

Durchnäßt suchten wir Unterschlupf im Innern der Hütten, und Juanillo, der von seinen Vorrechten als Spaßmacher der Flotte Gebrauch machte, folgte den Kommandanten, die sich in einer großen Baracke einquartierten, welche sich in der Mitte des Dorfes befand.

Schlagartig brach die Nacht herein.

Nun will Dich, Hoheit, Juanillo, fragen, ob denn nicht Frauen jeden Alters und jeder Herkunft ausdrücklich verboten waren in der Flotte? Ich kann das Nicken Deines erlauchten Hauptes sehen und wie das kaiserliche Kinn sich mit Nachdruck bis auf die Brust senkt. Nun gut, dann habe ich mir, was jetzt folgt, nur vorgestellt oder habe es geträumt, denn niemand würde es wagen, Deine Befehle zu mißachten.

Ich sage Euch, in der Mitte der erbärmlichen Behausung brannte ein großes Feuer, und ringsherum, in Rauch gehüllt, spärlich angedeutet durch den rötlichen Feuerschein, glaubte ich ein paar weibliche Schatten wahrzunehmen. Sie bewegten sich schweigend, und als wir den Raum betraten, flohen sie wie eine Taubenschar. Gewiß täuschten mich meine Augen der großen Anstrengungen und der vielen Eindrücke des Tages wegen. Ich fragte Luis del Molino, der neben mir stand, ob er etwas gesehen hätte. Er sah mich überrascht an und schüttelte verneinend den Kopf. Doch standen auf den Steinen der Feuerstelle einige Näpfe mit dampfendem Essen.

Steif und erschöpft zogen wir die Kleider aus, um sie zum Trocknen an die Deckenbalken zu hängen, und dann ließen wir uns neben der Feuerstelle nieder. Wir aßen schweigend, ohne uns etwas zu fragen, und nach und nach, den Blick fest auf das Knistern der Flammen gerichtet, wird jedermann eine Insel.

Mit betäubendem Lärm trommelt der Regen auf die Palmblätter des Daches.

Juanillo spürt die Wärme der Haut, und seine Muskeln lockern sich, sein ganzer Körper entspannt sich, er gibt sich der Liebkosung des Feuers und der Erinnerung an andere weit zurückliegende Feuer hin. Der rötliche Schimmer erhellt das Türrechteck, und dahinter ist ein dichter Wasservorhang, hinter dem sich der Wald verbirgt. Ich kann den Wald nicht sehen, aber ich weiß, er ist da, er dehnt sich aus ins Unendliche, er ist undurchdringlich und geheimnisvoll. Ich spüre die Gegenwart seiner Pflanzen, rieche sie im Rauch, der mir die Augen trübt, ich weiß, er duckt sich und versteckt sich wie die Frauen, die ich irgendwo in der Dunkelheit der Hütte ahne. Ich höre den Regen in die Pfützen auf der Lichtung fallen, und dazwischen meine ich das stoßweise, ängstliche Atmen dieser sich wie Tauben in einer Ecke des Raumes zusammenkauernden Jungfrauen zu hören. Dann stelle ich mir das Dorf vor. Aus der Ferne ist es nicht mehr als ein unbedeutender Punkt in diesem weiten grünen Meer, das keiner kennt. Verloren in diesem Pflanzendickicht sind die Hütten und das Feuer, und die Menschen sind weniger als Insekten, sie sind nichts. Und Angst überkommt mich, große Angst, doch trotz der Angst schlafe ich endlich ein.

Da träumte mir, ich erwachte inmitten eines ungeheuren Schweigens. Nicht länger vernahm ich das Prasseln des Regens auf dem Dach noch das Knistern des Feuers. Aber ich spürte, daß jemand hinter mir war und fast meine Haut berührte. Ich versuchte die Augen zu öffnen und konnte es nicht, und so blieb ich regungslos liegen. Ich hörte sogar zu atmen auf und vernahm den Rhythmus anderer Lungen, sich blähend und zusammenfallend, nach Luft gierend. Ein Tier, dachte ich. Vielleicht ein Hund. Aber ich vermochte weder aufzustehen noch irgend etwas zu tun. Einen Augenblick später spürte ich brennendheißen Atem im Nacken. Erschrocken öffnete ich unter großer Anstrengung die Augen. Der Raum, vom Glimmen der Glut erhellt, war leer, so weit mein Auge reichte. Ich blieb eine Weile ausgestreckt liegen, lauschte mit weitgeöffneten Augen auf die Schläge meines Herzens, bis ich mich schließlich, jede heftige Bewegung vermeidend, umdrehte, um zu sehen, was da hinter mir war. Und in meinem Traum, Hoheit, war es eine Frau. Eine Frau von dunkler, aber nicht schwarzer Haut, eine Farbe wie die einer Maurin, doch etwas heller. Es war die Frau aus meinem Traum, sie war beinahe noch ein Mädchen. Ihre Brüste waren spitz wie die einer Hündin, und der Flaum auf ihrer Scham war spärlich und begann erst zu sprießen. Sie kauerte wie ein Tier und bedeckte ihr Gesicht mit beiden Händen. Verblüfft und in Furcht, man würde mich beschuldigen, Deine Befehle zu verletzen, stand ich sofort auf. Und wie ich so stehe, schaue ich mich in der Hütte um und sehe andere wie sie, in gleicher Stellung neben den Kapitänen, die zu schlafen scheinen, ahnungslos, was für ein seltsames Ritual jetzt gleich beginnen würde.

Was dann in meinem Traum geschah, will ich besser verschweigen, denn ich fürchte in der Tat Euren Sohn Philipp, der ein sittenstrenger Mensch ist und den die fleischlichen Gelüste abstoßen. Möge sich Eure Hoheit die Einzelheiten selbst vorstellen, es ist nichts Geheimnisvolles an ihnen, da sie nichts anderes taten, als was Adam mit Eva getan; und damit ist alles gesagt.

Ich erwachte aufgeregt, verwirrt und mit heftigen Kopfschmerzen. Ich konnte mir nicht erklären, wie diese Frauen in meinen Traum geraten waren, und noch viel weniger, weshalb sie sich so ihren Feinden hingaben; aber es waren mehr als zwei Monate vergangen, daß ich zuletzt ein Weib gesehen hatte, und so ruhte ich noch eine Weile mit geschlossenen Augen und versuchte, noch im Rausch seiner Dunstschleier, den Traum zurückzuholen. Um so mehr, als er sich verflüchtigt hatte, bevor ich es den Kommandanten gleichtun konnte, und mir eine solche Lust zurückblieb, daß ich...

Als ich mich in mein Schicksal ergab, füllte ein milchiges Licht die Türöffnung, in welcher ein Hund stand, der regungslos das Innere des Raums beobachtete.

Einige der Anführer schliefen immer noch. Luis del Molino, mit gekreuzten Beinen dasitzend und den Kopf seines Herrn im Schoß, betrachtete ihn versonnen, als bewunderte er ein unerreichbares Kleinod. Er hatte Gaspars nackten Körper mit einem Umhang bedeckt, und als er meine Blicke spürte, beugte er sich liebevoll hinunter und bedeckte seine Schultern.

Söhnchen – so nannte Juan Carvajo seinen Sohn, und so nannten wir ihn alle – schlief neben ihnen mit jenem friedlichen und zugleich hilflosen Gesichtsausdruck, mit dem kleine Kinder zu schlafen pflegen.

Ich glaube, den Jungen habe ich Dir, Majestät, noch nicht vorgestellt, und es wäre schade, da eines der unglückseligsten Schicksale auf ihn wartet. Er ist noch keine zwölf Jahre alt, hat eine dunkle Gesichtsfarbe und Haare wie Borsten, ein Erbe seiner Mutter, die, wie es heißt, aus einem Volk stammt, das im Norden dieser Länder lebt, unter dessen Leuten Carvajo vier Jahre verbracht hatte, nachdem Cabral ihn seinem Schicksal überlassen hatte. Als ihn endlich jemand holen kam, wollte Carvajo den Kleinen unbedingt mitnehmen, und seitdem ist er ein Wunder an mütterlicher Fürsorge und kommt mit allem allein zurecht. Nie hätte er es gewagt, ihm eine europäische Stiefmutter zu geben, seiner indianischen Herkunft wegen. Der Bursche, so habe der Steuermann gesagt, würde darunter leiden. Und ich kann Euch sagen, Hoheit, ich habe in der Tat in meinem Leben keinen liebevolleren Vater gesehen, stets bereit, auf die kleinste Laune einzugehen wie das größte Opfer zu bringen. Er vergötterte das Kind so sehr, daß er in seinem Vollmondgesicht forschte, um seinen Wünschen zuvorzukommen oder ihm bei der kleinsten Widrigkeit zu Hilfe zu kommen. Söhnchen war das Licht seiner Augen, die Sonne, die in seinem Leben leuchtete, der Regen, der seinen Durst linderte, und all diese Dinge, Du weißt schon. Und sie trennten sich nie, nicht für die kleinste Minute. Wenn Söhnchen spielte, schaute ihm Carvajo heimlich zu, und wenn Carvajo zu tun hatte, ließ Söhnchen ihn nicht aus den Augen, ebenfalls heimlich. Es war so augenfällig, daß sie beide nichts anderes hatten als einer den anderen, daß sie auf verrückte Weise miteinander verbunden waren und die Anwesenheit des Knaben niemand weiter auf den Schiffen auffiel. Niemand, nicht einmal Eure Hoheit, hätte den Mut aufgebracht, Vater und Sohn mit Gewalt zu trennen; um so mehr, als Carvajo sich eingeschifft hatte, um Gelegenheit zu haben, sein Küken in die schwierige Kunst der Seefahrt einzuweihen. Er träumte davon, er würde einmal Steuermann Eurer Majestät werden, und womöglich dachte er an märchenhafte Entdeckungen, die Söhnchen einmal machen würde, der, wie ich Euch sage, an jenem Morgen an der Seite seines Vaters schläft. Beide sind ruhig und glücklich, gänzlich im Ungewissen über das Unglück, welches ihnen bevorsteht.

Um noch einmal auf diesen Morgen zurückzukommen, möchte ich Euch kurz sagen, daß zu dieser frühen Stunde das Himmelsgewölbe weiß und blankgeputzt war wie Porzellan und die Luft, die der Regen gereinigt hatte, frisch und durchscheinend, angereichert mit dem wilden Duft nach feuchtem Urwald.

Ich schickte mich an, ihre wohltuende Wirkung auf meinen schmerzenden Kopf zu genießen, als ich auf der schlammigen Lichtung eine Reihe undeutlicher Figuren sehe, die meine ganze Aufmerksamkeit verlangen. Dann, in dem kalten Licht, das dem Sonnenaufgang vorangeht, entdecken meine Augen mit Erstaunen alle Arten von Tieren, angebunden oder in Käfigen, sowie Körbe mit exotischen Früchten und Tongefäße voll Getreide und seltsamen Suppen und Getränken. Und alles wunderhübsch hergerichtet auf Schilfmatten und umgeben von duftenden Blüten, nach Art eines Opfers.

»Was bedeutet das alles?« fragt Don Hernando Juan Carvajo (denn so nennt er ihn).

»Es ist ein Wunder, ein wahrhaftiges Wunder! Der Herr hat

unsere Gebete erhört! Gelobt sei er!« wiederholt Kaplan Balderrama.

»Es bedeutet, daß sie Euch als einen Gott ansehen«, antwortet Carvajo.

Der Kapitän scheint verwirrt.

»Du mußt ihnen erklären, daß du kein Gott bist, daß es nur einen Gott gibt und ...«

»Wem denn?« unterbricht ihn Carvajo.

Don Pedro schaut zum Wald hinüber und schweigt.

»Mit Sicherheit glauben sie, deine Gegenwart habe den Regen von gestern abend gebracht, vielleicht deuten sie so unsere gestrigen Rituale. Es steht außer Zweifel, daß das Land unter einer schrecklichen Dürre litt. Jetzt also geben sie, was sie noch haben, alles, was sie aufgehoben hatten, um zu überleben, und sie bringen es dem Gott dar, der ihnen den rettenden Regen gebracht hat«, erklärt Juan Carvajo, das Söhnchen an der Hand.

»Ich werde dich auf meine Ländereien holen, wenn es mal nötig sein wird«, erklärt Cartagena in scherzhaftem Ton.

»Wir müssen ihnen die Wahrheit sagen«, sagt der Priester mit Nachdruck.

»Sie glauben nicht an Zufälle.«

»Der Erste Kapitän auch nicht.«

»Außerdem kommt uns die Situation gelegen.«

Wir alle stehen starr wie Stein um die Gaben, während die Sonne am Himmel steigt und ein aufdringlicher Brodem vom Urwald kommt.

»Was soll ich tun?« fragt mein Herr Carvajo.

Der Steuermann der *Concepción* schaut mit gierigen Augen auf all die Dinge und sagt: »Benehmt Euch wie ein Gott.«

Der Kapitän zögert. Ein Augenblick des Schweigens entsteht, der sich viel zu lange ausdehnt.

»Seid großmütig«, fügt Carvajo hinzu mit einem Lächeln auf den Lippen.

»Niemand nehme etwas, ohne etwas im Tausch dafür dazulassen«, befiehlt schließlich Don Hernando, und die Sonne entflammt seine Rüstung in den Farben von Blutrot bis Golden.

Einen Augenblick später, und jene Lichtung im Urwald hatte sich in einen richtigen Marktplatz zweier Welten verwandelt. Ein Kamm ist zwei Hennen wert, nun ja, sie sind klein und zart, aber gut im Fleisch; und ein Korb voll Kartoffeln eine Schelle. Ein kleiner Spiegel dagegen ist soviel wert wie vier oder fünf schöne Papageien, von denen, sind sie einmal im Topf, Euch noch die Federn bleiben, und Gott weiß, wieviel so ein Federchen am Hute eines Grafen in Europa wert sein könnte. Und erst die Affen, Hoheit! Die kleinen Äffchen, so niedlich und keck, daß Juanillo reich geworden wäre und nicht diese Pension von Euch und Eurem Sohn Philipp erbetteln müßte, wenn er nur auf den Plätzen und Märkten Eures Reiches ein paar von den vielen Äffchen, die er für eine Handvoll Glasperlen bekam, hätte zur Schau stellen können. Alles Unsrige besaß großen Wert für diese unsichtbaren Wesen. Ich weiß von einem, der vier Hennen für einen Spielkartenkönig bekam, während ich in Europa viele kenne, die nicht einmal zwei Hähnchen für den König in Person geben würden. So geht es zu in der Welt, Majestät! Und ich werde Euch nicht sagen, was der Kaplan für seine Unser-Herr-Jesus-Christus-am-Kreuz-Bildchen bekam, weil es zu lange dauern würde, dies aufzuzählen; und mehr noch für die der heiligen Jungfrau im Angesicht der Schlange.

Zwei Tage und Nächte waren wir mit dem Tauschhandel beschäftigt, während die Anführer darüber diskutierten, ob es angebracht sei, den geheimnisvollen Bewohnern des Ortes die christliche Weltanschauung nahezubringen und dann von ihnen zu fordern, sie mögen erwägen, gutwillig die Herrschaft der Kirche und des Königs anzuerkennen. Mit seinen Schätzen beladen, kehrten wir dem Urwald den Rücken zu, und schon waren unsere verschwunden; kehrten wir mit mehr zurück, war die Lichtung bereits wieder übersät mit exotischen Tauschwaren. Die Sachen tauchten auf und verschwanden wie durch Zauberei, indes die Anführer von der Notwendigkeit einer Verlesung »Obrigkeitlicher Bekanntmachungen« sprachen und über die Notwendigkeit, dies in Gegenwart des Schreibers zu tun, und über die Möglichkeit, daß Juan Carvajo als Dolmetscher dienen könne; wenngleich der Kaplan, was letzteren betrifft, behauptete, daß es nicht notwendig sein werde, weil er nirgendwo gelesen habe, daß die Bekanntmachung übersetzt werden müsse, welche zudem sehr klar sei; und dann fängt er an, mit ernster Stimme den Teil vorzutragen, darin es, nachdem die Eingeborenen aufgefordert werden, sich zu unserem Glauben zu bekehren, heißt: »So ihr dies nicht tut oder es böswillig hinauszögert, versichere ich euch, daß ich mit Gottes Hilfe mit Macht über euch kommen und euch Krieg in alle Lande nach meinem Vermögen bringen werde, und daß ich euch dem Joch und dem Gehorsam der Kirche und Seiner Majestät unterordnen und eure Frauen und Kinder nehmen und zu Sklaven machen werde, und als solche werde ich sie verkaufen und über sie verfügen, wie Seine Majestät es befiehlt, und euch werde ich euren Besitz nehmen und euch alles Böse und Schlechte zufügen nach meinem Vermögen ...« Dies gesagt, ist er mit sich selbst zufrieden, und die Händchen über dem Bauch verschränkend, fügt er hinzu: »Und noch eins, man wird ihnen sodann christliche Namen geben müssen.«

Aber da wir nach Ablauf von zwei Tagen nicht einmal die Fersen dieser zukünftigen Christen zu sehen bekamen, so viele Patrouillen wir auch ausschickten, um Jagd auf sie zu machen, ist der Kaplan nicht dazu gekommen, seine Einladung zu verlesen; und am Morgen des dritten Tages traten wir die Rückkehr zu den Schiffen an.

Die Lichtung, die jetzt ein roter Morast ist, bleibt verwüstet zurück. Einsam in ihrer Mitte das Kreuz, das wir aufgerichtet haben.

Wir dringen in den Urwald ein auf einem von hohen Pflanzenwänden gesäumten Pfad, die in der Höhe einen richtigen Tunnel bilden. Der Himmel ist nicht zu sehen, und das vom Blattwerk gedämpfte Licht ist grün und unwirklich. Da gibt es verkrüppelte Bäume, verfaulte Stämme, daraus bei unseren Schritten Ungeziefer flüchtet; da gibt es in undurchdringlichem Gestrüpp verschlungene Zweige, Schlingpflanzen, die an den Baumstämmen emporklettern und den Pfad überwuchern, Pflanzen mit großen, glänzenden Blättern, die uns Gesicht und Hände mit ihren lüsternen Liebkosungen streifen, aufbrechende Knospen, Blüten, die sich mit ihren pollenbeladenen Staubgefäßen öffnen, Früchte, die vor unseren Augen reifen. Der Urwald hat sich mit seltsamen Stimmen bevölkert, die von überall kommen, ohne daß wir zu sagen wüßten, woher genau. In den höchsten Baumkronen herrscht gewaltige Aufregung unter den Affen. Wie vom Wind bewegt beben die Zweige. Dann ein Kreischen und ein aus dem Takt geratener Chor, der mit spitzen Schreien Antwort gibt. Manchmal fällt einer herab auf die Kolonne, rennt, von Panik ergriffen, schreiend davon und verschwindet sogleich wieder, sich von Ast zu Ast in die Höhe schwingend. Sobald das merkwürdige Gefolge, das uns begleitet, einen Augenblick still ist, ertönt der Ruf der Papageien und der anderen Vögel mit ihrem lustigen Federkleid. Der Lärm schwillt an und wird für eine Weile ohrenbetäubend. Dann wieder Stille. Bis ein abermaliges schrilles Geschrei den Lärm erneut entfesselt. In der Tiefe des Tals ist die Hitze feucht und klebrig wie Teer. Der Weg wird schwierig. Helme und Brustpanzer nehmen den Männern die Luft. Das warme Eisen gräbt sich ins Fleisch und hinterläßt Wunden, die mit jeder Bewegung heftiger brennen. Der Schlamm an den Stiefeln wird hart, und unsere Beine sind schwer, als schleppten wir Ketten mit uns. Die Füße versinken in einer dichten, lauen Decke verfaulter Blätter, und ein übelriechender, aufdringlicher Brodem steigt vom Boden auf, bleibt in unseren Kleidern hängen und vergiftet unsere Körper, die Gespenstern gleichen.

Der Regen hat den Weg und den ganzen Wald verändert, und es fällt von Mal zu Mal schwerer, die Orientierung zu finden. Unsere Bezugspunkte sind verschwunden. Vor jeder Abzweigung des Weges zögern wir unsicher. Keiner vermag die mit der Axt in die Stämme geschlagenen Kreuze zu entdecken. Die Bäume scheinen ihren Standort geändert zu haben. Die neuen Triebe der Kletterpflanzen überwuchern alles. Die überschäumenden Bäche vervielfachen ihre Arme. Hier und da entstehen Sümpfe, die es gestern noch nicht gab, verschwinden die Gräben, verbergen sich die Steilhänge. Der verfluchte Urwald ist wie ein Labyrinth, in dem wir gefangen sind.

Zur Mittagsstunde haben wir das Gefühl dafür verloren, wo wir uns befinden. Vielleicht haben wir uns zu weit entfernt. Vielleicht sind wir im Kreis gelaufen. Erschöpft vom Marsch in dieser erstikkenden Atmosphäre, in der das Atmen immer schwieriger wird, fällt alle paar Meter ein Mann um. Keiner bleibt stehen, ihm zu helfen. So er kann, steht er auf, geht ein paar Schritte weiter, von der Angst getrieben, zurückzubleiben, taumelt und fällt erneut geräuschvoll zu Boden. Da befiehlt Don Hernando anzuhalten.

Die Anführer reden untereinander. Carvajo will ins Dorf zurückkehren, aber er ist nicht sicher, den Weg zu finden. Cartagena, beinahe hysterisch, macht sich über ihn lustig. Gaspar flucht. Der Priester betet.

Marcos de Baya, der Barbier von der *Trinidad*, fängt neben mir an zu jammern. »Was zum Teufel hat ein Barbier hier zu suchen?« fragt er sich.

Langsam beruhigt sich der Urwald. Er schweigt. Die Stille wird größer, fast spürbar. Das Gefühl, daß wir aus dem Dickicht beobachtet werden, setzt sich im Kopf jedes einzelnen fest. Keiner sagt etwas. Nach und nach wird aus dem Gefühl Entsetzen. Eine blinde Furcht vor dem Unbekannten. Don Hernando erhebt sich.

»Ladet die Waffen und gebt Feuer«, sagt er.

»Gegen wen?« fragt Don Luis.

Die Waffen im Anschlag schauen wir uns gegenseitig an.

Ich schwöre Euch, Hoheit, obwohl meine Mutter Jüdin und mein Vater unbekannt ist und ich ein wenig zwergig und ziemlich mißgestaltet bin und zwischen den Beinen das Zeichen des Neuchristen trage und wegen meines Herrn Don Juan für einen Anhänger der Comuneros gehalten werde und keinen anderen Beruf habe als den eines Spitzbuben und Spaßmachers, noch einen anderen Reichtum als Eure Großzügigkeit; und Ihr ein alter Christ, Sohn und Enkel von Königen, wohlbeleibt und stattlich, Plage und Geißel aufsässiger Herren und Cäsar, Kaiser und König der Könige – Gott unser Herr hat mich und nicht Euch erwählt, den Menschen die Stelle zu zeigen, wo das Paradies sich befindet. Und wahrlich,

ich sage Euch, Majestät, als ich mit meinen zwei himmelblauen Augen entdeckte, was ich zu meinen Füßen hatte, hielt ich mich für tot und war sehr betrübt; denn wenn ich etwas in meinen vielen Jahren eines leichtsinnigen Lebens gelernt habe, dann war es, Juanillo zu mögen, trotz seiner vielen Laster und Fehler, genauso wie Ihr ganz gewiß Don Carlos schätzt mit all seinen Tugenden und Vollkommenheiten. Und wie sollte ich nicht meinen, ich sei tot, wo doch, was ich da mit eigenen Augen sah, als wir aus dem Urwald aufgetaucht waren und einen Berg erklommen hatten, das Paradies war. Erschrocken wandte ich mich nach meinen Gefährten um, und als ich sah, daß auch sie ebenso bleich und unwirklich ausschauten wie ich, hielt ich auch sie für tot und fühlte großes Mitleid mit ihnen und fing an zu weinen wegen dieser verrückten Anhänglichkeit, mit der wir Menschen uns an das Leben klammern. Der salzige Geschmack meiner Tränen erinnerte mich an das Meer, und ich, der ich das Meer immer gehaßt habe, wurde weich, als ich dachte – nie wieder! Sicher begriff ich sofort, daß es dumm war, zu weinen, hatte doch Gottvater das Reich der Gerechten zur ewigen Zufriedenheit ihrer Seelen geschaffen, und wenn sich dort so kluge Menschen wie die alten Propheten und so gestrenge Leute wie Deine Großeltern, die Katholischen Könige, toll vergnügten, würde ein spitzbübischer Narr wie ich sich dort wohl auch großartig amüsieren. Ich beruhigte mich also, obwohl ich noch nicht ganz von der Vorstellung überzeugt war, eine Ewigkeit lang dort zu sein, was, wie man sagt, eine ziemlich lange Zeit ist, die mir immer als ziemlich langweilig vorgekommen ist, denn Juanillo ist ein unruhiger Geist, am liebsten zieht er nach Lust und Laune von Dorf zu Dorf. Während ich auf den Fährmann wartete, der die Seelen ans andere Ufer bringt, vertiefte ich mich in die Betrachtung dessen, was, wie ich meinte, meine ewige Heimstatt sein würde.

Wie betäubt wegen meiner unerwarteten Überfahrt in jene andere Welt, sah ich zwischen den Wolken, die zu meinen Füßen dahinzogen und über denen ich zu stehen glaubte, die schönste Bucht auftauchen, welche Euer Hoheit lebhafte Phantasie sich auszumalen vermag. Angesichts dieses unerwarteten Schauspiels kamen mir die Worte abhanden (Worte, um zu denken und nicht, um zu sprechen, denn das vermochte ich ohnehin nicht bei diesem Gefolge von Toten, die meine einzige Begleitung waren), und mir kamen die verrücktesten Gedanken: daß nämlich die von einer dichten Vegetation umrahmte Bucht dem Geschlecht einer Frau ähnelte mit ihrem engen Zugang und ihrem warmen Inneren, zugleich heiter und berauschend, weit und einladend; daß sie wie der Bauch meiner Mutter sei, aus dem ich nicht herauswollte, um nicht diesen anstrengenden Beruf von unsereinem ausüben zu müssen; daß, wenn das Paradies der Lohn für ein tugendhaftes Leben war, es zwangsläufig dem Bauch meiner Mutter ähneln müsse, woraus sich ergab, daß Geborenwerden Sterben ist und eines Tages zu krepieren ins wahre Leben zurückkehren heißt; außerdem, wenn ich wirklich in den Bauch meiner Mutter zurückgekehrt war, was zum Teufel machten dann die Kapitäne darin, wie konnte Don Hernando es wagen, ihn in Eisen gehüllt zu betreten; wie kam es, daß Juan Serrano nicht den Hut abnahm und Don Juan mit seiner Sänfte hineinkam, und was hatten die anderen Männer darin zu suchen? Und während ich so grübelte, stieg mir der altbekannte Duft feuchter Pflanzen in die Nase, und meine Augen streiften wie Vögel über die blaugrünen Bergketten, die im Hintergrund des Gartens aus dem Dunst auftauchten, und schweiften über die friedlichen Kokospalminseln und das funkelnde grüne Kristall des Wassers und über den weißblanken Sand der Küsten; und all das strahlte ein warmes goldenes Licht aus wie der Honig auf den in Milch getauchten, mit geschlagenen Eiern überzogenen, dampfenden Brotschnitten, die meine Mutter zubereitete.

Der Wahrheit die Ehre zu geben, Hoheit, will ich sagen, daß nicht einmal die Butterschnitten meiner Mutter, bei all der Verführung, die sie auf mich ausübten, mit der Wirkung zu vergleichen waren, die das Paradies trotz Totsein und überhaupt auf mich hatte.

Von besagter Höhe aus, auf welche unsere Seelen gelangt waren, wirkten die fünf schwarzen Schiffe so klein wie fünf auf dem Meer treibende Samenkörner; es schien unmöglich, daß wir in der Lage gewesen waren, auf ihnen zu segeln. Anfangs konnte ich mir nicht erklären, daß die Flotte überhaupt da war, aber dann sagte ich mir, sie sei ihrer christlichen Namen wegen gleichfalls in den Himmel gelangt, und es schien mir gut so. Wir würden sie brauchen können, um den Lethe zu überqueren, ohne es ertragen zu müssen, daß der alte seelenlose Charon uns mit seinem Ruder prügeln würde. »Einen Augenblick!« sagte ich mir gleich darauf. »Das hier ist das Paradies, und ich werde es keinem alten Schweinehund erlauben, mich so zu behandeln, als ob ich in der Hölle wäre, keineswegs, mein Herr!«

Die Wut kam mir, wenn ich dachte, ich müßte über den Tod hinaus die Anmaßung und Brutalität derjenigen ertragen, welche Befehle erteilen, als ein schreckliches Krachen mich aus meinen Grübeleien riß. Der Knall hallte im ganzen Tal wider, und das Echo trug das Getöse von Gipfel zu Gipfel. Erschrocken (glaubte ich doch, der Allerheiligste äußere so seinen Zorn über die Anwesenheit eines neuchristlichen Hurensohns in seinem Reich) rannte ich los, im Urwald Schutz zu suchen, als ich vier rauchende Arkebusen mit ihren schwarzen Mündungen auf die Schiffe zielen sah. »Was zum Teufel macht ihr da!« wollte ich gerade rufen, überzeugt davon, daß Don Hernando die himmlischen Heerscharen einschüchtern und Dein Banner und Dein Kreuz errichten wollte, um sodann den Seelen der Gerechten die »Bekanntmachung« zu verlesen und sie unserem Glauben zu unterwerfen, als wieder ein Krachen in der Ferne aufstieg, diesmal in meinem Rücken. Da wandte ich mich zur Bucht um und erblickte in der Tiefe eine Rauchwolke, die von der *Trinidad* kam und sich gemächlich über dem Meer entfernte.

»Sie geben uns Zeichen«, sagte eine Stimme neben mir. Sie haben uns gehört.

Ich in meiner Verwirrung wußte nicht, was zum Teufel er damit meinte.

»Los, Marsch!« sagte Don Hernando und begab sich als erster in den Urwald.

»Oh, nein!« rief ich aus. »Ich werde nicht gehen, ohne auf das Jüngste Gericht zu warten, vielleicht hat der Allerbarmherzige Gott Mitleid mit mir und erwählt mich unter dem ganzen bunten Haufen von Zwergen und verrückten Bettlern, die in Euren Königreichen umherziehen.«

»Hör auf mit deinem Unsinn, es ist weder Ort noch Zeit für deine Späße«, sagte Cartagena in einem Tonfall, trockener als Dörrobst, als er an mir vorüberging.

Ich wußte nicht, was tun, aber da ich fürchtete, die Heuer zu verlieren und auch, daß man mich wegen Meuterei hängen könnte, mußte ich den Kapitänen folgen, ob sie nun tot, lebendig oder wie ein Blitz waren und in den Himmel oder in die Hölle oder wohin auch immer wollten, wie ich Eurer Majestät folgen würde, so Euer Sohn mir die Pension zurückgäbe, denn wer arm geboren wird, hat weder das Recht, die Stunde seines Todes zu wählen noch seine Seele sonstwohin zu empfehlen, weil er als Toter ins Leben zurück muß und auch im Jenseits von Königreich zu Königreich ziehen muß, wann immer die Laune der Mächtigen es so will.

Später lehrte mich jener Pigurina oder Pigafetta, oder wie er sich nannte, der seine Tage damit verbrachte, mit verschränkten Armen alles zu beobachten, ohne sich die Hände schmutzig zu machen, es sei denn mit der Tinte, mit welcher er seine Notizen schrieb (denn dies war seine ganze Arbeit, falls man es Arbeit nennen kann), daß Admiral Columbus vom Paradies eine ganz andere Theorie besaß als ich.

In der Tat, Eure Hoheit sollte wissen, daß jenem berühmten Seefahrer zufolge die Welt die Form einer Frauenbrust hat mit aufwärts zeigender Brustwarze, dem Himmel am nächsten, und deshalb sagte er: »Die Schiffe steigen sanft gegen den Himmel an, und man erfreut sich der sanftesten Enthaltsamkeit.« Ergo verlegte besagter ausgepichte Seemann das Paradies auf diese »zarte Brustwarze«. Was ich Dir nicht zu sagen vermag, ob es sich dabei um die Brustwarze seiner Mutter oder meiner Mutter handelte, wenngleich ich denke, daß es seine gewesen sein muß, weil das Paradies, befände es sich auf der mageren Brust meiner Mutter, ziemlich dürftige Gaben bescheren würde, denn hätte ich nicht eine Amme gehabt, die, einem Oheim von mir zufolge, eine fabelhafte Milchkuh war, würde ich nicht hier sein, um Dir von diesen Dingen zu schreiben. Sollte der Admiral am Ende meine Amme gekannt haben?

Die Sache ist, wie Du sehen wirst, ganz schön verworren, um so mehr, als jener Pigurina oder Pigafetta, oder wie er sich nannte, nicht wußte, auf welche der beiden Brüste sich der Admiral bezog; weshalb ich zu meiner Theorie neige, daß das Paradies eher dem Bauch meiner Mutter ähnelt als der Brustwarze der Mutter von Christoph Columbus. Und basta.

Die Tage, die wir im Paradies verbrachten – wozu es noch sagen –, waren die einzigen glücklichen unserer Höllenfahrt um die ganze Welt.

In jenem Garten Eden vergaßen die Kalfater den Teer für den Rumpf und das Pech für die Leinen; die Böttcher und Tischler vernachlässigten ihre Pflichten; das Schiffsvolk hörte auf, das Mastwerk abzulaufen, um Segel zu flicken, Blockrollen nachzusehen, Anker- und Sorrtaue zu überprüfen und Spleiße und Bojenreeps zu teeren; die Schiffsjungen wuschen nicht mehr zweimal am Tag, wie es die Regel wollte, das Deck; viele Männer schliefen und erschienen nicht zur Stunde des Morgengesangs; andere wieder, an nichts denkend, vergaßen, sich zum Angelus zu zeigen; nachts wurden die Laternen am Heckbord nicht angezündet; tagsüber grüßten die Flaggen nicht den Generalkapitän, und es kam dennoch zu keiner Rüge, und bei dieser Erschlaffung der Sitten gab es weder Kapitän noch Bootsmann, weder Ersten Offizier noch Waffenmeister, noch Kaplan, die in der Lage gewesen wären, die Ordnung wiederaufzurichten.

Zu allem Übel hatte sich die *Trinidad* in eine Art Arche Noah der Neuen Welt verwandelt. Es beklagten die mageren Hühner ihre Verbannung unter dem Sonnensegel, die einheimischen Schweine, vor der Sonne geschützt durch ein altes, wie ein Dach ausgebreitetes Segel, lärmten im Unterdeck, die Affen kletterten in Takelwerk und Wanten herum, in den Rahen veranstalteten Papageien und Truhane gewaltigen Aufruhr, die Ratten liefen am hellichten Tag aufgeregt umher, und inmitten dieses Durcheinanders und dieses Überflusses lebten wir süß und sorgenfrei dahin.

Während der glücklichen Tage erinnerte sich niemand an die Gerüchte, die über die Expedition in Umlauf waren; keinen kümmerte jetzt der geheimnisvolle Kurs der Flotte, weder was wir zurückgelassen noch was wir vor uns hatten. Vergessen die vielen Träume und ehrgeizigen Pläne, die wir in den eintönigen Stunden auf See gesponnen und wieder verworfen hatten, uns allen war die Gegenwart die einzige Realität. Und es fehlten auch nicht diejenigen, welche halb im Scherz, halb im Ernst behaupteten, es könne keine anderen Molukken geben als diese hier.

Aber den Vergnügungen und süßen Seiten dieses mühseligen Lebens, das wir führten, sollte keine Dauer beschieden sein, denn sie sind wie eine Frau, die ihren Wohnort verläßt, und die Wonnen des Diesseits, an denen wir uns laben, sind vergänglich, und die Qualen des Jenseits, die uns erwarten, währen ewiglich, und trügerisch ist die Welt, und unser Leben gleicht dem Fluß, der ins Meer mündet, diese ganze Litanei, mit der die Dichter schlicht und einfach zu sagen versuchen, daß unser Leben oftmals beschissen ist; deshalb waren diese glücklichen Tage auf der Reede vor Santa Lucía nicht mehr als der Tau auf der Wiese. Und der Schuldige war ich. Ein Ereignis, das ich armer Narr und Graf Maluco, Juanillo Ponce, berichten mußte, weil ich ein elendes Schwatzmaul bin, veranlaßte den Kapitän, sobald wie möglich jenen Lustgarten zu verlassen.

In den kurzen Augenblicken tiefer Ruhe, die dem Angelus folgen, wenn die Farben verlöschen und die Gerüche deutlicher werden, stand ich mit beiden Ellenbogen über die Längsbrüstung gelehnt und schaute mir an, wie sich der Horizont im Westen verfärbte – als mein Geruchssinn etwas Fremdartiges wahrnahm.

Es war ein seltsamer, den Schiffen fremder Geruch. Es war wie der Duft der Gärten von Sevilla, so daß ich für einen Augenblick meinte, es sei eine Erinnerung. Aber nein, dafür war er zu stark und zu direkt. Deutlich konnte ich den Geruch nach Erde und Mist wahrnehmen. Unverwechselbar das Aroma der Orangenblüten. Es erfüllte die ruhige Luft und verdrängte den Geruch des Meeres. Da fiel mir die *Concepción* ein, welche wie immer dalag, sich schattengleich im Winde wiegend, die bukolische Idylle Don Hernandos hatte Gaspar de Quesadas Schiff in einen schwimmenden Garten verwandelt. Jetzt fiel mir ein, einen ähnlichen Duft schon einmal wahrgenommen zu haben, als uns die Flaute vor der Küste Afrikas festgehalten hatte. Nur daß der Duft jetzt sehr viel stärker und eindeutiger war. Er entstand nicht mehr im Kontrast mit dem Geruch des Meeres; jetzt waren wir von einer üppigen Vegetation umgeben, und dennoch behauptete sich unverwechselbar das Aroma der *Concepción*. Und ich sage es Euch noch einmal, Majestät: es waren die Essenzen aus einem Garten von Sevilla, die meine jüdische Nase wahrnahm.

Da richtete ich meine kleinen Augen auf das Schiff, das ich so lange Zeit betrachtet hatte, ohne es zu sehen, so vertraut war mir seine Anwesenheit geworden.

Und ich sah das Takelwerk lose an den Masten hängen, ähnlich den Lianen überall im Urwald. Ich sah Eisen und Bronze von Grünspan bedeckt. Ich sah Algen, die wie Bärte aus dem Rumpf wuchsen und sein pflanzliches Aussehen verstärkten. Ich sah Baumkronen über das Mitteldeck ragen, an Höhe wetteiferten sie mit dem Achterkastell und überragten das Vordach. Dicke Zweige sah ich aus der Pforte ragen, die vorn als Ankerklüse diente. Ich sah die Ranken der Blütenschlingpflanzen aus dem Maul der Kanonen wachsen und über die Geschützluken entweichen, nach der Sonne suchend... Ich lief so schnell ich konnte zu meinem Herrn, welcher das Anzünden der Laternen auf der Heckbrüstung überwachte.

»Werft einen Blick auf die *Concepción*«, sagte ich mit bebender, aber sehr leiser Stimme, denn er war in allem ein Freund größter Zurückhaltung.

Don Hernando sah mich an, ohne zu begreifen. Also fügte ich, mich an seinen Arm hängend (und bei der Kälte des Eisens erschaudernd), hinzu: »Die Pflanzen, Herr. Sie haben vom Schiff Besitz ergriffen.«

Er lächelte und strich mir kurz über den Kopf; er war von dieser unverhofften Zärtlichkeit, die meine Augen jedesmal mit Tränen füllte.

»Ich habe jetzt keine Zeit«, sagte er. »Nachher werden wir uns unterhalten.« Und als er sah, daß ich mich nicht entfernte: »Nun geh schon«, fügte er sanft hinzu.

Das Schlimmste an unserem Beruf ist ja, Traumfabrikant und Heiterkeitserzeuger zu sein, denn niemand nimmt unsereins ernst, wenn wir im Ernst sprechen, noch kümmert man sich um unsere Warnungen und Fingerzeige, so zutreffend diese auch sein mögen. Darin haben wir Ähnlichkeit mit jener Dame Kassandra, die, obgleich sie die Fähigkeit besaß, die Zukunft vorauszusehen, von Herrn Apollos Fluch daran gehindert wurde, diese den Ihren mitzuteilen, die sich einen Jux aus ihren Worten machten, und so mußte sie machtlos dem Untergang ihres Hauses zusehen.

Ärgerlich über meinen Herrn zog ich mich zurück, wobei ich dachte: »Soll dich doch der Teufel holen«, als meine törichten Gewissensbisse mich umkehren ließen.

»Kapitän, bitte, hört mir zu«, sagte ich. »Das hier ist kein Scherz. Beug dich nach Backbord, und du wirst es mit eigenen Augen sehen. Du kannst mich schlagen, wenn es gelogen ist.«

Er schaute mich überrascht an. Widerwillig tat er zwei Schritte und sah dann, wie die Schatten der Nacht aus der Tiefe der Bucht wuchsen und die *Concepción* einhüllten. In der Dunkelheit war ihr Duft noch stärker.

»Man könnte meinen, das Holz selbst, aus dem sie gemacht ist, würde wieder ausschlagen«, bemerkte ich.

Am nächsten Morgen betrachteten der Generalkapitän, der Erste Offizier Juan Bautista, der Oberzimmermann und der Kalfater Felipe stumm vor Staunen jenes sonderbare Pflanzending, das wenige Meter vom Beiboot entfernt schaukelt und wächst, bis es den Himmel verdunkelt, als wir an seiner Seite sind. Empfangen werden wir vom Bootsmann der *Concepción*, Joan de Acurio, und vom Ersten Offizier Juan Sebastián. Acurio ist ein heiterer und angenehmer Mann mit riesigen fleischigen Händen, die warm sind wie Tauben. Der Erste Offizier dagegen ist irgendwie heuchlerisch und versucht diese Eigenschaft unter der Maske falscher Bescheidenheit und zuvorkommenden Benehmens zu verbergen. Weshalb ihn damals alle, angefangen bei meinem Herrn, für einen zurückhaltenden und harmlosen Menschen hielten.

»Wo ist der Kapitän?« fragt mein Herr, während seine Augen unruhig über das Deck wandern.

Überall versperrt Laubwerk den Blicken den Weg, schafft Verwirrung, verändert die Geographie der Galeonen und bringt alles durcheinander. Hier und da leuchten im sanften Licht der Morgendämmerung die Orangen. Zitronen lugen aus dunklem Blätterwerk hervor. Oliven glänzen wie Juwelen. Die Olivenbäume neigen sich unter ihrer Last. Die starken Wurzeln haben sich einen Weg durch das Holz der Fässer gebahnt, zerbrechen vom Oxyd zerfressene Eisenringe und überschwemmen das Deck. Von den Saatbeeten erfüllen Thymian, Petersilie und Basilikum die Morgenluft mit ihren Wohlgerüchen. Es gibt auch Auberginen, maurische wie katalanische. Und Melonen, Don Hernandos Lieblingsfrucht, die das Achterdeck pflastern und sich am Fuße des Großmastes winden.

Mitten in unserem Staunen stoßen wir auf Gaspar de Quesada, der uns lächelnd am Eingang zum Achterkastell erwartet. Goldfarben sind die Haare des Kommandanten der *Concepción*, der darin seiner Mutter ähnelt, einer Dame von hoher Abstammung aus Brügge; doch ihre leuchtend rosafarbene Haut hat er nicht geerbt, sondern die dunkle des Grafen, seines Vaters. Seine großen mandelförmigen Augen sind stahlblau, was ein hübscher Kontrast ist zur Farbe seines schweißglänzenden Gesichts. Ein gewisser Ausdruck von Unschuld liegt in ihnen, welcher einen mächtigen Zauber ausstrahlt, dem sich weder Männer noch Frauen entziehen können. Das Gesicht mit den hohen Wangenknochen und dem kräftigen Kinn wirkt durch die Feinheit seiner Züge wie das Werk eines überaus geschickten Künstlers. Und sein Kopf, kein Zweifel, ist schön, groß und erhaben wie antiker Marmor. Ein wahres Kunstwerk, würdig, daß Eure Majestät es im Palast auf einem Porphyrsockel ausstellte.

»Was ist das alles?« fragt Don Hernando, bevor Gaspar ihn begrüßen kann, wie es sich gehört.

Ein Ausdruck maßlosen Erstaunens zeichnet sich für einen Augenblick im kindlichen Gesicht des Kapitäns der *Concepción* ab. Er scheint die Frage nicht verstanden zu haben. Doch abermals lächelt er sorglos.

»Euer Garten«, sagt er schließlich, »wie gefällt er Euch?«

»Wirf alles ins Wasser. Daß nicht eine einzige Pflanze übrig bleibt!«

Gaspar scheint verwirrt.

»Man kann sie nicht bändigen, Herr«, versucht Acurio zu vermitteln. »Seit wir hier sind, wachsen sie so schnell, daß es keinen Sinn macht, sie zu beschneiden, die Zeit reicht nicht, sie zu verpflanzen,»und auch nicht, alles zu ernten, was sie hervorbringen.«

»Du mußt dich von ihnen trennen«, sagt Don Hernando und wendet sich diesmal an Joan de Acurio. »Ich werde Juan Bautista und den Zimmermann dalassen, auch den Kalfater. Man wird das Schiff wieder herrichten müssen.«

»Wollt Ihr das alles wirklich über Bord werfen?« fragt Gaspar de Quesada.

Eine Pause entsteht, während der mein Herr seine Blicke über den merkwürdigen Wald schweifen läßt.

»Es sei denn, du bist in der Lage, eine Insel mitten auf dem Ozean zu steuern...«, erwidert er mit schelmischem Lächeln.

»Aber Ihr sagtet doch, daß der Skorbut...«, sagt der Kapitän der *Concepción* und ist auf einmal ernst geworden.

»Ich ziehe es vor, gegen den Tod zu kämpfen«, antwortet Don Hernando und kehrt ihm den Rücken zu.

Plötzlich, als wäre ihm etwas Wichtiges eingefallen, dreht er sich um.

»Ausgenommen die Erde«, sagt er. »Die Erde hebt auf.«

Schon auf dem Beiboot, konnte ich nicht anders, ich mußte ihn fragen: »Warum die Erde, Herr? Gibt es nicht genug Erde in dieser Welt?«

»Nicht diese«, sagte er mir ins Ohr, »das ist Erde aus Oporto.«

Und wie ich ihn neugierig anschaue, ohne zu begreifen, fügt er hinzu: »Ich möchte, daß man mich darin bettet, sollte ich auf der Fahrt sterben.«

Am gleichen Morgen begannen die Arbeiten zur Wiederherrichtung der *Concepción*.

Einige kletterten mit Kalfaterpinseln bewaffnet die Wanten oder Rahen hinauf, um die Taue zu teeren oder die Blockrollen zu schmieren; andere drangen mit Nägeln und Werg bis in die Eingeweide der Schiffe vor; es summten die Sägen der Zimmerleute, es hallten, das Holz zum Leben erweckend, die Hammerschläge der Böttcher; es klangen die Schläge des Schmiedes auf dem Amboß wie Glocken. Und als plötzlich alles für einen Augenblick verstummte, war das Summen des gewachsten Fadens zu hören, wie er die Segelleinwand im gleichförmigen Rhythmus hundert ruheloser Hände durchfuhr.

Die Arbeiten begannen vor Sonnenaufgang, wenn die Kalfaterer in einem großen Bottich, den man auf der Insel aufgestellt hatte, den Teer zum Sieden brachten; als nächstes formten die Schmiede das Eisen mit der Geduld von Goldschmieden, und das Feuer der Esse gab ihnen Licht, wenn es beinahe schon Mitternacht war.

Der Rauch war derartig, daß Ihr, hättet Ihr uns beobachten können, zweifellos geglaubt hättet, diese zweihundert und mehr Männer hätten nichts anderes im Sinn, als schnell irgendwo hinzugelangen.

Nicht einmal Juanillo konnte sich trotz seiner vielen Künste diesem eifrigen Treiben entziehen.

Seine kleine Statur und sein geringes Gewicht ausnutzend, stellt man ihn auf ein nacktes Gerüst und hängt ihn von außen an das Schiff genau in Höhe der Wasserlinie.

Vom Gewicht der bukolischen Idylle Don Hernandos befreit, enthüllt die *Concepción* eine breite Guirlande von Algen und anderen Anhängseln, welche man mir, mangels Kielholens, zu entfernen aufgetragen hat.

Man ließ mich bei Sonnenaufgang herab, holte mich mittags an Deck und nach einer kurzen Mittagsruhe, um den Stunden der größten Hitze zu entgehen, ließ man mich wieder hinab bis zum Sonnenuntergang.

Dort am Unterbauch des Schiffes, vor den Augen des Bootsmannes verborgen durch seinen eigenen Umfang, bot sich mir Gelegenheit, einige Seiten unseres Abenteuers zu entdecken, welche die Chronisten Deiner Reiche in ihrer anmaßenden Ignoranz gegenüber dem Beruf des Entdeckers großzügig haben verschwinden lassen.

Nimm zum Beispiel die Algen: Es gibt welche, die sehen aus wie Kopfsalat, sind aber von kräftigerem Grün, dunkel und weich wie Moos, röhrenförmig und fleischig erinnern sie mich an die Finger Joan de Acurios, sie ähneln Lederstücken und sind schlüpfrig, wenn man sie berührt; andere wieder gleichen Hirschgeweihen und kleinen Stücken roter Korallenbäumchen, Eichenblättern im Herbst oder Scham- und Engelshaar, und Rosen und Federn, sie sind die stillen Reisegefährtinnen, die blinden Passagiere auf einem Schiff voller Verrückter. Und schaust Du aufmerksam hin, wirst Du zwischen diesem sonderbaren Blattwerk Entenmuscheln ihre Stacheln ausfahren sehen, Seetulpen, gepanzert wie Don Hernando und sich an das Holz klammernd wie er an seine Träume, und wenn Du den Blick noch mehr schärfst und die Nase an den Rumpf drückst, wirst Du eine Vielzahl von winzigen Läusen entdecken, die langsam, aber unerbittlich am Holz nagen; so langsam und unerbittlich wie die Sonne jeden Tag an unseren verrückten Hoffnungen nagt. Und ein unsinniger Wille bringt sie alle dazu, sich unserem Unternehmen anzuschließen.

Am Vorabend unserer Abreise entstehen erneut hartnäckige Gerüchte von einem Aufstand. Es heißt, Juan de Cartagena konspiriere insgeheim mit Luis de Mendoza, und Gaspar de Quesada könnte sie womöglich unterstützen, und Sánchez de Reina sei derjenige, der als Bindeglied zwischen den aufrührerischen Kommandanten fungiere. Es heißt, der Mißmut der Kastilier habe seinen Ursprung in der Weigerung Don Hernandos, Frauen an Bord zu nehmen. Doch gäbe es welche, in einer der Kammern der *Concepción* seien sie zum Vergnügen der Kastilier und Offiziere versteckt. Keiner von uns hat sie gesehen, noch weiß man, wie oder wann sie auf die Schiffe gekommen sind, aber der Böttcher Martín, der vieles weiß, behauptet, daß der Kielraum der *Concepción* nach Frauenurin riecht. Es sei ein unverwechselbarer Geruch. Aber es ist unmöglich, zu erfahren, was an diesen Gerüchten wahr ist. Scheinbar ist alles ruhig, und nicht die geringste Veränderung in der eben erst wiedergewonnenen Routine ist an Bord zu bemerken.

Don Juan kann sich weiterhin nicht bewegen, abgekehrt von den Arbeiten liegt er in seinem Zelt, das man für ihn an der Achterbrüstung errichtet hat. Der Inspekteur verbringt seine Tage in einer aus Pflanzenfasern gewebten Hängematte, die er von den Eingeborenen bekommen hat und die in der Luft hängt, das eine Ende festgebunden am Besanmast, das andere an der Hecklaterne, die auf einer reichverzierten und bemalten Holzfigur des heiligen Antonius, des Schutzpatrons des Schiffes, montiert ist. Eines der Segeltücher, welche wir als Ersatz mitführen, falls Segel repariert werden müssen, schützt ihn vor der Sonne. Hier also verbringt Don Juan seine Zeit, kostbar gekleidet wie immer, mit der Lektüre des *Liebeskerkers*, seines Lieblingsbuches; von Zeit zu Zeit schließt er gerührt das Buch und entlockt seiner Leier sanfte und traurige Töne.

Don Luis de Mendoza schließt sich die meiste Zeit in seiner Kabine ein. Er ist das Opfer einer Krankheit, die ihm fast schon keine Atempause mehr läßt.

Er sieht jedes Mal schlimmer aus bei seinen Auftritten in der Öffentlichkeit. Der dunkelviolette Schatten um seine Augen wächst wie ein Pilz. Eingefallen sind seine großen schwarzen Augen, und noch tiefer seine Augenhöhlen. Die Gesichtshaut, wächsern in Farbe und Glätte, sieht aus, als könnte sie reißen wie die ausgeblichene Seide eines alten Gewandes.

Die Tunte Filiberto, Schiffsjunge des Kapitäns der *Victoria*, hat mir gesagt, Don Luis' Brustbein sähe aus wie bei einem mageren Hähnchen, und das Geräusch der mühsam in seine Lungen gelangenden Luft habe in der Stille der Nacht den traurigen Klang des Windes, wenn er durch die leeren Gassen seines Dorfes heult.

Der Junge wacht neben seinem Herrn und im langsamen Verstreichen der Stunden ergreift die verzweifelte Blasebalgbewegung Besitz von der stillen Kammer und von Filiberto, der die Augen auf dieses merkwürdige, unterm holländischen Spitzenhemd verborgene Tier gerichtet hat, spürt, daß es auch ihn Mühe kostet, zu atmen. Dann schließt er die Augen, steht auf, dreht ihm den Rükken zu, doch das Geräusch läßt ihn nicht los, und die Luft riecht nach Umschlägen und scheint seine Lungen nicht zu erreichen.

Zuweilen wird das Geräusch mitten in der Nacht zu einem Todesröcheln. Don Luis, an das Bronzegeländer geklammert, das er am Kopfteil des Bettes hat anbringen lassen, richtet sich auf, sein Körper biegt sich unter der Anstrengung und ist mit kaltem Schweiß bedeckt. Ein Ausdruck des Entsetzens verzerrt sein Gesicht. Die Zeit bleibt stehen. Der Junge spürt, wie der Tod auf der Lauer liegt, doch nach einigen Augenblicken, die wie eine Ewigkeit sind, beginnt erneut das Sausen der Luft in seinen Lungen.

Das Klima in diesen Breiten hat mit seiner Feuchtigkeit die Krankheit verschlimmert, an welcher der Kommandant der *Victoria* von Kindesbeinen an leidet.

Dagegen sprüht Gaspar de Quesada vor Leben. Man sieht ihn auf seinem Schiff hin und her laufen, den ganzen Tag ist er zusammen mit seinen Leuten an der Arbeit. Er trägt nur eine über dem Knie zusammengerollte Hose aus blauem Seidenplüsch, und sein kräftiger sonnengebräunter und schweißglänzender Körper erinnert an die feurigen maurischen Pferde, die bei einer Parade für Aufsehen sorgen.

Wenn man die Kastilier sieht, möchte niemand den Gerüchten von einer Verschwörung Glauben schenken. Nur das Kommen und Gehen des Geistlichen Sánchez de Reina von einem Schiff zum anderen gibt Anlaß zu Vermutungen, aber er sieht dabei so friedfertig und gutmütig aus, daß es schwerfällt, zu glauben, er sei in eine Revolte verwickelt.

Nun, wie ich Euch schon sagte, die Sache mit den Frauen der Kastilier mußte wohl eine vom Matrosenvolk erfundene Lüge sein (niemand würde sich doch auf den Schiffen erdreisten, gegen Dein Verbot zu verstoßen). Ich für mein Teil kann hier unter uns nur sagen, daß ich, als ich am aufgeblähten Bauch der *Concepción* hing und mit dem Kielholen des Schiffes beschäftigt war, mehr als einmal die honigsüße Stimme des Geistlichen Sánchez de Reina und die donnernde des Kaplans Balderrama vernahm, wie sie einem unsichtbaren Auditorium die Grundbegriffe unseres Glaubens vortrugen. Sie sprachen nicht untereinander, vielmehr schienen sie sich an irgendeinen Zuhörer zu wenden, wenngleich ich seine Stimme nie hören konnte. Beide Priester sprachen von Sodom und Gomorrha und von den Sieben Plagen Ägyptens sowie von anderen Kalamitäten, dazu bestimmt, klarzustellen, wie Gott sich zu den Widersachern seines Glaubens verhält. Und dies war so lehrreich, daß ich, der ich auf meinem Gerüst lag und im Schatten des Rumpfes zuhörte, gleich zu arbeiten anfing, aus Angst, meine wollüstige Person würde einige dieser Sturzbäder und Erdbeben verdient haben. Falls diese Predigten aber den Frauen bestimmt waren, die, wie es hieß, auf dem Schiff versteckt waren, dann mußten die Unglücklichen gewiß sehr erbaut sein über die schlichte und einfache Art, mit der ihnen Dinge wie die Heilige Dreifaltigkeit und die Auferstehung und die Himmelfahrt und andere ähnlich simple Sachen erklärt wurden. Und auch die Hölle wurde ihnen erklärt, und bestimmt zeigte man ihnen Bildtafeln wie jene, die mir gezeigt wurden, als man mich christianisierte, und die mir noch heute nicht aus dem Gedächtnis sind. Legionen Verurteilter, die mit Mühe aus einem Feuermeer herausragen wie Schnitter auf einem Weizenfeld, Männer und Frauen mit zerzausten Haaren, nackt alle und mit erhobenen Armen, den Himmel um Vergebung anflehend, die ihnen niemals gewährt werden würde. Da gab es Vipern und Teufel und andere ruchlose Wesen. Und in der Höhe dort droben der gute Gott auf einem Thron zwischen Wolken sitzend, umgeben von einer Legion von Gerechten, fast alle mit Bart und weißgekleidet und mit gelangweilten Mienen und einer Schar rundlicher Engelchen, die um die ehrwürdige Versammlung kreisen und ihr die Fliegen verscheuchen.

Es war da unten, auf dem Gerüst, wo ich mir das maßlose Erstaunen der imaginären Frauen bei so komplizierten Dingen vorstellte, die man ihnen dazu noch in einer Sprache erzählte, die sie nicht kannten, daß ich auf die verrückte Idee kam, meine Affen zu taufen. Schließlich und endlich, und wo sie doch mit mir arbeiten sollten, warum sollte ich ihnen da ihr Recht auf das Paradies verweigern? Das mit dem Paradies schuf mir einige Verwirrung, denn wenn die

Affen im Paradies lebten und ich sie dort herausholte und mitnahm auf unser Abenteuer, das keineswegs himmlisch sein würde... wie dem auch sei, ich würde ihnen diese Gelegenheit verschaffen, und sie sollten mit ihrer Seele tun, was immer sie lustig waren.

In Gedanken beschäftigte ich mich gerade damit, ob ich ihnen die »Bekanntmachungen« verlesen sollte und welcher Art Erklärungen ich ihnen geben würde, auch dachte ich an die Namen, die sie bekommen sollten, als etwas im Wasser meine Aufmerksamkeit erregte.

Es war eine Art Pflanze von violetter Farbe, und ihre großen Blätter bewegten sich sanft, wie von der Brise gewiegt.

Nie zuvor hatte ich den Meeresgrund beachtet, der in jener Bucht wie ein exotischer, durch ein Glas betrachteter Garten war, so daß ich mir Gedanken machte, wie ich ihnen das mit der Heiligen Dreifaltigkeit erklären sollte – eine Sache, die ich selber nie verstanden habe, und ich sagte mir: »Es bedeutet, daß du drei Affen hast, aber in Wirklichkeit hast du nur einen, auch wenn es nicht einer ist, sondern drei –«, und ich betrachtete starren Blickes wie ein Trottel ein paar blaue und rote Blumen, die sich auf den Felsen auf dem Meeresgrund befanden, sowie ein paar riesige Krebse, die, völlig aus dem Häuschen geraten, vor dem Schatten der *Concepción* flohen, welche wie eine Vorahnung dieses sonderbare See-Universum streifte. Nur die Fische schienen sich nicht zu fürchten und drängten neugierig in silbrigen Schwärmen herbei, scheckig oder gestreift wie von der Heraldik ermuntert, und umkreisten das Gerüst mit tänzerischer Anmut.

Es gab auch Schnecken, die hatten die Form einer Spindel, einer Frauenbrust, eines Meringels, eines Kammes, eines chinesischen Lampions, eines Füllhorns, eines Fleischklößchens, eines Teigklumpens.

Bewegungslos ruht das Schiff über dieser Welt, von der es nur eine dünne und wie Glas zerbrechliche Oberfläche trennt; aber der Schatten lastet auf ihren stillen Bewohnern und verdunkelt die Sonne am hellichten Tag.

An diesem Nachmittag gab ich meinen Affen in schlichter, aber ergreifender Zeremonie christliche Namen.

Es war kurz vor der Stunde des Angelus, und ich befand mich wieder auf der *Trinidad*, so daß ich die Abwesenheit des Kaplans ausnutzte, um mir seine Gewänder zu leihen, und angetan mit Achselkleid, Chorhemd und sogar mit den Meßgewändern, die er als Ersatz in einer Truhe mitgenommen hatte, postierte ich mich auf dem Mitteldeck, bereit, meinen Kreaturen das Sakrament zu erteilen.

Unter den Affen gab es einen, der, obschon nicht der größte, zweifellos der Anführer der Gruppe war, denn er verbrachte den ganzen Tag in großer Erregung bei dem Versuch, die übrigen Männchen von seinem Revier fernzuhalten.

Er rannte die ganze Zeit von der einen Seite jener gedachten Grenze, die er gezogen hatte, zur anderen, zeigte drohend die Zähne, gab schreckliche Laute von sich, sobald einer seiner Gefährten näher kam, und er schlug und biß wütend denjenigen, der es wagte, seine Grenzen zu überschreiten. Ich weiß nicht, was er mit solcher Inbrunst verteidigte; in jedem Falle beschränkte sich sein Herrschaftsgebiet auf einen kleinen Bereich des Mitteldecks, auf dem alle eingesperrt waren, und auf eine Handvoll Affen wie er. Sein Schicksal hing von mir ab, der ich meinerseits von Don Hernando abhängig war, der von Euch abhängig war ... Aber die dummen Tiere wußten das nicht und zerfleischten sich, um ein Gebiet kämpfend, das nichts bedeutete, Gefangene auf einem Schiff, über das sie niemals irgendeine Herrschaft ausüben würden. Diesen taufte ich nicht. Ich hängte ihm einfach nur einen der Spiegel um den Hals, die wir mithatten und in dem sich die rötlichen Strahlen des Sonnenuntergangs spiegelten. Dann packte ich einen derjenigen, die sich mit ihm stritten, der sich von den anderen darin unterschied, daß er sich nie besiegt gab und trotz der Schläge immer aufs neue zum Angriff überging. Ich legte ihm einen samtenen Umhang um die Schultern, den ich aus einem Fetzen gemacht hatte, und gab ihm den Namen »Juancito«. Dann gab es einen, der war ziemlich verzagt, sah krank aus, sein Fell war wie verwelkt, und er hatte große Skrofeln auf der Haut; ihn nannte ich »Mendo«. Dann kam »Gasparico«, der hübscheste von allen; und ein ganz Kleiner, der die Streitereien der anderen ausnutzte, um ins verbotene Revier einzudringen. Und war er erst einmal drin (für gewöhnlich schlich er sich über die Längsbrüstung hinein), ahmte er das Verhalten des Anführers nach, der sein Territorium verteidigt. Er machte alle die Gesten nach, die sich gegen einen unsichtbaren Feind richteten, und sprang herum, wie es ihm gefiel, bis ein Knurren oder respektheischender Fausthieb des Prinzipals ihn veranlaßte, das Weite zu suchen. Diesen nannte ich »Sebastián«.

Nach und nach hatte sich eine große Schar Neugieriger versammelt, welche, vom Gelächter angelockt, die Zeremonie auf dem Achterdeck verließen, um der bescheideneren auf dem Mitteldeck beizuwohnen; weshalb ich angesichts solcher Begeisterung beschloß, auch noch meine Vögel zu taufen. Ich besaß zwei Raben mit schwärzlichem Federkleid und kahlem Kopf, die ich »Fonseca« und »Cristobao« nannte, sowie ein Geierpärchen, das ich »Die Habsburger« taufte, die ersten, die im Topf landeten, als wir in dem langen Winter in der Bucht von San Julián ohne Proviant dastanden. Ich besaß auch ein sprechendes und sehr hysterisches Papageienweibchen, das ich »Juanita die Wahnsinnige« taufte, sowie einen eleganten, gelbblauen Papagei, den ich »Isabekita« nannte.

Der Spaß erfreute in hohem Maße die ganze Mannschaft, die für einige Augenblicke den Kummer vergaß, welche die bevorstehende Ausfahrt uns allen bereitete, doch gefiel er Sánchez de Reina nicht, der mich einen jüdischen Ketzer nannte und mich vor dem Kapitän als Dieb beschuldigte. Don Hernando wurde sehr böse mit mir, und abgesehen davon, daß er mich hart tadelte, befahl er noch, mir zehn Schläge zu verabreichen, und es könnten auch mehr sein, sagte er. Weder er noch sonst jemand konnte freilich verhindern, daß die Mannschaft meine Tiere bei den Namen nannte, die ich ihnen gegeben hatte.

»Essen wir doch einen Habsburger«, hieß es. »Drehen wir Cristobao den Hals um«, »Juancito wird böse enden«, »Mendo wird dir sterben«, »Eines schönen Tages werde ich Sebastián schlachten, wenn er nicht aufhört, bei uns zu klauen«, »Gasparico ist wirklich niedlich«, hieß es.

VI

Von starken Winden getrieben, setzten wir unsere Reise gen Süden fort.

Zurück blieben in dem Maße, wie wir uns entfernen, die Möwen und die anderen Küstenvögel, nur ferne Fregattvögel schweben drachenähnlich reglos über den Masten.

Vielleicht sind auch die Schiffe, aus der Höhe betrachtet, wie Spielzeugdrachen auf der unendlichen Meeresoberfläche.

Eine riesige Gruppe von Delphinen versucht uns jetzt zu überholen, sie begeben sich an den Bug, sie springen den Schiffen voraus, begleiten sie in wahnwitziger Wettfahrt mit der Hartnäckigkeit verspielter Hunde, die vor der Kutsche ihres Herrn herlaufen und herumtollen, ohne jemals von den Hufen der Pferde erreicht zu werden. Sie schwimmen voran in perfekter Ordnung, springen über die Wellen, tauchen unter, einer nach dem anderen, um wieder emporzusteigen, spitz und funkelnd wie Schwerter in der Sonne, ohne daß die Gruppe nur einen Augenblick zurückbliebe, gleich einem Kavallerieregiment weichen sie behutsam allen Hindernissen des Terrains aus.

Doch wir haben es so eilig, daß sie nach ein paar Stunden nicht mehr mitkommen und uns, das freundliche Gesicht über Wasser, verblüfft anschauen.

Die Schiffe gleichen Vögeln, die von einer sonderbaren Unruhe ergriffen sind. Sie gleiten über die Wellen, um mit ihren Flügeln den Wind einzufangen. Sie berühren kaum das Wasser, neigen den Körper im Tanz von der einen zur anderen Seite, bald ihre dunklen Bäuche, bald ihre weißen Rücken zeigend. Von Zeit zu Zeit schlagen sie in ihrer Anstrengung schwer aufs Wasser, wie es die schwarzen Sturmvögel tun, wenn sie schwerfällig auf die Wasseroberfläche hinunterkommen; dann knarrt das Holz vom Kiel bis zu den Deckenbalken. Augenblicke später fliegen sie dicht über den Wellen dahin, berühren kaum das Wasser, lassen eine feine Schaumspur hinter sich, und mit im Wind gebraßten Segeln schießen sie gen Himmel, majestätisch über die Oberfläche des Ozeans gleitend, wie große Albatrosse.

Tag für Tag ändert sich das Aussehen der Küste. Die Vegetation zieht sich landeinwärts zurück, die Strände sind breiter und trostloser.

Am sechsten Tag verkündet jemand, daß wir die Herrschaftsgebiete Portugals hinter uns gelassen haben. Also ankern wir, um uns eine kleine Atempause zu verschaffen.

Sonderbar ist Eure Grenze, Hoheit. Große Granitwale bevölkern sie mit ihren braunen, von haarähnlichen Algen überzogenen Rücken, die kaum aus der Gischt hervorragen. Wunderlich Euer Grenzstein, der gebildet wird von einer Horde friedlicher Steinwale mit harten und glänzenden Rücken, die aus Spitzen, feiner gewirkt als die aus Flandern, hervorschauen. Rücken, über die das Wasser in Silberfäden rinnt, über ihre sonderbare, seit Anbeginn der Zeiten immer gleiche Haut.

Hinter dem Kap befinden sich riesige Dünen, über die Möwen ihre gemächlichen Runden ziehen in einer unsagbaren Einsamkeit. Vor der eindrucksvollen Dünenmauer befinden sich in einer nach Süden hin durch ein Felsenriff verschlossenen Bucht zwei Felseneilande von düsterem Aussehen. Der Wind hat eine Vielzahl von Türmen aus dem grauen Fels getrieben, durch die er heulend fährt wie durch die Zinnen einer verlassenen Burg. An der Küste gibt es, in Gruppen liegend oder sich durch die gespenstische Landschaft schleppend, eine Unzahl von diesen Seehunden, die man Wölfe oder Robben nennt. Ihr Geheul ist traurig, als erfüllten sie den trostlosen Ort mit ihren Vorahnungen.

Schwarze Sturmwolken bedecken den Himmel, und die ganze Landschaft erscheint wie grau in grau gemalt. Von Zeit zu Zeit öffnen sich die Wolken, und die Strahlen einer untergehenden Sonne überziehen das verzauberte Eiland mit ihren rötlichen Farben und betonen ihr unwirkliches Aussehen.

Don Hernando gibt Befehl, daß eine Gruppe bewaffneter Männer mit der Schaluppe ausfahren solle, um einige dieser Hunde zu jagen, damit wir auf diese Weise ein bißchen frisches Fleisch zu essen bekommen, da es an Bord keines mehr gibt. Er will, daß sie so viele erlegen sollen, wie sie können, weil ihre Felle in Europa einen guten Preis haben, seitdem Torres die ersten gebracht hat.

Ich wollte sie nicht begleiten; aus irgendeinem Grund stellte ich mir vor, es gäbe dort eine struppige Alte, die sich von der Meute gefolgt über die Insel schleppte und des Nachts ihre Einsamkeit mit schrecklichem Geheul hinausschrie.

Am nächsten Morgen, mit voll gebraßten Segeln, nahmen wir unsere irre Wettfahrt wieder auf. Wieder wechseln die Felsenriffe, die endlosen Sandflächen, die trostlosen Strände einander ab, auf die nie zuvor ein menschliches Wesen seinen Fuß gesetzt hat. Ich dachte, was für eine Art Königreich das Eure wohl sei, wo es weder Männer gab noch Frauen, weder Kinder noch Kühe, weder Schweine noch Hühner, wo man weder Stimmen noch Lachen, noch Klagen, noch Proteste hörte; wo man weder den Schweiß roch noch die Scheiße, noch das Geschlecht. »Weshalb zum Teufel will Don Carlos dieses leere Reich haben?« fragte ich mich, wo niemand Deinen Namen aussprechen, seinen König weder lieben noch hassen kann. Ein Reich so still wie ein plötzlich verlassenes Haus, so unberührt wie jene Behausungen, in denen ein geliebtes Wesen gestorben ist und die man verschlossen hält, einsam wie eine auf einem Speicher vergessene Wiege.

Wenige Meilen weiter beginnt das Wasser eine merkwürdige Farbe wie von Blut anzunehmen. Andrés de San Martín erkennt darin ein Vorzeichen.

Er redet von der Farbe des Verrats, und alle denken an den Streit der Kastilier, obgleich er vielleicht eine andere Art von Verrat meint, bei dem alle zugleich Opfer und Täter sind.

Wahr ist jedenfalls, daß das Wasser rot und immer röter wird. Wir steuern jetzt zwischen großen schwimmenden Inseln dahin, welche mit ihrer Last aus Affen und anderen kleinen Tieren, von den Hochwassern der kleinen Flüsse dem Urwald entrissen, dahintreiben.

»Das ist der Fluß von Solís«, sagt Albo.

Am zehnten Januar des neuen Jahres von fünfzehnhundertundzwanzig sichteten wir eine windstille, von Sanddünen umgebene Bucht, die von einem Berg begrenzt war, welchen wir Monte V nannten (fragt mich nicht warum, es ist darüber oft gestritten worden), und obwohl es ein ruhiger und geschützter Ort ist, gut geeignet, sich dort zu erholen, setzten wir die Fahrt nun, dem großen Strom flußaufwärts folgend, mit nördlichem Kurs fort.

Von den anderen Schiffen fragen sie uns mit Zeichen, wohin wir steuern, aber Don Hernando schenkt ihnen keine Aufmerksamkeit und befiehlt, mit vollen Segeln weiterzufahren. Er ist ziemlich aufgeregt und besonders rege. Er läuft unaufhörlich vom Bug, wo er den Lauf des Flusses beobachtet, zum Heck, wo er den Weg der anderen Schiffe überwacht. Er erteilt seine Befehle an jedermann, er achtet auf die geringste Kleinigkeit der Bordroutine, und er greift sogar gelegentlich bei einem Steuermanöver ein. Seine Unruhe ist so offenkundig, daß wir alle den Eindruck haben, daß sich etwas Schwerwiegendes ereignen wird. Die Befürchtungen unserer Leute kreisen um einen möglichen Hinterhalt portugiesischer Schiffe, welche versuchen könnten, der Flotte die Durchfahrt zu versperren – und die Gegend ist ja ein vorzüglich geeigneter Ort für einen Hinterhalt. Hinzu kommt, daß auf diesem ungewöhnlich breiten Fluß, dessen anderes Ufer wir nie gesehen haben, die Eingeborenen Solís einen schrecklichen Tod bereitet haben, und falls der erste Pilot seine Tage in einem Suppentopf beendet hat wie ein gewöhnliches Huhn, was hatten dann wir, das einfache und gewöhnliche Matrosenvolk, zu erwarten?

Dein Juanillo versuchte, seiner Angst ein Schnippchen zu schlagen, indem er dachte, daß diese Wilden ganz sicher das saftige kastilische Fleisch – dem sie bereits zugetan waren – dem mageren und unsauberen eines getauften Juden vorziehen würden; mir dergestalt mit Hilfe eines einfältigen Arguments Mut machend, versuchte ich mit Späßen meine Reisegefährten etwas aufzurichten.

»Aber wer hat euch denn gesagt, daß Don Solís gestorben ist?«

sagte Juanillo. »Habt ihr denn nicht gelernt, die Wahrheit aus den offiziellen Lügen herauszuhören?« Und da mich alle verdutzt anstarrten: »Was meint ihr, hätten Dero Katholische Majestäten sagen sollen? Daß er in wilder Ehe mit einer Schwarzen lebte, kaum daß er diese Strände betreten hatte, und daß er überhaupt nichts mehr von Entdeckungen und Schiffsreisen wissen wollte? Stellt euch den Ersten Steuermann des Königreiches vor, wie er einem behaglichen und genüßlichen Leben frönt, frei von Eisen und Sorgen in der warmen Sonne liegend. Und was meint ihr, soll die Krone dazu sagen? frage ich euch – daß er seinem Gott und seinem König und all seinen Träumen von Größe abgeschworen hat wegen einer dunklen Haut und ein Paar Brüsten wie aus Ebenholz und Mooshärchen und Blütenblättern und anderen zarten Dingen, an Stellen, die euch bekannt sind? Ich sage euch, er ist weder tot noch gefressen worden, sondern er läuft hier herum in den Bergen, nackt und glücklich, hat einen Sack voller Kinder und ist weiser als wir alle, samt Generalkapitän und Don Juan de Cartagena und alle anderen dazu.« Und wie um dem Ganzen die Spitze aufzusetzen: »Wißt ihr, daß es heißt, Francisco Serrano, Don Hernandos Freund, habe das gleiche getan? Gewiß doch, Serrano ist ein weiser Mann, der beizeiten auf den Ehrgeiz und auf den Wahnsinn des Gewürzkrieges zu verzichten wußte und sich, nachdem er an der Seite von Lopéz de Sequeira gegen den Sultan von Malacca gekämpft hatte, auf einer jener paradiesischen Inseln niederließ, wo er ohne Bedrückung oder Habgier mit der Tochter des Königs von Ternate zusammenlebt; er kann weder der heldenhafteste noch der größte Eroberer genannt werden, aber auf jeden Fall ist er der glücklichste und klügste von allen.

Schon lacht niemand mehr, und einer fragt, woher ich diese Dinge wisse.

»Der Kapitän selbst hat sie mir erzählt«, sagte ich zu ihnen. »Er hat ein paar Briefe bei sich, darin Serrano ihn auffordert, sich ihm anzuschließen; es sind nur zwei, aber er hat sie hundertmal gelesen. Ich selbst habe ihm einen vorlesen müssen. Ihr könnt euch nicht vorstellen, in welchen Farben er seinen behaglichen Ruhesitz beschreibt. Wirklich, man ist ganz und gar beeindruckt. Manchmal denke ich, wir sind unterwegs, um ihn zu treffen. Nicht daß der Kapitän es gesagt hätte, aber ich spüre so eine Art Sehnsucht, sobald er von Francisco Serrano anfängt. Dann schließt er die Augen, und es sieht aus, als träume er.«

»Glaubst du, daß Don Hernando vorhat, sich gleichfalls auf eine dieser Inseln zurückzuziehen?«

»Da müßte ich ihn einmal danach fragen«, sage ich, »man kann nie wissen, man lernt nie aus im Umgang mit den Menschen.«

Wir machen nur langsame Fahrt zwischen riesigen schwimmenden Inseln. Wurzelknollen und Blätter in inniger Umarmung auf ihrer langen Reise aus den Urwäldern bilden einen dichten Teppich, auf welchem die Affen erschrocken umherrennen und die Schlange dahinschleicht. Es gibt auch Kröten und Frösche, die mit ihren Rufen ein richtiges Jammergeschrei in der Nacht anstimmen. Die großen schwimmenden Inseln öffnen sich unmerklich den Schiffen und schließen sich hinter ihnen, jegliche Spur verwischend. Auch wir, die wir nicht wissen, woher wir kommen und wohin wir fahren, sind eine Pflanze mehr, einer von diesen alten, mit grüner glitschiger Masse behafteten Baumstämme, wie sie von der Strömung eines Flusses mitgerissen werden, von welchem wir annehmen, daß er unter unseren Füßen fließt und den wir hinaufzufahren versuchen. Die Strömung reißt auch große Bäume mit sich. In ihren nackten und traurigen Kronen suchen alle Arten von Vögeln Zuflucht. Da sind bunte Papageien, weiße und rosa Reiher und ein Storch. Alle sehen erschöpft aus, mit schmutzigem, hängendem Federkleid. Es sind auch tote Tiere dabei, aufgebläht wie Weinschläuche kurz vor dem Platzen. Eines Abends sehen wir auch Hausgerät vorbeischwimmen, zwei oder drei Tontöpfe, eine Schilfmatte, einen primitiven Pflug, der sich in den Wurzeln einer kräftigen Pflanze verfangen hat, und sogar ein steinernes Götzenbild, das uns unerschrocken von seinem schwimmenden Inselpodest aus anschaut, während ein paar Kröten auf seinem gewaltigen Kopf vor sich hin dösen.

Immer schwieriger wird es, dieses verborgene Gewässer zu befahren, wo so viele Gefahren lauern, doch weigert sich Don Hernando zurückzukehren. Tagsüber wehren wir den Gefahren oder meinen es zu tun, aber in den Nächten wird die Angst riesengroß und verzerrt alles. Manchmal ist da ein dumpfes Geräusch wie von einem weichen Körper und ein anderes Mal ein Donnerschlag, der das Schiff erschüttert und jede seiner Planken ächzen läßt, als wäre es nahe daran zu bersten und in tausend Stücke zu zerschellen. Aber nichts geschieht, und reglos warten wir auf einen erneuten Zusammenstoß, alle Anzeichen zu deuten versuchend, ohne etwas voraussehen zu können.

Später erklimmt ein kalter Mond, der in nichts dem ähnelt, der die Gassen meines Dorfes Bustillo del Páramo bescheint, den Himmel und hüllt diese unwirkliche Wiesenlandschaft, die mein Herr Fluß nennt, in seinen gespenstischen Glanz. Mit ihren vergebens gesetzten Segeln gleicht die Flotte den zum Flug nicht mehr fähigen Vögeln, die in den Zweigen eines Baumes, den die Strömung forträgt, auf den Tod warten. Später kommt das ohrenbetäubende Quaken der Frösche und in rhythmischen Schüben das Lärmen des über die Rümpfe emporkletternden und über die Schiffe herfallenden Ungeziefers. Umsonst versuche ich in meiner Benommenheit, mich in meine Erinnerungen zu flüchten, aber Juanillo Ponces Gedächtnis scheint die Strömung mitgenommen zu haben, oder vielleicht liegt es unter diesem Pflanzendickicht begraben wie die Wasser des großen Flusses. Halbtot vor Angst verbringe ich den Rest der Nacht damit, immer wieder meinen Namen vor mich hin zu sagen, bis ich im späten Morgengrauen erschöpft einschlafe und jedes Mal erschrocken auffahre, wenn Don Hernandos Schritte über meinem Kopf zu hören sind. Tag und Nacht geht mein Herr auf und ab auf den Decks, und seine eisernen Schritte sind wie das Ticktack einer Uhr, die unsere Stunden mißt.

Am vierten Tag – er hatte sich seit drei Tagen nicht in seine Kajüte zurückgezogen – befiehlt er, dem Erschöpfung und Müdigkeit im Gesicht geschrieben stehen, Esteban Gómez das Schiff zu wenden und in den Lauf der Strömung zu setzen, die wir mit so viel Mühe hinaufgefahren waren. Keiner wußte anzugeben, wieviel Meilen wir gefahren waren. Andrés de San Martín beobachtet einen Meridian durch die Konjunktion Jupiters mit dem Mond, was unmöglich erscheint, gemäß den Tafeln von Zacuto und dem Almanach von Juan de Monte Regio.

Die Nachricht versetzt die Männer in Aufregung, nur Don Hernando scheint nicht überrascht.

»Benachrichtige die anderen Schiffe«, erwidert mein Herr, sich an Francisco Albo wendend, »daß wir umkehren.«

»Es ist das Vernünftigste, Herr«, fügt San Martín hinzu.

»Das Vernünftigste«, murmelt mein Herr und versucht ein trauriges Lächeln.

Nun ankern wir ein weiteres Mal in der geschützten Bucht von Monte V, und wieder herrscht eine gespannte Stille, die nichts Gutes verheißt.

Don Hernando schließt sich tagelang in seiner Kajüte ein. Er will unbedingt die Seekarten entschlüsseln, die ihm jeden Tag unverständlicher werden. An Land, als er mit Faleiro die Atlanten und Vermessungen durchging, schien alles klar und einfach zu sein. Doch jetzt versteht er sie nicht mehr, und je mehr er sich anstrengt, desto mehr Einzelheiten gehen ihm verloren. Die Radien der Windrose kreuzen sich vor seinen Augen und bilden ein richtiges Spinnennetz, in dem er sich gefangen fühlt wie eine unbedeutende Fliege. In seiner Verwirrung verflucht er zuweilen seinen alten Partner und beschuldigt ihn, ihm Angaben vorenthalten zu haben. Mittags macht er erschöpft vor Anstrengung eine Pause und will mit dem Astrolab an Deck gehen und in seinen eigenen Messungen irgendeinen Schlüssel finden, der es ihm gestattet, dieses Wirrwarr von Linien zu ergründen, in dem unser Schicksal geschrieben steht.

Keiner getraut sich etwas zu tun, bis die neuen Befehle bekannt sind, und alle erdenklichen Gerüchte über die Zukunft der Expedition machen die Runde.

Der Priester Sánchez de Reina, der unter diesen Umständen das Amt des Kaplans übernommen hat, angesichts des kleinmütigen Charakters von Pedro de Balderrama, scheint beunruhigt. Er steht auf seiten Cartagenas, dem er sich durch seine alte Freundschaft mit dem Bischof von Burgos verbunden fühlt, und er mißtraut den dunklen Absichten Don Hernandos. Auf die Steuerbordbrüstung gestützt, verbringt er den Tag damit, dies rote Gewässer zu betrachten. Er vermutet die Hand Gottes hinter dieser beunruhigenden Farbe und glaubt, eine Warnung vor seinem eigenen Schicksal darin zu erkennen. Bedrückt überläßt sich der Priester den fernen Erinnerungen an einen Morgen vor dreißig Jahren, als er voller Ideale seine erste Gemeinde übernommen hatte.

Er war damals sehr jung gewesen, mit dem blassen Gesicht eines Seminaristen und der abgemagerten Gestalt eines Heiligen. Aber er hatte ehrgeizige Pläne gehabt und gedacht, es würde ihm bald gelingen, Bischof zu werden, und mit den Jahren dann würde aus ihm ein ehrwürdiger Kardinal der Kirche Christi. Doch alle seine Träume scheiterten sehr bald an der Armut seiner Gemeinde und der Gleichgültigkeit seiner Leute aus der Mancha. Vergebens versuchte er, sich an seine Illusionen zu klammern. Der tägliche Kampf nagte an seinen Träumen wie der Wind der Hochebene an den Steinen seiner Kirche. Die Jahre deckten sie zu und begruben sie, wie der gelbe Staub der Felder alles zudeckt, was sich ihm in den Weg stellt. Er wußte nicht mehr, wann er aufhörte zu träumen. Er weiß nur, daß er begann, die Dinge auf andere Weise zu sehen. Er ließ sich von der Routine seiner Predigten einwickeln, seinen Spaziergängen in der Abenddämmerung durch die vier Straßen des Dorfes, von seinen Mahlzeiten, seinen nichtssagenden Gesprächen mit den Nachbarn und sogar von den abzuhaltenden Feiertagen, immer gleich im Laufe der Jahre. Er wurde dick. Er wurde älter. Er wurde geachtet und geliebt. Er vergaß die Bischöfe und die Kardinäle und die anderen Würdenträger der Kirche. Er war glücklich. Doch auf einmal erschien wieder die alte Kathedrale seiner Träume vor seinen Augen, und es war kein Staub an ihr, als hätte der Oktoberregen sie davon befreit. Die Expedition Seiner Majestät würde ihn vielleicht zum Bischof in Neuindien machen oder womöglich zum Ersten Prälaten der neu entdeckten Länder.

Seit er erfuhr, daß er zur Flotte gehören würde, verlor er jedes Interesse an dem Leben, das er dreißig Jahre lang geführt und, wie er bis vor wenigen Monaten geschworen hätte, mit Vergnügen bis zum Tage seines Todes hätte führen wollen, ohne sich aus Argamasilla de Alba zu entfernen. Er gab die Jagd und das Kartenspielen mit dem Barbier und dem Hidalgo auf. Mit einemmal verlor er den Geschmack am Wein, und sogar die gewohnten Speisen fingen an, ihm zu widerstehen. Er verwünschte im stillen die grausame Sonne dieser Gegend und haßte insgeheim den Wind und den Staub. Er mied die Nachbarn, und fast mißfiel es ihm sogar, die Messe abzuhalten für diese verrohten Dörfler, die keinen anderen Horizont hatten als die Grenzen ihres Dorfes.

Dennoch, als er an jenem Abend fortging, schaute er mit Tränen in den Augen auf seine Kirche, und gerührt empfing er den Gruß seiner Pfarrkinder. Viele von ihnen weinten auch, vor allem die Frauen. Die Alten verstanden sein Vorhaben nicht, und die Jungen beneideten ihn um sein Glück.

Die Umarmungen und das Händedrücken nahmen kein Ende, und er bekam von liebevollen Händen bereitete Wegzehrung und Wünsche, er möge auf sich achtgeben und bald wiederkommen. Das alles machte den Priester Pedro Sánchez weich wie Butter, so daß er, wäre da nicht die Vermittlung des Bischofs von Burgos gewesen, auf der Stelle auf seine verrückte Entscheidung verzichtet und sich in die Arme seiner Haushälterin geworfen hätte, die der Kutsche wie ein Gespenst auf den Weg nach Cuidad Real folgte, bis weit über die letzten Häuser des Ortes hinaus. Der Priester wandte sich ein paarmal um, winkte ihr zu und machte ihr Zeichen, sie möge zurückbleiben, doch es war vergebens. Die schwarze und abgemagerte Gestalt, mit der er so viele Jahre geteilt hatte und mit der ihn möglicherweise ein Sakrileg und eine nie gestandene Liebe verband, setzte ihren Weg unter der Sonne aus glühendem Blei fort. Zurück blieben der weiße Ort und hinter der letzten Ecke die Schar der Nachbarn mit erhobenen Händen.

Über den Dächern sah er nun den Turm seiner Kirche hervorragen, und in diesem Augenblick erhob sich vom Glockenturm ein Storch in schwerfälligem Flug.

»Fahr schon«, sagte er zu seinem Sakristan, der ihm zuweilen als Kutscher diente. »Treib die Maultiere an!«

»Jetzt werde ich nicht mehr zurückkehren können, es wird unmöglich sein«, sagte er, »auch wenn wir heimkehren sollten. Sie werden einen anderen Geistlichen an meiner Stelle haben, einen jungen Priester voller Tatkraft. Keiner wird sich mehr an den Pater Sánchez erinnern.«

Ich weiß wirklich nicht, was ich da sagen soll. Es entsteht ein Augenblick des Schweigens, in dem wir beide den Blick heben, um einer Möwe zu folgen, die wenige Meter von uns entfernt dahinsegelt.

»Ich erinnere mich noch an den Namen eines jeden Bauern, eines jeden Paares, das ich zu Mann und Frau machte, eines jeden Toten, dem ich mit Tränen in den Augen das letzte Geleit gab, eines jeden Kindes, das ich taufte. Das erste war ein Mädchen, es hieß Encarnación, später war sie Encarnita, und jetzt heißt sie Doña Encarna. Sie hat einen Haufen Kinder. Ist dick. Und das letzte, wie sollte ich mich nicht daran erinnern, wo es doch der Sohn meines Feundes Quijana war! (Quijana oder war es Quesada? Seltsam, daß ich, wo wir doch so sehr befreundet waren, seinen Familiennamen nicht mehr genau weiß; für mich war er einfach Alonso und ich der Herr Priester.) Schließlich haben wir ihn auch Alonso getauft. Sein Vater sagte, er würde Soldat werden, wie es alle Quijanas seit den Zeiten Königs Sancho getan hatten. Ich erinnere mich, daß er ein kleiner magerer Kerl war mit großen dunklen und verträumten Augen, der mit außergewöhnlicher Geduld die Taufe mit dem Weihwasser über sich ergehen ließ. Es gab ein großes Fest an diesem Tag auf dem Stammsitz der Quijanas. Es flossen Ströme von Wein aus der Mancha, und es gab Spanferkel und Truthähne und Käse und Nüsse und solche Sachen. Sein Vater war ein guter Mann, ehrenhaft, ein guter Freund, hilfsbereit, fromm. Wir verbrachten ganze Abende zusammen, mal in der Sakristei, mal im Gehöft. Wir waren so oft zusammen, daß wir kaum noch miteinander redeten. Ich betete den Rosenkranz, und er machte mit einem Taschenmesser Zahnstocher aus kleinen Stöckchen; er machte Hunderte davon, welche er dann seinen Freunden schenkte. Andere Male döste er an meiner Seite oder blätterte im Meßbuch herum. Kaum daß wir uns bewegten, um eine Fliege zu verscheuchen, und so, reglos und stumm, leisteten wir einander Gesellschaft. An dem Tag, da ich die Gemeinde verließ, kam er, den kleinen Alonso auf dem Arm, sich zu verabschieden. Er blieb an der Tür stehen und sah zu, wie ich die Koffer verschloß. Auch diesmal sagte er nichts.«

Ich konnte ihm nichts sagen, ich blieb so stumm wie dieser Quijana, aber seitdem habe ich eine heimliche Achtung vor dem Priester. Er war kein schlechter Mensch, er machte Fehler, doch wer von uns macht keine. Nun ja, sein Freund wird inzwischen vor Einsamkeit und Langeweile gestorben sein, und Alonsito Quijana wird ein verwegener und unternehmungslustiger junger Bursche sein, oder auch nicht, was weiß ich, Hoheit, warum läßt Du mich derlei Dinge sagen? Bei allen Heiligen!

Ich kann Euch sagen, Allerhöchste Majestät, daß die Zwistigkeiten zwischen den Kapitänen mich in der Tat nicht nur jetzt, als Autor dieser Erinnerungen, schmerzen, sondern auch damals, als ich, ein Wesen von Fleisch und Blut, zusammen mit einer Handvoll Idioten die Meere auf vier Schiffsplanken befuhr. Schon damals langweilten und verdrossen mich die Kapitäne mit ihren Intrigen und Machenschaften, sich einander das Kommando streitig machend, als wäre es wirklich von Bedeutung, Macht zu haben inmitten dieser Schutzlosigkeit, in der wir alle lebten. Die wirkliche Macht... (ich weiß, daß Du denkst, ich schreibe jetzt: »lag bei Euch, Hoheit«, aber Du irrst dich), die wirkliche Macht war die des Meeres, war die der unbekannten Länder, der endlosen Urwälder, kam vom Himmel, von der Sonne, welche uns die Haut versengte, war im Regen, im Wind oder in dessen Fehlen. Alles andere war illusorisch: Unsere Schiffe, unsere Navigationsinstrumente, unsere Seekarten, unser Entschluß, irgendwo anzukommen. Nur wir konnten daran glauben. Nur für uns war unsere Flotte eindrucksvoll, unsere Pläne groß, unsere Träume von Dauer, unsere Kapitäne mächtig. Doch für das Meer, für die Urwälder, für den Wind waren wir nichts als eine Handvoll kleiner Ameisen, die auf einem kleinen Holzstückchen in der Unendlichkeit des Meeres schwammen, ausgeliefert wie sie den Launen dieser Kräfte und zudem wehrloser. Aber niemand schien sich dessen bewußt zu sein. Wir hatten Angst, das ja, ständige, unklare Angst, die wie aus dem Mark unserer Knochen hochstieg und die vielleicht unsere Art von Bewußtsein war.

Aber Deine Kapitäne, die Kastilier, nicht. Ihre Sorgen gingen dahin, das Kommando zu übernehmen, das Schicksal des Unternehmens und das Los der Besatzungen kümmerte sie nicht; am Ende verloren sie alles Interesse am Kurs und am Sinn der Reise. Hatten sie anfangs von Plänen gesprochen, so vergaßen sie es, und es war ihnen nicht mehr wichtig. Keiner von ihnen scherte sich jetzt um das Geheimnis, das Don Hernando so sorgsam hütete und das zu Beginn der Anlaß für Streitigkeiten gewesen war. Ihre Gleichgültigkeit in dieser Hinsicht, weit davon entfernt, meinen Herrn zu beruhigen, versetzte ihn eher in eine Art schlecht verborgene Verzweiflung. Vielleicht fühlte er sich jetzt einsamer und verantwortlicher, als hätten sich seine eigenen Überzeugungen an der Ungläubigkeit der anderen gefestigt. Doch als er nicht länger auf diese Ungläubigkeit stieß, schien auch sein eigener Glaube schwächer zu werden. Er war auf seine eigenen Kräfte angewiesen. Die Entscheidung, seinen Plänen auch weiterhin zu folgen, lag ganz allein bei ihm. Vergebens befragte er mit dem Astrolab die Gestirne. Vergebens verdarb er sich die Augen bei dem Versuch, Faleiros Seekarten zu ergründen. Es gab keine Antworten. So daß er eines Abends unerwartet das Beiboot zur *San Antonio* schickte, um seinen Steuermann Andrés de San Martín, Kosmograph von Beruf und Astrologe aus Tradition, holen zu lassen.

Als der Kastilier eintrifft, beginnt die Sonne in die dunklen Gewässer einzutauchen und eine rötliche Patina dämpft die Umrisse der Gegenstände und die Gesichtszüge der Männer. Die Stille der Stunde, kaum unterbrochen vom fernen Schrei eines Vogels, der in sein Nest zurückkehrt, breitet sich aus.

Alle stehen wir reglos, während er vom Bug zum Heck läuft. Es sieht aus, als trüge die *Trinidad* eine Ladung Statuen für die Gärten des Königs. Mit gesenktem Kopf, eingeschüchtert gleichsam von so viel stummer Gegenwart, lenkt er seine Schritte zur Kapitänskajüte. Im Innern des kleinen Raums, den eine Lampe schwach erhellt, die an einem Deckenbalken pendelt, erwartet ihn Don Hernando, vor einem Tisch voller Pergamente und Navigationsinstrumente stehend. Ich vermag ihre Stimmen nicht zu hören, aber ich sehe, daß sie Höflichkeitsgesten austauschen und mein Herr ihn sodann mit ausgestreckter Hand auffordert, Platz zu nehmen. Danach, getrieben von meiner angeborenen Neugier, nähere ich mich, um die Szene zu beobachten.

Die Augen des Kosmographen, groß und sanft wie die eines Hirschkalbs, prüfen jetzt beklommen ein Pergament. Sein Blick läuft nervös die Radien der Windrosen entlang, hält inne, wo sie zusammenlaufen, konzentriert sich dort, wo Zahlen und andere Anmerkungen in ganz winziger Schrift erscheinen, ab und zu sucht er den Blick Don Hernandos, der ihn mit düsterer Miene beobachtet. Er vertieft sich erneut, schüttelt den Kopf.

Es ist nichts als das Knarren von Holz und das Rauschen des Flusses unterm schwarzen Rumpf der *Trinidad* zu hören. Die Schatten werden dichter, und die ersten Sterne erscheinen am bleifarbenen Himmel.

»Nun gut«, sagt der Kapitän, »was meinst du?«

Der Kosmograph entschuldigt sich. Er sagt, die Karten seien viel zu kompliziert, zweifellos wurden sie auf Grund anderer Berechnungen gemacht als diejenigen, mit denen er umzugehen gelernt habe. Er bedauere, aber er sei nicht sicher, sie verstanden zu haben.

Don Hernando tritt näher und legt mit überaus sanfter Geste eine Hand auf seine Schulter.

»Fürchte dich nicht«, flüstert er, »auch ich lasse mich manchmal verwirren.«

Angesichts der unerwarteten Zärtlichkeitsgeste wendet sich der Kosmograph mit feuchten Augen um und zeigt ein kraftloses Lächeln.

»Wir wollen nach Osten vom Westen her, ist es nicht so?« fragt er zögernd. »Und der Bestimmungsort der Flotte ist kein anderer als der Punkt, von dem wir aufgebrochen sind, nur daß wir ihn erreichen wollen, indem wir uns von ihm entfernen«, fügt er in demselben Ton hinzu.

Don Hernando fragt, ob ihn das überrasche.

Er zögert.

»Niemand hat es bisher geschafft«, sagt er.

»Aber wir werden es schaffen, du und ich, es wird uns gelingen«, antwortet der Kapitän. Wir werden beweisen, daß man auf dem Westweg zu den Molukken gelangen kann, und wir werden zurückkehren mit Schiffen voller Pfeffer, Nelken, Zimt, Safran, Ingwer . . .«

Andrés de San Martín sieht jetzt niedergeschlagen aus. »Aber diese ungeheure Landmasse, die sich von Süden nach Norden erstreckt, von Pol zu Pol, und die uns den Weg versperrt? Suchen wir auch nach einer Durchfahrt? Glaubt Ihr wirklich, daß sie existiert?«

»Ich glaube es nicht nur«, sagt mein Herr, »ich weiß, daß sie existiert.«

Wieder ruhen die Augen des Kosmographen auf den Plänen, und wie ein Blinder tastet er jetzt über die Linien.

»Vom Kap der Kälte an gibt es kein Land, das in diesen Karten verzeichnet wäre«, sagt er.

»Wo, glaubt der Kapitän, befindet sich die Durchfahrt?«

»Im Süden.«

»Im Süden? Heißt das, daß wir uns weiter nach Süden vorwagen? Ohne irgendeinen Bezugspunkt? Blind steuernd?«

»Blind nicht, ich habe meine Instrumente.«

»Möge Gott uns helfen«, sagt San Martín, und seine Blicke suchen vergebens das Kruzifix, das sich auf allen Schiffen am Kopfende der Schlafstatt befindet. In Don Hernandos Kajüte hängt an der Stelle des Kreuzes ein Astrolab.

»Müßten wir die Durchfahrt nicht hier in Solís' Fluß finden?« fragt der Kosmograph.

»Wir müßten uns Gewißheit verschaffen«, antwortet mein Herr.

»Aber, dann wißt Ihr also nicht, wo sie sich befindet.«

»Ich weiß, daß es sie gibt. Und daß wir sie finden werden.«

»An welcher Stelle, glaubst du, liegen die Molukken«, sagt der Kosmograph und seine Hand, klein und nervös, gleitet über die Pergamentmeere, als wolle er sie ertasten.

Für Augenblicke herrscht Schweigen, während sich Don Hernandos Gesichtsausdruck verhärtet.

»Irgendwo«, antwortet er.

»Ich verstehe nicht, wozu Ihr mich habt rufen lassen«, erwidert Andrés, und sein Gesicht glüht vor Ärger oder Scham oder einer Mischung aus beidem. »Wenn der Kapitän nicht wünscht, daß man sich in seine Angelegenheiten mischt, werde ich mich zurückziehen«, fügt er hinzu und hat Mühe, seine Würde wiederzufinden.

»Bleib hier.«

»Ich kann Euch nicht helfen.«

»Vielleicht doch. Du hast den Ruf eines Hellsehers.«

»Ich dachte, du hättest etwas gegen meine Wissenschaft.«

»Ich bin für alles, was mir nützlich sein könnte. Und bin gegen alles andere.«

Wie ihre Unterhaltung an diesem Punkt angelangt ist, verlor ich jede Kontrolle über meine Därme, die sich vor Schreck wie ein Knäuel Schlangen zusammenzogen, und ich mußte schnellstens auf die Latrine, um mir nicht in die Hosen zu machen. Puh! Ich kann Euch sagen, Hoheit, die Angst riecht nicht gut. Sie stinkt so wie der Tod und manchmal noch mehr, obschon sie ihm gegenüber den Vorteil hat, ein vorübergehender und nicht endgültiger Geruch zu sein. Gewiß, da Ihr nicht auf der Ungewißheit herumkauen müßt, sondern auf Fasan und Phönixvogel, Ihr keine Angst trinkt, sondern Wein mit einer Prise Nelken und genügend Zimt, wißt Ihr nichts von diesen Wohlgerüchen. Ich frage mich manchmal, ob ihr Könige überhaupt scheißt, ob ihr euch mit all eurer Erhabenheit auf einen Eimer hockt und drückt, ob ihr den Hermelinmantel und Samt und Seide dabei selber ablegt oder ob ein Page diese Aufgabe hat und die Ehre dazu, euch den Hintern zu wischen, und ob es in den Schlössern einen für diese Bedürfnisse bestimmten Ort gibt, ganz Gold und edle Düfte. Wahrlich, ich bin diesbezüglich voller Zweifel, denn bei allem, was ihr verschlingt, was eure Hand zum Munde führt und ihr benagt und beknabbert, von allem das Beste und immer das größte Stück, wäre es unlogisch, wenn ihr essen und wir scheißen würden. Aber man kann nie wissen, das arme Matrosengesindel ist so verschieden von euch wie eine Ameise von einem Löwen. Uns reicht ein Krümel harten Zwiebacks und ein wenig stinkendes Wasser, um die Latrinen des Schiffes in einen Ekelpfuhl zu verwandeln, und ich muß Euch sagen, daß auch die der Offiziere ihres hohen Ranges unwürdig riecht. Freilich bei so mächtigen Leuten wir Ihr, die die Welt von festem Land aus regieren, weiß man nicht. Wie dem auch sei, und falls Ihr nicht diese Gewohnheit habt, will ich Euch raten, Ihr solltet sie annehmen, weil es nicht nur gut für den Körper, sondern auch gut für den Geist ist. Ich zum Beispiel bin, wenn ich zur Latrine gehe, so in Frieden mit mir selbst, als wäre ich zur Messe gegangen. Aber wie immer im Leben, man muß die Dinge zu tun verstehen, um den größten Nutzen aus ihnen zu ziehen. Ich, um bei meinem Beispiel zu bleiben, weiß, was kommen wird, sobald meine Därme zu singen anfangen, aber ich beeile mich nicht, um das Gefühl der dann folgenden Erleichterung intensiver zu machen. Andererseits, wenn Du Dir den Bauch erkältet hast, um so besser für die Staatsgeschäfte und für Deine Untergebenen, denn wenn Du auf dem Eimer hockst oder sitzt und auf Erlösung wartest, wirst Du alle Dinge viel klarer sehen und Entscheidungen treffen, die Du außerhalb der Latrine niemals treffen könntest. Es kann Euch auch geschehen, daß Ihr Euch der Meditation hingebt, denn sogar ein Monarch kann, wenn er die Latrine aufsucht, diese Gewohnheit annehmen, und in diesem Fall kann man gut sagen, daß Gott, gelobt und gepriesen sei er, auf unserer Seite ist. Ich, weil ich für gewöhnlich nichts in meinen Händen habe, was zu entscheiden wäre, weil immer die anderen seit meiner Geburt für mich entschieden haben, denke auf der Latrine für gewöhnlich über mein Schicksal und andere nicht weniger interessante Dinge nach, und das ist dann, als ob meine Därme denken würden und nicht mein Kopf. Das also war es, was mir geschah, als ich dem Gespräch zwischen Don Hernando und Andrés de San Martín heimlich zuhörte. Die Pläne hören und Krämpfe kriegen war eins. Zu hören, daß der Kapitän Andrés nicht als Kosmograph, sondern als Hellseher konsultierte, und nicht an mich halten können war eins. Und nicht weil Juanillo etwa ein großer Freund der Wissenschaft und ein Feind der Magie gewesen wäre oder San Martín ein Unwissender, gab es doch in seiner Familie welche, die den Königen Rat erteilten, und eilte ihm doch der Ruf voraus, daß seine Prophezeiungen sich jedes Mal erfüllten; obschon die Familie San Martín, welche die Zukunft in den Sternen zu lesen verstand wie in einem offenen Buch, nie fähig gewesen war, ihr eigenes tragisches Schicksal vorauszusagen.

Die Wahrheit ist, daß ich mich allzu lange auf der Latrine aufhielt, trotz des schwindelerregenden Geruchs, der aus dem Rohr aufstieg, durch das wir den Urin in den Kielraum schütteten; ein Seemannsbrauch übrigens, denn sobald der Gestank nicht mehr unerträglich war, war dies ein Zeichen dafür, daß die Fugen im Schiffsrumpf das Wasser eindringen ließen, was das Schiff gefährden würde – eine untrügliche Methode, zu der ich Euch für das Staatsschiff rate.

Die Sache ist, daß ich mich zu lange da unten in der Latrine aufhielt und mir aus diesem Grund entging, was Andrés de San Martín prophezeit hatte. Übrigens, weißt Du, daß er einen großen Hut mit breiter Krempe zu tragen pflegte, der mit einer Feder geschmückt war, und einen Mantel hatte, in dessen Seidenfutter die Gestirne mit silbernem Faden gestickt waren?

»Bist du es?« fragte er, ohne sich umzudrehen.

Als Antwort ließ ich mein Schellenarmband klingen.

Die Lampen brannten nicht, aber zwei breite Mondlichtstrahlen drangen durch die Scheibe. Das Licht vom Backbordfenster fiel voll auf die Brust Don Hernandos. Im Licht des anderen Fensters tauchten aus der Dunkelheit Bruchstücke von Gegenständen auf. Da waren die Hälfte einer Truhe, die Blechscheibe eines Astrolabs, der untere Teil einer Sanduhr sowie ein weißer Kreis, der über die Bohlen des Fußbodens lief und dem Schwanken des Schiffes folgte.

Beide verharrten wir in Schweigen.

»Heute haben wir zusammen mit Odoardo die Proviantliste durchgesehen, und ich versichere dir, daß wir uns keine Sorgen machen müssen«, sagte er nach einer Weile.

Ich gab keine Antwort. Er tat, als merke er es nicht.

»Wir schwimmen nicht im Überfluß, aber wir werden uns einrichten, damit wir keinen Hunger leiden müssen.«

Ich blieb noch immer stumm. Ich spürte, daß er um den heißen Brei herumredete und daß ich schweigen mußte, damit er aus seinem Versteck hervorkäme. Es hatte keine Eile. Ich wußte, er würde früher oder später seinen Metallpanzer verlassen wie ein Wurm seinen Kokon und sich in einen bunten Schmetterling verwandeln, der um seine Erinnerungen und meine Lügen flattern würde. Das war schon oft so gewesen, wenn wir allein waren in der vertraulichen Stille seiner Kajüte. Schweigend betrachtete er den Lauf des Flusses.

Ich schaute zu, wie der Sand in den unteren Teil der Uhr rann. Sein Sklave Enrique bewegte sich mit katzenhaften Schritten im Dunkeln.

Es vergingen einige Minuten, bevor er sich entschloß, das Schweigen zu brechen.

Ich erinnere mich nicht genau an den Verlauf des Schwatzes noch habe ich Lust, diesen für Dich zu erfinden, wie ich es bereits getan habe und tun werde, sobald es sich ergibt. Ich will Dir nur sagen, daß er mit seinen Umständlichkeiten fortfuhr und ich mit meinen Herausforderungen, bis er an die Stelle kam, wo er in Odoardos Haus seine Frau Beatriz kennenlernte. Wußtest Du, Hoheit, daß sie sich, als sie ihn sah, von einer sonderbaren Vorahnung ergriffen fühlte? Als wäre ein großer schwarzer Vogel einen Augenblick lang vor ihren Augen geflattert und hätte die ruhige Luft in Aufruhr versetzt. Als sie es ihm Monate später erzählte, machte er sich über sie lustig. Dennoch hatte er, wenn sie beisammen waren, manchmal dasselbe absurde Gefühl. Als ob ein Flügelpaar die laue Luft in Bewegung brächte. Es war ein verrückter Gedanke, den er zurückwies, der aber wiederkehrte.

Er hatte sich gerade an diese Dinge im Gespräch verloren, als er sagte: »Seltsam, aber auch Andrés de San Martín hat mir von den schwarzen Vögeln erzählt, welche die Sonne verdunkelten.«

Von da an erinnere ich mich an das Gespräch, als hätte es sich eben erst zugetragen.

»Ist es eine schlechte Vorbedeutung?« entfuhr es mir, und schon fürchtete ich, daß meine Frage den Umschwung seiner Gedanken zerstören könnte.

»Es war sein Blick.«

»Hat er Euch etwas Schlechtes gesagt?«

»Es war Angst in seinen Augen.«

»Man sollte ihm nicht soviel Glauben schenken.«

»Es waren die Augen eines erschrockenen kleinen Mädchens.«

»Er hat schon immer gern zuviel gesagt.«

»Eines kleinen Mädchens, das nicht groß werden wollte.«

»Ein Astrologe sollte eigentlich mehr Selbstvertrauen haben.«

»Ich glaube, daß auch ich nicht groß werden wollte. So versuchen wir, uns eine eigene Welt mit dem Rücken zur Wirklichkeit zu erschaffen.«

»Andrés de San Martín ist ein ziemliches Großmaul«, sage ich, obschon ich den Verdacht habe, daß wir von zweierlei Dingen reden.

»Ich habe ihm die Zunge abschneiden lassen«, sagt er und läßt sich auf einen Schemel fallen.

Ein flüchtiges Klirren von Eisen zerreißt die im Dunkeln der Kajüte nistende Stille. Ich bleibe stumm. Ich stelle mir den leeren blutenden Mund vor. Eine dunkle, für immer tote Höhle. Ein leeres Gehäuse. Ein Grab.

Etwas stößt gegen den Rumpf, und das Schiff wird einen Augenblick lang erschüttert. Wir rühren uns nicht. Als die Erschütterung endet, sagt er: »Erzähl mir von ihr.«

»Warum hast du das getan?« sage ich und versuche wieder zu mir zu kommen.

»Bestimmt hat sie schon entbunden.«

»Warum?«

»Jetzt wird er seine Prophezeiungen für sich behalten müssen. Ich werde den Lauf der Ereignisse bestimmen.«

»Und den der Gestirne?»

»Die Gestirne sind nichts weiter als Bezugspunkte. Ein Reflex am Ende der Nadel des Astrolabs. Glaubst du, daß sie entbunden hat?«

»Entbunden?«

»Ich frage dich, ob sie geboren hat«, sagt er und seine Stimme klingt gebieterisch.

»Ich dachte nur gerade an etwas anderes. Ich weiß es nicht. Ich habe keine Lust, darüber zu reden.«

»Es ist dein Beruf. Du bist der Sprüchemacher der Flotte.«

Ich zögere. Weiß nicht, was ich tun soll. Ich denke an den Kosmographen und mir tun Mund und Zähne weh.

»Nun, wenn du belogen werden willst, fangen wir an«, sage ich herausfordernd. Er schaut mich erwartungsvoll an.

»In Sevilla ist die Stunde, da die Tauben ihre Nester noch nicht verlassen haben, die Umrisse der Orangenbäume noch schwarz sind und das Laternenlicht an den Fassaden der Paläste allmählich schwindet. Am Ende einer Gasse sehe ich eine Gestalt auftauchen. Es ist eine alte Frau, die jetzt in großer Eile einen kleinen Platz überquert. Sie sieht genauso aus wie eine Hebamme mit ihrem tadellosen weißen Kopftuch, das die gestärkte Form einer Haube hat. Und die Augen richtet sie auf den einzigen erleuchteten Balkon, der auf den Platz hinausgeht. Die Fensterläden sind sperrangelweit geöffnet...«

»Mir gefallen deine Beschreibungen, du bist ein guter Dichter«, sagt er.

»So höre denn gut zu: die Fensterläden sind trotz der fortgeschrittenen Stunde sperrangelweit geöffnet, und durch die Scheiben sieht man eine brennende Lampe. Es ist derselbe Balkon wie das andere Mal – du erkennst ihn wieder?«

»Ja, du hast recht, es ist derselbe. Wir waren glücklich dort.«

»Ihr habt euch bei offenem Fenster geliebt, und die Luft war lau und duftete nach Orangenblüten, und all diese Dummheiten, welche die Verliebten machen und fühlen?«

»Wir waren glücklich und auch unglücklich. Wir waren eine Familie.«

»Warum bist du fortgegangen?«

»Das weißt du, versuch nicht, mich zu quälen.«

»Sag es.«

»Weil, da war auch das Meer. So weit ich mich auch von der Küste entfernte, selbst mitten im staubigen kastilischen Hochland, hörte ich sein Rauschen und am frühen Morgen machte mich sein Brausen fast wahnsinnig.«

»Und du hast alles aufs Spiel gesetzt, Frau, Kinder, dein eigenes Glück.«

»Ich bin ein Seemann. Ein Seefahrer.«

»Ein Schatzsucher. Das bist du.«

»Was macht die Alte, die mit der Haube?«

»Sie ist vor einer Tür stehengeblieben und läßt den Türklopfer ertönen. Hörst du, wie die Schläge über den schlafenden Platz hallen?«

»Es ist geschlossen? Was ist das für eine Tür?«

»Sie ist genauso wie die deines Hauses.«

»Du bist nie dort gewesen.«

»Ich bin ein Dichter, oder?«

Er lächelt.

»Mach weiter«, sagt er.

»Jetzt hört man hastige Schritte auf der Treppe, und jemand öffnet die Tür. Kannst du sehen, wer es ist?«

»Es ist unser Dienstmädchen. Was ist los?«

»Ich weiß es noch nicht.«

»Glaubst du, ich hätte bei ihr bleiben sollen?«

»Du kennst die Antwort.«

»Sag doch, was du denkst.«

»Ich will es dir sagen: Das Meer ist für die Verrückten da. Der Platz der besonnenen Männer ist an Land. In ihrem eigenen Land. Wurzeln treibend zwischen den Gebeinen ihrer Toten und der Haut ihrer Lebenden. Aber lassen wir das. Wir wollen jetzt mit der Alten diese Treppe hinaufsteigen. Das Dienstmädchen geht voran. Am Ende gibt es einen Korridor, und wir betreten ein Zimmer. Die Luft darin erscheint sonderbar, da ist etwas wie Kräuterdampf. Auch eine Lampe an jeder Seite des Bettes ...«

»Du hast gesagt, es war nur eine.«

»Das meinte ich von draußen, da konnte man beide nicht sehen. Da liegt auch eine Frau auf dem Bett. Die Schmerzen stehen ihr ins Gesicht geschrieben, als sie den Kopf dreht, um die Alte anzuschauen. Sie sagt nichts, aber ihre Augen bitten um Hilfe. Flehen sie an. Die Alte tritt näher und zieht die Bettdecke zurück. Die Frau fängt an zu stöhnen.«

»Sie ist sehr zart, weißt du? Wenn du sie nur einen Augenblick sehen könntest, würdest du es merken. Ihre Schultern sind schmal. Knochig. Und voller Sommersprossen. Sie hat auch Sommersprossen auf der Brust. Und unter ihrer sehr glatten Haut kann man die Umrisse ihrer Knochen ahnen. Ein schwächliches Gerüst. Zerbrechlich. Wenn du sie umarmst, meinst du, du könntest sie zerbrechen. Das gefällt mir. Ich fühle dabei meine Stärke. Aber, mach weiter. Was ist jetzt?«

»Der Atem der Frau geht schneller und schneller und schneller, schneller und schneller, schneller und immer schneller. Sie zieht die Beine an in einer krampfartigen Bewegung. Beim heiligen Himmel! Seht doch nur ihren Bauch, der ist aufgebläht wie ein Segel kurz vor dem Zerreißen!«

»Sie ist schlank. Hat knochige Beine wie ein Mädchen, das zu schnell gewachsen ist, aber das noch keine Frau ist. Ein zartes Weib. Auch wenn sie so tut, als wäre sie stark.«

»Ich glaube, ihr beide seid einander sehr ähnlich. Beide versucht ihr, eure Schwäche zu verheimlichen. Bei ihr ist es ein Kristall tief im Inneren. Ihr schließt Euch in Eure Rüstung ein und laßt Euch von den Berechnungen eines Schwachkopfs leiten und hört auf die Prophezeiungen aus dem Munde eines Stummen.«

»Jetzt halt den Mund.«

»Ich wette, sie versteckt sich hinter ihrem ein wenig hohlen Lachen. Und hinter ihrem manchmal ein wenig verrückten Geplauder.«

Er versucht ein Lächeln, aber es fällt traurig aus.

»Eine von diesen Personen, die jeden Tag Schiffbruch erleiden. Sie klammert sich heute an dich, morgen an ihren Sohn, übermorgen an einen Kochtopf oder ein neues Kleid. An jedes Ding, das sie über Wasser hält. An einen flüchtigen Traum. Wie du.«

»Du bist grausam. Ich sollte dich ins Meer werfen. Aber komm, setz dich hierher.«

Und ich, eingeschüchtert und verführt von diesem so widersprüchlichen Wesen, gehorche und rolle mich zwischen seinen Beinen zusammen wie eine Katze.

»Jetzt sag mir«, und seine Stimme ist kaum ein Flüstern, »was ist mit diesem Bauch, von dem du mir erzählt hast?«

»Er ist eine reife Frucht. Eine riesengroße Melone, er pocht und pulst. Ich weiß nicht, was er ist. Aber er scheint zu wachsen. Die

Frau zu verschlingen. Das Gemach. Den Platz. Ganz Sevilla. Er füllt ganz und gar die Nacht aus, die nun zu Ende geht. Die Morgendämmerung bricht an. O mein Gott!«

»Der Schatten meiner Abreise strich durchs Haus, und nachts lauerte er in den finstersten Winkeln des Zimmers«, sagt er.

»Und sie, beschwor sie dich nicht, zu bleiben?«

Er schüttelt den Kopf.

»Vielleicht verfügte sie nur über dieses bewundernswerte Fingerspitzengefühl, das die Frauen haben, wenn sie etwas erreichen wollen.«

»Nein. Es war ein gemeinsames Vorhaben.«

»Hättest du für sie auf die Molukken verzichtet?«

»Begreifst du denn nicht? Dies ist ein Traum, den wir vom ersten Augenblick an gemeinsam hatten. Ein Geheimnis zwischen uns beiden, das uns vor der Wirklichkeit schützte. Das uns vor der Mittelmäßigkeit rettete. Das uns half, die kleinen Mißerfolge zu überstehen.«

»Aus kleinen Mißerfolgen sind die großen Niederlagen gemacht. Und wer hoch fliegt, kann tief fallen.«

»Behalte du deine Sprichwörter für dich, und mach weiter mit deinen Visionen.«

»Weißt du, was für eine Vision ich jetzt habe? Ich sehe euch beide, dich und sie, wie zwei Kinder. Ihr habt euch in einem Puppenhaus versteckt, sitzt ganz nah beieinander und haltet zwischen euch ein Buch mit Landkarten. Ihr schweigt, und du zeigst auf die blauen Meere auf den Karten, und sie folgt deinem Finger, und draußen ist ein großer Krach, und der Wind rüttelt an den Wänden der wackligen Behausung. Der Krach wird größer und der Wind immer heftiger, aber euch scheint es nicht zu beeindrukken, und langsam blättert ihr die Seiten um, so langsam, daß die Zeit nicht zu vergehen scheint.«

Das Gesicht des Don Hernandos verschattet sich. Er scheint verwirrt und benommen.

»Kehren wir zu deinem Gemach in Sevilla zurück«, sage ich.

»Erinnerst du dich an den unheimlich großen Bauch? Jetzt gräbt die Alte ihre kleinen Hände dahinein. Sie legt das Ohr daran.

Sie kommt und geht. Sie ist beunruhigt. Sie gestikuliert. Gibt Anweisungen. Die Frau klammert sich an die Stäbe des Bettes. Hat es welche? Oh, ha, wie dumm du bist! Ein Bett ohne Stäbe! Gut, sie klammert sich also an die Kissen. Sie zerreißt das Linnen an den Enden in ihrer Anstrengung. Die Beine zeigen weiter nach oben, noch mehr. Ihr Geschlecht (wenn du erlaubst) dehnt sich aus, ähnlich wie die Nacht. Ihre Schamlippen (wenn du erlaubst) öffnen sich wie eine Blume. Was für eine Blume, ich weiß es nicht. Vielleicht ein Gemüse. Ein Kohlkopf etwa. Ein großer rosa Kohlkopf mit schwarzen Rändern und rotem Herzstück, der sich dem Tau des frühen Morgens öffnet. Ich kann Euch sagen, dieser Bauch platzt! Sieh nur, wie die Alte rennt. Sie hastet geschäftig durch das Gemach. Erteilt dem Dienstmädchen Befehle. Die Frau, die zu diesem Bauch gehört, bricht in einen Schrei aus. Beruhige dich. Das ist normal. Alles ist gut, sagt die Alte mit einem Kopfnicken. Sie stützt sich mit Leib und Seele mit beiden Händen auf den Bauch. Nur gemach, er wird bersten! Der Schrei hört auf. Die Frau beißt die Zähne zusammen. Sie wird ganz rot im Gesicht. Die Halsadern sehen aus wie Flüsse in ihrer Anstrengung. Der Körper biegt sich, gespannt wie der Bogen einer Armbrust. Kurz vor dem Abschuß. Die Alte, und was das für eine Alte ist! hockt rittlings auf der Melone.«

»Ich schwöre dir, ich laß dich hängen!«

»Entschuldige, es ist die Alte. Und sie schreit wie ein Bootsmann: Jetzt! Jetzt! Mit ihrem zahnlosen Mund: Jetzt! Jetzt! Und aus dem Geschlecht, welches das Fenster samt der Morgenröte, die Lampen, das Bett, die Alte, das Dienstmädchen, die Wände verschlungen hat, sieht man den Kopf eines kleinen, schmutzigen Scheusals hervorlugen, ein Würmchen fast, häßlicher als ein Affe, klebrig und blutig, der zukünftige Vizekönig der Molukken, Gebieter über Dreiviertel des Erdballs, Herr zweier Ozeane, aus dem Geschlecht von Seefahrern, welches eine Kaste von Riesen ist. Da kommt alles heraus. Da hast du es. Es ist kleiner als ein Ferkel und schlüpfrig wie eine Qualle. Rosa wie ein Würstchen. Ans Mutterschiff festgebunden mit einem dicken Tau, das die Alte, mit einer Schere bewaffnet, durchschneiden wird. Ich kann es nicht mit ansehn! Ein blutiger Strahl spritzt heraus. Die Alte hält das eine Ende mit den Zähnen fest und mit dem anderen klopft sie auf den kleinen Hintern der Kreatur. Nichts. Jetzt noch einmal, etwas kräftiger. Nichts. Mach schon!«

»Du sollst verflucht sein! Was ist los? Atmet das Kind nicht? Ich kann sein Weinen nicht hören!«

Ich zögere einen Augenblick. Eine eisige Kälte fährt mir ins Gebein.

»Die Alte befiehlt, das Fenster zu öffnen! Sie packt den zukünftigen Vizekönig an den Füßen! Sie schüttelt ihn. Hebt ihn hoch. Als zeige sie ihn vom Balkon aus einer nichtvorhandenen Menschenmenge. Noch einmal gibt sie ihm einen Klaps... und ein spitzer Schrei wie das Quietschen einer Ratte schlüpft aus dem Fenster auf den Platz hinaus, läuft wie ein Wind durch die Gassen und will zum Hafen, reitet auf dem breiten Rücken des Guadalquivir, fliegt über den Ozean, die Wellen der Neuen Welt werfen ihn an den Strand, der Schrei bahnt sich einen Weg durch den Urwald, fährt Flüsse von der Farbe des Blutes hinab, gleitet wie ein Albatros über fünf winzigen Schiffen dahin und dringt wie die Sonne durch ein landwärts geöffnetes Fenster in die Kajüte des Generalkapitäns. Der Kapitän führt das Weinglas an seine Lippen. Zwei dicke große Tränen stehen in seinen Augen und brauchen lange, sich zu lösen. Er neigt den Kopf, wie um sich zu verstecken, und die Tränen tropfen auf das Eisen seiner Rüstung mit dem Klang von zerbrochenem Glas. Draußen der Fluß ist stehengeblieben. Er scheint zu schlafen. Drinnen in dem kleinen Raum dreht sein Sklave Enrique mit geschmeidigen Bewegungen die Sanduhren um.«

Ein Schweigen so dick wie Honig tropft von den Wänden und gleitet über den Boden der Kammer. »Ruf die Kommandanten und Steuerleute zusammen, sag ihnen, wir fahren nach Hause.«

Don Hernando zögert, ehe er antwortet.

»Es ist schon viel zu spät«, sagt er schließlich.

»Hat dir San Martín gesagt, daß wir nicht mehr heimkehren werden?«

»Glaubst du vielleicht, ich könnte hören, was ein Stummer sagt?«

»Deshalb hast du ihm die Zunge herausschneiden lassen.«

»SeinPlan paßte nicht in den meinen.«

»Sein Plan, sagst du? Was für ein Ungeheuer du bist! Siehst du denn nicht, daß es der Weltenplan ist, welchen er liest? Dort oben in den Sternen steht es geschrieben, und du wirst ihn nicht nach deiner Laune ändern können.«

»Kannst du für mich zurückkehren?«

»Auf der Stelle«, sage ich. »Mit welcher Botschaft?«

»Daß alles so kommen wird, wie sie und ich es geplant haben, was auch immer die Sterne sagen.«

»Was denn, hast du nichts Zärtlicheres einer Frau zu sagen, die dir gerade einen Sohn geschenkt hat? Los, nimm dich zusammen! Flüstere ihr etwas ins Ohr.«

Er zögert. Lächelt. Kämpft gegen die Scham, die ihm seine eigene Würde auferlegt. Errötet ein wenig. Verbirgt das Gesicht. Und am Ende sagt er: »Sag ihr, daß ich unter diesem Eisen noch immer ihren Duft auf meiner Haut trage. Sag ihr, daß unter diesem Stahl mein einziger Schatz die Wärme ihres Leibes ist.«

»Nun verstehe ich, warum du die Rüstung nie ablegst«, sage ich schelmisch.

Er lacht.

»Aber sag mir, was bist du wirklich?« frage ich ihn.

Doch nun zeigt er wieder seine ernste Miene.

Die Nachricht von der unerwarteten Stummheit San Martíns ging unter der Besatzung um wie die Pest. Die Angst erfüllte uns mit unsichtbaren Geschwüren, die Eiter in unsere Herzen tropften. Was war dem Astrologen geschehen? Wohin würde das Schicksal uns verschleppen? Was eigentlich waren die Ziele Don Hernandos? Fragen wie diese vergifteten unser Blut. Ich tat so, als wüßte ich von nichts, und in der Tat, was wußte ich denn? Daß der Kapitän ihm die Zunge hatte herausschneiden lassen, weil er ihm ein Horoskop erstellt hatte, das nicht zu seinen Plänen paßte. Aber was stand in diesem Horoskop? Was waren das für Prophezeiungen, die anzuhören sich Don

Hernando weigerte, und was gedachte er vor den anderen geheimzuhalten? Daß wir nach Osten segelten mit westlichem Kurs. Aber was zum Teufel konnte ich damit anfangen, der ich nichts von der Seefahrt verstand? Daß der Kapitän eine nichtexistierende Passage zu einem nichtexistierenden Meer suchte. Daß er seinen Träumen den Namen Molukken gab. Derlei Dinge paßten nicht in meinen Kopf, den eines Dorftrottels, der Spaßmacher wurde wegen der einfachsten und elementarsten aller Notwendigkeiten – nämlich der, meinen Wanst zu füllen. Auf der einen Seite er mit seinen Unmöglichkeiten. Auf der anderen die Kommandanten mit ihrer maßlosen Herrschsucht. Ich begreife sie nicht, Hoheit. Wie ich auch Euch nicht begreife. Noch Euren Sohn Philipp, der seine Wut an mir ausläßt, als wäre es eines Königs würdig, sich mit dem geringsten seiner Untertanen um ein Stückchen Brot, einen Brotkrümel, zu streiten. Ich verstehe nichts von diesen großen Dingen: großem Ehrgeiz, großen Träumen, großer Liebe. Das alles ist nichts für mich, der ich aus dem Holz derjenigen bin, welche zwar die Bäume sehen, aber nie den Wald. Ich bin ein einfacher Mensch und halte mich an das, was meine Sinne mir abverlangen. Einen Teller warmes Essen. Und reichlich. Ein gefügiges Weib. Stark wie ein Zugpferd. Ja keine zarten Frauen für mich. Und ist sie willig wie ein Schaf und wild wie eine Stute, um so besser. Und ein großer Krug voll Wein. Mit Wein berausche ich mich leichter und weniger gefahrvoll als diese Verrückten mit ihren Hirngespinsten. Und niemand kommt zu Schaden durch mich. Ich schicke keinen viel hundert Jahre alten Eichenwald aufs Meer und lasse ihn dort ziellos treiben. Ich setze nicht zweihundert Unglückliche und mehr auf dem Meer aus, die alle lieber an Land geblieben wären, wenn sie etwas zu essen gehabt hätten, weil das Meer sie seekrank macht. Weil es sie abstößt und sie es fürchten. Ich webe keinen Hinterhalt wie die Spinne, noch laure ich Hals und Kragen mit stählerner Klinge auf. Ich lasse auch keine geschwängerten Frauen an der Küste zurück. Und erkundige mich dann bei einem Verrückten nach ihnen. Ich hinerlasse keine trostlosen Mütter, die Schatten gleich durch leere Paläste wandeln, die viel zu groß sind. Ich reiße keinem die Zunge heraus, der mir die Wahrheit sagt. Noch vertraue ich einem Idioten, der mir Lügen erzählt.

Ergo weil ich sie nicht verstand, beschränkte ich mich darauf, sie zu beobachten und hübsch den Mund zu halten, weil ich von meiner Zunge lebe und ein stummer Possenreißer keinem gefallen würde; denn was nützte ihm seine Freiheit, alles nach Belieben zu sagen, wenn er keine hätte, und wozu ein schamloses Gerede, wenn er die Zunge entbehrte, und auf welche Weise könnte ich die Schranke zwischen Einfalt und Weisheit, zwischen Leben und Kunst überwinden – ohne sie. Zu nichts würde es mir dienen, könnte ich mich in fahlroten Damast kleiden und trüge darüber ein reich geschlitztes Festgewand, um Affen oder Ziegenböcke im Sprunge vorzuführen. Und ich könnte auch meine Marionetten nicht sprechen lassen und die Vögel nachahmen, auch nicht Minister oder Prälaten imitieren, noch könnte ich singen. Ein stummer Astrologe kann sich vielleicht zu helfen wissen, das wäre möglich, aber ein Narr gewiß nicht.

Am nächsten Morgen beginnen die Vorbereitungen zum Auslaufen. Wir machen wieder Fahrt. Wir setzen uns abermals in Bewegung. Als wäre unsere Aufgabe nichts als eben dies, unsere Bestimmung keine andere, als auszufahren. Blindlings immer. Ohne zu wissen, wohin wir in Wirklichkeit gelangen wollen. Wie stets kommt es zu einer Versammlung der Offiziere, genau wie bei den anderen Malen, und es wiederholen sich Befehle und Anweisungen, genau wie bei den anderen Malen, und man bespricht die gleichen Dinge wie bei den anderen Malen, und wie bei den anderen Malen werden die gleichen Dinge verheimlicht, und am Ende läuft alles auf den gleichen Schlendrian hinaus, und alles geschieht wie zum ersten Mal.

Und schon machen wir Fahrt und wieder in Richtung Süden. Ein ganzer Eichenwald erneut in Bewegung. Ins Leere hinein. In den Teil der Welt, der den sterbenden Sonnen vorbehalten ist, ins ewige Eis. Zu den ewig Verrückten.

Je länger wir die Richtung halten, desto heftiger blasen die Winde. Und die Flotte ist wie eine Herde wilder Pferde, schwarz und schaumglänzend, die kopflos ins Nirgendwo rast. Beherrscht von einem launischen Willen, der sie zwingt, sich immerzu im Kreis zu bewegen.

Die Steuerleute vermögen den Schiffen kaum ihren Willen aufzuzwingen. Sie fürchten, daß die Segel in Fetzen gehen, das Takelwerk reißt, die Wanten bersten. Daß die Maste fallen wie unter der Axt.

Don Hernando befiehlt, die Takelage zu spannen, die Wanten zu verstärken, stolz schaut er auf die Maste, die knarren und sich biegen, und er lacht beim Anblick von so viel weißem Linnen, mit dem wir den Himmel herausfordern wollen.

Die Temperatur sinkt jeden Tag ein wenig mehr. Die Kälte dringt in Mark und Bein und frißt sich in die Knochen. Ein eisiger Wind hüllt das Deck ein, heult durch den Mittelgang und schleicht sich mit traurigem Seufzer ins Vorderkastell. In manchen Nächten ist er so heftig, daß er die Wäsche in den Spinden aufrührt, einen an seinem Sturmriemen aufgehängten Hut zum Kreisen, die Kerzenflamme zum Flackern bringt.

Das Meer gerät in Aufruhr. Es wogt. Schäumt. Tost. Bäumt sich auf. Die Wellen bieten unseren Bugen erzürnt die Stirn, entladen ihre Wut in Gischtstrudeln, welche die Decks überschwemmen. Sie lassen ihre Wut an unserem Holz aus. Bedrohen unsere Träume. Und wachsen in jedem einzelnen von uns in der Stille der Nacht.

Der Himmel bedeckt sich mit Wolken. Schwarz wie Schatten. Kälteschwanger. Flink wie Vögel. Und kaum schaut die Sonne aus dem Grau hervor. Erloschen ihr Feuer. Dem Mond ähnlicher hinter einer schmutzigen Fensterscheibe. Eine Blindensonne.

In der Ferne erinnert die Küste an die düsteren Mauern eines Gefängnisses. Hohe steile Felswände. Nackt. Steinern. Geschunden von den Klauen des Meeres. Unten ein karger Strand mit schwarzem Sand, wo Scharen von Seehunden ihre Angst herausheulen. Wo sich reglos, in einem ewigen Warten, die Pinguine versammeln. Wo sich Vögel ausbreiten wie ein Fächer, und über die Flotte hinwegfliegen, ihren Unmut wie Hexen herausschreiend.

So ist es jeden Tag, zwei Monate lang. Jede Bucht wird ausgelotet. Jeder Fluß hinaufgefahren. Und jede Bucht gleicht der vorigen, nur daß sie weniger geschützt, kälter und ungastlicher ist. Und jeder Fluß ist eine neue Enttäuschung.

Eines Tages dann, Mitte März, als wir nicht weiterkönnen, weil die teuflischen schwarzen Gewässer die bereits brüchigen Schiffsrümpfe zu sprengen drohen, der Wind auf Maste und Rahen einschlägt, die ihre in Fetzen gegangenen Segel verloren haben; als schon kaum noch Stimmen oder Befehle, sondern nur noch Gebete zu hören sind; als die Kälte und Dunkelheit dieser Meere sich einem jeden wie eine Meduse auf die Seele setzt und man Angst und Ekel vor sich selber empfindet; als wir anscheinend den Grund des Brunnens erreicht haben und keiner mehr streitet, weil jeder denkt, jetzt können wir nur noch eins tun: zurückkehren; da kommt die Kunde, die uns lähmt, die uns das Innerste nach Außen kehrt, Ohnmacht befällt uns, und eine glühende Kohle ist in jedem Ohr, eine Kunde, die uns die Zähne lockert, bei der uns die Haare ausfallen, die Haut in Schwären aufbricht, das Herz in die Hose fällt und es uns die Stiefel auszieht: Don Hernando hat beschlossen, den Winter hier zu verbringen.

Anfangs wollte man es nicht für möglich halten. Alles Gerüchte, sagte einer von diesen unverbesserlichen Optimisten, von denen es immer welche gibt. Du wirst sehen, nach ein paar Tagen wird er beschließen, umzukehren, meinte einer von denen, die davon überzeugt sind, daß am Ende stets die Vernunft siegt. Die meisten aber sagten: Wir werden vor Hunger und Kälte sterben und auch vor Einsamkeit.

Im Grunde aber glaubt niemand, daß er es wagen könnte, eine solche Absicht in die Tat umzusetzen, und mit dem Rest gesunder Unwissenheit, der uns blieb, machten wir uns an die gewiß nicht leichte Aufgabe, die Schiffe so vorzubereiten, daß wir sie an den Strand ziehen konnten.

Inmitten jener riesigen und trostlosen Landschaft glichen wir Ameisen, wie wir da hin und her eilten zwischen dem Ufer und den in der Bucht ankernden Schiffen, schwer an allem trugen, was herauszuholen möglich war, um das Gewicht der Schiffe zu verringern. Verrückte Ameisen, die alles in ihren Ameisenbau schleppten, in welchem wir überwintern sollten. Emsig und unermüdlich wie die Ameisen, doch mit der stillen Hoffnung, daß uns in jedem Augenblick der Gegenbefehl erreichen würde.

Jedoch umsonst. Die Tage vergingen mit der Plackerei von den Schiffsräumen an Deck, vom Deck in die Beiboote, von den Beibooten an den Strand, und der Ameisenberg wuchs, und ein Befehl kam nicht.

Indes wir wie die willenlosen Automaten arbeiteten, gingen die Kommandanten müßig auf den leeren Schiffen umher und sahen aus wie über Nacht verwitwet.

Auf der *Concepción*, die nunmehr einem vom Frost heimgesuchten Garten gleicht, wandelt Gaspar de Quesada, der Prächtige, wie ein Schatten umher, aufgeschreckt von einem Traum, den er allen erzählen möchte.

Geträumt hat ihm von seinem Schloß Carpio nahe bei Medina del Campo, und er sah sich den staubigen Waffenplatz überqueren, gefolgt von seinem treuen Diener Luís del Molino.

In seinem Traum gießt die Sonne ihr Feuer über die unfruchtbaren Felder, das Licht ist viel zu grell und verwischt die Umrisse der Landschaft. Ein heißer Wind schickt seine Böen über den Hof.

Der Kapitän der *Concepción* geht rascher in seinem Traum, als er den Zorn des Himmels über seinem Haupt spürt, und von seinem Diener gefolgt, der die Waffen trägt, betritt er einen der weitläufigen Säle. Hier ist es schattig und sogar kühl in dieser frühen Morgenstunde, da die Sonne diese Seite des Schlosses nicht überfällt.

In seinem Traum läßt Gaspar sich in einen Sessel fallen und wirft den prächtigen Kopf zurück. Er empfindet Müdigkeit und spürt die Stille des Zimmers und das Summen einer Fliege. Er schließt die Augen und entspannt sich. Er schläft ein in seinem Traum und hat einen anderen Traum. Es träumt ihm im Traum in seinem Traum, daß seine tote Mutter ihn begrüßt, indem sie ihm über den Kopf streichelt, wie es alle tun, die Zuneigung für ihn empfinden, sogar sein Diener Luís del Molino, dem sein Herr diese Freiheit gestattet hat. Und es ist, wie ich Euch sage, Hoheit, dieser Kopf übte eine unbegreifliche Faszination aus, und es war nicht genug, ihn bewundern zu müssen, man mußte ihn auch berühren, wie es einem bei manchen Statuen geschieht. In dem Traum in seinem Traum kann die Gräfin nicht aufhören, ihn zu liebkosen, als wolle sie ihrer Berührung eine besondere Bedeutung verleihen, deren Sinn der Sohn nicht erfaßt.

»Ich hatte einen Alptraum gestern Nacht«, sagt sie. »Es war etwas Schreckliches, was mit dieser Reise zu tun hatte.«

Gaspar lächelt gerührt, und der kindliche Ausdruck, den er im Traum hat, rührt seine Mutter zu noch mehr Zärtlichkeit.

»Geh nicht fort!« sagt sie. »Geh nicht. Bleib zu Hause. Wir werden mit deinem Vater sprechen. Dieser Traum war schrecklich.«

»Aber Mutter«, antwortet er, »du wirst doch nicht einem Traum glauben.«

Die Gräfin setzt sich neben ihren Sohn. Er nimmt ihre beiden Hände in seine.

»Was hast du geträumt?« fragt er sie in seinem Traum. »Komm, sag es mir, damit du dich davon befreien kannst.«

Die Gräfin rümpft die Nase. Sie fragt ihren Sohn, woher er kommt, so voll Staub und Schweiß.

»Ich habe gerade Luís Unterricht gegeben«, sagt Gaspar arglos. »Er ist sehr ungeschickt mit dem Schwert. Aber er muß es führen lernen, wenn er seinen Herrn beschützen will.«

»Du nimmst ihn mit dir?« fragt die Gräfin mit ängstlichem Ausdruck.

»Gewiß doch, er wird wie mein Schatten sein«, sagt Gaspar.

»Sei still«, sagt seine Mutter. »Wann wirst du fortgehen?« fragt sie dann mit leiser Stimme.

»Heute in vier Tagen«, antwortet Gaspar in dem Traum in seinem Traum. »Aber sorge dich nicht, Luís wird auf mich aufpassen. Es wird mir gutgehen. Nach meiner Rückkehr wirst du die Mutter eines der ruhmreichsten Männer im Königreich sein.«

»Du bist doch jetzt schon der Beste für mich«, sagt die Gräfin, »und der Stattlichste.«

»Was ist mit diesem Traum?« fragt er.

Sie nimmt mit rascher Geste seinen Kopf in beide Hände. Mit einemmal verschwindet seine Mutter, und Gaspar erwacht aus seinem Traum im Traum. Das Zimmer ist leer. Mit Ausnahme von Luís del Molino, der hinter ihm steht. Gaspar will sich erheben, aber etwas hindert ihn daran. Er bemüht sich, aufzustehen, und kann nicht. Er will die Arme bewegen und kann nicht. Er will sprechen, doch die Stimme gehorcht ihm nicht. Schließlich erwacht er. Er ist in seiner Kajüte auf der *Concepción,* zitternd und schweißgebadet.

»Ein Alptraum...«, murmelt Luís.

»Ein Traum in einem anderen Traum«, sagt Gaspar.

Auf der *Victoria,* deren schwarzer Rumpf an einen auf den unruhigen Wassern des Golfs schwimmenden Sarg erinnert, fühlt Don Luís de Mendoza, daß der Tod von seinem Körper Besitz ergreift wie die Nacht von einem leeren Haus.

Der Schatzmeister der Armada verlischt in der Dunkelheit seiner Kammer, er ist zu schwach, sein Lager zu verlassen. Der eisige Wind frißt sich in seine Lungen wie mit winzigen Glassplittern. Die Einsamkeit, die ungeheure Einsamkeit des Sterbenden schlägt ihre hündischen Zähne in die Seele von Don Luís de Mendoza, der im rötlichen Halbdunkel des kleinen Raumes, zwischen sonderbaren Kräuterdämpfen und nahe am Kohlebecken, den bitteren Honig einer Handvoll Erinnerungen schöpft. Da ist vielleicht eine ruhige Stunde in der Sonne, wenn Luft und Zeit stillestehen, in der er sich, voller Anteilnahme, im Gras liegen sieht, eine Eidechse beobachtet, die aufgeregt ihren Kopf zwischen den Steinen hervorstreckt. Es gab noch andere Kinder wie ihn an diesen wohligen Sommernachmittagen, aber er kann sie jetzt nicht sehen. Es gab auch eine Mutter, die wie eine Mutter roch, nahebei in einem Haus, das damals unveränderlich schien. Es gab womöglich auch eine niemals ermüdende brummelnde Großmutter, die alles in der Welt verändern wollte. Da war auch ein Mädchen, älter als er, das er heimlich liebte. Auch einen Aussätzigen gab es, den er mit Erschrecken im Wald beobachtete und der sich manchmal in seinen Alpträumen am Fenster zeigte. Es gab einen Priester, der ein Trunkenbold und ein Einfalltspinsel war, der ihn zu schlechten Gedanken anstiftete. Es gab ein altes Pferd. Einen Vater, dessen

Bild verschwamm. Ein Paar schwarzer Stiefel. Ein schwarzes fettes Huhn, das seiner Großmutter ähnlich sah. Und es gab Zeit, viel Zeit. Zeit zum Spielen. Zeit zum Träumen. Es gab so viel Zeit, daß man nicht einmal wußte, was das war. Bis er eines Tages anfing, auf die Uhren zu achten. Erst jetzt wurde ihm klar, daß er diese mit Sand gefüllten Glasgefäße haßte. Er hatte fast unmerklich entdeckt, daß die Uhren von allem Besitz ergreifen. Und nichts, weder die Mittagsstunden in der Sonne noch das Haus, noch die Großmutter, noch die Mutter, die nach Mutter roch, noch die Spiele, nichts war unveränderlich. Mit Ausnahme der Uhren.

In seiner Kammer eingeschlossen wie ein Küken im Ei, möchte er jetzt am liebsten seinen Pagen Filiberto rufen und ihm befehlen, die Uhren zu zerstören; aber er weiß, daß es zu spät ist.

Er betrachtet sein wächsernes Gesicht in einem Spiegel und weiß, daß es zu spät ist. Er besieht seine knochigen Hände. Berührt damit die in ihren Höhlen versunkenen Augen. Er lauscht dem Heulen in der Luft, das so mühsam in seine Lungen dringt. Er kann hören, wie sie wie ein beschädigter Blasebalg pfeifen. Und er weiß, daß es zu spät ist.

Seines Sterbens sicher, wälzt er in seiner Seele schwarze Gedanken. Er fühlt in seiner zerstörten Brust den Wunsch wachsen, sich zu rächen. Er hat jetzt nichts zu verlieren, und das macht ihn zu einem Auserwählten. Die ganze Furcht, die ganze Angst, der ganze Haß und die Verzweiflung, die in der Luft liegen, fließen durch seine Adern, entzünden seine Sinne, und der Gedanke einer posthumen Geste verfolgt ihn. Er läßt ihm keine Ruhe. Er wird sich für die Uhren an Don Hernando rächen. Er wird die Zeit, die ihm noch bleibt, mit der des Kapitäns zusammenstoßen lassen. Vielleicht, daß bei dem Zusammenprall alle Uhren zerbrechen.

Unterdessen kommen von der leeren und fast abgewrackten *San Antonio* die traurigen Klänge, die Juan de Cartagena seiner Leier entlockt. Der Verstand des Inspekteurs hat sich getrübt. Gleichgültig betrachtet er alles, was um ihn herum geschieht, und flüchtet in seine Musik. Er vermißt seinen Palast, seine Seidengewänder, seine Liköre, das Parfüm und die Zierlichkeit seiner Kurtisanen; doch im Unterschied zu Luís de Mendoza ist er von seiner Rückkehr überzeugt. Es ist etwas in seinen Augen, das es mir sagt. Eine heimliche Entschlossenheit ist in seinem Blick wahrzunehmen, wenn er die *Trinidad* betrachtet. Eine Entschlossenheit, die im Klang seiner Musik sicherer wird. Und in dieser trostlosen Landschaft ist seine Musik so fremd, wie sein Parfüm fremd ist im Geruch des Meeres.

Juan Serrano hingegen ist überaus beschäftigt. Sein Schiff, die *Santiago,* bleibt auf offener See, jenseits der Mündung der Bucht, und ist das einzige, das weder entladen noch abgetakelt worden ist. Don Hernando hat ihn beauftragt, weiter in Richtung Süden zu fahren und jene Breiten zu erkunden, soweit es irgend möglich sei. Doch geht unter den Männern das Gerücht, daß seine Mission eine andere sei. Es heißt, der Kapitän habe ihm Anweisung gegeben, die Jungfrauen an irgendeiner Stelle fern vom Lager abzusetzen. Klammheimlich habe man sie von der *Concepción,* wo sie angeblich versteckt waren, auf das Schiff des mutigen Portugiesen gebracht.

In meiner fieberhaften Phantasie nehmen diese Gespenster Gestalt an. Und ich habe Mitleid mit ihrem Schicksal. Ich rebelliere und empöre mich gegen ihr Schicksal. Diese armen unwissenden Mädchen, sage ich mir, die einem ganz anderen Schicksal entgegengehen als das, welches Ihr für sie bereitgehalten hattet. Die sich die Läuse absuchten und ihren Körper in dem Wasser badeten, das allen gehörte, und ihre Götter anriefen. Die vom Himmel Regen erflehten und nicht wußten, daß nach dem Regen nichts wie vorher sein würde. Unglückliche, sage ich zu mir, denen der viele Regen nur Schlechtes gebracht hat. Für eine Heirat bestimmt, die nie stattfand, weil sie anderen Göttern geopfert wurden, die vom Meere kamen und den rettenden Regen brachten. Noch Kinder fast, aus ihrer Welt gerissen und geschwängert mit imperialen Träumen, dem verrückten Ehrgeiz Deiner Kommandanten, Deinen Festungen, Deinen Kathedralen, Deinen Plätzen, Deinem Gott und Deiner Sprache. Einer Sprache, die sie nie lernten und die sie nun im Keim in den kleinen Bäuchen von der Größe einer Melone tragen. Befruchtet wie exotische Blumen mit den Pollen, die Deine Eisenskarabäen an ihren Beinen mitbrachten. Vom Stamm getrennt, zu dem sie gehörten, und ausgesetzt an irgendeiner Stelle dieser leeren Welt, weil das Essen knapp wird und der Generalkapitän keine überflüsssigen Mäuler füttern will. Überflüssige Mäuler, so einfach ist das. Und die Offiziere sind einverstanden, weil die Bäuche wachsen, und bald wird es elf Mütter geben, die fürs Vergnügen nicht länger taugen. Und bald werden elf Kinder da sein, und eines wird vielleicht Gaspars Goldhaar haben und ein anderes den Geruch von Don Juan und ein Mädchen die Augen von Serrano und ein anderes die verschlagene Miene von Sebastián, und niemand wird das sehen wollen. Denn sie werden Mama, Kirche, Schwert, Spanien und Angst sagen können, doch wird es niemand hören wollen. Deshalb muß man so denken wie der Kapitän. Daß weder diese Frauen noch ihre Kinder am Leben bleiben werden. Daß sie früher oder später sterben werden. Daß sie vor Kälte krank werden, wie meine Affen krank wurden, und kein Wein mit Zucker konnte sie wieder zum Leben bringen. Das werden ihre Gedanken sein, und schlimm, daß es so geschieht, doch werden sie dann keine weiteren Fragen stellen. Sie werden auch nicht die Vergangenheit befragen. Denn es gibt nur eine einzige Art, alle Dinge zu sehen: aus der Perspektive der Meeresgötter. Denn alle Götter sind gleich, sage ich, woher sie auch kommen mögen, sie schwängern, Unsterbliche mit ihrer Verrücktheit, und dann lassen sie uns allein an der Küste einer leeren Welt. Und, sage ich mir, noch immer gibt es Menschen, die wollen sein wie die Götter. Aber ich nicht. Ich bevorzuge die Tiere. Sie sind so sanft, sagt ein alter Mann aus meinem Dorf, der ein Philosoph zu sein glaubte und den alle für verrückt hielten. Sie bleiben nicht die ganze Nacht wach und lamentieren nicht über ihre Schuld, sagte er. Sie liegen mir nicht in den Ohren mit den Pflichten, die sie Gott gegenüber haben, sagte er, nicht eins ist unzufrieden und keines vom Wahnsinn beherrscht, etwas zu besitzen. Nicht eins kniet vor einem anderen nieder oder zwingt ein anderes, vor ihm niederzuknien. Keines ist klüger, keines dümmer als das andere, weit und breit auf der Welt, sagte er. Dieser alte Vagabund pflegte stundenlang im Gras zu liegen und die Tiere zu beobachten. Ich lerne von ihnen, sagte er. Und wir alle lachten über ihn.

Trotz der Kälte und der Unzufriedenheit bestand Don Hernando darauf, den Palmsonntag so zu feiern, wie es Gott gefällig ist, und also erteilte er Befehl, an Land eine Messe zu lesen, und lud alle Kapitäne, Steuerleute und Offiziere anschließend zu einem Essen auf sein Schiff ein.

Die Messe, um uns vor dem schweren Unwetter zu schützen, fand in der halbfertigen Unterkunft statt, und der Wind trug die Stimme des Priesters fort, blies alle Kerzen aus und zog und zerrte an den Seiten des Meßbuchs.

Gleich danach gab es, das Matrosenvolk zu erfreuen, Jerez-Wein und Nüsse und Rosinen und Honig, und alles schmeckte ungeheuer nach Land, nach sonnigen Gärten, vertrauten Straßen und lärmerfüllten Häusern; es roch stark nach warmen Laken, nach Sonntagskleidung, nach alten frommen Tanten und nach blühenden Mädchen.

Späße ohne Witz wurden gemacht, gezwungenes Gelächter und sinnlose Gespräche gab es – es gäbe an einem gewissen Ort einen Jerez, der ... ganz zu schweigen von den Pinienkernen dort ... alles Quatsch, Mann, denn die Rosinen dort sind so gut wie anderswo und noch besser. Alle diskutierten wir leidenschaftlich und bis zur Erschöpfung, als ob es im Ernst darauf angekommen wäre, diese Fragen endgültig zu beantworten.

Auch die Kapitäne hatten ihren Streit, als das Fest voranrückte, und wollten klarstellen: »Wollten wir nicht eigentlich Gewürze finden, und suchten wir nicht das von Sonne verwöhnte, vom Duft nach Nelken und Zimt erfüllte Paradies des Südens?« So jedenfalls Don Luís de Mendoza, der sich fragt, was zum Teufel wir dann hier zu suchen haben, elendig, krank und frierend, auf den Ausgang des Winters wartend, der ohne Ende ist, weil es in diesem Teil der Welt keine andere Jahreszeit gibt als die, welche unsere Kräfte verzehrt. »Was hier geschieht«, sagt er und regt sich auf und schnappt nach Luft, wird sehr blaß und die Hände zittern ihm, »was hier geschieht, ist, daß Don Hernando sich nicht an die Anweisungen hält.« »Álvarez hat in Sevilla gesagt«, läßt sich Sebastián vernehmen, »daß Faleiro sich geweigert hat, dem Generalkapitän zu folgen, weil dieser schon damals nicht den

Kurs nach Süden zur Küste Afrikas segeln wollte, welcher der normale Kurs zu den Molukken wäre.« Und Juan de Cartagena protestiert von seinem Lehnstuhl aus und erinnert daran, daß Seine Hoheit ihm die Ehre eines Burgvogts der ersten Festung, die man in den zu entdeckenden Ländern finden oder errichten würde, zugestanden habe, und eine solche hätte man in der Mündung des Solísflusses bauen müssen. »Außerdem«, ergänzt Gaspar, »könnte uns die portugiesische Flotte, die uns dort nicht erwischt hat, es jetzt bequem hier tun, und mit den abgetakelten Schiffen hätten wir keine Chance.« »Das wird ihm gewiß keine Angst machen«, sagt Sebastián, »denn nur wir allein haben uns bis in diese Breiten vorgewagt, und kein anderer wird es wagen, diese Meere zu befahren oder sich an diese Küsten zu wagen, die in keiner Karte eingezeichnet sind und die es folglich nicht gibt. Aber wenn der Kapitän weiß, wo die Durchfahrt zum Südmeer zu finden ist, warum begibt er sich nicht endlich geradewegs dorthin?« Das möchte er gerne wissen. »Ich sage euch, gelogen hat er in diesem Punkt und sogar den Kaiser getäuscht, der ein Ausländer ist und viel zu jung, um in der Seele seiner Männer lesen zu können. Weil Don Carlos«, so sagt er, »die Manie hat, jedem zu trauen, wenn er kein Spanier ist, und früher oder später wird es ihn reuen. Aber warum weiht er uns nicht in seine wirklichen Pläne ein? Warum dieser sinnlose Kurs? Warum wollen wir uns in diesem ewigen Winter verzehren? Warum nur? Warum?« Mit einem Warum kommen sie alle und wollen von Don Hernando Erklärungen, die er selber gern hätte.

Als dann die Spannung steigt und unser Fest ziemlich traurig und beschissen wird, tut Juanillo in seinem Eifer, sich die Pension, die Dein Sohn mir nehmen sollte, würdig zu verdienen, das, was man Dir erzählt hat, das er tat, und bewaffnete sich mit einer Sense, welche sich bei den anderen Werkzeugen und Ackerbaugeräten fand, und hob sie hoch und lief im Kreis, wobei er laut zu rufen begann: »Hier, ihr Herren, beginnt der große Tanz, mit dem ich, der Tod, allen Kreaturen des Lebens Kürze kund tun will!«

Diese Worte machten dem Gerede ein Ende, und alle Augen und

Ohren, die darauf konzentriert waren, wandten sich mir zu, der ich mein Lied begann:

»Zum Tanze eilt herbei ihr Menschenkinder,
die ihr auf die Welt gekommen,
gleich welchen Standes ...«

Als sie dies alte Lied hörten, entstand bei allen eine unwillkürliche Angst und ein mächtiges Schweigen, während ich mich im Kreise bewegte. Einige lächelten verhohlen, und andere versteckten sich hinter ihren Gefährten, und alle vermieden es, mir ins Gesicht zu sehen. Und ich genoß diese unerwartete Macht, und zufrieden zeigte ich auf jeden, ohne mich entscheiden zu können, bis ich vor Gaspar stehenblieb. Ich erinnere mich, wie ein Sonnenstrahl durch die Dachbalken drang und der Kapitän der *Concepción* sich, von diesem fahlen Licht getroffen, deutlich von den übrigen abhob, wie bei jenen Gestalten, auf die ein Maler das Licht seines Bildes bündelt.

»Gaspar der Prächtige, kühn und verwegen,
seid es im Tanz und auf allen Wegen«

sage ich, während ich die Sense über seinem Kopf schwinge. Er schaut mich an mit dem Gesicht eines erschrockenen Kindes. Er spürt, wie sich ihm alle Augen zuwenden. Er ist verwirrt. Ich lasse nicht ab und rufe: »Gaspar, Gaspar!« Und zögernd gesellen sich einige Stimmen hinzu, die rufen: »Gaspar, Gaspar!« Und mit einemmal schreit die ganze Runde: »Gaspar, Gaspar!«

Da sehe ich, wie sich jemand einen Weg zu mir bahnt, und als er näher kommt, erkenne ich das Schwert in seiner Hand und den verrückten Luís del Molino, der wie ein Sperber auf mich zuschießt und ruft: »Tanzt mit mir, denn ich bin sein Knappe!« Und da nimmt Dein Juanillo die Beine unter den Arm, verfolgt vom schweren Flug des Eisens über seinem Kopf und von Gelächter und Rufen wie: »Nimm dir diesen, Tod!« und »Schwing deine Sense jetzt!«

Da lache auch ich und fange an, Purzelbäume zu schlagen, renne, ohne aufzuhören, mache Bocksprünge, laufe auf den Händen, und alle lachen fürchterlich laut über mich.

Luis del Molino bleibt an dem einen Ende stehen, und ich, auf einen glänzenden Abschluß bedacht, packe erneut die Sense, erhebe sie und beeile mich, auf Cartagenas Schoß zu flüchten, der reglos in seinem prächtigen Lehnstuhl sitzt.

»Graf und Gebieter, macht Euch nichts daraus,
habt Ihr auch keine Beine mehr,
bleibt Ihr deshalb nicht zu Haus.
Weg der Mantel und kommt her,
mit Krücken tanzt, es ist nicht schwer,
zu verzeihen gibt's nichts mehr.«

Wieder herrscht Schweigen in der Runde. Alle warten sie begierig auf die Antwort des Inspekteurs. »Gern werd ich tanzen«, sagt Don Juan, »wenn auch der Generalkapitän tanzt.«

Alle Gesichter wenden sich gespannt Don Hernando zu.

»Ich glaube nicht«, sagt dieser, »daß der Inspekteur ein guter Partner wäre.«

»Der beste, den Ihr finden könnt«, erwidert Cartagena, »obgleich es zweifellos manchen anderen gibt, der gern diesen Tanz mit Euch tanzen würde.«

»Ich glaube, ich werde einen anderen wählen«, sage ich, die Sense in der Hand. »Ihr wißt ja, daß ich weder auf Geld noch auf Rang Rücksicht nehme. Euch allen blüht das gleiche. Also haltet euch bereit, daß ich euch nicht unvorbereitet finde.«

»Warum forderst du nicht Don Luís auf«, sagt Juan Serrano, das Gesicht halb unter der Hutkrempe verborgen. »Ich denke, er wird gewiß nicht nein sagen.«

Serranos grausamer Spott ließ mich blaß werden, und einen Augenblick lang wage ich nicht, den Blick zu heben, aus Angst, den Augen des Kapitäns der *Victoria* zu begegnen.

»Ich werde mir einen Kalfater holen«, sage ich. »Oder besser einen Waffenschmied. Vielleicht den Wundarzt. Nein, besser wäre ein Proviantmeister. Und wenn nicht, einen Diener, denn zum Dienen seid ihr da. Oder einen Schiffsjungen, der immer als erster dran ist und immer vorangehen muß, um Erfahrungen zu sammeln. Ihr könnt wählen, mir ist jeder recht.«

»Hol dir doch einen Priester«, sagt jemand.

»Besser einen König«, sagt eine andere Stimme.

»Nimm dir Don Luís«, beharrt Serrano.

»Ich werde ihn mir für den Schluß aufheben«, sage ich.

»Nein«, sagt Mendoza plötzlich neben mir, und die Augen des Kapitäns funkeln in der Tiefe ihrer Höhlen wie zwei schillernde Skarabäen. »Tu es jetzt«, sagt er. »Es ist besser so.«

Ich zögere, ohne zu antworten, und schon bereue ich, damit angefangen zu haben.

»Es ist nur ein Spiel, Herr«, sage ich schließlich. »Ein dummes Spiel«, und da er finster neben mir stehenbleibt: »Außerdem, wo gibt es das, Herr, daß der Tod ein Spaßmacher ist, Sohn einer jüdischen Mutter und eines unbekannten Vaters, kaum größer als ein Zwerg und ohne Vorhaut?«

Alle schauen mich auf sonderbare Weise an, und keiner findet den Witz lustig, so daß ich verzweifelt rufe: »Der Tod ist eine Frau, sage ich euch! Ihr wißt doch, daß er untreu und verräterisch ist. Daß er bei jedem die Beine breit macht. Daß er euch ein besseres Leben verspricht und euch Staub, Würmer und Scheiße gibt. Der Tod ist eine große Hure, Freunde. Eine große Hündin, die nur die Mächtigen respektiert. Auch sie werden geholt? Ja, aber erst, wenn sie genug haben vom Leben, wenn sie nichts mehr erwarten, weil sie alles haben. Und für jeden Mächtigen, den er holt, gehen zehntausend Unglückliche mit, wenn das Fest noch nicht angefangen hat, weil für die Armen das Fest nie anfängt. Diese Unglücklichen, die alles vom Morgen erwarten, immer warten sie, bis diese Frau erscheint und ihnen sagt, daß die Zeit abgelaufen ist. Und da wollt ihr mir weismachen, sie sei die große Gleichmacherin. Flunkerei. Lügen, welche die Reichen zum Trost für die Armen erfinden. Denn wahrlich, ich sage euch, wenn der Tod von niederer Sippschaft wäre wie wir, wäre die Welt im Nu ohne Gebieter und die Hölle voll bis obenhin mit Grafen, Herzögen, Königen, Herrschaften, Händlern und reichen Bauern; aber da es nicht so ist, sondern im Gegenteil massenhaft arme Leute dorthin verfrachtet werden und die anderen am Ruder des Schiffes bleiben, muß man den Schluß ziehen, daß auch der Tod auf ihrer Seite ist.«

Ich hatte mich derart verrannt in diesen Protest gegen die Ungerechtigkeiten des Todes, daß ich gar nicht bemerkte, wie sie mich alleingelassen hatten.

In der nun leeren Unterkunft blies der Wind in die Asche und fegte die Reste unseres Osterfestes fort, während die Schatten aus den Winkeln aufstiegen und schwärzer wurden.

Da überkam mich mit einemmal große Furcht. Nicht eine Stimme war mehr zu hören, und ich hatte die irre Vorstellung, im Stich gelassen worden zu sein. So lief ich hinaus zum Strand und rief: »Es war doch nur ein Spiel, Freunde! Nichts weiter als ein Spiel!«

Und Euch, Hoheit, wie hat Euch mein Spiel gefallen? Möchte Eure Majestät nicht mit Juanillo tanzen? Ich wette, daß Don Carlos etwas windig im Kopf ist und sich die Finger danach leckt, wie man so sagt, daß über ihn geklatscht wird. Wenn es so ist, befolgt meinen Rat, aber ich warne Euch, ich werde mit Dir keine Ausnahme machen.

Aufstehe der König vom Thron, ohne das Ende der Debatten abzuwarten noch das Zeichen der Hofmarschälle. Durchquere er den Saal, ohne dem Rat seiner Minister Gehör zu schenken noch den Schmeichelreden seiner Höflinge, noch den Intrigen seiner Sekretäre. Lehne er mit energischer Geste die Begleitung der Wachen ab, und spaziere er einmal ganz allein durch die langen labyrinthischen Korridore seines Palastes. Gehe er entschlossenen Schrittes, und bleibe er nicht stehen, auch wenn ihn die Neugier packt, zu erfahren, was sich hinter all diesen Türen befindet, welche er immer nur verschlossen gesehen und nie durchschritten hat. Es soll keiner dieser geheimnisvollen, leeren Räume Eure Hoheit jetzt mit Sirenengesang anlocken. Eure Schritte sollen pausenlos, vom Echo vervielfacht, durch die dunklen und hohen Gänge widerhallen. Dann, sobald Ihr die Schwelle des weiten Gemachs überschritten habt, an dessen einem Ende sich das Bett mit dem purpurroten Baldachin ausdehnt (wie es Eurem hohen Stande angemessen ist), verabschiedet Ihr Eure eifrigen Helfer und unterwürfigen Diener und bleibet allein. Legt sodann Eure königlichen Gewänder ab, denn Kleider sind wie Masken, welche wir uns aufsetzen, und nackt wie Johanna die Wahnsinnige, die Euch zur Welt gebracht, damit Ihr sie regiert und Euch untertan macht –, tanzt! Dreht Euch auf Euren kleinen Füßen. Laßt beben Euer majestätisches Fleisch. Schwitzt. Und tanzt. Tanzen soll auch der König, weil es nicht gerecht wäre, daß nur die anderen es für ihn tun. Dreht Euch wie eine Zigeunerin, macht Luftsprünge wie ein Narr, tanzt im Zimmer von einer Ecke zur anderen. Tanzt um die ganze Welt. Tanzt, weil wir am Leben sind. Tanzt, weil wir Träumer sind. Tanzt, weil wir sterben werden, und vergeßt nicht, Majestät, tanzt allein.

V

Sagt mir, Kaiserliche Majestät, habt Ihr schon einmal in Eurem Leben unter einem Tisch gesessen und habt die Füße der Tischgäste beobachtet und ihre Unterhaltung verfolgt? Nun, Ihr habt recht daran getan, denn für einen Fürsten ist es nicht gut, die Welt nur vom Thron aus zu sehen, den Schmeichlern an Deinem Hof nur in die fürs Heucheln gepuderten und zurechtgemachten Gesichter zu blicken. Hingegen sieht man die Dinge unter einem Tisch ganz anders. Die unruhigen Füße, die Bewegung eines Beines, das nervöse Schaukeln von Knien, eine Hand, die verstohlen hinuntergleitet, der Klang einiger Wörter ohne Gesicht, all das wird Euch viel mehr über die Menschen und die Staatsgeschäfte verraten als alles Sagen und Meinen, dem Ihr aus der Höhe Eures königlichen, mit rotem Samt gepolsterten Podiums zuschaut und zuhört. Ich sage Dir, ich hab' das Leben von allen Ecken aus betrachtet, und das wenige, was ich gelernt habe, ward mir stets unter einem Bett, versteckt in einem Schrank, durch ein Schlüsselloch, hinter einem Sessel oder unter einem Tisch zuteil. Es ist wie im Theater, Hoheit, Ihr könnt das Schauspiel vom Balkon aus genießen und glauben, der junge Bursche da unten sei in Wahrheit eine Dame und jener zweitrangige Schauspieler ein mächtiger König und daß sie sich tatsächlich lieben oder umbringen; oder Ihr schaut Euch im Bühnenhimmel um und entdeckt, daß dieses zarte, gequälte Frauchen nichts anderes ist als ein verkleideter, plumper Sodomit und daß Eurem leidenschaftlichen König die eigene Frau Hörner aufsetzt mit Hilfe eines Schelms hinter der Bühne, während er majestätisch wie ein Pfau einherstolziert und seinen Monolog über die Ehre hält; und daß zwischen dem armen Mann, dem Schurken und der Ehebrecherin weder Eifersucht noch Liebe herrscht, von Haß ganz zu schweigen, sondern höchstens eine miserable Abmachung. Wenn Ihr das tut, wird es Euch vielleicht wie mir ergehen, der nie weiß, bei welchem der beiden Schauspiele er bleiben soll, noch welches er für das Wahre zu halten hat, und schon weiß ich nicht mehr, wo das Leben ist und das Theater spielt, denn solcherart ist das Gefühl von Unwirklichkeit, das mich erfaßt.

Richte Dein Augenmerk einmal auf Don Hernandos Füße. Du mußt nur sehen, wie er sie übereinanderschlägt, den linken über den rechten und den rechten über den linken, pausenlos. Du wirst merken, wie hier unter dem Tisch Deine Ohren dem metallischen Klang des Kettenpanzers, der sie schützt, viel mehr Aufmerksamkeit schenken als den Befugnissen und anderen Paragraphen der Kapitulation, die der Schreiber León de Espeleta vorliest. Du wirst auch die Meuterer besser sehen und wirst an der Art und Weise, in welcher alle diese Beine in Habtachtstellung gehen, in den Schlammspritzern auf einigen Stiefeln, am erbärmlichen Zustand dieser Stiefel, an diesem blaugefrorenen Knie und an jenem nackten Fuß erkennen, was im Kopf dieser Leute vorgeht. Und Du wirst das bleierne Schweigen verstehen, in das sie sich hüllen, während Don Hernando das Wort ergreift und, während er mit seinen Fingern unter dem Tisch spielt, oben sagt, daß er Mitleid und nicht Haß für jene empfindet, die ihn verraten haben.

Und während der Waffenmeister jeden einzelnen Gefangenen beim Namen nennt und das Vergehen ausspricht, dessen man ihn beschuldigt, wirst Du sehen, wie sich dieser Wald von Beinen im Takt bewegt, sich leicht wiegend wie ein Weizenfeld im Wind.

Und Du wirst ein weiteres Dickicht von Beinen dahinter sehen, das ganz anders ist als das erste. Es sind die Beine der Nichtangeklagten. Kerzengerade Beine. Feste Knie. Ruhende Füße. Saubere Stiefel. Sie zeigen Gleichgültigkeit oder Sicherheit in ihrer Bewegung, als Don Hernando von den Müttern spricht, die beim Schwenken der Kochtöpfe nicht aufhören, ihren Rosenkranz zu beten, und die Gott für ihre Söhne bitten werden, und er spricht von sehr langen Nächten und zu breiten Betten und zu großen Häusern. Und er fragt sich, was er ihnen sagen soll, diesen Müttern, diesen Ehefrauen.

Da verschränkt Kaplan Pedro de Balderrama in stummer Fürbitte die Hände unter dem Tisch und Juan Serrano spielt mit seinem Hut, und das Klingen der Glöckchen, welche seine Krempe zieren, bringt einen unglaublich wirkenden Hauch von Freude in diese düstere Szene.

Ein Paar Beine werden schwach, die Knie berühren den Boden, und wenige Schritte von meinem Versteck entfernt fällt wie eine Frucht vom Baum ein Gesicht, das bis gestern ein Freund war und das ich heute nicht mehr kenne. Keine Hand reckt sich hinab zu seiner Hilfe, und die Beine, die es umgeben, rücken in einer instinktiven Geste von ihm ab.

Der Generalkapitän betont, daß auch ihr Andenken den Verwandten nicht als Trost werde dienen können, denn auch das sei von ihnen befleckt worden, und alle Welt werde wissen, daß sie in dieser kritischen Stunde ihren Kopf als Verräter und nicht als Helden verloren haben, und während er spricht, streicht sich der Schreiber nervös mit der Hand über den Schenkel und Odoardo klopft mit den Fingerknöcheln gegen eines der Tischbeine. Nein, sagt er mit verschränkten Beinen, und ein Fuß dicht neben mir wippt auf und ab, er werde nicht verhindern können, daß die alten Frauen in den Dörfern hinter euren Müttern hertuscheln werden, noch daß die Männer schweigen, wenn einer eurer Brüder oder vielleicht euer Vater ins Wirtshaus tritt und das plötzliche Schweigen ihm den Wein noch bitterer machen wird. Und nicht einmal die Kommandanten mit den berühmten Familiennamen werden dieser, der schlimmsten aller Strafen entgehen können, weil sie ihrem Stammbaum Schande gebracht und ihn mit Schmutz befleckt haben.

Da kommt Bewegung in die Beine von Gaspar, die wie angewurzelt die Last der Ketten stolz ertragen haben. Sie rütteln an den Fußfesseln, und der Kapitän der *Concepción* bittet, ohne zu bitten, man möge ihn losbinden und ihm ein Schwert geben.

Unter dem Tisch führt Odoardo eine Hand zum Knauf seines Schwerts.

Der Generalkapitän spielt mit einer Fußspitze im Sand.

Der Priester mit den Perlen des Rosenkranzes.

»Welche ist die Strafe für den Kapitän der *Concepción?*« fragt eine Stimme oben am Tisch.

Der Waffenmeister umklammert mit beiden Händen seine Knie und sagt in unpersönlichem Ton, daß er des Verrates und des Mordes an dem Ersten Offizier Juan de Elorriaga für schuldig befunden wurde und wegen beider Vergehen zum Tode verurteilt werde, zum Zeitpunkt und in der Art, die der Generalkapitän verfügen werde.

»In der Blüte des Lebens«, murmelt einer.

Nicht das geringste Zittern ist an Don Hernandos Händen zu bemerken, als er mit gemessener Stimme verkündet, de Quesada solle enthauptet werden. Auf der Stelle. In Anwesenheit aller.

Ein Schweigen, weiter und tiefer als der Ozean, bemächtigt sich der Versammlung.

Gaspars Beine sind wie festgewurzelt im Sand, als der Kapitän Luís del Molino zu sich ruft und ihm verkündet: »Du sollst derjenige sein, der das Schwert führt. Welches das Leben deines Herrn auslöschen wird. Er hat dich gelehrt, es für den Verrat zu gebrauchen.«

Da bewegen sich alle Füße wie Ameisen, denen man den Ameisenhaufen zerstört hat.

Luís del Molino duckt sich. Kauert sich nieder. Murmelt, er kann nicht.

Und oben am Tisch der Kapitän: »Du wirst sehen, du kannst, weil du deine Haut rettest, wenn du es tust. Anderenfalls wird es euch beide den Kopf kosten. Das wäre eine unnütze Verschwendung von Leuten.«

»Ich habe seiner Mutter versprochen, auf ihn achtzugeben«, sagt Luís del Molino und verharrt in seiner absurden Stellung, als ob ihm die Kraft fehlte, sich aufzurichten.

»Alles, was du für ihn tun kannst, ist, ihm einen liebevollen und genauen Hieb mit dem Schwert zu versetzen«, sagt Juan Serrano, und seine Hände spielen mit den Glöckchen am Hut.

Die Hände des Kaplans krümmen sich über dem Rosenkranz.

Der Schreiber kratzt sich eine Wade mit der Feder.

Jemand am Tisch bittet mit leiser Stimme um Barmherzigkeit.

»Keiner wird sie mit mir haben«, erwidert der Kapitän. »Nicht einmal du selbst«, denke ich.

»Kommen wir zu den anderen«, sagt Odoardo. Er ist so klein, daß seine Füße kaum den Boden berühren und in der Luft hängen, während er spricht.

»Sie werden alle an die Reihe kommen«, entgegnet Don Hernando, »aber zuvor muß die Bestrafung des Anführers vollzogen werden. Luís del Molino möge sich beeilen, das Urteil zu vollstrekken.

Die Zeit scheint stehenzubleiben in der Erwartung seiner Antwort.

Er hebt den Kopf. Das Gesicht von Tränen überströmt. Von Rotz befleckt. Von Sand beschmutzt.

Dann steht er mühsam auf, ich kann nur seine Beine sehen und wie die rechte Hand das Schwert entgegennimmt, welches ihm jemand reicht.

Das Schwert glänzt an seinem Schenkel, und ich denke, jetzt dämmert der Morgen und es ist gewiß die längste Morgendämmerung, an die ich mich in meinem Leben erinnere. Länger als damals, als ich ein Kind war, im Sommer in Bustillo del Páramo. Und ich schickte mich gerade an, in mein Dorf zu fliegen, als ich sehe, daß zahlreiche Beine und sichere Hände, die zweifellos zur Gruppe der Nichtangeklagten gehören, sich Gaspar nähern und ihm die Ketten abnehmen. Er leistet keinen Widerstand mehr. Bestimmt ist er sehr weit weg von hier, denn seine Beine sehen nicht mehr aus wie feste Wurzeln, sie sind jetzt wie ein paar trockene Zweige, jeder Schlag kann sie verwunden. Nun sehe ich, wie er sich zum Ufer des Meeres mutterseelenallein und folgsam entfernt, niemand begleitet ihn, und ich sehe ihn, soweit es die Entfernung erlaubt, kleiner werden, seine ganze Gestalt.

Man hat ihm den Brustharnisch und das Hemd genommen, und mit nacktem Oberkörper, das Haar im Wind, an der Stelle stehend, wo die Gischt den Strand bedeckt, gleicht er einem alten Götterbildnis, welches die aufgehende Sonne begrüßt.

Doch ist er nichts weiter als ein Kind, Hoheit, ein großes, dummes Kind, welches das Meer anschaut, um nicht sehen zu müssen, daß sich hinter ihm schattengleich sein Diener Luís del Molino befindet.

Es herrscht jetzt ein großes Schweigen, und es lastet auf allen Wesen und auf allen Dingen.

Der Wind hat aufgehört

Das Rauschen des Meeres auch.

Den Rücken zur Versammlung, kniet Gaspar nieder, den Kopf leicht gebeugt wie eine Blume an ihrem Stengel.

Gaspar de Quesada, der Prächtige; du warst derjenige, der mit allem angefangen hat, wie ein Dummkopf. Angestachelt von Luís de Mendoza, der nichts zu verlieren hatte, und von Juan de Cartagena, begabst du dich im Schutz der Dunkelheit mit dreißig bewaffneten Männern an Bord der *San Antonio,* um mit geliehenen Worten zu den Leuten zu sprechen, du sagtest ihnen, daß wir verloren wären, und erinnertest sie, wie sie von Don Hernando behandelt worden waren; als sie Aufklärung über den Kurs der Flotte von ihm erbaten, verlangtest du, sie sollten dir den getreuen Álvaro de la Mezquita ausliefern, den Cousin des Generalkapitäns, der zu der Zeit das Kommando über das Schiff hatte, das dem Inspekteur gehörte.

Man müsse unbedingt, hättest du gesagt, Don Hernando eine Lehre erteilen, damit er lerne, den Willen der Kastilier zu respektieren, der eigentlichen Herren der Flotte. Wie ein wildgewordener Stier unter Kühen bewegtest du dich auf dem vollen Deck hin und her, als dir Juan de Elorriaga, der Erste Offizier der *San Antonio,* gegenübertritt und dich in ruhigem, fast sanftem Ton auffordert, im Namen Gottes und des Königs in aller Ruhe auf dein Schiff zurückzukehren. Das sei, habe der arglose Mensch zu dir gesagt, nicht die Art, eure Angelegenheiten zu begleichen, und er weigerte sich, dich seinem Kapitän zu übergeben. Da, verblendet von einem verhängnisvollen Schicksal, hast du die Zähne zusammengebissen und dich mit dem Dolch in der Hand auf Elorriaga gestürzt, den der Tod viermal durchbohrte und auf Deck warf, wo er in einer vom Mondlicht silbrig glänzenden Blutlache liegenblieb.

Gleich einem großen Vogel hebt sich mit schwerem Flügelschlag das Schwert, und das Schweigen wächst.

Unter dem Tisch sehe ich Odoardos große Lackstiefel.

Über dicken schwarzen Strümpfen die Sandalen des Kaplans.

Des Schreibers übel zugerichtete Hofschuhe.

Juan Serranos Hut, welcher stumm und unbeweglich zwischen seinen Händen herunterhängt.

Die in Eisen gekleideten Beine Don Hernandos.

Die groben, mit Nägeln beschlagenen Stiefel des Waffenmeisters.

Ein und dieselbe Spannung durchzuckt jetzt alle Beine, da sich die Mitglieder des Gerichts erhoben haben.

Indes das Schwert über seinem Kopf schwebt, hört man Gaspar fragen: »Bist du es, Luís?«

»Ein Alptraum«, flüstert dieser.

»Ein Traum in einem anderen Traum«, sagt Gaspar.

Doch bekommt er keine Antwort, weil das Schwert jetzt hinabgleitet, wie eine wahnwitzige Geliebte seinen Hals suchend, und nichts und niemand kann es mehr aufhalten, und ich schließe die Augen und denke, es ist dies die Stunde, da Vicentes an meinem Fenster kräht, wenn Justino den Schafen den Stall öffnet, wenn die Filomena sich hinhockt, mit ihren Augen, die vom Schlaf, und ihrem Geschlecht, das von Liebe verklebt ist, ins Feuer bläst; wenn der Sakristan Fermín im Hof seine geräuschvollen Waschungen veranstaltet und die Truthähne und Hühner mit Fußtritten verscheucht (diese Stunde, in welcher es im Bett am schönsten ist, in welcher der Kaffee, den Almodóvar aus Granada mitbringt, am besten duftet, in welcher das Feuer am behaglichsten ist); die Stunde, in welcher man wach durch das noch schlafende Haus läuft und die Sonne den Dingen ein neues Aussehen verleiht, die gleich darauf wieder alt werden.

Und so hocke ich mich in den Sand, hier unter den Tisch, und fange an zu weinen. Ich möchte mich nur an mein Dorf erinnern und nichts von alledem hören, was um mich herum geschieht. Aber vermeiden kann ich nicht, daß ich Bruchstücke hören muß von dem, was gerade geredet wird, Bruchstücke, welche sich mit den Bruchstücken meiner Erinnerung aus Bustillo del Páramo zusammentun. So daß sich beides in meinem Kopf trifft, die zahmen Kühe Doña Herminias und der Befehl, den Leichnam Luís de

Mendozas aus seiner Kajüte auf der *Victoria* zu holen und ihn am Strand zu vierteilen. »Du mußt mir gut auf diese Kühe achtgeben«, pflegte die Alte zu mir zu sagen, »denn es sind kräftige und edle Tiere, und falls ihnen etwas zustößt, werde ich dir eines deiner großen Ohren abreißen.« Doch der Kaplan der Flotte protestiert, denn er sieht nicht ein, warum man einen Leichnam derartig schänden muß, wenn seine Seele eine Ewigkeit lang für seine Sünde büßen soll. Und ich, von einem blinden Trieb gejagt, ihr wehzutun, führte eines Tages die Mariposa, ihre Lieblingskuh, an den Rand einer Schlucht, und ich scheuchte sie und warf Steine nach ihr, bis das arme Tier, das keinen Ausweg mehr sah, den Halt verlor und hinabstürzte, wobei es sich das Genick brach. Du hättest sehen sollen, Hoheit, wie die Alte um ihre Kuh geweint hat, und der Schmerz machte sie so krank, daß sie mir weder ein Ohr abriß noch überhaupt ein Wort zu mir sagte, nicht einmal einen Vorwurf, gar nichts; und ihr Benehmen quälte mich mehr, als wenn sie mich, wie ich es verdient, verprügelt hätte. Jetzt sehe ich die tote Kuh dort unten mit ihren großen, einfältigen offenen Augen, und ich sehe Don Luís de Mendoza wehrlos und soviel kleiner geworden durch den Tod, daß jeder grausame Halunke, ohne Mitleid noch Furcht, seine Wut an ihm auslassen könnte.

Es gelang mir tatsächlich in der Nacht der Verschwörung, die Uhren anzuhalten, aber alles geschah so atemberaubend schnell, daß du es nicht einmal bemerktest.

Gaspar bemächtigt sich der *San Antonio* und gibt Befehl, die Hecklaterne zu löschen, damit das Schiff den Augen des Kapitäns verborgen bleibt. Umsonst weiten sich die Pupillen Don Hernandos, vergebens taucht er in den Leib dieser trostlosen Nacht, und sofort begreift er alles. Er schickt einen gut bewaffneten Trupp aus, um die *San Antonio* wieder in seine Gewalt zu bringen, und den Waffenmeister Gonzalo Gómez de Espinosa sendet er mit sechs heimlich bewaffneten Männern und einem Brief für Euch auf die *Victoria*.

Don Luís de Mendoza erhält den Brief in seiner Kajüte inmitten von Kräuterdämpfen und dem Geruch nach Apotheke. Er nimmt ihn mit zitternden Händen und vertieft sich mit den Augen eines gehetzten Tieres in das Papier. »Palmsonntag fünfzehnhundertzwanzig. An Bord der *Trinidad.* Erlauchter Kapitän der *Victoria* und Schatzmeister der Flotte, Don Luis de Mendoza: Ich bitte Euer Gnaden, die Güte zu haben, in Begleitung des Überbringers auf das Flaggschiff zu kommen, um eine Angelegenheit von Eurem Interesse zu besprechen.«

Da erscheint auf deinen farblosen Lippen ein Lächeln, als wolltest du sagen: »In diese Falle gehe ich nicht«, und als du den Brief zerreißt und ihn mit herausfordernder Geste ins Feuer wirfst, spürst du wie in einem Traum die eisige Klinge eines Dolches, die dir durch die Kehle fährt. Sie hindert dich am Sprechen, weil die Luft mit einem Röcheln aus der Wunde dringt. Doch du fühlst keinen Schmerz und kannst nicht glauben, daß nun die letzte Uhr in Scherben gegangen ist und der zerstreute Sand dich mit Entsetzen erfüllt. Du kannst es nicht glauben, bis du Gómez de Espinosa siehst, der erschrocken seine Hände betrachtet, weil sie voller Blut sind.

Und wie Dein Juanillo, der Entsetzlichkeiten müde, gerade versucht, sich die über einer Schüssel hockende Filomena ins Gedächtnis zu rufen, wie sie sich ungeniert die Scham wäscht, wobei sei sich sehr langsam mit Seife einreibt und mit den unruhigen Fingern der anderen Hand Schaum erzeugt, dringt die Verkündigung in meine Ohren, daß Don Juan de Cartagena der Meuterei für schuldig befunden wurde.

»Ist es nicht Wahrheit, daß du versucht hast, das Kommando der *San Antonio* an dich zu reißen, die für kurze Zeit von Gaspar de Quesada für die Meuterer in Beschlag genommen worden war?« fragt eine Stimme, welche die des Waffenmeisters sein könnte. Und die Antwort lautet: »Ja, Hoheit«, und er würde es wieder tun. Doch der Priester Sánchez de Reina schwört: »Nein.« Er wird beschuldigt, seine Stellung ausgenutzt zu haben, um den Aufstand anzustacheln. Doch er: »Nein.« Und dann fleht er um ein bißchen Mitleid. »Im Namen Gottes«, sagt er schluchzend, »genug des Blutvergießens.«

»Genug des Blutvergießens«, wiederholt mein Herr. »Beide sollen an dieser Küste ihrem Schicksal überlassen werden.«

Da schleppt sich Juan de Cartagena, seines Lehnstuhls beraubt, wie ein Hund mit gebrochenen Pfoten durch diesen Wald aus Beinen, welcher sich auftut, ihm Durchlaß gewährend. Mit übermenschlicher Anstrengung bewegt sich der Inspekteur vorwärts, sich auf Hände und Ellenbogen stützend, ohne daß jemand versuchen würde, ihn aufzuhalten.

Mit der Filomena war es immer dasselbe. Immer ließ sie die Tür des Abtritts offen. Und sie lachte über das Gesicht, das ich machte, und nachdem sie sich abgeseift hatte, goß sie das Wasser an den Feigenbaum: »Damit die Feigen schön saftig werden«, sagte sie.

Kaum daß der erste Akt vollzogen war, Gaspar de Quesadas prächtiger Kopf auf eine Lanze genagelt war, Don Luís de Mendoza zerstückelt, und das Meer die Teile immer wieder an den Strand spülte, inszenierte Don Hernando mit aller Sorgfalt den zweiten Akt.

Er teilte mit, man solle, während Don Juan und der Priester vorläufig eingesperrt würden, über die Strafen beraten, welche gegen die anderen Angeklagten verhängt werden sollten.

Es war nur das Getuschel der Richter zu hören, und als diese schwiegen, das Rauschen des Meeres.

Bis nach angespanntem und endlosem Warten Don Hernando den nächsten Angeklagten vortreten ließ.

Es war Sebastián. Der ruhmreiche Weltumsegler war so sehr am Boden, daß er sich kaum auf den Beinen halten konnte, noch vermochte er den Kopf zu heben, um seine Ankläger anzuschauen, noch hätte er das Gewicht der Lorbeeren zu tragen vermocht, mit welchen Ihr ihn später bekränzen solltet.

»Sebastián«, sagte der Waffenmeister, »Ihr seid der Verschwörung und des Verrats angeklagt. Man hat Euch für schuldig befunden und verurteilt Euch zum Tode, nach Art und Zeit, welche der Generalkapitän gemäß Klausel Fünf des Vertrags bestimmen wird, welche ihm diese Befugnis im Namen Gottes und des Königs verleiht.

»Er soll auf der Stelle und im Beisein aller enthauptet werden«, sagt der Kapitän.

Ein Zittern erfaßt den Ersten Offizier der *Concepción*. Beschämt verschränkt er die Arme, um seine Angst zu verbergen.

»Kapitän«, sagt Juan Serrano, »ich glaube, daß dieser Mann sich von seinem Vorgesetzten hat mitreißen lassen, aber er ist ein guter Seemann und wird uns fehlen. Ich schlage vor, daß Ihr ihm das Leben schenkt und seine Bestrafung aufschiebt für die Zeit, wenn wir nach Spanien zurückkehren werden.«

»Wenn dem so ist«, sagt mein Herr, »ist er ein schwacher Mensch und wird uns von keinem Nutzen sein bei diesem Unternehmen.«

»Hernando«, lenkt Barbosa ein und wendet sich auf portugiesisch an den Kapitän, »ich glaube, daß Serrano recht hat.«

»Und du, was glaubst du?« wird Sebastián von meinem Herrn gefragt.

Die Frage trifft ihn unerwartet. Er weiß nicht, was er sagen soll. Die Stimme steigt nicht in seine Kehle. Die Worte wollen ihm, dem großen Weltumsegler, dem Schwätzer, der in Eurer Gegenwart, sich seiner Heldentat rühmend, so viel redete, nicht aus dem Mund.

»Ich habe Frau und Kinder«, sagt er schließlich.

»Verdienst genug«, erwidert Don Hernando mit spöttischem Lächeln, »Euch das Leben zu schenken.« Einige Gefangene lachen, und sogar Sebastián zieht eine Grimasse, die er sogleich unterdrückt.

»Und weil du Familie hast, soll ich dir eine zweite Gelegenheit geben, mich hinterrücks niederzustechen?« fährt der Kapitän fort.

Sebastián schüttelt den Kopf.

»Ihr seht selbst, er sagt es auch, daß ich ihm nichts schenken soll.«

»Es war nicht meine Schuld, es war Gaspar, ich wollte nicht.«

»Aber du hast dich ihm angeschlossen, weil du glaubtest, daß er siegen würde. Du siehst, du hast dich zur falschen Partei geschlagen.«

»Das hätte Euch an meiner Stelle genauso passieren können«, sagt Sebastián mit Festigkeit. »Und ich hätte Euch das Leben geschenkt.«

»Dann bist du zu großzügig. Wir sind es nicht«, sagt der Waffenmeister. »Weg mit ihm.«

Da ruft der Kapitän Odoardo zu sich und flüstert ihm etwas ins

Ohr, und Odoardo schaut zu Juan Serrano hinüber, der mit dem Kopf nickt, und zu Álvaro de Mezquita, der die Schultern zuckt.

»Wartet«, befiehlt Don Hernando den beiden Männern, die es eilig haben, Sebastián abzuführen. Sodann faltet er die Hände auf dem Tisch, schließt die Augen und stützt die Stirn darauf.

Alle Blicke sind auf ihn gerichtet, nicht die kleinste Bewegung entgeht ihnen, die verraten könnte, was in seinem Inneren vorgeht. Alle Ohren versuchen, das Rumoren seiner Gedanken zu erfassen, bevor diese sich in Worten äußern.

»Nehmt ihm den Treueeid ab«, sagt er endlich.

Sebastián, vom Gefühl überwältigt, schluchzt, sein Gesicht mit den Händen bedeckend. Auch dem Priester rollt eine Träne herunter, und der Schreiber räuspert sich ein ums andere Mal, bevor er anfängt, den Eid zu verlesen.

Beide Abteilungen von Beinen, die der Angeklagten und die der Nichtangeklagten, wiegen sich im Gleichklang, wie im Takt einer sehr monotonen Musik.

In diesem Augenblick versucht Andrés de San Martín mit seinem leeren, dunklen, schweigenden Mund einen Ausfall. Er flattert mit den Armen wie ein Schmetterling vor Don Hernando, gestikuliert mit dem Kopf und mit beiden Händen. Er sagt nein. Und der Kapitän sagt ihm, er möge gehen. Aber er ist verzweifelt. Er klopft mit den Handflächen auf den Tisch. Zeigt auf seine stumme Mundhöhle. Hartnäckig bleibt er bei seinem Nein.

»Er ist ziemlich aufgeregt, der Astrologe«, sagt Odoardo. »Gebt ihm Papier und Feder, denn er scheint uns etwas Wichtiges mitteilen zu wollen.«

Don Hernando weigert sich.

Das Verfahren, ausgenommen die Intervention von San Martín, wiederholte sich beinahe gleich bei den übrigen Angeklagten. Das Ritual begann mit der formalen Anklage, dann wurde die Strafe verkündet, dann diskutiert, die Begnadigung wurde in erster Instanz verweigert, und schließlich gewährte man sie nach erneuten Beratungen, bei denen nur die Portugiesen zu Wort kamen. Dennoch, immer gab es einen anderen Umstand, der den einen vom anderen Fall unterschied.

Dergestalt brachte das großzügige Verhalten des Generalkapitäns, das sich vor dem Vorhang seiner uneingeschränkten Macht wiederholt abspielte, ihm am Ende eines langen Tages die Achtung und Bewunderung der Mannschaft ein. Alle vergaßen seine Grausamkeit gegenüber den aufständischen Kommandanten, sogar die Kommandanten selbst. Don Hernando hatte mit Blut unsere Zweifel fortgewaschen. Die Kommandanten waren die Sündenböcke gewesen, in denen die Furcht und Verzweiflung jedes einzelnen von uns, sogar seine eigene, ihre Bestrafung erfahren hatte. So daß wir alle uns nun erleichtert fühlen konnten.

Dies alles flößte den Leuten neues Vertrauen ein, und gerade an diesem Tag zeigten sich viele optimistisch über die Zukunft des Unternehmens und waren sogar bereit, den Winter in San Julián guter Dinge zu verbringen, um sich dann erneut auf die Suche zu machen.

Don Hernando hatte einen vollkommenen Sieg errungen und er wußte es. Daher sah ich ihn, als er langsam den Strand überquerte, um sich auf die Schiffe zurückzuziehen wie eine von den großen Seeschildkröten, wenn sie sich über den Sand schleppen, und begrüßt von einer lauten und spontanen Salve von Applaus, zum ersten Mal zufrieden lächeln. Und weil das Gewicht seiner Rüstung ihm seine Schritte erschwerte, sah ich ihn zum ersten Mal stehenbleiben, und seinen Diener Cristóbal Rabelo rufend, legte er in aller Öffentlichkeit seinen Panzer ab.

Er war winzig ohne ihn, aber alle sahen ihn groß an diesem Tag.

Wir verbrachten die letzten Tage damit, unter titanischer Anstrengung die bereits entladenen und abgetakelten Schiffe aus dem Wasser zu ziehen.

Wir mußten wie Verrückte aussehen, wir kleinen Menschen, die wir gegen diese gewaltigen Massen ankämpften, welche in dem Maße wuchsen, wie sie aus dem Meer kamen. Insekten am Fuße der riesigen Achterschiffe, unter der wild geschwungenen Kontur der Vorschiffe. Baumstümpfe unter die Rümpfe legend, um sie zum

Rollen zu bringen. Uns in Trauben an die improvisierten Hebel hängend, mit denen wir sie hochzuheben versuchten. Wie Käfer an den dicken Tauen ziehend, bis eine Welle uns überrollte und auseinandertrieb und wir von vorn anfingen. Stets ein Stückchen weiter weg vom Strand, uns in den Sand grabend, damit die Stürme sie uns nicht forttrügen.

Und nicht eine Verwünschung, nicht eine Klage, nichts, alles in einem liebevollen Schweigen, weil diese aufgeblähten Riesenbäuche alles waren, was wir hatten. Unsere einzig mögliche Verbindung mit jener Welt, der wir angehörten und die wir doch eines schon fernen Tages hinter uns gelassen hatten. Deshalb liebten wir die Schiffe, Majestät. Behandelten sie behutsam trotz der Anstrengung, die sie uns abverlangten. Als ob es sich um zarte Frauen gehandelt hätte. Verzaubert von der Anmut ihrer Kurven. Ihrer Gestalt. Von ihren unterm Schleier des Wassers stets verborgenen geheimen Stellen. Wir paßten gut auf. Streichelten zärtlich ihr Holz. Ich glaube, daß wir sogar mit ihnen redeten. Und sie gaben Stück für Stück nach. Zeigten sich unserem Liebesflehen immer gefügiger. Und folgten uns weg vom Meer und legten sich auf ihre Bäuche ganz nahe bei unseren Unterkünften. Waren einverstanden, neben ihren Männern zu überwintern, weil auch sie zu einer anderen Welt gehörten und wir ihre einzige Chance waren. Und als wir die vier Schiffe draußen hatten und ihre Takelage in einem Verschlag untergebracht war, welcher das Aussehen eines frisch geschlagenen Waldes annahm, wurde die Kälte immer schlimmer und es begann zu schneien, und wir mußten sie allein am Strand lassen, ihnen einen letzten und liebevollen Blick zuwerfen. Dort blieben sie in einer Reihe, die *Trinidad,* eben noch so unternehmungslustig, schien nun zu schlafen, während der Schnee sie mit einem makellosen Mantel bedeckte; die *San Antonio,* die mit ihren gewaltigen Ausmaßen an einen an der Küste gestrandeten Wal erinnerte: die *Concepción,* ganz nahe der Stelle, wo der auf eine Lanze genagelte Kopf Gaspars, ihres früheren Kapitäns, verweste; die *Victoria* mit sehr feinen Kurven und einer gewissen Jugendlichkeit; es fehlte nur die *Santiago.* Sie war die kleinste von allen, und Don Hernando hatte sie ausgeschickt, die Küste zu erforschen, um zu sehen, ob sie nicht die Durchfahrt fände, von der er meinte, sie müsse sich ganz in der Nähe befinden.

Das Leben in unserem Zufluchtsort verlief anfangs mit einer gewissen Munterkeit. Wir verteidigten uns gegen die Kälte, gegen die Einsamkeit und gegen die Vorstellung, uns in einer riesigen unbewohnten Welt zu befinden, in der es weder menschliche Behausungen noch Fußspuren gab – und wir taten das, indem wir unaufhörlich darüber redeten. Wir redeten viel am Anfang und über alles mögliche. Wir träumten mit offenen Augen und zumeist mit lauten Stimmen, während uns die Kälte immer mehr zusetzte und der Wind mit unbezähmbarer Wut Tag und Nacht blies. Die Dunkelheit war so groß, daß man kaum noch unterscheiden konnte, wann es Tag und wann es Nacht war.

Wir redeten davon, was wir tun würden, wenn wir nach Hause zurückkehrten, und niemand zweifelte in jenen Tagen daran, daß wir zurückkehren würden. Wir betäubten uns mit den verrücktesten Plänen und waren überzeugt davon, bei unserer Heimkehr alles genauso wiederzufinden, wie wir es verlassen hatten, so als wäre die Zeit nur für uns vergangen und man hätte sie am Tage unserer Abreise dort für uns eingefroren.

Unsere geliebten Menschen, Eltern, Frauen, Kinder, Freunde, irgendein Tier, alle erschienen uns reglos verharrend bei einer bestimmten Tätigkeit. Wir erinnerten uns ihrer, wie man sich an ein Bild erinnert. Wir sprachen von ihnen wie jemand, der ein Gemälde erklärt und es beseelt, ohne daß er sich über gewisse Grenzen, die das Bild selber vorgibt, hinausbewegen könnte. Und dasselbe geschah mit den Feldern, den Bächen, den Quellen, den Straßen, den Häusern und sogar mit den Dingen. Wir sahen sogar uns selbst dort auf diese Weise. Und das Gefühl von toter, erloschener Zeit, welches uns das eintönige Warten brachte, trug zur Verwirrung bei. Denn hier schien die Zeit nicht zu vergehen. Es gab weder Tage noch Nächte, der Winter schien endlos und der Frühling unmöglich, der Wind war immer derselbe und auch die Gesichter, die eingeschränkte Geographie des Zufluchtsorts, und sogar die heraufbeschworenen Menschen und Geschichten begannen sich zu wiederholen. Dann tauschten wir die Personen und Landschaften und Dinge und sogar die Gefühle aus in der Absicht, jene Welt lebhafter und deutlicher heraufzubeschwören. Aber es nützte nichts. So daß wir, müde insgeheim, uns mit bloßen Erinnerungen herumzuschlagen, und unfähig, die Gefühle, die uns bewegt hatten und die verlorene Seele des Ganzen waren, mit Leben zu erfüllen, uns stillschweigend in unsere eigene Einsamkeit zurückzogen. Jetzt erst wurden wir uns ganz langsam unserer wirklichen Lage bewußt. Eines Tages fing jemand an zu weinen. Ein andermal kam, ich weiß nicht wer, mit der Nachricht, die Segel würden langsam verfaulen. Es gab keine Möglichkeit, sie in diesem Klima trocken aufzubewahren, und so wurden sie von Pilzen zerfressen. Und als der Schnee schmolz, zerstörte er die Taue. Und sogar das Holz der Schiffe bekam Risse in der strengen Kälte. Die Schiffe verfaulen, hieß es. Nach derlei Ereignissen wurde das Schweigen noch bedrückender. Jeden Tag wurde uns das Sprechen mühsamer. Doch versuchten wir es immer wieder, bis sich jemand unvermutet beklagte, daß wir uns seit Monaten in diesem verfluchten Land befänden, ohne auch nur ein menschliches Wesen gesehen zu haben. Es gab nur diese Masse einfältiger Pinguine, die hier Sturm und Schnee über sich ergehen ließen, als machten sie sich lustig über uns oder hofften vielleicht, daß wir zugrunde gingen, um dann zu kommen und unsere Augen zu verschlingen oder sich alles anzueignen, was in ihnen war. Und er sagte, es sind ihrer Tausende und mindestens so groß wie ein fünfjähriges Kind. Er habe sich ihnen mehrere Male genähert, weil sie ihm anfangs unecht vorkamen. Er hatte vermutet, es seien geheimnisvolle Götzenbilder, die jemand dort in großer Menge aufgestellt hatte. Aber sie waren echt. Sie waren lebendig. Sie legten sogar Eier. Und es waren die einzigen Geschöpfe, die dieses Klima ertragen konnten. Sie waren die Herren dieser Landstriche. Ein Kinderheer mit Vogelschnäbeln, das regungslos auf den Augenblick wartete, uns angreifen zu können. Uns aus ihrer Welt zu vertreiben. Und falls sie es taten, wie sollten wir uns gegen ihre Überzahl verteidigen.

So wurde unsere eintönige Wirklichkeit nach und nach immer unerträglicher, und die Empfindung nahm zu, daß wir der Gnade unbekannter und geheimnisvoller Mächte ausgeliefert waren.

Ich selber wurde ein Opfer dieser wachsenden Unwirklichkeit und erinnere mich, eines Tages, während Ginés sich bemühte, uns den Frühling in seinem Dorf auszumalen, gesagt zu haben: »Der Winter ist der Tod aller Dinge. Der Tod der Hoffnung.«

»In gewisser Weise schon«, sagte er, »alles stirbt zum Teil, um mit dem Frühling neu geboren zu werden. Aber die Hoffnung nicht. Denn wenn der Winter endet, erwacht die Erde zu neuem Leben und mit ihr die Sonne, die Pflanzen und auch die Tiere und Menschen, und das ist ein Zeichen dafür, daß die Hoffnung lebendig geblieben ist in jedem Ding, in jedem Wesen.«

»Wenn aber der Winter nie zu Ende geht?«

»Du weißt doch, daß auf jede Nacht immer ein Tag folgt«, antwortet er lachend.

»Jetzt kannst du erleben, daß es nicht immer so ist. Hier folgt der Nacht nur eine weitere Nacht. Und das gleiche könnte mit dem Winter geschehen.«

Ginés gefriert das Lachen auf dem Gesicht.

»Und wenn der Winter kein Ende hätte?« beharre ich. »Zieht er sich nicht schon zu lange hin? Hatte er sich denn nicht hier schon eingerichtet, als wir vor Monaten ankamen? Gewiß, er wurde grausamer in seiner Härte, aber das heißt nicht, daß er einmal ein Ende haben wird. Und wenn wir uns an dem Ort befinden, wo er seine Höhle hat?«

»Seine Höhle hat er im Norden«, sagt er.

»Sei nicht einfältig. In diesem Teil der Welt hat er seine Höhle im Süden, wo wir uns nämlich befinden und wohin wir uns bald begeben werden.«

»Das kann nicht sein«, widerspricht er. Aber er sagt nichts mehr und nach einer Weile zieht er sich stumm in einen anderen Winkel unserer Zuflucht zurück.

Das lange Warten aber zerstörte einfach alles. Die Schiffe faulten vor sich hin und auch die Menschen. Langeweile und Wahnsinn belauerten uns wie Hunde, und wir vermochten uns kaum gegen ihre spitzen Zähne und ihre schwarzen Mäuler zu verteidigen.

Wenn jemand das Wort ergriff, dann nicht mehr, um an sein Dorf oder seine Leute zu erinnern. Jetzt waren sogar die Träume krank geworden, und beinahe jeder sehnte sich danach, von dieser Warterei befreit zu werden, um wieder ein Abenteuerleben aufzunehmen. Verwirrt träumten sie davon, die Meere auf der Suche nach fernen Inseln zu befahren, und schon meinten sie, auf der Haut die glühende Liebkosung der Sonne zu spüren und in der Nase das erregende Aroma der Gewürze. Und sie sangen Loblieder auf das Seemannsleben und alle kühnen Unternehmungen. Und sie begeisterten sich an der Vorstellung, das plötzliche Blähen der Segel und das Knarren der Maste im Winde zu erleben, und sie spürten zwischen ihren vor Kälte erstarrten Händen, wie sich die Seile spannten. Und niemand schien zu begreifen, daß eben diese Träume sie in diese Wirklichkeit geführt hatten, der sie jetzt nur noch zu entfliehen trachteten.

Während wir hier gezwungenermaßen eingesperrt waren, fragte keiner nach der *Santiago,* keiner nannte den Namen des Schiffes oder erwähnte zufällig die Namen seiner siebenunddreißig Mann Besatzung. Es war wie ein stillschweigendes Übereinkommen, das wir alle respektierten. Nicht einmal Cartagena, eingesperrt in seiner Gruft, traute sich, es zu tun.

Bis sich eine große und ansteckende Traurigkeit endgültig in unserer Seele einnistete. Wir waren wie die Tiere. Den ganzen Tag auf der faulen Haut liegend und unser Schweigen wiederkäuend. Ohne an etwas zu denken. Wir fühlten nicht einmal mehr Angst. Wir ließen uns einfach gehen, in dieser unveränderlichen Dunkelheit, ohne zu wissen, ob es Tag oder Nacht war, weil der Tag und die Nacht sich in nichts unterschieden. Zusammengekauert wie wilde Tiere. Unbewußt die Wärme des anderen suchend, den wir neben uns hatten, ohne uns zu fragen, wer es war. Weil es nicht wichtig war. Ja, wir waren alle gleich jetzt. Friedliche Tiere, auf dem Boden einer Hütte liegend. Besiegte wilde Tiere, die sich um das Feuer scharten. Geschützt vor der Unbill des Unbekannten durch ein paar behelfsmäßige Holzwände, in die sich Kälte und Wind einschlichen. Wind gab es ohne Ende. Ein Wind, welcher von jenseits des uns Bekannten und Vorstellbaren herkam. Ein Wind, schreihalsig wie ein Herold. Der uns unter die Haut ging. Sich in unseren Bärten und in unseren Haaren verfing. Ins Innere eines jeden von uns drang. Ein unermüdlich wehender Wind, bis wir nicht mehr wußten, ob es den Wind gab oder wir ihn uns nur ausdachten. Warum gab es dort so viel Wind, Majestät?

Wir verbrachten ganze Tage, ohne zu sprechen. Ganze Tage, an denen man nicht ein Wort aus einem menschlichen Mund vernahm. Weder um uns zu verständigen, wer das Feuer in den Nächten schüren noch wer den Schnee vom Dach holen sollte. Denn es schneite so viel, daß es uns fast das Dach eindrückte. Und dann schmolz er, und eiskaltes Wasser rieselte auf unsere erbärmliche Menschlichkeit herunter. So daß, wenn das Feuer zu erlöschen drohte oder das Dach knarrte und tropfte, wir uns nur anschauten, ein Blick ohne jeglichen Ausdruck, und immer gab es einen, der sich erhob. Mit erstarrten Gliedern. Und er warf ein Scheit oder sonst irgendein Holz ins Feuer. Oder ging hinaus, und man vernahm seine Schritte auf dem Dach und das Geräusch der Schaufel auf dem Holz. Und immer der Wind. Oder das Tosen des Meeres am Strand. Dieser düstere Strand aus schwarzem Sand, auf dem der prächtige Kopf Gaspar de Quesadas verfaulte. In der Gischt stahlfarbener Wellen dieses Meeres. Unter einem Himmel schneeschwangerer Wolken, die Schatten glichen. Gebeutelt von diesem Wind, der nicht aufhört und das ausgeblichene Goldhaar des Kapitäns der *Concepción* wehen läßt. Im Innern unserer Unterkunft bewegten wir uns unaufhörlich, jedoch so langsam, daß es uns allen so vorkam, als rührten wir uns nicht. Wir bewegten uns so still und unmerklich von einer Stelle zur anderen, wie Schnecken auf dem Meeresgrund dahingleiten. Wir suchten Wärme. Gesellschaft. Ich weiß nicht. Wollten uns wiedererkennen, vielleicht. Wir waren wie diese Schmetterlingsraupen, die man Umzugsraupen nennt und die sich bewegen und zusammenballen zu einem festen Knäuel.

Bei diesem Hin- und Herwandern geriet ich eines Tages an die Seite von Don Hernando. Ich bemerkte es, als ich den eisigen Hauch des Eisens auf meiner Haut spürte. Er lag abseits vom

Feuer in einer dunklen Ecke auf einer Matratze. Er trug seine Rüstung und darüber seinen dunkelvioletten Umhang. Bei der ersten Berührung schien die Kälte des Eisens mich zu verbrennen, und ich zog meine Hand zurück. Doch ein seltsames Gefühl von Mitleid ließ mich innehalten, und ich blieb an seiner Seite. Eine Weile sagte ich nichts und hielt die Augen geschlossen. Ich spürte seinen Atem, der dem meinen glich, sich dem meinen anpaßte, und ich beschloß zu bleiben. Es vergingen mehrere Stunden, ich weiß nicht wie viele, das Gefühl für Zeit war uns abhandengekommen, weil sich keiner mehr um die Uhren kümmerte. Er bewegte sich zwei-oder dreimal. Als passe er sich mir an.

»Du bist es, nicht wahr?« fragte er mit einemmal.

»Ich glaube, ja«, sagte ich.

Dann lagen wir wieder schweigsam und still da, lauschten dem lärmenden Wind. Und Schnee begann zu fallen.

»Wie kannst du nur eine kleine Frau, so schön und so zart, die ganze Nacht in einem Sessel auf dich warten lassen?« sagte ich auf einmal zu meiner eigenen Überraschung.

Er richtet sich mühsam auf und schaut mich verdutzt an.

»Du siehst sie?« sagt er. »Was tut sie?«

Diesmal ist es kein Spiel, ich sehe sie, ohne es zu wollen, und ich glaube, er weiß es, wegen der Art, wie er mich ausfragt.

»Sie ist in einem Sessel eingeschlafen, während sie auf dich wartete«, antworte ich. »Sie hat die Stille auf der Straße ausgelotet. Hat sehnsüchtig jedes Geräusch zu erkennen versucht. Das Rattern einer Kutsche, die näher kommt und lauter wird, wie auch ihre Sehnsucht heftiger wird, doch sich dann entfernt, leiser wird und ganz verschwindet. Die Schritte eines Fußgängers. Der Klang der Absätze auf den Steinplatten und der ihres Herzens, das kraftvoll in ihrer Brust schlägt, Schritte, die sich schnell und entschlossen nähern, Herzschläge, die sich beschleunigen, bis sich der Klang der Schritte und der ihres Herzens einen Augenblick lang vermischen, bis das Geräusch der Absätze auf den Steinplatten leiser wird und ihr Herz sich beruhigt. Und so ist es jede Nacht, bis die Straße eingeschlafen ist im Schoße der Nacht und sie, müde vom Warten, sich im Sessel neben dem Fenster wiegend, einschläft und dabei denkt: Morgen vielleicht.

Don Hernando schließt die Augen, senkt den Kopf, bis die Bartspitze den Eisenpanzer berührt, und bleibt stumm.

Der Wind rüttelt mit Macht an den Wänden der Hütte. In der Mitte, nahe am lodernden Feuer, fuchtelt Andrés de San Martín mit den Händen und bewegt die Lippen im Versuch, seinem Zufallsgefährten etwas zu sagen, der ihn nicht versteht.

»Manchmal denke ich, wir sind wie deine Marionetten und hängen an unsichtbaren Fäden, welche die kleinste Bewegung bestimmen und dabei die Illusion nähren, daß wir frei sind und demzufolge verantwortlich für unsere Taten«, sagt der Kapitän.

»Es ist leicht, so zu denken«, antworte ich und bin mir gar nicht sicher, daß es so sei.

»Nur der Tod schneidet alle Fäden durch. Aber sag mir, woher weißt du, daß sie es ist? Ist es derselbe Balkon?«

»Nein, diesmal nicht. Aber es ist dasselbe Gesicht. Es ist ein kleineres Fenster und ohne Balkon.«

»Warum nicht derselbe Balkon? Was ist geschehen?«

»Ich weiß es nicht, aber aus irgendeinem Grund ist sie in ein anderes Zimmer gezogen.«

Er bleibt nachdenklich. Die Schatten des Raumes setzen sich auf sein Gesicht wie große Schmetterlinge.

»Als ich erfuhr, daß sie ein Kind erwartet, hatte ich keine andere Wahl mehr«, sagt er. »Jahrelang hatte ich nur für meine Pläne gelebt. Jede Art von Mühen und Enttäuschungen durchgemacht, um die Flotte zu bekommen, und als dann alles möglich erschien, glaubst du, da hätte ich sagen können: nun will ich nicht mehr zu den Molukken fahren?«

»Warum nicht?«

»Darum nicht. Denn jener Traum und sie und ich, wir waren ein und dieselbe Sache. Wir waren aneinandergekettet, wir drei. Weil ich nicht auf sie verzichten konnte. Weil ich nicht wußte, wie ich ohne ihn sein sollte.«

»Eine Art Ungeheuer mit zwei Köpfen, halb Mensch, halb Seefahrer.«

»Damit war sie einverstanden. Die Molukken, das war ein Traum, zu zweit.«

»Glaubst du, daß es so ist?«

»Es ist wie ein Kind, das zugleich vereint und trennt.«

»Sie wollte den Mann, nicht den Seefahrer. Sie liebte dich, nicht die Molukken. Sie fürchtete sich vor deinen Träumen.«

»Erzähl mir von dem Neugeborenen. Siehst du es in der Wiege?«

»Ich sehe keine Wiege in diesem Zimmer.«

»Wie denn nicht? Glaubst du, es schläft in dem anderen Zimmer zusammen mit Rodrigo? Ist es nicht zu klein, daß es nicht bei der Mutter sein muß?«

»Ich sehe auch keine Wiege in dem anderen Zimmer.«

»Schau genau hin, und bring mich nicht zur Verzweiflung mit deinen Scherzen. Diese Wiege muß irgendwo im Haus sein.«

»Hast du ein Zimmer mit altem Hausrat und unnützem Plunder?«

»Das Kind kann nicht dort sein!«

»Hast du eins?«

»Du bist ein Hurensohn!« sagt er und wirft sich auf mich.

Ich spüre am Hals einen festen Gegenstand wie eine Zange, der zugleich kalt und schuppig ist wie ein Fisch und der meine Kehle umklammert und, mir die Luft nehmend, meine Antwort erstickt, mich nicht schreien läßt. Verzweifelt strample ich angesichts der Gleichgültigkeit meiner Gefährten, und vom Geruch nach trockenem Blut, den der Kettenhandschuh Don Hernandos aussendet, wird mir übel, und ich glaube, das Lachen von Andrés zu hören, und kann meine Augen nicht von dem Bild eines Zimmers voll von altem Hausgerät abwenden, darin eine leere Wiege steht, mit Staub bedeckt, ein Fetzen Leinwand liegt halb darüber.

»In den letzten Tagen vor der Abreise war sie wie eine Wahnsinnige«, sagt er nach einer Weile, da ich noch immer, von seiner Kralle befreit, zittere, der Hals eine Wunde, eine Luft atmend, die wie geschmolzenes Glas war, bei der mir Mund und Zähne schmerzten.

»Sie sagte, ein Seefahrer sollte sich niemals einer Frau nähern«, erinnerte sich Don Hernando.

Und ich, als ich meine Stimme wiedergewann: »Ich war sehr

neugierig. Wollte alles wissen. In alles mußte ich meine Judennase stecken, ohne auf die Folgen zu achten. Aus diesem Grund mußte meine Mutter mich mehr als einmal verprügeln, besonders als ich unbedingt wissen wollte, wer mein Vater war, und ich durchs ganze Judenviertel lief und die Nachbarn danach fragte, die mir nur mit Ausflüchten antworteten. Ein Spielgefährte hatte mir gesagt, daß meine Mutter eine Hure war.«

»Man soll nie in die Ohren einer Frau das verhängnisvolle Lied des Meeres träufeln«, hatte sie zu mir gesagt.

»Ich hatte meine Mutter im Bett mit einem christlichen Herrn gefunden, und da beide sich in der richtigen Stellung zum Kindermachen befanden, vermutete ich, daß sie diese schon früher eingenommen hatten, um mich zu machen, und daß dieser Herr deshalb mein Vater sein mußte. Ich kam allerdings nicht dazu, ihn zu fragen, weil meine Mutter, kaum daß sie mich neben dem Bett sah, in ein furchtbares Geschrei ausbrach und mein Vater mit den Kleidern in der Hand durch die Gartentür floh.

»Man soll niemals einer Frau Kinder in den Bauch setzen, weil die Frauen dem Land gehören und nicht dem Meer.«

»Das nächste Mal paßte ich besser auf, sie nicht wieder zu erschrecken, und die Szene hinter einem Vorhang beobachtend, erkannte ich den Herrn wieder, der sich wie ein Bock zwischen den Beinen meiner Mutter bewegte. Er lebte in einem Nachbardorf und stand im Ruf eines gelehrten Mannes, eines Autors von Versen und moralischen Sentenzen, und er hatte sieben Kinder mit einer blonden und kaltherzigen Frau, die seine Gemahlin war.«

»Sie sagte, für den wahren Seefahrer gäbe es kein anderes Schicksal als die endlose Einsamkeit der Ozeane und den betörenden Duft der phantastischen Inseln.«

»Die Verwirrung deines Juanillo war groß. Er verstand nicht, wie man zwei Frauen haben und Kinder mit ihnen machen konnte, so daß ich, um meine Mutter nicht zu erschrecken, beschloß, mit meinen Zweifeln zu der blonden Dame zu gehen. Das Ergebnis war, daß ich mich drei Tage später im Dienst bei einem Kirchenmann sah, welcher der Beichtvater und Kaplan meines ersten Herrn war.«

»Genug davon. Hör auf. Ich wollte dich nicht kränken und dir wehtun«, sagt mein Herr. »Entschuldige. Du weißt, daß ich dich schätze. Sprich mir von dem Kind, mach schon.«

»Ich kann nicht. Ich kann nicht mehr sehen.«

»Es ist wegen der Schläge, nicht wahr? Beruhige dich. Wir haben viel Zeit.«

Ich senke den Kopf, stecke ihn zwischen meine Beine. Er zieht seinen Handschuh aus, streichelt mir das Haar, bringt es mir durcheinander.

»Du hast eine sonderbare Kopfform«, sagt er.

»Wie alle Juden.«

»Mir ist nicht wichtig, was du bist. Sag mir doch, warum hat sie diese Dinge zu mir gesagt?«

Ich habe Mühe mich zu erinnern, was ich soeben bruchstückhaft gehört habe.

»Weil auch sie ihre Träume hatte«, sage ich ein wenig aufs Geratewohl. »Weil jeder in seinen eigenen Träumen eingeschlossen lebt wie in einer Kapsel. In ihren Netzen gefangen. Ein Gefangener ihrer Fallen.«

»Auch du? Wovon träumst du?«

»Oh, meine Träume würden dich zum Lachen bringen. Du würdest sie nicht einmal für Träume halten, so klein sind sie neben den deinen.«

»Aber es sind Träume, warum?«

»Weil du und ich und alle, wir sind ein bißchen wie in der Wüste umherirrende Pilger, und die Träume sind Trugbilder. Trugbilder, die unseren Durst steigern, ohne ihn zu löschen. Am Durst merken wir, daß wir noch am Leben sind.«

»›Ich hasse deinen Plan‹«, sagte sie in einer der letzten Nächte zu mir. »›Ich verabscheue ihn. Deine Reise wird allem ein Ende bereiten‹, sagte sie und begann zu weinen.«

Bei diesen Worten läßt Don Hernando den Kopf sinken, der nun herunterhängt wie ein abgebrochener Ast. Der Wind rüttelt wie verrückt an den Brettern der Herberge und pfeift durch jede Ritze. Inmitten dieser Landschaft zusammengekauerter Schatten sehe ich ganz in der Nähe unseren Andrés de San Martín.

»Wenn du ganz nahe bei ihr warst, euch die Wärme umfing und du sie riechen konntest, ihr beide im gleichen Rhythmus atmetet, ohne reden zu müssen, trugst du da deinen Harnisch?«

»Warum fragst du mich das?«

»Du weißt, worauf ich hinauswill.«

»Sie ist eine kleine Frau voller Zärtlichkeit. Sehr liebevoll. Anhänglich wie ein kleines Tier. So sehr, daß sie mir manchmal Angst machte.«

»Du hattest Angst vor ihr?«

»Ich fürchtete mich, an Land zu bleiben, wo nur die Entsagung gedeiht.«

»Weil du einer von denen bist, die den trügerischen Geschmack der Träume vorziehen, sehr süß am Anfang, aber bitterer als die Entsagung am Ende. Hast du ihr deine Liebe gezeigt mit angelegtem Panzer?« füge ich hinzu.

»Stell dich nicht dümmer an, als du bist.«

»Weißt du, was ich manchmal glaube? Daß du wie eine Zwiebel bist: unter einer Haut sitzt eine zweite Haut und darunter noch eine und immer so weiter.«

»Du kennst mich nicht.«

Der Wind peitscht uns mit Böen, die sich mit fernem Grollen ankündigen, bevor sie ihren Zorn an den Brettern der Unterkunft auslassen. Dann legt er sich ein wenig, und in der Zwischenzeit wächst das Tosen des Meeres.

»Hörst du es?« Ich nicke mit dem Kopf. »Hör zu«, sagt er, »das Meer ist eine offene Tür, ein Weg, der sich in der Ferne verliert, und das Schiff, das wir den Hafen verlassen sehen, ist eine Frau, die wartet.«

»Und das Land ist ein Regennachmittag am Feuer, ein dampfender Topf, ein Kind, das gestreichelt werden will, ein warmes Brot.«

»Und alles im flackernden Licht einer Kerze, die herunterbrennt.«

In meinen Ohren spüre ich das unaufhörliche und ewige Schlagen der Wellen und verstumme. In diesem Augenblick klammert sich eine Hand an meinen Arm und schüttelt ihn. Andrés de San

Martín ist an meiner Seite. Sein leerer Mund öffnet und schließt sich in fruchtloser Anstrengung. Seine großen schwarzen Augen wollen mir etwas sagen. Da ist Furcht, Angst, ich weiß nicht was. Aufgeschreckt von seinen verzweifelten Gesten richtet sich Don Hernando auf, und als er den Astrologen sieht, verfinstert sich sein Gesicht.

»Sag ihm, wenn er mich nicht allein läßt, bringe ich ihn um.«

Ich mache mich von der Hand los, die meinen Arm gepackt hat, und gebe ihm durch Zeichen zu verstehen, sich zurückzuziehen. Lediglich Zeichen, als ob auch ich stumm wäre. So unmerklich, wie er gekommen ist, beginnt der Kosmograph sich zu entfernen.

»Jetzt sehe ich das Haus wieder«, sage ich. »Ich glaube, ich habe vorhin nicht genau hingeschaut. Jetzt sehe ich den Kleinen, ich war ein Dummkopf. Dort ist er, in den Armen seiner Mutter. Still. Mach keinen Lärm. Schau ihn dir an, in ein Tuch gewickelt ist er. Bewegt die kleinen Händchen, als schlüge er in seinen Träumen auf etwas ein. Ich will dir was sagen: Dieses winzige Wesen strömt eine Wärme aus, die das Zimmer erfüllt, die überquillt und sich auf die Straße ergießt und über die Felder strömt, und die Flüsse tragen sie zum Meer.«

»Ist der Astrologe fort?« fragt er.

»Warum fürchtest du ihn?«

»Ich glaube, daß ich einen Fehler gemacht habe, jetzt wird er seine Meinung nicht mehr ändern können. Ich selbst habe mir diese Möglichkeit genommen, als ich ihm die Zunge abschnitt.«

»Und wenn er die Sprache wiederfände und dir erneut etwas Schlechtes sagen würde?«

»Dann, glaube ich, würde ich sie ihm wieder abschneiden.«

»Was hat er dir eigentlich gesagt?«

»Wie dem auch sei«, sagt er nach einer Weile, »was hätte ich ihr denn bieten können? Ein Trugbild höchstens vom Leben an Land.«

»Liebe?«

»Das ist ein zu hochtrabendes Wort. Mir gefallen solche Worte nicht.«

»Ich will es dir mit anderen Worten sagen: an deiner Seite fühlt sie sich nicht ganz so allein. Auch du wärest weniger verloren. Und ihr beide etwas weniger in die Enge getrieben.«

»Statt dessen ...«

»Richtig, statt dessen. Statt dessen aber hat sie einen Grund, jedem Tag die Stirn zu bieten. Um ihn durchzustehen und auf den nächsten zu warten. Glaub nicht, daß das wenig ist. Menschen gibt es auf dieser Welt, für die jeder Tag eine schwierige und ungewissere Reise ist als die hier, die uns zu den Molukken führt.«

»Wir sind nicht einmal besonders lange zusammen gewesen. In Wirklichkeit habe ich ihr nur sehr wenig geben können. Nicht aus Egoismus, sondern aus Unfähigkeit. Ich bin an Land immer sehr ungeschickt gewesen.«

»Du weißt, daß es nicht wenig war.«

»Jetzt ist sie ganz ohne Schutz geblieben.«

»Alles, was sie hat, ist eine Handvoll Träume in ihrer Schürzentasche als einzige Erbschaft. Damit wird sie, mehr als mit Milch, die Kinder stillen und die Wäsche waschen. Sie wird die Träume in die Kochtöpfe werfen. Sich die Füße damit wärmen. Die Träume werden ihr Milch, Seife, Salz und Holzpantinen sein. Und auch ein Stock, sich zu stützen, um zu gehen, wenn die Beine schwach werden. Und ein Schild, sie alle zu schützen. Und ein Dach und eine Tür.«

»Ein Spielzeughäuschen«, sagt er. »Aber jetzt mach Schluß mit deinen Worten. Worte. Du mißbrauchst die Worte und steckst mich damit an und läßt mich an sie glauben. Aber die Worte sind hohl, wenn die Gesten, die ihnen Sinn geben, der Vergangenheit angehören.«

»Rufst du sie etwa nicht aus der Ferne? Beschwörst du nicht ihr Bild mit meinen Worten? Fliegst du nicht mit ihnen dorthin?«

Er denkt einen Augenblick nach.

»Vergewissere dich, daß der Astrologe nicht in der Nähe ist«, sagt er.

»Was hat er dir gesagt?«

»Erzähl mir, wie das Kind riecht. Ich mag den Geruch von Kindern.«

»Es riecht nach Apfelblüten an einem lauen Frühlingsabend«, sage ich. Und auch nach geronnener Milch und ein wenig nach Urin. Aber es überwiegt der weiche Duft des Apfelbaums.«

»Und sie?«

»Nach Einsamkeit.«

»Ich weiß nicht, wie Einsamkeit riecht.«

»Sie riecht ein wenig nach Meer, nach Teer, nach der Leinwand großer Segel.«

»Und ich?«

»Du nach Gewürzen. Und nach Einsamkeit auch. Und ein wenig nach Apfelblüten.«

Don Hernando lacht, und dieser unerwartete und ungewöhnliche Laut bringt Leben in die Schatten des Raumes, welche sich alle auf einmal nach dem dunklen Winkel umdrehen, aus dem er kommt. Alsdann, während der Kapitän noch immer lacht und mich einen Schwindler nennt, einen großen Schwindler, fangen auch die schweigsamen Schatten an zu lachen, und ein Krampf durchläuft diese Landschaft der sich auf dem Boden der Hütte wie wilde Tiere drängenden Männer. Für einen Augenblick schwillt das Lachen an und erstickt den lärmenden Wind und das tosende Meer. Wir alle lachen, sogar Andrés de San Martín, der es lautlos tut.

Bis da eines Tages die Schneefälle aufhörten und wir auf neue warteten, die jedoch nicht kamen. Auch der ungeheuerliche Wind ließ nach, obgleich er nicht aufhörte, wie ein großes, verwundetes Tier zu stöhnen. Nach und nach begannen sich die Tage, ohne daß wir es wahrhaben wollten, von den Nächten zu unterscheiden, und am Himmel strahlte ein unheimlich farbiges Licht.

Da hörten wir eines abends erschreckt, daß an der Tür der Unterkunft geklopft wurde.

Wir sahen uns überrascht an und ohne zu wissen, was tun. Keiner wagte, zu öffnen oder eine Frage zu stellen. Das Klopfen wiederholte sich, und Don Hernando machte, ohne den Mund zu öffnen, Zeichen, daß wir aufmachen sollten.

Dort im Türrahmen, sich gegen einen grauen und schmutzigen Himmel abzeichnend, standen zwei zerlumpte Gestalten, die sich kaum auf den Beinen halten konnten. Wir hatten Mühe, in diesen Gespenstern zwei unserer Gefährten von der *Santiago* zu erkennen, und so wie sie uns anschauten, glaube ich, daß es ihnen genauso erging. Sie blieben an der Tür stehen und sahen uns an, bis jemand sagte: »Aber du bist doch Bartolomé ... Bartolomé García ...«

Da begann der Genannte zu schluchzen und taumelnd warf er sich in die Arme desjenigen, der ihm am nächsten stand. Sie weinten beide wie zwei kleine Mädchen, als der andere, der in der Tür stehengeblieben war, mit kaum hörbarer Stimme sagte: »Und ich bin Pedro Brito«, während seine Augen verzweifelt ein vertrautes Gesicht suchten, doch fiel er zu Boden, bevor wir ihn halten konnten.

Sie waren so erschöpft, daß wir ihnen kaum ein wenig warmen Wein mit Zucker einflößen konnten, bevor sie in einen tiefen Schlaf fielen.

Die ganze Nacht hindurch wachten wir abwechselnd am Kopfende der schäbigen Lager, welche wir nahe dem Feuer bereitet hatten. Wir streichelten sie oder schauten sie einfach an, doch wagten wir nicht, sie aufzuwecken, obschon wir unbedingt erfahren wollten, was aus der *Santiago* geworden sei.

Am nächsten Morgen reichten wir ihnen, kaum daß sie die Augen aufschlugen, eine doppelte Ration. Pedro Brito stürzte sich auf den Napf wie ein hungriger Hund. Bartolomé wirkte abwesend. Er nahm ihn zwischen seine Hände, als wolle er sich wärmen, und sah uns mit leeren Augen an. Keiner traute sich, ihm eine Frage zu stellen. Da blieb sein Blick auf dem Generalkapitän ruhen, und mit gebrochener Stimme sagte er: »Uns schickt Juan Serrano, denn er wünscht von Euch zu wissen, wer jetzt den Thron Spaniens einnimmt, damit er in seinem Namen einige Gebiete südlich von hier in Besitz nehmen kann.«

Es entstand ein Augenblick des Schweigens, in welchem wir uns überrascht anschauten.

»Also ist Serrano am Leben? Und die anderen?« fragt Don Hernando.

«Benito ist ertrunken. Nur er.«

»Und was zum Teufel tun sie? Warum sind sie nicht zurückgekehrt, wie ich es ihnen befohlen habe? Haben sie den Verstand verloren?«

»Kapitän Serrano sagte, wir sollten an Ort und Stelle bleiben, um die Reste des Schiffes aufzusammeln sowie alle Güter, die das Meer in regelmäßigen Abständen ans Ufer warf. Der Erste Offizier Baltasar sagte, dies sei unvernünftig. Und daß wir vor Kälte und Hunger sterben würden. Doch der Kapitän bestand darauf, daß es sein Schiff sei und ihm niemand zu sagen habe, was er damit zu tun habe. ›Dein Schiff ist auf dem Grund des Meeres‹, sagte er zu ihm. Und er wurde zornig: ›Wir haben nichts, wohin wir gehen könnten, also werden wir bei dem Schiff bleiben‹, erwiderte Serrano. ›Aber dein Schiff gibt es nicht mehr‹, wiederholte hartnäckig der Erste Offizier, ›du hast es verloren.‹ Da zog der Kommandant den Dolch und stieß damit in seinen Arm, wobei er zu ihm sagte: ›Das nächste Mal kriegst du ihn in den Hals!‹

»Was ist mit der *Santiago* geschehen?« fragt Don Hernando.

»Es war ungefähr zwanzig Meilen von hier, nachdem wir in einem Fluß, den er Santa Cruz nannte, gefischt und Seehunde gejagt hatten. Ein Unwetter erwischte uns, das sämtliche Segel zerfetzte und das Steuer mitriß. Es war wie ein Papierschiff, das zu lange im Wasser gewesen ist. Es brach auseinander wie eine Melone. Als Kinder sind wir auf den Melonen eines Nachbarn herumgetrampelt, um sie platzen zu sehen. Das alles geschah vor ein paar Riffen nahe bei der Küste, so daß wir uns alle retten konnten mit Ausnahme des Sklaven von Juan Serrano. Der konnte nicht schwimmen.«

»Aber warum sind nicht alle zurückgekehrt oder haben jemand ausgeschickt, um Hilfe zu holen?«

»Als der Proviant zu Ende ging, haben wir irgendwelche Gräser und Muscheln gegessen, wenn wir welche fanden. Zu trinken hatten wir nichts anderes als Eis, das wir zerstückeln mußten, um eine spärliche Ration zu bekommen. Aber er sagte, er würde das Schiff nicht verlassen. Und so verbrachten wir Gott weiß wie lange damit zu, die Küste abzusuchen, trotz der großen Schwäche, die wir litten, auf alles achtend, was das Meer an Land warf. Wir sammelten jedes Stück Holz, Teile des Takelwerks, einen Zuber, einen Eßnapf, einen Holzlöffel. Alles mußte aufgesammelt und dem Kapitän gezeigt werden, der jedes Stück stundenlang prüfte, als rekonstruiere er in seinem Kopf das ganze Schiff. Wir waren so abhängig von diesem Schiff, welches das Meer vor unseren Augen zerstörte, wie in der Zeit, da wir auf ihm zur See fuhren. Mit den Resten, die den Strand erreichten, bauten wir notdürftig eine Unterkunft, um uns vor Kälte und Schnee zu schützen. ›Da könnt ihr sehen, wie die *Santiago* uns nicht im Stich läßt‹, sagte er. Eines Tages kam einer der Maste ans Ufer, und er sagte, er wolle daraus ein Kreuz machen und es in der Nähe auf einem Berg aufstellen, denn er gedachte, dieses Gebiet im Namen des Königs von Spanien in Besitz zu nehmen. Also mußte der Zimmermann Ripart ein solches herstellen, so gut es ging, er hatte fast alle seine Werkzeuge verloren; und als es fertig war und der Wind ein wenig nachließ, zogen wir in einer Prozession zu jenem Gipfel. Es war eine traurige Prozession, Herr. Wir waren, halbtot vor Hunger, durchgeweicht bis in die Seele, und dennoch bewegten wir uns in Reih und Glied unter diesem farbigen, fast violetten Licht dieser Gegenden und folgten dem Kreuz. Sodann spricht der Kapitän ein Gebet, und während ein paar von uns sich mühen, mit ihren erfrorenen Händen das Kreuz zwischen zwei Felsen zu setzen und es mit Steinen zu befestigen, nimmt er dieses Gebiet in Besitz im Namen von ...; und als er an diese Stelle kommt, stockt er.«

Serrano, der niemals zweifelt, Hoheit, bleibt stecken, weil er, wie Bartolomé sagt, nicht weiß, in wessen Namen er von diesen Gebieten Besitz ergreifen soll. Die Uhren haben sie alle bei dem Schiffbruch verloren, und da sich in jenen Breiten Nacht und Tag nicht unterscheiden lassen und alles eine gleichbleibende Dunkelheit ist, wissen sie nicht, wie lange sie schon auf die Überbleibsel des Schiffes warten. Und Juan Serrano wird vom Zweifel geplagt, ob auf dem Thron Spaniens noch immer Don Carlos sitzt oder ob ihm jemand nachgefolgt ist und auf wen er also schwören soll. Dann fragt er mit leiser Stimme den Schreiber, der ein gelehrter Mann in administrativen Fragen ist und es wissen müßte. Doch er weiß es nicht und sagt, er habe nicht einmal eine Ahnung, wieviel Zeit vergangen sei, seit die Schiffe Spanien verlassen haben, aber ganz ohne Zweifel muß es schon lange her sein, denn all das Unglück, das inzwischen geschehen ist, deutet darauf hin, und deshalb könne er nicht bestätigen, ob man in Eurem oder Eurem Nachfolger Namen schwören müsse. Schon hat der Zweifel alle erfaßt, und am Fuße des Kreuzes streiten sie, wer wohl auf dem Thron in Spanien sitzt. Und jemand fragt, wozu wir uns unter diesem Himmelsstrich weiter aufopfern, wenn wir nicht einmal wissen, ob wir noch demselben König dienen, der das Unternehmen veranlaßt hat. »Wir dienen dem König von Spanien, wer es auch immer sei«, sagt der Schreiber. »Aber es könnte sein, daß Spanien und seine Krone eines Krieges oder einer Heirat wegen in die Hände eines fremden Königs übergegangen sind und wir also niemanden mehr haben, dem wir dienen können. Oder daß unsere Dienste jetzt den Plänen des neuen Monarchen zuwiderlaufen.« Der Streit nimmt kein Ende, während der Zimmermann auf Serranos Schwur wartet, um Euren Königlichen Namen in das Kreuz zu schneiden. Doch der Kapitän der *Santiago* kann sich nicht entscheiden, und so schickt er schließlich zwei Männer auf die Suche nach dem Lager Don Hernandos, daß sie sich mit ihm in dieser Frage beraten, und er soll entscheiden.

»Und so haben wir diese mühsame Reise durch die unwirtlichen und öden Gegenden zu Fuß gemacht, damit Ihr entscheiden möget, in wessen Namen jene Gebiete in Besitz zu nehmen sind.«

Der Kapitän scheint zu zögern, und plötzlich halten wir den Zweifel Serranos nicht länger für absurd, ja er kommt uns sogar berechtigt vor.

Eines schönen Morgens lugte zwischen der dichten Wolkendecke eine bleiche und schräge Sonne hervor, welche unsere Herberge mit einer unerwarteten Helligkeit erfüllte; da war es uns nicht länger wichtig, zu erfahren, wer jetzt unsere Geschicke regierte.

Wir hatten uns an diesen Lagerplatz gewöhnt, den wir bis in die kleinsten Einzelheiten zu kennen glaubten, und nun verschwand die Dunkelheit und alles war mit einemmal anders. Erst jetzt erkannten wir das ganze Ausmaß unseres Elends und konnten es nicht glauben. Überbleibsel aller Art lagen auf dem Boden. Da waren Essenreste, zusammengeklaubte Strohnester, eine aufgeschlitzte Matratze, die ihre Eingeweide zeigte, Waffen, Holzteller, Löffel, ein Kamm, angefangene Briefe mit kaum mehr als der Anrede, Exkremente, Söhnchens Spielzeugschiffchen und sogar die Leiche eines Gefährten, der unbemerkt in aller Stille gestorben war. Jetzt fiel uns auch, bei der frischen Luft, die durch die Tür drang, der Gestank in unserer Höhle auf. Alles stank hier nach Verzweiflung. Das kalte Licht, das in die Baracke strömte, enthüllte uns unbekannte Seiten von uns selbst. Es gab noch immer einige dunkle Winkel, und wir empfanden ein aufrichtiges Entsetzen davor, so daß wir hinausgingen.

Die Luft draußen war erfrischend. Das Meer bekam wieder seine vertraute Farbe, und auf den fernen Steilhängen sah man zwischen Schneeresten grüne Tupfer. Der verfluchte Strand, nunmehr in ein sanftes und neues Licht getaucht, erschien mit einemmal liebenswert und anziehend.

Da kehrten wir, ohne daß jemand ein Wort sagte, als fürchteten wir einen Traum zu zerstören, langsam ins Leben zurück. Und unsere erste willensbestimmte Handlung nach so langer Zeit war, daß wir nach den Schiffen sahen.

Da waren sie noch. Sie warteten auf uns mit der Geduld einer liebenden Frau. Sie glichen vier schwarzen, im Sand steckenden Perlen und waren doch für uns sehr viel kostbarer, so daß wir zu der Begegnung mit ihnen rannten wie wahnsinnig Verliebte.

Den Ärmsten war übel mitgespielt worden. Rost hatte das Metall zerfressen, Eis hatte das Holz aufgequollen oder bersten lassen. Die Vogelscheuchen, die wir aufgestellt hatten, um die Taue vor den Vögeln zu schützen, hatten ihre Füllung verloren und sahen elend und zerfranst aus und schaukelten im Wind wie Gehängte... Auf dem Flaggschiff hatten wir eine mit Werg gefüllte Rüstung angebracht, die, wenn sie gegen den Mast schlug, einen traurigen Klang wie von kaputten Glocken erzeugte. Auch das Takelwerk der *Trinidad* war zerbrochen und hing grau und fransig vom Großmast herab. Die Vögel waren zurückgekehrt, und da die Fratzen ihnen keinen Eindruck machten, nisteten sie auf der *Concepción,* auf der ein Flügelschlagen, eine liebevolle Geschäftigkeit der Mütter und ein Piepen ihrer Jungen herrschte. Die *San Antonio* hatte Schlagseite, weil zwei der Stützbalken gebrochen waren.

Aber sie waren vollständig erhalten, sie waren am Leben. Sie würden wieder schwimmen können. Alles andere interessierte uns nicht. Weil wir sie liebten.

Und wir liefen zwischen ihnen umher, schauten sie an, wie man eine geliebte Frau anschaut, die in der Stille der Nacht an unserer Seite schläft – als wir die Spuren im Schnee sahen. Spuren ganz ohne Zweifel von Menschenfüßen, und wir alle blickten uns erschrocken an, weil das bedeuten würde, daß in dieser Welt, die wir leer glaubten ...

»Sie ist unbewohnt, kein Zweifel«, behauptete Bartolomé, denn sie waren hundert Meilen gelaufen, ohne auf eine Spur menschlicher Wesen zu stoßen. In den Nächten darauf, während wir im Inneren unserer Herberge den Fund erörterten und den Gedanken verwarfen, es könne sich wegen der Größe der beiden Füße um einen weiteren Überlebenden der *Santiago* handeln, sponnen wir die unterschiedlichsten Hypothesen über Herkunft, Natur und Aussehen dieses geheimnisvollen Wesens.

Die Spuren seiner Füße tauchten abermals auf, diesmal rings um unsere Herberge. Sie kamen von Land, doch konnten wir nicht erkennen woher, weil sie auf dem frostharten, noch immer halbgefrorenen Boden verschwanden, um dann im Sand aufzutauchen, der die Baracke umgab, und sie gingen von einem Fenster zum anderen von den zweien, die wir hatten.

So also fühlten wir uns beobachtet, überwacht, wir verriegelten die Tür, hängten irgendwelche Gardinen an die Fenster und hielten ganze Tage und Nächte hindurch Wache, ohne den Verursacher dieser Spuren entdecken zu können, die nichtsdestotrotz erneut auftauchten, wenn wir es am wenigsten erwarteten.

Und immer waren die Fragen dieselben: Was hatte er vor? Warum zeigte er sich nie? Hatte er Angst vor uns? Oder beobachtete er uns wie Insekten in einer Falle? Tatsächlich war dies vor allem unser Gefühl, das uns beherrschte; denn er konnte ja frei kommen und gehen, auftauchen und verschwinden, und wir waren stets da, wie in einem Käfig.

Auf nach Süden! Aber das ist uns gar nicht so wichtig, denn jeder Kurs ist besser als diese Reglosigkeit, die ewig zu sein scheint, weil sie so absolut ist. Hauptsache eine Veränderung des jetzigen Zustandes. Denn davon hatten wir mehr als genug. Wir waren voll Abscheu und wie tot. Doch erneut werden wir aufs Meer hinausfahren, und Hoffnung dehnt die Brust, sie gleicht, da sie ihr Rankenwerk um Seele und Geist schlingt, den Kletterpflanzen, die ihre Wurzeln in den Staub der Gebeine graben und sich an das alte Gemäuer der Friedhöfe klammern.

Wir gönnen uns keine Ruhepause. Einige machen sich daran, die Schiffe kielzuholen, bis die Hände bluten, dann kommen andere Hände und lösen sie ab, bis nach und nach unter dem Dickicht von Algen, Mollusken und Muscheln, kleinen Krebsen und winzigen kleinen Schnecken die alten Eichen aus kastilischer Erde zum Vorschein kommen. Wundgeschlagen von den Wellen, zerfressen vom Salz und voller Narben, aber noch immer vollständig und sehnsüchtig, auf große Fahrt zu gehen. Also gönnen sich die Zimmerleute keine Ruhe, und es erklingen die Hammerschläge und das Kreischen der Sägen am ganzen Strand. Und es entstehen, gehobelt und verstärkt, die Maste wieder. Es werden die Wanten geteert. Es werden die Seile gefettet. Es werden die Leinen gerichtet. Es werden die Ankertaue gewechselt und Bojenreeps und Bojen angefügt. Der Schmied verbringt die Nacht an der Esse, die Ketten zu reparieren, den Segelhaltern Form zu geben, Werkzeuge zu beschlagen, Haken anzufertigen. Mit nacktem Oberkörper und schweißbedeckter Haut, darin sich die rötliche Glut spiegelt, schreit Pedro Pérez seinen Gehilfen an, verlangt eine Zange, eine Stange, einen Schlägel. Er bewegt sich wie ein übernatürliches Wesen, ein glühendes Eisen schwingend, es in den Wassertrog tauchend, in die Esse legend, woher er ein anderes nimmt, das er von neuem beschlägt. Jetzt ist er der absolute Herrscher und, durchdrungen von seiner Wichtigkeit, lehnt er Ruhe und Essen ab, seine angespannten Muskeln und alle seine Sinne sind auf die Arbeit gerichtet. Der Rhythmus seiner Hämmer wiegt uns in den Schlaf, und am Morgen wecken uns die Schläge auf dem Amboß mit einem Klang wie von schwingenden Glocken. Wenn das Schlagen zuweilen aussetzt, sind in der Stille der Nacht die atmenden Blasebälge wie wutschnaubende Tiere zu hören.

Die ganze Bucht riecht nun nach glühendem Eisen und nach Werg und nach Talg und nach den großen Segeltüchern, die ausgebreitet in der Sonne trocknen, und nach gesägtem Holz. Die aus dem großen Bottich, in dem das Pech gekocht wird, aufsteigenden Dämpfe legen sich auf Haut und Kleider und erstikken den Salzgeruch des Meeres.

Die Geschäftigkeit nimmt von Tag zu Tag zu in dem Maße, wie die Wanten an den Mastkörben befestigt und die Segel angeschlagen werden, wie die Lieken verstärkt und die Schothörner und Schoten gefettet werden und das Gestrüpp des Takelwerks wächst und die Schiffe Stück für Stück ihr buntscheckiges und vertrautes Aussehen wiedererlangen.

Und es gibt keinen, den dieser Eifer aufzubrechen kalt ließe.

Mit Ausnahme von Don Juan de Cartagena, der nicht reisen wird.

Der Inspekteur verbringt seine Stunden damit, die Scharen von Vögeln zu beobachten, die jetzt von allen Enden des Himmels kommen, um sich am Strand zu paaren und ihre Nester zu bauen.

Gleichgültig gegen Wind und Kälte verbringt Don Juan jeden seiner letzten Tage auf dem unwirtlichen Vorgebirge, das die Küste beherrscht, die Gewohnheiten der Vögel studierend und sie aufschreibend.

»Bringt mich an meinen Platz«, befiehlt er dem Erstbesten, den er bei Sonnenaufgang sieht. Die meisten schenken ihm keine Beachtung, andere wieder, verunsichert durch den herrischen und hochmütigen Ton des ehemaligen Inspekteurs, antworten mit einem groben Wort oder einem grausamen Scherz. Doch er gibt sich nicht geschlagen und wiederholt unerschrocken seinen Befehl, bis er jemanden findet, der aus Mitleid oder aus Gewohnheit ihn zu seinem Sitz oben auf dem Vorgebirge trägt.

Von Neugier getrieben, beschließe ich eines morgens, mich seinem Aussichtsposten zu nähern.

Verstohlen und verblüfft bahne ich mir einen Weg zwischen den Nestern. Es sind Nester von der Form eines Kegels, unterirdische Nester wie Katakomben, einfache Nester zwischen den Wiesen, klassische Nester in den Zweigen der Büsche, Nester auf Felsen, Nester im Sand, Nester überall. Nester aus dem Nichts entstanden, im Nu. Denn ich versichere Euch, daß es in den beiden Monaten, die wir in unserer Herberge verbrachten, in dieser Gegend nicht mehr Nester gegeben hat als unsere vier Schiffe; und die waren leere Nester. Es gab auch keine Vögel, mit Ausnahme von Gaspars Kopf auf der Lanze, der wie ein einbalsamierter Vogel war. Damals war alles tot und leer. Bis auf einmal die Sonne hervorkommt, die Tage länger werden, und von allen Seiten, allein oder in Schwärmen, doch unbeirrt die Richtung haltend, die sie zu ihren Nestern führt, die Vögel einfliegen.

»Welch geheimnisvolle Hand führt sie an diesen Ort und nicht an einen anderen?« frage ich mich, während ich langsam weitergehe und auf jeden Schritt achtgebe. »Welch verborgene Kraft treibt sie zu dem einzigen Zweck an den Ort zurück, wo sie das Licht der Welt erblickten, daß sie den Kreislauf der Art fortsetzen? Genau hier versucht sich jede Generation im selben Ritual wie jene, die ihr vorangegangen sind«, sage ich mir, während ich die von der Brunft schillernden Federkleider betrachte. Ich beobachte die immer gleiche Zeremonie des Liebeswerbens, welche der der Tauben aus meinem Dorf gleicht. Und der Nestbau ist genauso wie bei den Reihern in Bustillo. Und das Bebrüten der Eier, das mich an die Störche meiner Heimat erinnert. Ein geheimnisvoller tausendjähriger Ritus, in sich selbst immer gleich, hier wie in meinem Dorf. Eine Zeremonie, bei der keiner fehlen darf. Ein Stelldichein mit der Ordnung der Natur.

Ich war so vertieft in diese Grübeleien, daß ich ohne Absicht stolperte und auf ein paar Nester fiel. Im Nu bricht eine Menge in ein ohrenbetäubendes Geschrei aus, entfaltet sich wie ein Segel im Wind, steigt zum Himmel und verdunkelt die Sonne.

Schon wollte Juanillo, beeindruckt wie er war, vor dieser Legion wahnsinnig gewordener Engel zurückweichen, als er Cartagenas Stimme hörte, die zu ihm sagte: »Du mußt dich nicht fürchten. Komm her. Sobald du stehenbleibst, kehren sie zu ihren Nestern zurück und vergessen deine Anwesenheit.«

»Ich fürchte mich wirklich nicht vor ihnen, Herr«, sage ich und klimme die letzten Felsvorsprünge empor. Schon als ich noch ein kleiner Junge war, haben mir Vögel gefallen, und kein Nest gab es in meinem Dorf, das meiner Spürnase entgangen wäre. Ich habe sogar jeden Tag nach ihnen gesehen und war ganz begierig auf den Augenblick, die Jungen schlüpfen zu sehen.«

»Komm jetzt zur Ruhe«, sagt er und schneidet meinen Redeschwall in einem zugleich herrischen und liebenswürdigen Ton ab.

Wir bleiben beide stumm. Nach und nach kehren die Vögel zu ihren Nestern zurück. Sie gruppieren sich in Scharen mit ihren Artgenossen. Eine jede scheint ihr Gebiet streng abgegrenzt zu haben, aber jede Gruppe befindet sich ganz nah bei der Nachbargruppe und jedes Individuum dicht bei denen seiner eigenen Art, so daß das Vorgebirge und die angrenzenden Felsen sowie der Strand und weiter unten die Sandbank des Flusses Stück für Stück von einem sonderbaren Federteppich bedeckt scheinen, welcher wogt und sich regt, als ob das pulsende Leben, das fortzupflanzen sie gekommen sind, sich von einem zum anderen in alle Richtungen übertrüge. Und alle diese Wesen schlugen im gleichen Takt mit den Flügeln und erzeugten einen Klang, der nicht von dieser Welt war. Ihre Stimmen waren von unendlicher Vielfalt: ähnlich wie Eselsschreie, wie das Glucken der Hennen, das Kreischen alter Weiber, ein Krächzen, Pfeifen, Mauzen, ersticktes Schreien, Wimmern; sie vereinigten sich und erhoben sich zu einem höllischen Chor. Ein Chor, der sich bis zum Wahnsinn steigert, wenn ein Eindringling zwischen den Nestern marodiert.

»Es ist etwas Teuflisches in diesem Geschrei«, sage ich. »Man denkt an die Klagen gefallener Engel.«

Don Juan bleibt nachdenklich, die Augen auf die *San Antonio* gerichtet, die in der Mitte der Bucht schaukelt, indes die Männer wie Ameisen über Deck und Mastwerk laufen. Sie sind gerade dabei, die Segel anzuschlagen und sie auszurollen. Sie flattern und bewegen sich wie große Flügel, und sobald die Sonne sie erfaßt, sind sie ganz licht.

»Ich will dir ein Geheimnis verraten«, sagt Cartagena, »sie sind Götter in dieser gottlosen Welt.«

»Es ist ja auch ihr Land.«

»Sogar für die großen Vögel, die sich niemals an Land niederlassen«, erwidert Don Juan und zeigt mir einen großen Albatros, der seine Flügel ausbreitet und mit Hilfe des Windes reglos dahinschwebt, den Körper leicht nach der einen und nach der anderen Seite neigend, während er von Zeit zu Zeit große Kreise in der Senkrechten und in der Diagonalen beschreibt, um dann sanft zwischen den Linien dahinzugleiten und sie so zu verbinden.

»Schau dir die dort hinten an«, sagt Cartagena. »An Land sind sie so ungeschickt und plump wie Schiffe außerhalb des Wassers. Sie können sich kaum von der Stelle bewegen, weil ihre großen Flügel sie dabei stören. Wie meine Stümpfe«, fügt er lachend hinzu.

Als ich seine Beine betrachte, bemerke ich, daß er ein Buch auf dem Schoß hat. Und um mich aus meiner Verlegenheit zu befreien, frage ich ihn, was er liest.

»Es ist nur ein Abenteuerbuch.«

»Ein Ritterroman, vielleicht der *Amadis*?«

»Es ist ein alter Roman über Seeabenteuer«, sagt er unwillig. »Du weißt schon: Reisen in ferne Länder, Gefahren ohne Ende, alles das.«

»Man hat mir gesagt, daß du über die Vögel schreibst?«

Er bejaht mit einem Kopfnicken.

»Ich dachte, du wärst ein Kriegsmann ...«

»Ich war einer. Jetzt bin ich ein Gefangener, von daher die Vögel ...«

»Aber sogar als Gefangener bist du im Vorteil, denn du hast alle Vögel der Welt.«

»Die Vögel des Meeres. Vergiß nicht, daß ich auch ein Seefahrer war. Und bei der Gelegenheit, wie steht es mit den Arbeiten auf der *San Antonio*?«

»Du wirst dein Schiff vermissen?« frage ich.

»Weißt du, daß diese großen Seevögel niemals an dem Ort sterben, wo sie ihre Nester haben? Es sind ihrer Tausende hier, und du wirst unter ihnen nicht einen einzigen Kranken oder Alten sehen und erst recht keinen Toten. Als wüßten sie, daß sie einen Kreislauf erfüllt haben und ihre letzte Reise antreten müssen.«

»Wohin?«

»Nirgendwohin. Das ist nicht wichtig. Sie fliegen einfach los, überqueren am Himmel den Ozean, bis sie erschöpft auf irgendeinen Strand fallen.«

Stumm und nachdenklich beobachte ich die großen Vögel, während er die Schiffe betrachtet.

»Man hat mir erzählt, du würdest den Generalkapitän mit vorgetäuschten Visionen umgarnen«, sagt er nach einer Weile.

»Möchtest du etwas von deinem Zuhause hören?«

»Nein, danke, behalte dein Lügenmärchen für dich. Dieser Strand ist mein Zuhause.«

»Weißt du was? Du bist gar nicht so hassenswert, wie ich dachte. Zumindest bist du tapfer. Hingegen ich, wenn man mich an diesem Strand zurückließe wie dich...«

»Was hast du erwartet? Daß ich zu weinen anfange und zu Füßen deines Herrn um Gnade flehe?«

»Ich würde alles versuchen.«

»Schau dir den Priester an«, sagt er. »Er geht umher wie ein Schatten und betrachtet stumm die Vorbereitungen auf den Schiffen. Er sieht aus wie eine von diesen wahnsinnigen Frauen, wie es sie in den Dörfern gibt, über die sich alle Welt lustig macht und denen die Kinder Steine nachwerfen. Ist dir das lieber? Schau ihn dir an.«

Das Gespräch und der Aufruhr der Vögel hatten mich abgelenkt. Ich hatte nicht auf Sánchez de Reina geachtet, der mit seinem zerschlissenen und schmutzigen Ordenskleid, das Gesicht durchfurcht von tiefen Falten, sich wenige Schritte von uns mit abwesendem Blick wie ein Gespenst bewegt. Er sieht aus wie ein

ein ganz altes Ding, wie das abgeblätterte Heiligenbildnis in einer verlassenen Kirche.

»Vergiß es«, ruft Cartagena ihm zu, »du wirst nicht mehr zu deiner Gemeinde zurückkehren. In deinem Dorf gibt es dich nicht mehr!« Dann wendet er sich an mich: »Siehst du da unten am Strand die Möwen? Auch sie sind ausgezeichnete Flieger, und außerdem können sie an Land ganz geschickt laufen, aber sie sind bedachtsamer als die großen Vögel, sie entfernen sich niemals zu weit von der Küste, wo sie ihre Nester haben. Kurze Ausflüge, du weißt schon; aber große Reisen nie.«

»Wenn ich einmal ein Vogel bin, werde ich eine Möwe sein«, sage ich.

Don Juan lacht.

»Jetzt laß mich ein wenig lesen, ich möchte dieses Buch so bald wie möglich beenden.«

Ich entferne mich leise, doch beim Hinabklettern vom Vorgebirge zum Strand höre ich inmitten des ohrenbetäubenden Vogelgeschreis Cartagenas Stimme mir zurufen: »Es tut mir leid für dich, daß du nicht dabei sein kannst, wenn die Jungen schlüpfen.«

Eines Morgens, nachdem er sich mit den neuen Anführern versammelt hatte, gab der Kapitän den Befehl, alles zum Auslaufen vorzubereiten.

Die komplizierten Manöver wurden mit einer derart kindlichen Begeisterung durchgeführt, daß wir im Nu stumm und offenen Mundes über unseren Köpfen den Zauber der großen, im Wind geblähten Segel betrachten konnten. Es war, als erblühten die Schiffe mit einemmal. Ihre Segel waren weiß wie Frauenbrüste, makellos wie die Laken, welche an einem Dorfmorgen von den Balkonen hängen, neu und duftend wie die Aussteuer einer Braut. Sie hingen am Himmel wie Vollmonde, knatterten wie Fahnen, glichen ganz und gar an die Rahen genähten Spitzen aus Flandern; gierig nach Wind, konnten sie es nicht erwarten, anzuschwellen wie ein jungvermähltes Weib. Niemals, Hoheit, hast Du ein derartiges Schauspiel gesehen. Und wir waren gewiß keine Seeleute, wir waren ein Haufen Verrückter, verliebt in die großen Segel. Wir glichen Bienen, die zwischen diesen riesigen Blütenblättern aus weißem Linnen ihren Nektar schlürfen. Nichts konnte sich ihrem Zauber entziehen, nicht einmal die Schiffe selbst. Die Taljen schwirrten durch die Luft, und jedes Stück Holz erwachte zum Leben, als würde der Saft am Ende dieses langen Winters erneut durch seine Adern rinnen. Die *Trinidad* schwankte und bebte wie eine sich hingebende Frau. Die *San Antonio* nahm die Wellen wütend auf die Hörner wie ein Stier. Die *Concepción*, die sich an einer geschützteren Stelle der Bucht befand, schaukelte wie eine Wiege. Und die *Victoria* kreiselte um sich selbst wie eine Verrückte.

Da befahl Don Hernando, die Seile zu spannen. Die Rollen klirrten, und plötzlich blähten sich die Segel. Eine jähe Erschütterung lief durch die Maste. Ein Knarren von Hölzern und Zapfen im ganzen Rumpf, und die *San Antonio*, schwarzer Bauch und weiße Flügel, eröffnete die Fahrt.

Mählich begann die Sonne über diesen Strand zu sinken, nach einer Höhle auf dem gewaltigen und leeren Land dahinter zu suchen, um sich vor der Nacht zu verbergen.

Der Priester rannte wie ein Schatten bald nach der einen und bald nach der anderen Seite des Strandes, als suche auch er einen Ort, sich zu verbergen. Auf dem düsteren Vorgebirge saß regungslos Don Juan, im Kreis schweigender Vögel.

Die Schiffe entfernen sich, und der elende Zufluchtsort unserer großen Leiden wird immer kleiner, unwirklicher, unwahrscheinlicher. Kaum daß man noch die Lanze erkennen kann, an welcher der Kopf von Gaspar dem Prächtigen zurückbleibt. Und wie Spielzeug wirken die Kreuze, welche die Stätte der Toten anzeigen, die wir zurücklassen.

Das alles bleibt hinter uns zurück mit der Erleichterung und der Beklemmung, mit denen man aus einem Alptraum erwacht.

Am nächsten Morgen verschlechterten sich die Bedingungen für unsere Seefahrt. Der Himmel bedeckte sich mit schwarzen Wolken, und ein kräftiger und eisiger Wind blies mit wachsender Strenge von Süden.

Am Nachmittag war das Meer weiß wie kochende Milch, Gischt flog in großen Flocken umher, und unaufhörlich fegten die Wellen über Deck.

Die *Trinidad* bog sich wie eine Weidenrute.

Immer, wenn sie für einen Augenblick auf einem Wellenkamm schaukelte, schien sie entzweizubrechen. Doch sie hielt stand und fiel in einen Brunnen, der bodenlos war und aus dem sie dann ein weiteres Mal auftauchte, schaumtriefend wie ein siegreiches Pferd beim Wettrennen.

Das Ungestüm des Meeres wurde immer größer, und niemand hatte mehr die Schiffe im Griff, wir waren seinem Zorn auf Gnade und Ungnade ausgeliefert. Die Segel begannen zu reißen, und mit ihr zu manövrieren, wurde unmöglich. Die Masten krümmten sich wie Bogen, brachten die Wanten zum Bersten und drohten zu zerbrechen. Wir mußten Schutz suchen, oder die ganze Flotte würde untergehen. Also näherten wir uns der Küste, und als wir einen großen Fluß ausmachten, gaben wir unsere letzten Kräfte daran, die Buge in diese Richtung zu wenden.

Im Näherkommen sahen wir auf einem nahen Berg das Kreuz, von welchem Serrano nicht wußte, wem er es zueignen sollte. Vielleicht war es das, was den Generalkapitän eine Entscheidung treffen ließ. Oder vielleicht suchte er nur einen neuen Vorwand, der Wahrheit nicht ins Auge sehen zu müssen und hartnäckig an seinem verrückten Traum festzuhalten, eine Durchfahrt zum Meer des Südens zu finden (was bei der jetzigen Position unmöglich schien). Ich weiß es nicht. Tatsache ist, daß er nach nur zwei Tagen Fahrt südlich von San Julián und nur zwei Grad von der Meerenge entfernt (was wir natürlich erst später erfuhren), beschloß er, erneut haltzumachen. Tief im Bauch des Winters.

Doch nun sage mir, Allerhöchste Majestät, die Du ein Auge hast auf Deine Untergebenen, Vasallen und Diener, wie kannst Du es zulassen, daß so etwas geschieht? Denn was die anderen Dinge angeht, wie Hunger, Not, Kriege und sogar Tod, die könnte man dulden mit dem Argument, daß die Absichten Deiner erlauchten Herrschaft geheim sind und am Ende sich alles zum Guten wenden würde; aber zuzulassen, daß wir zwei Tage nur entfernt von der Durchfahrt erneut haltmachen, um darauf zu warten, daß die Unbill der Jahreszeit nachließe, das kann ich Dir nicht vergeben. Und ich kann vergeben! Unter Schlägen habe ich gelernt, an die Barmherzigkeit zu glauben, die einzige Hoffnung, die uns Schwachen auf dieser Welt bleibt. Ich kann Dir vergeben, als Zwerg und als Jude geboren zu sein, ohne Vater und mit einer Hure als Mutter, und ein wenige Monate altes Schwesterchen vor Hunger und Kälte sterben gesehen zu haben und mein ganzes Leben lang aus denselben Gründen dem Tod nahe gewesen zu sein, und daß Du mich getäuscht hast, mich armen Unglücklichen, der ich weniger wert bin als ein Huhn, bin nur ein simpler Dorfnarr, indem Du mir den Kopf vollgestopft und die Seele verdorben hast mit einem Schwall der schönsten Träume; aber daß Du zugelassen hast, daß wir noch einmal haltmachten auf unserer Reise, wo wir doch nur ein Stückchen weiter hätten fahren müssen, das nicht.

Denn kannst Du Dir eine größere Dummheit vorstellen? Kannst Du Dir ein Bild von dem Schmerz und der Verzweiflung machen, welche eine solche Entscheidung bei den Männern der Flotte auslöste? Kannst Du Dir die Tiefe unseres Kummers vorstellen? Meiner bescheidenen Meinung nach – Du kannst es nicht. Denn Du bist zwischen Purpurmänteln geboren und bist zur Welt gekommen, jede Wette, ohne Fleck noch Dreck wie wir alle, sondern makellos und erhaben. Und hast keinen Schrei ausgestoßen, als die Luft dieser Welt in Deine Lungen drang, sondern einen Befehl. Und sie haben Dich in Hermeline gekleidet und die Sonne gezwungen, Dir ihre Wärme zu geben. Und hattest zur Amme die reichsten Geldtruhen der Nationen Europas und warst so verfressen, daß Du sie bald geleert hast und man eine neue herbeischaffen mußte, der man diese Ehre zuteil werden ließ. Und als Bübchen spieltest Du im Saal des Hohen Rates mit den über Generationen von Vorfahren angehäuften Kronen und Zeptern. Und Deine kindlichen Wutausbrüche waren Dekrete, welchen zu gehorchen die halbe Welt sich beeilte. Deine Launen löschten ganze Dörfer aus oder bauten sie auf, mit der gleichen leichtherzigen Unbeständigkeit, mit der dies ein Kind mit bunten Bauklötzen und Tonfiguren tut. Und schon als junger Mann, die Augen auf den Glanz des Goldes gerichtet, den Mund auf den Geschmak der Gewürze, die Haut auf die Berührung der Seide, die Nase auf das Parfüm der Hofdamen, das Ohr auf die Stimmen der Unterwürfigkeit, hast Du die Herde geerbt, die einen Hirten nie gekannt hatte, und nicht zufrieden damit, bist Du darauf verfallen, sie zu vergrößern. Als alter Mann dann, Deine Schäfchen waren satt von Frieden, Gerechtigkeit und Wohlergehen, kamst Du zu dem Schluß, Deine Aufgabe erfüllt zu haben. Du zogst Dich in ein stilles Kloster zurück, weiß und ruhig, mit einem schattigen Garten und einer murmelnden Quelle und den unaufdringlichen lateinischen Gebeten, den flüchtigen kapuzentragenden Schatten, die durch die Klausen gleiten. Dein Tisch war einfach mit Schwarzbrot und frischem Wein, Deine Zelle weiß und bescheiden, ein Kruzifix ihre einzige Zierde. Ohne Aufregung wartest Du auf den Übergang in die andere Welt, wo Dir ein Platz zur Rechten von Gottvater für eine ganze Ewigkeit reserviert ist. Amen.

VI

Brummt Euch der Kopf, Mylord? Nun, dann will ich Dir eine Atempause gönnen, denn man soll denjenigen nicht strapazieren, von dessen Gunst unser Lebensunterhalt abhängt, wie es auch nicht schlimm ist, demjenigen zu schmeicheln, der ihn uns verschafft. Also beruhige Dich und höre zu. Ins Ohr will ich Dir flüstern: der ruhige Meeresspiegel glänzt in der Farbe der Smaragde, welche den Hals der Kaiserin zu hohen Anlässen zieren. Soll ich weitermachen? Ich sage Dir: die Schiffe sind gleichsam eingelegt in den geschliffenen glatten Kristall, der sich am nebligen Horizont mit dem Himmel vereint. Jener tobende Stier, der unter unseren Kielen wütete, hat sich in eine friedliche und sanfte Kuh verwandelt, stumm und rätselhaft unterm aufmerksamen Blick der Sonne. Einer herrlich unerbittlichen Sonne, Hoheit. Soll ich weitermachen? Einer Sonne aus flüssigem Gold, die sich, sage ich Dir, wie warmer Honig über unsere ermatteten Schultern gießt; dick fließt sie über den ausgemergelten Rücken eines jeden Eurer Argonauten. Mit feiner Bernsteinnadel dringt sie in die welke und farblose Haut, verströmt ihren glühendheißen Saft tief hinein ins Rükkenmark. Eine Sonne, die Spinnennetze aus Licht zwischen die Wanten webt. Die mit schillerndem Lack die Maste überzieht, von den Rahen hängt wie eine Laterne in der Nacht. Die Segel mit der Farbe des Jasmins weißt. Die Decks überflutet und ihren Honigseim ins Innere der Schiffe ergießt. Eine Sonne, die ins Vorschiff eindringt, wo sich feucht und klebrig die zerschlissenen Matrazen und die spärlichen Kleidungsstücke häufen, die unser ganzer Schutz sind. Die durch die Schiffsluken nach unten flutet, sich in die Vorratsräume schleicht, wo es nach Spelunke stinkt. Die in die Küche tritt, die Reste verdorbenen Essens riecht, wobei sie Töpfe und Pfannen mit ihren Strahlen verrückt macht und die Kakerlaken in die Flucht jagt.

Erst in der Berührung mit diesem glühenden Honig, welchen die Sonne über die Schiffe ausgießt, wie es meine Mutter an Festtagen über die dampfenden Butterschnitten tat, kehrt wie an Festtagen alles Leben zurück.

Woher so viel Sonne gekommen ist? Wenn ich es Dir sagte, würde Dir schon wieder der Kopf brummen. Also bestehe nicht darauf. Ich will nicht meine Pension verlieren, ich will sie zurückbekommen. Warum läßt Du mich nicht statt dessen von der Windstille erzählen? Ich sage Dir: diese Kraft, die uns eines Tages von der Pier fortgerissen hatte und also von den weinenden Müttern, den alleingelassenen Frauen, den Kindern und ihrem Staunen, von den Neugierigen und ihrer Gleichgültigkeit. Diese Kraft, welche die funkelnden Türme und die Fahnen Eurer Majestät, die darauf wehten, in immer weitere Ferne riß. Welche die große Kathedrale, die Alcazare, die Mauern, die hundert Türme und Glocken Sevillas, der Roten, mit sich nahm. Eine Kraft, bei der alles klein wurde. Alles verschwand. Die eifersüchtige und eigennützige Energie, die für nichts da war, außer für die Schiffe. Diese allgegenwärtige Macht, der man sich nicht entziehen konnte, selbst wenn man den Kopf unter die Decke steckte, weil sie sich in den Falten der Segel befand, im Knirschen der Scharniere und Rollen des Takelwerks, im Knarren der Maste, im Schlagen der Wellen gegen den Rumpf. Unsichtbares Etwas, das uns fortriß, uns antrieb, uns immer weiter wegführte. Diese Gewalt, in deren Schoß wir seit unserer Abreise lebten. Dieses Imperium, das unser Leben nach seiner Laune regierte und dessen hilflos ausgelieferte Sklaven wir waren. Dieses Etwas hatte aufgehört. Ich sage, es war verschwunden. Nichts weiter. Und als es aufhört, ist es, als ob auch die Schiffe aufhörten zu sein und Eure Flotte und die Reise samt all ihren Fernen und Ungewißheiten. Selbst der gewaltige und geheimnisvolle Ozean ist wie ausgelöscht, jetzt, da der Wind aus unserem Leben gegangen ist. Und er ist uns ganz vertraut. Er ist nicht länger bedrohlich, wie alles, das unbekannt ist. Es ist, sage ich Dir, als erwachten wir aus einem Alptraum. Und das Leben ist mit einemmal wirklicher. Es kommt uns leichter vor. Ich weiß nicht, doch alles erscheint einfacher jetzt, da der Wind weg ist. Sogar die Pläne des Kapitäns und Faleiros Berechnungen erscheinen möglich. Es wird daran liegen, sage ich Dir, daß das Meer, so reglos wie es jetzt ist, harmlos erscheint wie ein schlafendes Kind. Vielleicht weil die Segel so heiter aussehen, sage ich Dir, wie Bettlaken an einem Sommermorgen. Und weil die Schiffe schaukeln wie der Korbstuhl meiner Großmutter während der Siesta. Und weil die Seile ihre Spannung verloren haben und die Wanten nichts weiter sind als plumpe Linien, die sich gegen den blauen Himmel abzeichnen, der für immer das Aussehen eines Netzes, das bereit ist, über seine Opfer herzufallen, verloren hat. Und die Stille, Hoheit... Vielleicht, sage ich Dir, weil nicht das kleinste Geräusch zu hören ist. Weil die Schiffsrümpfe nicht ächzen. Weil weder die Maste noch die Rahen knarren. Weil alles so still und regungslos ist wie ein Bild.

Nun wirst Du ganz beruhigt sein, und ich will Dir ins Ohr flüstern, wie wir, die Ordnung an Bord und die Seemannstradition mißachtend, um die Schiffe herumschwimmen. Das kalte und durchsichtige Wasser lindert die Wunden, welche die Sonne auf unserer Haut öffnet, und das Salz brennt, doch heilt es die Geschwüre, mit denen unsere Rücken von der Feuchtigkeit überzogen sind; und all diese Empfindungen beruhigen ein wenig die Krämpfe in unserem leeren Gedärm. Und wie Delphine tollen wir um die großen Rümpfe herum, und im Schatten der hohen Achterschiffe spielen wir den toten Mann.

Wo wir uns befinden? Besser, Du weißt es nicht. Verlange weder Erklärungen noch Einzelheiten von mir, genieße einfach diese Behaglichkeit. Ich habe Dir schon gesagt, daß ich über einige Dinge lieber nicht reden will. Hast Du etwa vergessen, daß Dein Sohn Philipp mir die Pension genommen hat, weil ich zu viel geredet habe? Schau, wenn es eine Kunst gibt, dann ist es diejenige, die zum Lachen bringt, und ein Künstler ist derjenige, der ein Lächeln auf das finstere Gesicht zu malen versteht. Die Wahrheit? Die Wahrheit ist etwas, woran nur Dumme und Kinder glauben. Ein Trugbild, hinter dem ein paar Unvernünftige herrennen. Das Hirngespinst der Schwachen. Aber einen Mächtigen wie Dich, was kümmert den die Wahrheit. Soll ich Dir vielleicht sagen, wir befinden uns an irgendeinem Punkt im Meer des Südens, in Nähe des Äquators, der Wärme nach zu urteilen. Sagt Dir das etwas? Nun, das ist alles, was ich weiß. Alles, was wir alle wissen. Nicht einmal der Generalkapitän könnte Dir weitere Angaben machen.

Wie wir hierher gekommen sind? Verlang nicht von mir, daß ich Dir das erzähle. Befehl ist Befehl, gewiß. Aber es wäre ein Mißbrauch. Aber wenn es so gewünscht wird, Majestät. So laß mich wenigstens ausreden. Und vergiß nicht, ich habe Dich gewarnt. Was ich Dir zu sagen habe, wirst Du nicht hören wollen. Es wird Dir nicht gefallen, wenn ich Dir sage, wie alles anfing in der Unterkunft, die Serrano aus den Trümmern der *Santiago* an Ort und Stelle des Schiffbruchs selbst gebaut hatte. Gefallen wird Dir auch nicht, wenn ich Dir noch einmal sage, daß wir uns dort zwei Monate aufhielten, obwohl wir weniger als zwei Tage von der Mündung der Meerenge entfernt waren; obgleich dies damals noch niemand wußte.

Welche Unterkunft? Merkst Du, wie Du langsam zornig wirst? Was für ein Gesicht aber wirst Du machen, wenn ich Dir sage, daß dieses schiefe Durcheinander von Balken und Planken tatsächlich eine gewisse Ähnlichkeit mit einem Schiff besaß? Das es wie eine ungeschickte und plumpe Nachahmung davon war. Als hätten es Kinder für ihre Spiele gebaut. Sogar ein Mastwerk hatte es – einen Fockmast, an dem eine ausgefranste Fahne wehte, und der wie eine Binse gebrochene Besanmast zeichnete sich gegen den düsteren Himmel dort ab. Es gab auch ein behelfsmäßiges Quarterdeck, das von einer rostigen Laterne ohne Glasscheiben gekrönt wurde; hier befand sich Serrano, in Lumpen gekleidet, der uns jedoch mit Würde begrüßte.

Er und Don Hernando umarmen sich. Sie weinen und drehen sich aus lauter Glück engumschlungen im Kreise wie zwei Mädchen, die sich nach vielen Jahren wiedersehen.

Hierauf lädt er uns ein, an Bord der *Santiago* zu kommen. Das waren seine Worte. Ein Scherz? Ich glaube nicht. Laß uns lieber von anderen Dingen reden. Nun, Du bestehst darauf, dann sage ich Dir also, das Dach war niedrig und sah aus, als würde es jeden

Augenblick einstürzen. Alle möglichen Holzstücke bildeten ein Gerüst. Es gab senkrechte, von der Form halber Schiffsrippen, die einen Bogen schlugen. Alle stützten sich auf den mittleren Teil des Gerüsts, das war ein riesiger Balken, welcher beide Maste verband, und diese waren am Boden befestigt durch an Pflöcken festgezurrte Wanten. Von innen sah die Unterkunft aus wie eine wunderliche Kathedrale oder wie ein großes Walskelett.

Nun – willst Du wirklich noch mehr hören? Dann sage ich Dir, daß es dort drinnen dunkel war und man Mühe hatte, zwischen dem Durcheinander von Takelwerk und Wanten sich zu bewegen, das an eine Bühnenmaschinerie erinnerte. Vielleicht hatte uns deshalb Serrano gewarnt, als er sagte: Vorsicht mit den Nocken der unteren Rahen. Ich fragte mich gleich, Hoheit, von welchen Nokken und von welchen Rahen redete er? Und bald fand ich die Antwort. Der mittlere Teil der Behausung war aus Rahen errichtet, Rahen, die teils gebrochen und denen insgesamt übel mitgespielt worden war, erfüllten hier die verschiedensten Aufgaben. Von der einen hing eine Laterne herab. Eine andere wurde als Kleiderstange für die Mannschaft genutzt. An wieder einer anderen hing ein Segel als eine Art Trennwand. An dieser hingen ein paar Töpfe, an jener ein paar armselige Zwiebeln.

»Das sind die Spinde«, sagte Serrano und deutete auf einen Winkel, wo sich Weinschläuche und leere Fässer häuften. Dann forderte er uns auf, zum Achterdeck zu gehen.

Siehst Du, wie Du schon die Stirn runzelst?

Es handelte sich um einen Teil der Unterkunft, die zwei zusammengenähte Segel als Dach hatte. In der Mitte war eine Ankerwinde ohne Hebebaum, über der man eine Figur des Apostels Jacobus angebracht hatte. Die Farbe der Figur war abgesprungen, und es fehlte der Arm mit dem Schwert, der in Schulterhöhe abgebrochen war. Serrano bekreuzigte sich, als er an ihr vorbeiging, und dann, das Marssegel am Fockmast teilend, das ihm als Vorhang diente, forderte er uns auf, in seine Kajüte zu kommen.

Wieder fragte ich mich, was das zu bedeuten habe, als ich eine Ankerwinde ohne Hebebäume sah, einen Astrolab voller Grünspan und in der Mitte einen umgestülpten Mastkorb, der als Tisch diente, darauf eine leere Sanduhr und ein verwaschenes Pergament lagen.

Wir wußten nicht, was von alledem zu halten war, und währenddessen erläuterte Serrano dem Kapitän seine Zweifel darüber, wer denn jetzt auf dem Thron Spaniens sitze und ob er ein dem Unternehmen freundlich gesonnener König sei.

Da, nach einer Weile, schneidet ihm mein Herr das Wort ab, indem er zu ihm sagt, er hätte sich nach dem Schiffbruch unbedingt zu unserem Lager begeben müssen. Serrano aber, der kaum seinen Verdruß verhehlen kann, redet weiter von dem Zweifel, der ihn plagt, und er legt seine Gedanken dar, die ihm anläßlich der mißlungenen Inbesitznahme jener Länder in Deinem Namen gekommen waren.

»Es war ein gutes Schiff«, insistiert der Kapitän.

Da entsteht ein peinliches Schweigen, und Serrano erhebt sich und schlägt an eine Glocke, die in der Mitte eines Balkens befestigt ist.

Einen Augenblick später betritt sein Bootsmann Tomé den Raum, und zu unserem Erstaunen ... Nein, besser, ich sage es Dir nicht ...

Was tat Serrano? Er fragte Tomé, ob er das Takelwerk geprüft und die Leinen geteert habe. Dann trug er ihm auf, sich diesmal darum zu kümmern, die Tiefe zu loten, mit allem Bedacht, wie er ihm riet, und es aufzuschreiben.

Was tat der Kapitän? »Die *Santiago*, sie war ein großartiges Schiff«, wiederholte er. »Ich bedaure, was geschehen ist«, fügte er hinzu. Was hätte er noch tun können? Er prüfte und beobachtete Serrano genau. Vielleicht war er noch immer nicht davon überzeugt, daß dies alles ernst gemeint war. Auch wollte er seinen Freund nicht verletzen. Er wußte, was es für einen guten Kapitän bedeutet, sein Schiff zu verlieren.

Hierauf sagte er: »Du hast viele Dinge aufgelesen, die uns von Nutzen sein werden. Man könnte sagen, daß dasselbe Meer, das dir die *Santiago* genommen, sie dir nun wieder zurückgibt ...« Ich glaube, er wollte sagen: stückweise oder ähnlich. Doch er hielt sich zurück, weil im gleichen Augenblick Serrano Tomé zurief, er solle die Logleine auswerfen.

Nun gut, Du wirst jetzt nicht verlangen, daß ich Dir sagen soll, was offensichtlich ist, daß nämlich Serrano sich nicht nur weigerte, über den Schiffbruch zu sprechen, er wollte sich auch nicht damit abfinden. Und so war die Seemannssprache, mit der er sich auf seine Unterkunft bezog, und die Befehle, die er erteilte, kein Scherz. Es war auch nicht eine andere Art zu sagen, daß er sich schämte. Es war vielmehr etwas anderes. Er glaubte tatsächlich, noch immer auf der *Santiago* zur See zu fahren.

Ob er verrückt war? Schau, ich bin nicht der richtige, das zu beurteilen. Umsomehr ich in meinem langen, wechselhaften Leben ähnliche Fälle gesehen habe. So zum Beispiel meine Großmutter, die stundenlang mit ihren gliebten Toten reden konnte und in allen anderen Dingen vernünftig war, aber sie ließ sich nicht davon abbringen, so daß ich, als ich ihre Streitigkeiten mit den Geistern hörte, sie als echte Familienangehörige zu betrachten begann, ich respektierte ihren leeren Platz bei Tisch und ihre unsichtbare Gegenwart auf dem Stuhl neben dem Fenster. Und ich begrüßte – ich gestehe mit einer gewissen Furcht – meinen vor mehr als zehn Jahren gestorbenen Großvater und stellte meiner Tante, die sehr jung gestorben war und mit der meine Großmutter am meisten sprach, Fragen. So daß mir Serranos Verhalten nach ein paar Tagen, wenngleich ich mich anfangs darüber verwunderte, natürlich erschien. Es lag wohl daran, daß ich immer wieder seine Anweisungen hörte, die Decks sauber, die Latrine ausgeleert, die Seile gefettet, die Bronzen glänzend zu halten. Und man sah, wie die Leute, seine Befehle zu erfüllen, folgsam von einer Seite zur anderen rannten. Ach, es war nicht nur die Seemannssprache, die mir ins Ohr ging, und daß ich mich an den scheinbaren Alltag an Bord gewöhnte, sondern ich begann wirklich zu glauben, daß wir auf der *Santiago* zur See fuhren. Und ich kann Euch sagen, daß es nicht nur mir so erging.

Nein. Haltet uns nicht für dumm, Majestät. Es ist nur, wenn einer an nichts mehr glaubt, wird er am Ende so treuherzig wie ein Kind und hält alles für möglich. Wo wir doch an so viele Hirngespinste geglaubt haben, seit wir uns diesem Unternehmen angeschlossen, warum sollten wir da nicht noch auch an Serrano glauben. Mit Prügel hatte man uns eingebläut, dem Augenschein zu mißtrauen, so daß uns alles möglich erschien. Wir vermochten allem möglichen Glauben zu schenken, da wir ja nicht mehr wußten, was Wirklichkeit war. Diese hatte sich allzu trügerisch, allzu spröde, allzu wechselhaft gezeigt. Sie stimmte so schlecht mit unseren Träumen überein, mit dem, was wir uns vorstellten und zu wissen glaubten! So daß es uns während dieses endlosen Wartens in der Unterkunft, während nachts der Wind den nachgemachten Bau abdeckte, den Serrano tagsüber mühsam zusammenflickte mit Hilfe der zerrissenen Fäden aus seinen Träumen, mehr als einmal so war, als hörten wir die knatternden Segel der *Santiago*. Und das Geräusch der Wellen, die an ihrem Bug zerschellten.

Verzeih, Hoheit, aber Du hast es so gewollt. Jetzt beruhige Dich. Lausche Deinem Juanillo, Deinem Diener und Sohn, Deinem Wikkelkind. Hier in Bustillo regnet es, und der Regen klopft mit traurigem Klang auf die Schieferdächer, die Bäume vor meinem Fenster tropfen vergängliche Perlen, die Straße ist leer und das Dorf hat sich unterm Silbermantel des Regens zurückgezogen, es hat sich ganz und gar versteckt inmitten der zu Lehm gewordenen Felder. Regnet es auch dort in Yuste? Ich wette, Du schaust melancholisch auf den großen leeren Patio hinaus, darin das Grün der Pflanzen wie in Email gemalt glänzt, während alles andere hinter dem Regenvorhang verschwommen und dunkel ist. Über dem Ganzen liegt eine unerklärliche Verlassenheit. Ich wette, das Wasser wäscht den Staub von den Säulen, tropft von den Kapitellen, bildet Pfützen in der Klause. Ich wette, die Mönche irren wie Schatten umher, eingehüllt in ihre Ordenskleider und in ihr Schweigen, und Du betrachtest sie mit Widerwillen und stellst Dir vor, wie das ganze Kloster vom Leichentuch des Regens eingehüllt wird und wie das Tal von Vera unter Nebelschwaden verborgen ist und die Hochebene von Tormentos verloren im finsteren Schoß der Wolken liegt.

Wie wir unseren Zufluchtsort verließen? Weißt Du, Dir das zu erzählen, habe ich keine Lust. Ich will diese endlosen Monate nicht noch einmal durchleben. Ich will mir selber einreden, sie hätten mir nichts ausgemacht, ich sei unversehrt und mit neuer Kraft aus diesem Gefangenendasein hervorgegangen, um weiterzumachen. Es soll meine Überzeugung sein. Ich will die Kälte vergessen, den Hunger, die Angst. Vor allem die Angst. Warum ist es wohl so schwierig, die Angst zu vergessen? Denn alles andere vergißt man. Die Kälte geht vorüber, auch der Hunger und sogar die Ungewißheit, die einem auf der Seele lastet, als hätten sie dir einen Stein darangehangen; aber die Angst vergeht nicht.

Aber Du bestehst darauf, nicht wahr? Du willst wissen, wie wir diese Stelle im Meer des Südens erreichten, wo alles Sonne und Stille ist.

Eines Tages berief Don Hernando eine Offiziersversammlung ein. Man sah ihm seine Ungeduld an, und er machte nicht eher den Mund auf, als bis alle anwesend waren.

»Serrano«, sagte er dann ohne weitere Vorreden, »du wirst der neue Kapitän der *Concepción*. Gaspars Schiff gehört dir.«

Da richteten sich alle Augen auf ihn, bis auf die von Sebastián, der, den Ausdruck von Verdruß in seinem Gesicht zù verbergen, den Blick senkte.

»Die Männer, welche zur Besatzung der *Santiago* gehörten, werden auf die anderen vier Schiffe aufgeteilt, gemäß ihrem Rang und ihrem Beruf«, fügte er hinzu.

Serrano, blaß wie ein Leichnam, wollte etwas sagen, doch der Generalkapitän kam ihm zuvor.

»Räum diesen Schweinestall aus und zünde ihn an«, sagte er.

Stumm nickte Serrano mit dem Kopf.

Nun verkündet Don Hernando, daß sein Vetter Álvaro de la Mezquita das Kommando über die *San Antonio* übernehmen werde, und diesmal ist es Esteban Gómez, welcher der Versammlung verdrossen den Rücken kehrt und sich der Betrachtung der Figur des Apostels Jacobus widmet. Alle bemerken diese Geste, mein Herr als erster, doch er redet weiter und verfügt, daß Odoardo Barboza der neue Kapitän der *Victoria* sein wird; man möge alle Vorbereitungen treffen, um so bald wie möglich in See zu stechen, zu viel Zeit hätten wir schon verloren, sagt er.

»Und welchen Kurs werden wir nehmen?« fragt Esteban Gómez, die Heiligenfigur an der Stelle streichelnd, wo ihr der Arm fehlt, und er dreht sich nicht um. Der Kapitän antwortet, daß wir entlang der Küsten weitersegeln werden, bis wir zu der Meerenge gelangen oder bis die Erde ein Ende hat. »Wir müssen einen Weg finden, der uns ins Meer des Südens bringt«, sagt er. Und Esteban Gómez, noch immer mit dem Rücken zu uns: ob er es denn für möglich halte, noch weiter nach Süden vorzudringen. Und er: Umkehren werde er nicht, bis die Schiffe zweimal ihre Segel verlieren, und dann werde er auf der Suche nach den Molukken mit Kurs Ost segeln, um das Kap der Guten Hoffnung herum. Da entgegnet Esteban Gómez, und schaut ihm diesmal ins Gesicht, daß wir uns weit über den fünfzigsten Breitengrad hinaus befinden und daß die Bedingungen für die Navigation bereits nahezu unmöglich geworden sind. Es möge sich jeder vorstellen, wie sie von nun an aussehen werden. Ob der Kapitän nicht glaube, daß es besser sei, den Bug nach Osten zu richten, jetzt wo wir noch genug Lebensmittel haben, um anzukommen; hernach werde es zu spät sein. Sieht er denn nicht, wie schwach die Leute sind, mitgenommen von der Kälte und ungenügender Ernährung? Was, wenn wir in ein Unwetter geraten oder der Wind uns verläßt. Warum kann sich der Kapitän nicht ein für allemal für den Kurs entscheiden, dem er folgen will, um die Molukken zu erreichen. Was er denn vorhabe. Ob er womöglich mit den Leuten spiele. Er dagegen sei Steuermann Seiner Majestät. Er habe allmählich genug von soviel Geheimnistuerei und soviel nichtssagendem Geschwätz. Zuerst habe er das Kap der Guten Hoffnung angesteuert, dann habe er den Kurs korrigiert und eine unbekannte Route eingeschlagen, zu weit südlich, in Richtung Neu-Indien; jetzt streite er darum, entweder weiter nach Westen zu segeln oder erneut das Kap anzusteuern. Ob er denn verrückt sei, wie Faleiro, oder was er denn im Schilde führe, verdammt, sagt dieser riesige Haudegen Esteban Gómez und das Gesicht läuft ihm rot an vor Zorn.

Und der Kapitän? Er macht sich über ihn lustig, Hoheit. Er lacht in das Mondgesicht des Steuermanns, der es reichlich nervös bemerkt. Falls er wirklich Angst hatte.

Und als alle lachen, wird Esteban noch wütender, und seine Halsadern schwellen an bis zur Dicke eines Taus, und den Kopf senkt er wie ein Stier die Hörner, bereit zum Angriff.

Was geschah nun? Die Antwort auf Deine Frage, Hoheit, ist:

nichts. Esteban blieb wütend, lief auf und ab in dieser sonderbaren Geographie, ohne zu wissen, was tun.

Und Don Hernando, die Versammlung für beendet erklärend, ging davon. Aber als er durch das hindurch wollte, was man eine Tür nennen könnte, blieb er einen Augenblick stehen und sagte, ohne sich umzudrehen: »Wir segeln weiter bis auf fünfundsiebzig Grad, bevor der Kurs berichtigt wird. Bereitet euch vor, in drei Tagen auszulaufen.«

Da wurden alle Kapitäne und Esteban selbst zu Stein. Diese verwegene Ankündigung verschlug ihnen die Sprache. Fuhr ihnen in Mark und Bein und stieg ihnen zu Kopf, so schnell wie bitterer Fusel.

Es vergingen einige endlos scheinende Augenblicke, bevor der große Esteban bei sich bemerkte: »Das ist das Ende der Welt.«

Das war alles. Niemand sagte etwas, und alle begannen, sich schweigend zu entfernen. Niemand, das heißt, Verzeihung, einer fragte noch – es war Serrano, der mit Begehrlichkeit seinen barocken Bau betrachtete: »Meint ihr, ich muß es verbrennen?«

Aber keiner gab ihm Antwort.

Hierauf setzte ich, der ich heimlich hier herumgeschnüffelt hatte – ein Narr muß über alles unterrichtet sein – angesichts der Passivität der Anführer, meinem Herrn nach, den ich erreichte, als er Serranos täuschend nachgebautes Achterkastell überquerte. Einem blinden Drang gehorchend, klammerte ich mich mit beiden Händen an sein eines Bein. Er bleibt stehen und schaut mich überrascht und wütend an und fragt, was ich denn wolle. Und ich: wen er denn mit dieser Zurschaustellung von Sicherheit und Entschlossenheit zu überzeugen suchte – die Anführer oder sich selbst. Ich möge mich fortscheren. Ich solle ihn loslassen. Er wolle nicht gestört werden. Aber ich lasse nicht locker: Er solle Esteban Gómez anhören, und diesmal sei er zu weit gegangen. Er aber, indes er sich mühte, sein Bein freizubekommen, er denke nicht daran, er habe schon lange nicht mehr darüber nachgedacht, bis wohin wir kommen würden. Darauf ich, mit wimmernder Stimme schon, ob wir im Ernst weiterfahren würden bis ans Ende der Welt. Da packt mich seine mächtige, in Stahl gegossene Hand bei den Haaren und hebt mich hoch und läßt mich herunterfallen, während seine Stimme hoch droben in seinem eisernen Turm sagt: »Das Schiff ist die Welt!« Und dann setzt er seinen Weg fort.

Ich lege meinen Kopf in die Hände und rufe ihm blind vor Schmerz hinterher: »Laß uns in Frieden! Du bist ein Wahnsinniger!«

»Ich dachte, du wolltest Graf Maluco werden«, sagt er und verschwindet in dem Durcheinander von Seilen und Balken von Serranos Unterkunft.

»Die Molukken gibt es nicht! Und Euer Leben ist ein Dreck!« rief ich ihm zu, aber er war schon fort, Hoheit.

Und jetzt, hab Erbarmen, laß mich Luft holen: Ich setze drei Sternchen ans Ende, es sind die drei Marien (Maria Isabel, die Kaiserin; Maria Filomena, mein Kebsweib, und eine andere Maria, die Ihr Euch selbst aussuchen könnt), und wir machen eine Pause. Wie, ich hätte Dir noch nicht die Frage beantwortet, wie wir an diesen Punkt im Meer des Südens gelangt wären, wo es Sonne gibt und keinen Wind? Du hast recht, wie immer; ich sage es Dir später. Und was die Zweifel betrifft, vergiß nicht, mir die Frage noch einmal nach den Sternchen zu stellen.

Regnet es noch auf San Jerónimo, Majestät? Hier in Bustillo ist es Nacht geworden, und mein Fenster ist ein schwarzes und blindes Geviert.

Die Nacht in Bustillo riecht nach feuchter Erde, nach dem Rauch der Küchenherde, nach Tortillas und gebratener Rotwurst.

Und in Yuste, Hoheit, laß mich raten. Sie riecht nach den Nebeln der Sierra, nach Kalk, nach Weihrauch, nach Marmorheiligen.

Aber, weißt Du, ich glaube, im Grunde riechen die Nächte hier wie dort gleich; sie riechen nach Einsamkeit und nach Stille.

Freilich, uns kümmert das nicht. Wir brauchen niemanden, Du und ich, wir haben ja uns. Mag es regnen und mag die Nacht zunehmen, mag auch die Nässe uns in die Knochen fahren (in unsere müden Knochen), und mögen auch die Schatten wachsen wie Unkraut und sich auf unsere Seele legen (unsere müden Seelen), man wird uns hier finden, wie wir gemeinsam auf die Sonne am

Morgen warten; ich auf dieser Seite und Du auf der anderen. Ich erzähle Dir, wie es war, daß wir jene Stelle im Meer des Südens erreichten, wo alles Sonne und Stille ist, und Du hörst mir mit liebevoller Aufmerksamkeit zu, während der Rest der Welt im Regen und in der Nacht verschwindet.

Am Morgen des dritten Tages stachen wir in See, so wie es Don Hernando bestimmt hatte, und nach anderthalb Tagesreisen gingen wir in einer gutgeschützten Bucht vor Anker.

Hier nun packte Andrés de San Martín, der Kosmograph, eine schreckliche Unruhe. Wie ein verrücktes Weib irrte er über die Decks, steckte sich die Finger in den leeren Mund, ohne die Augen vom Grund der Bucht zu wenden, wo sich ein breiter Kanal auftat.

Der Astrologe konnte seiner Verzweiflung nicht Herr werden, und als er wieder auf dem Achterdeck erschien, hatte er den Kapitän an der Hand. Er zog ihn hinter sich her wie ein launisches Kind seine Mutter, wenn es ihr etwas zeigen will, und beunruhigt ließ ihn Don Hernando gewähren.

Andrés de San Martín fuchtelte mit den Armen, auf die Küste zeigend, und wurde immer aufgeregter, je länger mein Herr den Kopf schüttelte und ihm mit den Händen bedeutete, daß er nichts verstand. Es ist merkwürdig, und ich meine, es Dir schon erzählt zu haben, aber irgendein sonderbarer Mechanismus bewirkte, daß wir uns alle Andrés gegenüber verhielten, als ob er auch taub wäre. Vielleicht weil wir seine Vereinsamung empfanden, ich weiß nicht. Jedenfalls erklärte ihm mein Herr mit Hilfe von Gesten, daß er ihn nicht verstand. Der Astrologe verzweifelte und hörte nicht auf, auf die Küste zu zeigen, bis er irgendwann die Hand des Kapitäns ergriff, seine leere Mundhöhle öffnete und dessen Finger hineinsteckte. Jawohl, die Finger von Don Hernando, der sich sträubte, während Andrés alles tat, die Geste zu wiederholen. Danach ließ er seine Hand los und zeigte auf die Mündung, welche sich am Ende der Bucht auftat, und danach auf seinen leeren Mund, und er nahm die Hand des Kapitäns und steckte sich die Finger dorthinein. Verwundert ließ ihn Don Hernando gewähren, bis er mit einmal zu lachen anfing und sagte: »Das ist es, das also ist es! Jetzt habe ich dich verstanden. Du willst mir sagen, daß ich in diese Mündung hineinfahren soll.« So sprach er. Und der Astrologe nickte zustimmend, und auch er lachte, doch ohne einen Laut.

Kaum steigt die Morgenröte hoch, da gleiten die Schiffe wie auf Katzenpfoten über das Wasser.

Die Schiffe gleichen Türmen auf dem gekrümmten Rücken des Ozeans, und als sie sich weiter entfernen, zwei Damen mit hohen Spitzenhauben, die ihre Köpfe im Takt einer liebenswürdigen Unterhaltung wiegen; wenig später sind sie Spielzeug, das ein Kind in der Tiefe eines Gartens zu Füßen einer blauen Mauer vergessen hat; denn der Himmel steigt auf am Horizont wie eine blaue Mauer, und die Schiffe verschwinden wie durch eine Spalte, eines nach dem anderen, mit der nervösen Bewegung einer Eidechse an einem Sonnentag.

Durchsichtig und kalt wie Kristall sind die Wasser, die noch nie ein Bug geteilt hat, und wenn die Sonne darauf fällt, schimmern sie wie ein Spiegel.

Je weiter wir nämlich fahren, wird es in der Tiefe der Meerenge immer finsterer, und die Schiffe gleichen Gespenstern, die umhüllt werden von diesem kalten Astrallicht.

In den Tälern und den zwischen hohen Steilhängen eingefaßten Schluchten herrscht eine tödliche Trostlosigkeit und Stille. Eine jungfräuliche Stille, älter als der Mensch. Sie legt sich wie ein Grabstein auf die Seele jedes Deiner Entdecker.

Die Leute, das Gesicht verzerrt, halten die Augen auf die hohen Felskuppen gerichtet, welche überall den Horizont versperren und es uns unmöglich machen vorauszusehen, was hinter der Biegung kommt, am Ende der Meerenge, sobald wir eine andere Bucht ansteuern.

Und die Meerenge wird noch schmaler und noch finsterer, und als es aussieht, als gäbe es für die Schiffe keinen Durchlaß mehr, öffnet sie sich plötzlich zu einer lichtdurchfluteten Bucht, die in eine weitere Durchfahrt mündet, genau wie zuvor.

Niemand spricht, und die Schiffe gleiten still dahin wie niedergedrückt von dem Wissen, Eindringlinge zu sein in dieser geheimnisvollen Welt.

Und die Meerengen gabeln sich, und die Buchten vervielfachen sich, und unsere mächtige Flotte bewegt sich blind in diesem Labyrinth, das die Phantasie eines wahnsinnigen Gottes erschaffen haben muß, um den zu verderben, der es wagen würde, sich in sein Versteck zu wagen und einen Ausgang zu suchen.

Tage und Nächte lösen einander ab, immer gleich, und ein Ausgang ist nicht in Sicht.

Don Hernando verbringt die Zeit über Pergamente gebeugt. Er zieht Linien, folgt den Radien der Windrosen, er beschreibt Kreise mit den Magnetnadeln, zieht neue Radien, und als das Pergament ein Gewirr sich an mehreren Punkten kreuzender Linien ist, verbringt er Stunden damit, es anzuschauen.

Die Kerzenflamme flackert im Wind, sie wirft Schatten und Licht auf den verworrenen Plan, und die unruhigen Augen des Kapitäns folgen den jähen Schwankungen.

Er ißt fast nichts und schläft erschöpft über den Instrumenten ein, plötzlich fährt er erschrocken hoch, streicht etwas durch und beginnt von neuem.

Seinen Arbeitstisch verläßt er nur, um hinauszugehen und den Himmel zu befragen, vergebens.

Allein in der Nacht, während der Astrolab von seinen Händen hängt wie eine Geige ohne Saiten, versucht er in dem fernen und wirren Himmelsgewölbe einige wenige Sterne oder Gestirne auszumachen, die in seinen Himmelskarten stehen. Doch sobald er glaubt, die Position des Kentauren entdeckt zu haben, enthüllt ihm eine sorgfältigere Beobachtung, daß er die Argo betrachtet, und als er im Geiste schon einige seiner Sterne aufzählt, erkennt er aufgrund der Deklination, daß es nur der Schütze sein kann; hierauf kehrt er halb erfroren in seine Kajüte zurück, um sich erneut in die Seekarten zu vertiefen.

So versunken ist er in seine Arbeit, daß niemand sich traut, sein tage- und wochenlanges Schweigen zu stören, und das Leben geht, in sich selbst zurückgezogen und absurd, wie im Kreis um diesen Mann herum weiter, der versucht, Zeichen zu enträtseln, die sich ihm verweigern.

Der mächtige Generalkapitän fühlt sich jetzt wie ein Kind, das sich verlaufen hat. Wie wenn mit plötzlicher Abwesenheit der Mutter alle Anhaltspunkte verlorengehen und die Welt sich unerwartet in eine unmöglich zu entschlüsselnde Hieroglyphe verwandelt. Weil man ohne Schlüssel dasteht. In einer Leere, die wächst und riesengroß wird, als würde sie sich unaufhörlich aus ihrem eigenen Hohlraum speisen. Und die alle Gewißheiten auslöscht. In welcher das Unveränderliche sich ins Vergängliche wandelt und das Vergängliche ins Unveränderliche. Dann, ein Opfer dieses Staunens, welches die natürliche Ordnung der Dinge durcheinanderbringt, weiß das Kind nicht, wohin es gehen soll, obgleich es sich nur wenige Schritte von zu Hause entfernt befindet, in einer Straße, die es so viele Male an der Hand seiner Mutter entlanggelaufen ist, auf einen Platz, auf dem es viele Nachmittage lang gespielt hat. Und die zuvor vertrauten Gesichter der Nachbarn werden ihm fremd, fern, unbekannt; sie sind rätselhafte Masken, die ihm nichts bedeuten. Und in seiner Verwirrung befangen, ergreift es die Flucht, weiter und immer weiter in sein eigenes Labyrinth eindringend. Es irrt umher wie ein Wahnsinniger in einem absurden Schauspiel.

Ähnlich benommen und verwirrt schreien die Offiziere ohne Überzeugung ihre Befehle heraus, und die Mannschaft versucht sich irgendwo vor ihrer schlechten Laune in Sicherheit zu bringen.

Die *Trinidad* hat jetzt etwas von einem Fuchsbau, voll von Höhlen, in die sich gesichtslose Männer zurückziehen. In der von Eichenduft, Teer und dem Salzgeruch des Meeres gesättigten Dunkelheit erkennt man nur einzelne Teile dieser Wesen, die im Holz stecken wie Heiligenbilder in ihren Nischen. Eine Hand, zwei Füße von Marmorfarbe, die Hälfte eines Wachsgesichts, das ist alles, was ohne ihr Wissen sichtbar wird. Weil diese Männer nichts anderes wollen, als sich verstecken und verschwinden.

Durch die Gänge irrend, kam sich Juanillo wie damals vor, als er, den Augen des Sakristans verborgen, als Kind durch das Innere der Krypta schlich, darin die Überreste der Vorfahren des Grafen Don Juan, seines ersten Herrn, aufbewahrt wurden. In der Mitte der Krypta befand sich in Stein gehauen ein Bischof mit seiner

Mitra, ein riesiger Krieger mit einem großen Schwert über der Brust, und ein Mädchen mit dem Antlitz eines Engels. Sie alle lagen da, doch schienen sie nicht zu schlafen, sondern zu wachen mit ihren Augen aus poliertem Stein, die so sanft waren wie die einer Kuh. An den Wänden gab es in den Nischen Marmorsärge in allen Größen, ein jeder mit der dazugehörigen lateinischen Inschrift.

Es ist merkwürdig, aber anfangs fühlte ich keine Angst, im Gegenteil, mir war die vollkommene Stille angenehm und auch die stets kühle Luft, die leicht nach Feuchtigkeit roch. Bis eines Tages Er von dem Ort Besitz ergriff. Die Tür war verschlossen, doch schlich ich durch eine Fensterluke hinein. Da war mir, als bemerkte ich eine gewisse Unruhe auf den für gewöhnlich ausdruckslosen Gesichtern des Bischofs, des Kriegers und des Mädchens. Man hörte ein deutliches und anhaltendes Summen. Ich konnte nicht feststellen, woher es kam, bis mein Blick auf einen Schwarm grüner Fliegen fiel, die sich um den Spalt an einem Sargdeckel drängten, den es vorher hier nicht gegeben hatte. Jetzt erst fiel mir der Gestank auf, der in der Krypta herrschte.

Die Zeit, die ich brauchte, auf den Krieger zu klettern und durch die Fensterluke zu entkommen, mußte wohl die längste meiner Kindheit sein.

Und jetzt, während ich über den Mittelgang des Decks lief, fürchtete ich, wieder dieses Summen zu hören, das für mich gleichbedeutend war mit dem Gestank des Todes.

Nach Ablauf vieler Tage (die wir nicht mehr zählten), nach pausenloser Fahrt, Meerenge um Meerenge, mit dem beunruhigenden Gefühl, uns im Kreis zu bewegen und stets zum selben Ausgangspunkt zurückzukehren, kamen wir zu einer Bucht, welche die Form eines Amphitheaters hatte und augenscheinlich breiter war als die vorherigen.

Von hier gehen zwei Meerengen ab, die eine in südöstliche, die andere in südwestliche Richtung, doch ansonsten waren sie völlig gleich.

Die Steuermänner wissen nicht, welcher sie folgen sollen, und Don Hernando, unfähig sich zu entscheiden, entschließt sich, die

Flotte zu teilen. Die *San Antonio* und die *Concepción* schickt er aus, die eine Richtung zu erforschen, während die *Trinidad* und die *Victoria* sich in die andere Meerenge hineinbegeben.

Wir kommen überein, uns nach drei Tagen hier in dieser Bucht zu treffen.

Nichts neues entdeckten wir nach zwei Tagen Fahrt. Nicht das kleinste Anzeichen, das die Hoffnung erlaubt hätte, einen Ausgang zu finden. Nichts. Die Landschaft bleibt sich immerzu gleich. Nur die Stille scheint eine andere zu sein. Als sei sie tiefer. Ich weiß nicht. Und das Gefühl wird deutlicher, es der Gnade einer höheren Macht zu verdanken, hier zu sein, welche ihr Vergnügen daran findet, mit den Schiffen zu spielen, und die einen Spaß daran hat, ihre Geheimnisse aufzudecken und wieder zu verbergen.

Also kehrten wir unverzüglich zu der Bucht zurück, dem Trugschluß erliegend, daß es der *San Antonio* und der *Concepción* besser ergangen sei.

Aber wir finden keines der beiden Schiffe, obgleich die vereinbarte Frist abgelaufen ist.

Die nächsten Tage vergehen in angespanntem Warten.

Keiner erwähnt die beiden verlorenen Schiffe und niemand spricht über das Schicksal ihrer Besatzung, und dieser jähe Mantel des Schweigens lastet stärker auf unseren Gemütern als die finsterste Schlußfolgerung. Es ist nicht einfach, in unseren Gesprächen die Hälfte der Flotte zu umgehen. Die *San Antonio* und die *Concepción* mitsamt ihren Männern und Dingen waren stets ein Teil von uns gewesen, und mit einemmal ist da eine Leere in den Gesprächen, in den Sätzen finden sich Löcher, und die meisten Wörter bekommen einen in die Irre führenden Doppelsinn.

Am fünften Tag waren wir eine Mannschaft stummer Männer, über der Steuerbordreling hängend, die Nocken der Rahen erklimmend, den Blick verloren in der Tiefe der Bucht.

Das Wetter hatte sich gebessert, und die Sicht war ziemlich gut, so daß man eine weite Mündung sehen konnte, an die zwei Seemeilen breit, welche sich landeinwärts zwischen den Bergketten verlor. Wir schauten auf diese leere Mündung mit der Sehnsucht eines Liebespaars, das sich gestritten hat, und hegten insgeheim die absurde Hoffnung einer Mutter, die ihr Kind verloren hat und dennoch hofft, es jeden Augenblick durch die Tür kommen zu sehen, von der sich ihr Blick nicht lösen kann.

Wir wechselten die Späher in den Mastkörben aus. Wir wechselten uns ab an jener Spitze, von der aus das Schiff so schmal zu sein scheint wie die Klinge eines Taschenmessers, und die Männer in dem Spinnennetz aus Tauen und Wanten sind wie gefangene Insekten und das Meer ein hochgewölbter blauer Spiegel.

Aber nichts war zu sehen. Nichts als das Funkeln des Wassers und der dunkle Schatten der Berge, der sich darin spiegelte.

Aber eines Morgens stehen wir auf, und die Vorahnung eines Schiffes ist in uns. Zu sehen war nichts, aber man ahnte seine Anwesenheit. Wie der Jäger seine Beute ahnt, die Muskeln angespannt, die Sinne über ihre gewöhnlichen Grenzen hinaus geschärft; er weiß nicht, wo genau sie sich befindet, aber er weiß, sie wird im nächsten Augenblick die Flucht antreten, ein Geräusch von knackenden Zweigen wird zu hören sein, und dann wird sie im vollen Lauf vor seinen Augen erscheinen.

So erging es auch uns, bis ein fernes Ächzen von Holz, ein leises Rauschen von Segeln zu hören ist, als schlüge irgendwo ein großer Vogel mit den Flügeln und ließe die Luft erbeben. Anfangs lassen sich die Geräusche noch mit denen unserer eigenen Schiffe verwechseln, doch nach und nach unterscheiden sie sich, und die Vorahnung schlägt wie ein rasendes Herz. Die Männer reihen sich auf von den Mastkörben bis zu den Nocken der unteren Rahe. Andere sitzen und lassen die Beine baumeln über den Segeln. Hängen wie Affen von den Wanten. Am Rande der Schanzkleider. Dicht gedrängt und stumm auf dem Mitteldeck wie eine Herde friedlicher Schafe. Und alle sind sie gespannt. Lauschen aufmerksam auf das kleinste Zeichen.

Sodann, halb verborgen vom düsteren Hang eines Berges, tauchen ein paar große Segel auf, die weißesten, die schönsten, die wir je erblickt hatten; und sie gleiten auf uns zu mit der zauberischen Eleganz eines Schwans auf einem Teich.

Don Hernando befiehlt sofort, eine Breitseite als Signal abzufeuern, und der Kanonendonner der *Trinidad* hallt in der Bucht wider und rollt durch die Meerenge zu anderen Buchten, und die ganze Landschaft, stumm seit Anbeginn der Zeiten, gibt das Echo unseres Grußes zurück.

Einen Augenblick später taucht in ihrer ganzen Pracht und Herrlichkeit, schön wie eine Braut, die anmutige *Concepción* auf.

Juan Serranos Bericht hält uns alle in Atem. Ein Unwetter überrascht sie. Es ist so eng, daß sie keinen Platz zum Manövrieren haben. Sie müssen unbedingt die Segel einziehen, denn das ganze Mastwerk ist in Gefahr. Bei dieser Aufgabe verliert er einen Mann. »Ein Laufrad hatte sich verklemmt.« Dann begann die Strömung sie abzutreiben. Eine starke Brandung, die sie in die Tiefe der Bucht treibt. »Es war Lorenzo, und der Wind fegte ihn weg wie einen Spatz von einem Ast.« Unfähig, das Schiff zu steuern, warten sie auf das Ende des Unheils und rufen Gott um Hilfe an, weil sie nahe daran sind, zu kentern. »Er vertreibt sich die Zeit mit Plänen, wie ein Dummkopf.« Und als der Aufprall unmittelbar bevorzustehen scheint, reißt die Strömung sie in einen anderen, wie aus dem Nichts auftauchenden Meeresarm. »Unmöglich, ihn retten zu wollen.« Und am Ende dieses Meeresarms taucht eine neue Reede auf, wo sich alles wiederholt: die Strömung, die sie fortträgt, der drohende Aufprall und wieder ein Meeresarm, der sich auftut. »Er flog von einer der höchsten Rahen.« So ging es drei Tage lang. Sie kamen völlig vom Kurs ab. Ohne zu wissen, wohin sie die Strömung riß. »Er war ein Dummkopf.«

»Bist du ans Ende des Labyrinths gelangt oder nicht?« fragt ungeduldig der Kapitän.

»Es hatte kein Ende«, sagt der Portugiese.

»Es ist die Durchfahrt«, sagt Odoardo mit leiser Stimme, als fürchte er den Klang seiner eigenen Worte.

»Es könnte ein Fluß sein«, sagt Don Hernando.

Alle Augen sind jetzt auf Serrano gerichtet, der nachzudenken scheint.

»Ich habe nicht gewagt weiterzufahren«, sagt er schließlich.

»Und die *San Antonio*?« fragt der Kapitän.

Serrano erklärt, er habe zwei Tage damit verbracht, sie zu suchen. Er hat Rauchzeichen gegeben, immer wieder Artilleriesalven.

Aber nicht eine Spur. Da habe er sich auf den Rückweg gemacht. Sie haben Kreuze aufgestellt und darunter in leeren Kochtöpfen Anweisungen für die von der *San Antonio* hinterlassen. Er weiß noch immer nicht, wie es ihm gelungen ist, den Weg zu finden, um uns zu treffen. Von dem Schiff, das Cartagena gehört habe, wisse er nichts, sagt er.

Don Hernando scheint niedergeschlagen. Er kratzt sich mit nervöser Handbewegung am Kopf und schweigt.

Serrano tritt auf ihn zu und streckt langsam die Hand nach ihm aus. Die Hand des Portugiesen legt sich zitternd auf die Rüstung des Kapitäns, und mit rascher Bewegung berührt sie seinen Nacken.

»Sie wird wiederkommen«, sagt er.

Ein langes Schweigen entsteht, während Serrano neben meinem Herrn stehenbleibt und wortlos seine Verbundenheit mit ihm ausdrückt.

»Ich kann nicht noch ein Schiff verlieren«, sagt er.

»Ich bedaure das mit der *Santiago*«, erwidert der Portugiese, und sein Kopf neigt sich wie eine welke Blume über ihrem Stengel, und es klingeln die Glöckchen an seinem Hut.

Don Hernando schaut ihn mit traurigen Augen an, aber er versucht ein Lächeln. Drückt ihm die Hand.

»Du bist mein bester Mann«, sagt er.

Serrano bekommt feuchte Augen und will ihm etwas sagen, doch der Kapitän ist schneller.

»Vergiß die *Santiago*, ja?«

»Was sollen wir jetzt tun?« fragt der Portugiese und nickt mit dem Kopf.

Da läßt sich Sebastián vernehmen. Er glaubt, dies sei der richtige Augenblick, wieder in Erscheinung zu treten. Die Expedition sei an sich schon ein Wagnis für die gesamte Flotte gewesen, jetzt aber, mit zwei Schiffen weniger ... Außerdem sei die *San Antonio* das am besten ausgerüstete Schiff gewesen. Der Verlust an Männern und Proviant sei nicht wieder gutzumachen. »Ja, Esteban Gómez hatte recht«, sagte er. »Es ist Zeit, umzukehren.«

Aber Odoardo glaubt das nicht. Ob er nicht sehe, daß wir schließlich auf die Durchfahrt zum Meer des Südens gestoßen sind. Man brauche nur hineinzufahren in die Meerenge, aus der Serrano aufgetaucht sei. Und wo die *San Antonio* verlorengegangen sei und die *Concepción* beinahe Schiffbruch erlitten habe, unterbricht ihn Sebastián, und sein Tonfall ist spöttisch. Ob sie denn nicht sehen könnten, daß diese starken Strömungen ihren Ursprung einzig nur in den Gezeitenunterschieden zweier großer Wassermassen haben können? beharrt Odoardo und ignoriert Sebastián.

Don Hernando scheint mit den Augen Juan Serrano zu befragen, der nun wiederholt: »Ich habe nicht gewagt weiterzufahren. Ich hatte Angst, noch ein Schiff zu verlieren.«

Hierauf entsteht ein lautes Stimmengewirr, das erst aufhört, als der Kapitän verkündet, daß wir auf die *San Antonio* warten werden.

Die Hoffnung, die weißen Segel und den eindrucksvollen Rumpf der *San Antonio* noch einmal wiederzusehen, schwindet mit den Tagen. Die Schiffe haben sich in ein Gespinst von Wortspielen verwandelt, in ein Wispern ähnlich dem der Pappeln am Ufer eines Flusses, und wir verfangen uns darin wie die Insekten in einem Spinnennetz.

Die Worte kommen und gehen wie hungrige Ratten, wie verrückt gewordene Kakerlaken. Sie kommen und gehen ohne Sang und Klang, als wollten sie andere Worte umgehen, die zu aufschlußreich, zu endgültig wären, als daß sich jemand traute, sie auszusprechen. Um sie herum, wie über dem nackten Gestell eines Stickrahmens, weben wir ein Filigran von Einzelheiten, ein Netz, dazu bestimmt, die schreckliche Blöße des Stoffes zu verbergen.

Es stickt Cristóbal den schattigen Innenraum einer alten, in eine Werkstatt verwandelten Moschee, und durch die Fenster des Minaretts dringt in den Raum ein altes Licht von der Farbe der Orangen, welches die Arabesken der Wandfriese und Kapitelle erkundet, bevor es sich auf einer Gruppe von Frauen niederläßt, welche schweigend weben, während im Hofe, von lanzettförmigen Bogen und gewundenen Säulen umgeben, eine andere Gruppe an den großen, in der Sonne ausgebreiteten Leinwänden arbeitet. Die Frauen mit langen Nadeln, krumm wie Türkensäbel, bewegen sich auf den Segeln wie Spatzen auf einem verschneiten Platz; und der Springbrunnen singt in der Stille des Nachmittags.

Dann nimmt El Sordo, der etwas von Tischlerei versteht, den Stickrahmen in seine Hände, und was entsteht, ist ein Wandteppich, bevölkert von stiernackigen Männern, die Arme haben wie Wurzeln, deren Muskeln gespannt und deren Adern angeschwollen sind von der Anstrengung, die Äxte in das Holz zu schlagen. Im ganzen Tal hallen ihre Schläge und ihre Stimmen wider, das Geräusch der Sägen wiegt die Alten in den Dörfern in den Schlaf, und die Luft ist gesättigt vom Rauch der großen Feuer, darin sie die Äste und das Laubwerk verbrennen. Doch mit einemmal bleibt alles stehen. Die Geräusche hören auf und jede Bewegung verharrt in der Schwebe. Die eingeschlummerten Alten rühren sich und richten ihre Aufmerksamkeit auf die plötzliche Stille. Ein Hirt, der seiner Herde folgt, bleibt stehen und schaut, auf seinen Stab gestützt, abwartend zu dem Abhang hinüber. Man hört ein kurzes Knacken, und gleich darauf neigt sich einer dieser Bäume, die hoch und stark wie ein Turm sind, durchgesägt an seinem Fuß, fällt er unter einem Krachen von Zweigen, die brechen, und unter einem Flattern von Vögeln, die ihre Nester verlassen, von fliehenden Tieren, und schlägt auf die Erde mit einem Getöse wie ein Donnern, welches das Echo in den Tälern vervielfacht. Dann, während der von der untergehenden Sonne vergoldete Staub sich legt und die Tiere, die nichts begreifen, geduckt abwarten, die Männer mit den Äxten in der Hand sich den Schweiß abwischen und einen Schluck trinken und die Alten in den Dörfern sich das Schiff vorstellen, welches aus diesem Baumstamm entstehen wird, der schon ein Riese war, als sie noch Kinder waren, geht der Stickrahmen in die Hände Juan Serranos über, der, vielleicht weil er einer der Kommandanten ist, es als erster wagt, eines jener Worte auszusprechen, die wir so sehr fürchten. »Die *San Antonio* ist verlorengegangen«, sagt er. Man muß das Tuch auswechseln und von neuem anfangen. Dann taucht aus dem Stickrahmen das Schiff von Esteban Gómez auf; vergebens sucht es einen Ausweg aus diesem Labyrinth. Und es tauchen Holzplanken auf, welche die Zeit verfaulen läßt, und ausgefranste graue Segel, die ihre Schatten auf eine Besatzung alter Männer werfen. Das Schiff taucht auf, es schaukelt und läßt sich treiben wie eine verlassene Wiege, während das Segeltuch, das eine dunkelviolette Farbe angenommen hat, sich in Fetzen von den Rahen löst und wie ein Leichentuch auf eine Besatzung toter Männer fällt. Schließlich taucht, aufgelaufen an einem leeren Strand, der alte vom Salz versteinerte Rumpf auf, und er sieht aus wie ein großes Walskelett.

Auf diese Weise geht der Stickrahmen hin und her, und ein jeder stickt sein eigenes Muster oder fügt seinen eigenen Faden denen hinzu, die ein anderer gewebt hat.

Wir sind wie junge Mädchen, die sich an einem dieser langen und verregneten Winterabende am Feuer beschäftigen.

Nur Don Hernando bleibt abseits. Er weiß nicht, was er denken soll, und nichts sagen ihm die Worte, mit denen wir mit den Fäden unserer eigenen Ängste das Schicksalsmuster der *San Antonio* weben. Vielleicht, daß in seinem Kopf so endgültige Worte wie Schiffbruch oder Tod gewälzt werden; vielleicht neigt er im Innersten zu Verrat und webt insgeheim seine Intrige.

Noch immer da, Don Carlos? Liegst Du noch wach mit meiner Chronik in den Händen? Weißt Du, hier ist Mitternacht, und die Zeit fließt dahin wie ein stiller Fluß. Sie fließt durch die verwaisten Straßen von Bustillo, schlängelt sich hindurch unter Türen und Ritzen der Fensterläden, fließt über die Felder und zu den Sternen. Nichts kann sie aufhalten, und unter ihren dunklen Wassern wird alles zur Erinnerung. Wie diese meine Reise, wie dieser unser Augenblick, wie dieser Morgen, der vielleicht anbrechen wird, doch verzeih Deinem alten Diener, daß er abschweift, und vernimm den getreuen Bericht, mit welchem Juanillo Ponce versucht, der Zeit zu stehlen, was der Zeit gehört.

Laß mich berichten, wie wir an diese Stelle im Meer des Südens gelangt sind. Laß mich erzählen, wie wir, die *San Antonio* vergessend, weil das Leben weitergeht, auf der Suche nach einem Ausgang in jene Meerenge hineinsteuerten, welche Serrano erkundet hatte und die sich weit über die Stelle hinaus, die der Portugiese erreicht zu haben glaubte, derart verengte, daß die großen Segel das Laubwerk der Ufer mit einem Geräusch wie dem des Windes berührten. Wir konnten wie

Perlen die Tautropfen am Morgen sehen und auf einem Zweig ein leeres Nest und daneben das silbrige Gespinst eines Spinnennetzes. Eines Tages entdeckten wir einen Pfad, welcher sich vom Ufer in den Wald schlängelte, und beschlossen, ihm zu folgen; und das Licht war grünlich, und die Luft roch nach Moos und nach Pilzen, nach stehengebliebener Zeit, und der Pfad endete an einer Lichtung, auf der es Blumen sowie andere Opfergaben und mehrere offene Gräber gab. Doch waren die Gräber leer, als warteten sie auf ihre Toten. Und wir sahen weder Fußspuren noch irgendein menschliches Wesen, obgleich des Nachts Feuer in den Wäldern brannten, nach denen wir am Tage vergebens suchten. Denn dies war eine leere Welt. Nicht einmal Fische sahen wir. Nur einen toten Wal, gestrandet an einem kleinen Strand voller rundgewaschener Steine. Und die Feuer in der Nacht. Die geheimnisvollen Feuer, die uns während der ganzen Fahrt begleiteten.

Da gelangten wir an eine Stelle, an welcher die Meerenge den Schiffen keinen Durchlaß gewährte und sie sich, nach den verschneiten Bergspitzen zu urteilen, die sie säumten, gänzlich zu schließen drohte. So daß der Kapitän sechs Matrosen befahl, die Meerenge in einer Schaluppe zu erkunden. Und versuchen sollten sie, in einem Zeitraum von drei Tagen ins Meer des Südens zu gelangen, da es sich, wie er versichert, nicht sehr weit entfernt befinden müsse, und nach Ablauf von drei Tagen sollten sie zurückkehren. Doch kaum waren zwei vergangen, sahen wir die Schaluppe auftauchen. Zuerst das Geräusch der Ruder, Du weißt schon. Und dann ihre Insassen, stehend und auffallend gestikulierend.

Da bricht der so lange zurückgehaltene Jubelschrei hervor aus unserer Brust. All die Angst und die angestaute Seelenpein entweicht, macht sich in Worten Luft. Und die Münder sind wie die geöffneten Schleusentore eines Flusses, der sich in sein Bett ergießt. Und die Männer weinen und umarmen einander wie eine verrückte Weiberschar, die wegen irgend etwas furchtbar aufgeregt ist.

Nur Juanillo Ponce hält dieses ganze Gezeter für übertrieben. Weil sich niemand bewußt zu sein scheint, was sie feiern. Weil wir die Grenze überschritten hatten, von der es keine Rückkehr mehr geben würde. Weil der Kapitän gesiegt hatte und sein Sieg die endgültige Niederlage der Welt war, die wir in der Ferne zurückgelassen hatten und die uns der Wind entrissen hatte.

Und meine Augen suchen sehnsüchtig in der Menge Don Hernando, aber das ist sein Triumph, und er befindet sich nicht hier, sondern am anderen Ende. Allein. Am Rande des Tumults. Verpackt in seinen Panzer aus Eisen und schmutzig von Schnee. Ähnlich einer dieser Statuen, die sich auf Plätzen einsam im Morgengrauen in die Höhe recken.

Unterdessen gleicht die *Trinidad* einem Vogelhaus, wenn der Morgen dämmert. Ihr Geschrei zieht sich über die Gestade des trostlosen Ozeans. Und Juanillo hat Lust, ihnen allen zuzurufen, daß sie still sein sollen. Damit der Ozean unseres unverschämten Menschseins gewahr werde. Verrückte Vagabunden sind wir, mit vier Planken und ein paar übel zugerichteten Segeln hergekommen, ohne etwas über ihn zu wissen.

Ich fühle Deine Unruhe, Hoheit. Als könnten Dich der Lauf der Ereignisse und die Anordnung, die Juanillo ihnen auf dem Papier gegeben, beunruhigen. Denn schon vermißt Du Handlung und Spannung sowie eine schlichte Ordnung der Fakten, angefangen bei denen, die am weitesten zurückliegen, und dann ohne Sprünge weiter zu den allerneuesten. Das kommt daher, daß der Autor in diesem Teil der Chronik seinen Blickwinkel auf einen bestimmten Punkt im Meer des Südens, nahe der Äquatorlinie konzentriert, an welcher die Flotte wegen einer Flaute neunzig Tage lang unbeweglich verharrt. Und von dieser Perspektive aus, die dem Aussichtsturm eines Wächters oder dem Mastkorb eines Schiffes gleicht, erzählt er Euch die Ereignisse in dem Zeitraum, den er überblickt. Er erzählt Euch zunächst, in diesem fernen Panorama, das er zu seinen Füßen hat, von seinem Aufenthalt in der Unterkunft Serranos, hier am äußersten Südzipfel der Neuen Welt; ganz in der Nähe der Meerenge, welche mein Herr entdecken würde und welche beide Ozeane verbindet. Hierauf berichtet er von der Durchquerung der Meerenge und davon, wie sie in ihrer labyrinthischen

Geographie umherirrten. Und fast schon am Fuße des Aussichtsturms, kaum ein paar Zeilen weiter oben, wird er zu Euch reden von der religiösen Furcht, welche eben dieses Meer und seine Geheimnisse ihm einflößten. Denn wahrlich, ich sage Euch, weder die Kakerlaken in verlassenen Synagogen noch der in den zahllosen Bogen einer Moschee verirrte Vogel, noch das Kind, das an einem Karfreitag die mit einem violetten Leichentuch bedeckten Heiligenstatuen betrachtet, von denen nur die Marmorfüße hervorsehen, empfand, was ich angesichts dieses Ozeans empfunden habe, den niemand zuvor befahren hatte. Der weder in den Atlanten noch in den Seekarten verzeichnet war. Den wir überhaupt nicht kannten. Weder die Winde noch die vorherrschenden Strömungen. Nicht den Ort seiner Grenzen. Nicht die Kreaturen, die in seinen Tiefen lebten.

Und dennoch, nach Ablauf einiger Tage, in denen wir die Schiffe ein wenig herrichteten, befahl Don Hernando, mit nördlichem Kurs in See zu stechen. »Um der Kälte zu entfliehen«, sagte er. Um uns auf einer der reichen Inseln mit Nahrungsmitteln zu versorgen, welche wir, so glaube er, in wenigen Tagesreisen finden werden. Sagte er.

Die ersten Tage verbrachten die Leute damit, von Backbord nach Steuerbord und vom Bug zum Heck zu laufen und dabei sprachlos dieses Mysterium zu befragen. Doch dann wurden sie des Umherlaufens müde, weil jenseits der flüchtigen Spur, welche die Schiffe hinterließen, alles gleich war. Das heißt, nicht alles, da in dem Maße, wie wir nach Norden vordrangen, der Himmel klarer, die Atmosphäre leuchtender, die Luft wärmer wurde. Bis wir eines Morgens erwachten, wie wenn der Frühling in die Dörfer zieht und man sehr jung ist und auf der Haut das kleinste Anzeichen spürt, ein plötzlicher Duft, eine unerwartete Lauheit dir in die Seele dringt, man zufrieden ist, das Leben schön und alles möglich ist. Bricht der Frühling auch so in den Palästen herein? Nein, Hoheit, Du mußt mir nicht antworten. Ich wette, daß der Frühling in diesem Labyrinth düsterer Säle und eisiger Korridore keinen Einzug hält. Weil die Fenster, obschon groß und unendlich an der Zahl, immer geschlossen sind und die Korridore nach

Malerwerkstatt riechen. Und die leeren Salons nach dem Samt der Vorhänge und nach dem Staub der Teppiche und nach dem Nußbaum der Möbel. Und Deine Zimmer nach Seide und aromatischen Salben und Heilkräutern und auch nach dem duftenden Korsett aus Leinen und Fischbein, welches eine gewisse Dame bei ihrer Flucht vergessen hat und das Du unter dem Bett versteckst. Und die Salons der Königin riechen nach Wachskerzen und nach Katzenpisse und nach ihrer eigenen Gefühlskälte. Und die leeren Salons nach berühmten Toten und sich langweilenden Geistern. Und alles zusammen nach Intrigen, Ehrgeiz, Eifersucht und Komplotten ohne Ende. Soll ich Dir einen heilsamen Rat geben? Sag Philipp, er solle im kommenden Frühling alle Fenster des Palastes öffnen lassen, auch wenn er dazu ein ganzes Heer von Soldaten brauche und mehr als ein Jahrhundert, sie wieder zu schließen. Er solle die laue und duftende Luft der Felder hereinlassen. Damit die Säle sich mit dem Aroma von Minze, Lavendel und Basilikum füllen. Damit der Luftzug das Geräusch der Blätter und der jungen Saat in die Korridore trage. Auf daß der Wind die Kapellen vom Geruch nach Kerzen und Weihrauch säubere und sie ruhig nach Stall stinken mögen. Soll die Sonne die berühmten Toten erschrekken, wie sie es mit den Fledermäusen tut, in die Höhlen des Nichts mögen sie kriechen, wie meine Mutter den *Sheol* ihrer Vorfahren nannte.

Ach! Erlauchte Majestät, wie anders sähe es heute in der Welt aus, wenn Du wenigstens einmal befohlen hättest, die Fenster des Palastes öffnen zu lassen. Du hättest es tun können, Du besaßest genügend Macht, alle diese Fenster zu öffnen. Nun wird es niemand mehr tun, nicht einmal Philipp – die Angst verbietet es ihm. Er verabscheut Fenster und verbringt sein Leben hinter dicken zugezogenen Vorhängen, die Fensterläden von innen sichernd, deren so viele sind, daß er Jahrhunderte brauchen würde, sie zu öffnen.

VII

Nun denn, Don Carlos, hier sind wir wieder, Du und ich, an jenem Punkt im Meer des Südens, wo die Flotte zu Beginn des vorigen Kapitels mangels Wind gefangen war wie in einer Falle.

Dein ganzer Eichenwald verdorrte unter dieser Feuersonne, bei der die Segel verwelken, die Maste aufsplittern und die Leinen reißen und herunterhängen wie die vertrockneten Triebe einer Kletterpflanze. Die Schiffe riechen nach versengtem Holz, nach geschmolzenem Teer, nach heißem Segeltuch, nach ausgetrocknetem Leder und nach Urin. Von der Latrine kommt ein schwindelerregender Brodem, der sich in jedem Winkel festsetzt. Das Leben an Bord beschränkt sich auf das Schlagen unserer Herzen. Nichts anderes rührt sich. Weil es nichts anderes gibt. Keine Brise. Keine Fliegen. Keine Bienen. In dieser ganzen unendlichen Weite, die uns umgibt, ist nichts als Schweigen. Und am höchsten Punkt des Himmels die Sonne. Sonne und Schweigen. Ein Schweigen, das zu brechen sich nur Don Hernando erdreistet mit seinen Schritten, die auf dem ganzen Schiff widerhallen wie das Ticktack von Standuhren in der Stille der Nacht.

Da es also nichts zu tun gibt, schlagen wir die Zeit tot und liegen im Schatten einiger Segel, die wir als Sonnendach angebracht haben. Und wir reden. Wir schwatzen den ganzen Tag und fast die ganze Nacht. Wir schlafen wenig und reden viel. Wie um die große Leere zu füllen, die uns umgibt. Und die eigene innere Leere auch. Und die der Gedärme ebenso. Und schon bemühen sich einige, eine bereits zu weit entfernte Vergangenheit zum Leben zu erwekken, indem sie die feinen Fäden weiterspinnen, die am Ende zu reißen drohen oder sich verwirren. Andere wieder versuchen eine nicht minder entfernte Zukunft vorwegzunehmen, indem sie deren

Entwurf mit zögernden und vagen Linien bestimmen. Bis die Linien der einen und die der anderen am Ende durcheinandergeraten. Bis Vergangenheit und Zukunft ein unmöglich zu entwirrendes Gespinst ist und Deine Argonauten Penelope gleichen, die sich in ihren eigenen Fäden verstrickt.

Etwa Gonzalvo de Vigo, ein eher zurückhaltender Bursche, der sich lauthals an eine Sommernacht erinnert, als er es mit seiner Tante Basilia trieb. Im Maisfeld der Großmutter, Hoheit, mit der Basilia, die ihm schon immer den Kopf verdreht hatte. Und er erinnert sich, wie er, als er noch sehr klein war, zu seiner Mutter hingeht und ihr sagt, daß er, wenn er groß sei, die Basilia heiraten werde. Und die Mutter lacht, und bei Tisch erzählt sie es allen, und er heult fast vor Wut, weil er rot geworden ist und es nicht verhindern kann. Doch das kuriert ihn nicht, und er wird größer und kann seine Augen nicht vom Ausschnitt der Basilia abwenden, und bei jeder Gelegenheit legt er sich auf den Boden, tut so, als ob er spiele, und dann betrachtet er ihre Beine. Und sie läßt sich gehen. Beugt sich mit offener Bluse zu ihm hinunter, um ihm mit Unschuldsmiene die dunklen Brüste zu zeigen. Bis Gonzalvo kein Kind mehr ist, und es geschieht, was geschehen muß, denn seine Tante war dem Anis verfallen, und als sie beide eine Flasche austrinken, fangen die Spielchen an: Ich berühre dich hier, und wenn du mich da berührst, berühre ich dich dort; und dann gehen sie hinaus aufs Feld und schleichen sich in Großmutters Maisfeld, Hoheit.

»Aber gibt es denn Mais in deinem Dorf?« fragt jemand.

Da zögert Gonzalvo einen Augenblick und: »Hier trage ich den Samen bei mir, damit meine Großmutter ihn pflanzen kann«, sagt er, auf einen Beutel mit Körnern zeigend, den er in Brasilien erstanden hat und immer in seinen Kleidern trägt.

Wir alle sehen uns verwirrt an, und schließlich wird er rot und ist wütend über sich selbst.

»Die Zukunft ist ein allzu zerbrechliches Glas und kann in Scherben gehen, wenn man versucht, ihr eine Form zu geben«, sinniert Ripart, der einmal Glasmacher gewesen ist.

Aber für Gaspar Díaz, den Proviantmeister der *Trinidad*, ist die Zukunft etwas anderes. Ein Spiegel vielleicht. Ein Quecksilberglas, mit welchem er sein eigenes Bild einfangen will. In diesem Spiegelglas sieht er sich selbst als kleinen Teufel von neun Jahren, der sich zur Erntezeit mit anderen seines Alters zusammentut, um auf die Felder eines reichen Nachbarn zu ziehen und heimlich die Tagelöhnerinnen zu beobachten, wenn sie unter einer alten Steineiche Pipi machen. So entsteht vor unseren Augen, Don Carlos, ein goldenes Weizenmeer, das im Wind wogt, und schwarzgekleidete Frauen, die zwischen den Stoppeln wie Vögel aussehen, und sobald sie entdeckt sind, beginnt ein unterdrücktes Gackern und Schreien und eiliges Fortlaufen. Und da ist ein Geruch nach warmer Erde, nach junger Saat, nach Mist und unzähligen Fliegen, und ein irres Verlangen, sich noch mehr dieser Tagelöhnerin zu nähern, die ihnen manchmal mit ärgerlicher Geste ihr Geschlecht zeigt. Bis Gaspar sich eines Tages entschloß. Er war ganz durcheinander, das Herz klopfte ihm sehr schnell und sehr heftig in der Brust, Hoheit. Und die Frauen tuschelten und lachten und riefen ihm Dinge zu, die er nicht hören konnte. Er sah nur die eine, die ihn mit erhobenem Rock erwartete. Er stellte sich seine Freunde vor, die halb tot vor Angst dieses Bild beobachteten. Und er setzte seinen Weg fort, obgleich sein Herz so wahnsinnig schlug, daß ihm schwindlig wurde...

»Aber das ist die Vergangenheit!« beschwert sich jemand.

Da zuckt Gaspar die Schultern und entfernt sich. Ein anderer nimmt seinen Platz ein, denn, wie ich Euch schon sagte, redeten wir viel dort im Meer des Südens. Wir hatten nichts weiter zu tun, als auf den vom Kapitän versprochenen Wind zu warten. Wir aßen ohne Widerrede die Ration gekochten Reis, denn das ist alles, was wir noch haben, und auch das geht zur Neige. Und das Gerede. Den Mund hielten wir nur, wenn die Sonne unterging. Sobald der Feuerball in der unendlichen Weite des Meeres verschwand, überwältigte uns ein sonderbares, beinahe religiöses Gefühl. Dann war die Stille noch tiefer. Sogar Don Hernandos Schritte, welche Tag und Nacht durch die leeren Kammern hallten, verstummten. Doch wenn die Nacht hereinbrach und der Mond auf der Seite erschien, wo das Festland sich befinden mußte, denn auf irgendeiner Seite mußte das Festland sein, erst dann nahmen wir unsere Gespräche wieder auf. Ja, wir redeten viel. Wir redeten so viel, daß wir die Zeiten durcheinanderbrachten und auch die Geschichten.

Wie Martín der Böttcher, der sich die Erstkommunion von Lorenzo de Corrat angeeignet hat und sich an die Vorbereitungen mit derart ausufernden Einzelheiten erinnert, daß er uns alle langweilt. Alle mit Ausnahme natürlich von Lorenzo, der ihm wie verzaubert zuhört.

»Aber das Aroma der Schokolade und der Kekse und des Marzipans und das Klappern des Geschirrs und das Gezisch der frommen Tanten, das alles gehört doch Lorenzo«, beschwert sich jemand.

»Das macht doch nichts«, erwidert dieser und kann seine Augen nicht von Martíns Lippen wenden.

So daß der Böttcher, versteckt hinter den hohen Stühlen eines dunklen Saales, mit seiner Geschichte fortfährt, während die alten Frauen Klatsch und Gebete raunen und ein »Komm her, du machst dir die Knie schmutzig« oder »Du bist eine wahre Freude« und »Er wird ein Engel werden, Vater, Ihr werdet es noch erleben«, zu hören ist.

Nicht anders Joan de Acurio. Obschon er Offizier und alles das ist, hat er Zubeleta die Geschichte gestohlen, und der ist nur ein simpler Soldat, der die Lombarden bedient. Und er, der Dieb, vermag die naive Freude des Kindes sichtbar zu machen, das ihn ungeduldig bei seiner Heimkehr von den Feldern erwartet, ihm entgegenrennt und ihm die Ärmchen um den Hals wirft und sich an sein Gesicht schmiegt, die Wangen gerötet vom Frost und der Atem stoßweise vom Dauerlauf. Und der Dieb verliert sich in einem Labyrinth geborgter Empfindungen und Gefühle, aus dem er erst herausfindet, als Zubeleta erscheint. Da verstummt er, auf den geeigneten Augenblick wartend, die Szene wiederholen zu können, die ihm nicht gehört und die, was er nicht wissen kann, falsch ist, von Zubeleta erfunden, der nie eine andere Familie gehabt hat als die zufälligen Zellengefährten im Gefängnis von Valladolid.

Es ist nun mal so, Hoheit, daß wir viel reden. Wir unterhalten uns die ganze Zeit, als wollten wir die unendliche Weite mit Worten erfüllen. Unsere leeren Gedärme mit Worten vollstopfen. Wir redeten den ganzen Tag und fast die ganze Nacht. Wir schwiegen nur, wenn die Sonne unterging oder die Wale auftauchten. Mit einemmal zerbrach das Kristall des Wassers, und es war, als würden sich aus dem Nichts, wie in einem Traum, viele schaumsprühende Kathedralen erheben. Da verstummten wir alle. Aber nach einer Weile kehrten wir zu unseren Unterhaltungen zurück. Ja, in der Tat, wir redeten viel damals, aber da es nicht viel gab, worüber man reden konnte, liehen sich die Leute nicht nur die Geschichten oder stahlen sie, sondern tauschten sie auch aus in Ermangelung anderer Tauschgegenstände.

Da hast Du Policarpo, Hoheit, der Severino Segade eine alleinstehende Tante abtritt, welche ihm Süßigkeiten schenkte, wenn er die Verse von Macías' *O Namorado* auswendig aufsagen konnte, die sie ihm beigebracht hatte – im Tausch gegen einen regnerischen Herbstnachmittag. Aber beileibe nicht irgendein Nachmittag. Ein Nachmittag mit Hufgetrappel auf den Steinfliesen des Platzes, einer blinden Lehmmauer und ein paar dahinter hervorlugenden schwarzen Pappeln und einem romanischen Vorhof, wohin sich die Tauben flüchten und vor dem eine Kutsche angehalten hat. Der Kutscher steigt ab und Policarpo sieht, wie das Wasser von den glänzenden Flanken der Stute rinnt, und er hört den energischen Schlag des Türklopfers und das Geräusch der Sägen in einer benachbarten Tischlerei. Und er berichtet Euch, Caesar, vom Geruch des hinter der Lehmmauer des Internats versteckten Gartens (ein Geruch nach nasser Erde und nach feuchten Pflanzen) und vom würzigen Aroma des Sägemehls, welches vom Platz aufsteigt, als er, vom Aufseher geführt, durch die Tür schreitet. Der Aufseher hat das Tor verschlossen und seinen Vater draußen stehenlassen. Darauf gewahrt er ein Hüh! und die Hufe der Stute auf den Steinfliesen des Platzes, und es scheint ihm, als ob es seine Kindheit ist, die sich mit ihnen entfernt. Aber es ist nicht seine Kindheit, Erhabener, sondern Policarpos Kindheit; denn Severino Segade ist niemals Seminarist gewesen, hat nie auf diesem Platz gestanden, noch hat er die Hufschläge gehört, auch nicht den Schlag des Türklopfers oder das Geräusch der Sägen der Tischlerei, wie sie in Policarpos Erinnerungen auftauchen. Er hat folglich niemals diesen Garten gerochen, noch hat er den Geruch nach Sägemehl auf diesem Platz mitgenommen, noch hat er die vor dem Regen in den romanischen Vorhof flüchtenden Tauben gesehen, noch überhaupt etwas; er hat ja nicht einmal einen Vater. Aber aus irgendeinem unerfindlichen Grund gefällt ihm diese Szene, sie erfüllt seine Seele mit Stolz und seine Augen mit Tränen, er empfindet sie als zu ihm gehörig, während Severino Segade die Verse von Macías wiederholt und die Aufmerksamkeiten der alleinstehenden Tante, die er niemals gehabt hat, gehen ihm ans Herz.

Wie ich Euch sagte, wir redeten viel damals, wo es nicht viel zu reden gab. Was sonst sollten wir tun in diesem Gefängnis ohne Gitter, während wir auf die Winde warteten, die uns endlich zu den Molukken führen sollten? Was sonst, um die Zeit totzuschlagen und den Hunger zu vergessen, uns Eure mächtige Flotte nicht vorzustellen als eine Handvoll Nußschalen inmitten eines endlosen Ozeans? Nur deshalb redeten wir unentwegt, ausgestreckt im Schatten der großen Segel. Wir unterhielten uns Tag und Nacht und schwiegen nur bei Sonnenuntergang oder wenn die Wale auftauchten oder wenn jemand das Vorüberziehen einer dieser riesigen Meeresschildkröten anzeigte. Dann verließen wir den Schatten und lehnten uns über die Reling, um die langsame, majestätische Reise dieses sonderbaren, rätselhaften Wesens zu sehen, wie ein im Kristall des Wassers eingelegtes Schmuckstück. Seine Bewegungen waren so wenig wahrnehmbar, daß man den Eindruck haben konnte, es sei völlig unbeweglich, als sei das Meer mit einemmal gefroren. Doch es bewegte sich, umkreiste gleichgültig die Schiffe und setzte ohne Eile den Weg fort, als hätte es alle Zeit dieser Welt zur Verfügung. Unsere Augen folgten dem Tier mit Traurigkeit, und als es nicht mehr zu sehen war, kehrten wir in den Schatten zurück und begannen unsere Gespräche von neuem.

Wir sprachen über den Preis der Ratten, welche zu der Zeit unsere einzige Nahrung waren. Wir ließen uns darüber aus, daß ein ausgewachsenes Männchen bis zu drei Zentner Pfeffer kostete, und es versteht sich von selbst, daß der Käufer den Preis erst dann begleichen würde, wenn wir die Molukken erreicht hätten. Und ein trächtiges Weibchen sei sein Gewicht in Gold wert. Die

Sache ist die, daß sie sehr rar geworden waren. Und da es sehr wenige waren und sehr wertvoll, hatte sich eine Aristokratie von Jägern herausgebildet, die auch den Handel monopolisierten. Sie allein vermochten, Bezahlung vorausgesetzt, die Jagd zu autorisieren. Sie allein durften eine Ratte verkaufen, niemand sonst. Zu diesem Zweck war das Schiff in streng abgegrenzte Zonen unterteilt worden, und ich kann Euch versichern, niemand drang in das Gebiet des Nachbarn ein, weil die Repressalien schrecklich waren. Wenn also jemand eine Ratte haben wollte, bot er zunächst alles an, was er hatte, und wenn das nicht reichte (es reichte nie), unterschrieb er Papiere, mit denen er seinen Anteil an den Gewinnen, die ihm unsere Reise einbringen würde, abtrat. Es wurde sogar gemunkelt, die ganze Sache sei von oben organisiert, mehrere Offiziere würden sich daran beteiligen, und der Kopf der ganzen Sache sei ein gewisser Sebastián, den Ihr zum Ersten Umrunder der ganzen Welt ernannt habt. Jedenfalls funktionierte die Organisation besser als Deine eigene Regierung, Don Carlos. Beflügelt von so einträglichen Gewinnen, ließen sich die Jäger durch die Luken nach unten gleiten, mit einem Stock und einem Sack bewaffnet und ohne eine Lampe, um ihre Beute nicht zu verscheuchen; sie wühlten wie Katzen hinter den leeren Fässern, zwischen den Körben und Weinkrügen. Sie wühlten in allen Winkeln des Schiffes, außer dort, wo der Zwieback aufbewahrt wurde. Die prall gefüllten Säcke reichten bis unter die Decke, und der Duft nach Herd, nach warmem Brot verbreitete sich im ganzen unteren Schiffsraum. Aber das war einmal. Jetzt blieb uns nicht mehr als eine Handvoll Staub, voller Würmer und Rattenschiß. Dieser Staub war unser ganzes Kapital. Davon wurden die Ratten fett, die wir aßen. Dank ihm wuchsen und vermehrten sie sich. Daher war dort die Jagd streng verboten. Zwei Lombardiere bewachten den Ort, seit ein Schiffsjunge gegen das Gesetz verstoßen hatte. Man fand ihn mit beiden Händen den Zwiebackstaub verschlingend, und seine Leiche hing eine Woche lang am Großmast. Gewiß, Hoheit, wir sprachen auch über ihn, aber nur am Anfang; später wurde er ein Teil nur der Kulisse. Und wir gingen dazu über, von anderen Dingen zu reden. Weil wir, wie ich Euch schon sagte, damals viel zu reden hatten. Und wenn es nichts gab, worüber zu reden war, erfanden wir Spiele. Dumme Spiele, wie das, welches wir »Was ist es?« nannten. Auch bezeichnet als »Tautologie des Hungers« oder, wenn es Dir lieber ist: »Die Molukken – Gespräch über das Wesen einiger Dinge und anderer nicht«.

»Was ist für dich ein Schiff?« sagt jemand.

»Ein Bottich«, antwortet ein anderer.

»Ein lebender Bottich«, sagt ein dritter.

»Ein Bottich aus Holz«, wiederholt der erste.

»Bäume. Ein ganzer Wald.«

»Ein Haufen Holz.«

»Eine offene Tür.«

»Ein Sarg.«

»Der Tod.«

»Und was ist der Tod für dich?«

»Ein Schiff. Das letzte.«

»Eine andere Tür«, sagt der Kaplan Balderrama.

»Wir können nicht wissen, was es ist, bis wir durch sie getreten sind«, mischt sich Rodrigo ein, der Spekulationen zugetan ist. »Und sobald wir es wissen, können wir es keinem mehr erzählen. Aber ich neige dazu, ihn als einen Übergangsmoment zu bezeichnen – ihr wißt schon, zwischen dieser Welt der Prüfung und dem wahren Leben. Man könnte auch sagen, daß der Tod das Leben ist, nicht wahr, Pater?«

»Es kommt ganz darauf an«, antwortet der Kaplan aufgeräumt. »Es kommt ganz darauf an. Es kann das ewige Leben sein oder die ewige Verdammnis, welche der wahre Tod ist, nämlich der der Seele.«

»Also wißt ihr!« sage ich, verärgert über so viel Geschwätz. Der Tod ist eine Schweinerei. Gestank, brummende Fliegen, Würmer, einfach eine Schweinerei.«

»Und die Einsamkeit«, fügt jemand hinzu.

»Und was ist die Einsamkeit für dich?«

»Ein verschlossenes Haus.«

»Eine leere Wiege.«

»Das ist der Tod«, sage ich.

»Und auch die Einsamkeit. Sie sind ein und dasselbe.«

»Die Einsamkeit ist eine Pflanze, die wächst dir in der Brust und treibt so starke Wurzeln, daß du sie nicht ausreißen kannst.«

»Eine Geste oder ein Duft, den wir nicht wiedererlangen können. Ein für immer verlorener Geschmack.«

»Ein Weg, der sich entfernt.«

»Das ist ein Schiff.«

»Nein, es ist die Freiheit.«

»Und was ist für dich die Freiheit?«

»Ein Schiff.«

»Viele Türen.«

»Ein ungezähmtes Tier.«

»Ein spielendes Kind.«

»Das Gold und die Gewürze.«

»Ein Fluß, der sich ungeachtet der Hindernisse einen Weg bahnt.«

»Der Tod ist ein Fluß.«

»Nein, das Leben.«

»Und was ist das Leben für dich?«

»Ein Bottich.«

»Wir haben gesagt, das sei ein Schiff.«

»Der Duft eines guten Bratens.«

»Eine Frau, die vorübergeht und uns für einen Augenblick verführt.«

»Ich glaube, das ist die Erde.«

»Das Samenkorn.«

»Der Pflug und die Ochsen.«

»Das ist die Arbeit.«

»Und was ist die Arbeit?«

»Wir reden vom Leben. Was für ein Ding ist das Leben?«

»Der Hafen, der uns am Ende jeder Reise erwartet.«

»Das gleicht dem Tod.«

»Die Frau, die uns vermißt.«

»Das auch.«

»Das Kind, das nach seinem Vater fragt.«

»Das Leben ist gut«, meint jemand mit träumerischen Augen.

Und fährt sich sogleich mit der Zungenspitze über das entzündete Zahnfleisch.

Er tut es verstohlen, aber wir alle sehen es und schweigen.

»Machen wir weiter mit dem Leben«, sagt der mit dem entzündeten Zahnfleisch.

»Es ist ein trockenes und warmes Bett«, antwortet ein anderer.

»Ein Sessel am Feuer.«

»Die Frau, die uns vermißt.«

»Das ist die Einsamkeit.«

»Die Einsamkeit ist das Meer.«

»Das Meer ist der Tod.«

»Der Überdruß.«

»Der Hunger.«

»Der Wahnsinn.«

»Ein riesiger und sonderbarer Spiegel.«

»Ein Traum.«

»Das ist das Schiff: eine Handvoll Träume.«

»Und was sind Träume?«

»Eine Frau, die vorübergeht und uns verführt.«

»Sie sind wie idiotische Jagdhunde, die ihren Herrn zu einer nichtvorhandenen Beute ziehen.«

»Wie Hunde, die sich gegen ihren Herrn wenden und ihn wütend verfolgen.«

»Die in der Nacht bellen und ihm den Schlaf rauben.«

»Die alle Ketten zerreißen, mit denen man sie anzubinden versucht.«

»Das ist die Freiheit.«

»Nein, das sind die Träume.«

»Eine Blume, die verwelkt, wenn sie mit der Sonne in Berührung kommt, das sind die Träume.«

»Das ist die Zeit.«

»Die Zeit ist ein Ozean, dessen Grenzen niemand kennt.«

»Ein Kind, das wächst und ein Mann wird.«

»Die untergehende Sonne.«

»Und was ist die Sonne?«

»Die Sonne ist eine Schmiede.«

»Eine Axt mit zwei Schneiden.«
»Ein Stein, der die Schiffe zermalmt.«
»Ein Grabstein.«
»Das ist der Tod.«
»Das ist die Sonne.«
»Das ist der Hunger.«
»Und was ist der Hunger?«
»Ein leerer Bottich.«
»Das war ein Schiff.«
»Der Hunger ist ein Schiff im Warten auf den Wind, der nicht kommt.«
»Ein Pilz, der auf dem Gehirn wächst.«
»Eine Ratte, die ihre Gänge in den Eingeweiden gräbt.«
»Ein Tisch, kahl und in der Stille.«
»Und was ist die Stille?«
»Die Stille ist ein Stein.«
»Ein Grabstein.«
»Dies ist der Tod.«
»Dies ist die Sonne.«
»Das Meer.«
»Die Stille ist ein toter Wind.«
»Und was ist der Wind?«
»Ein Schiff.«
»Eine Tür.«
»Alle Türen.«
»Und die Windstille?«
»Ein Vogel im Käfig.«
»Ein Grabstein.«
»Das ist der Tod.«
»Das ist der Hunger.«
»Das ist unsere Flotte.«
»Und was ist eine Flotte?«
»Ein ganzer Wald.«
»Ein Haufen Holz.«
»Ein Sarg.«
»Eine Handvoll Träume.«

Das Spiel endet stets mit derselben Frage: »Und was sind die Molukken?«

Eine Frage, die nun keine schnellen Antworten mehr nach sich zieht. Daß sie der Gewürzhandel oder das Ziel der Flotte sind, das ist uns zu eindeutig und zu ungenügend. So daß wir schließlich in ein Meer neuer Fragen tauchen, bei denen langsam das Interesse an diesem Spiel nachläßt.

»Habt ihr gewußt, daß das Wort ›maluco‹ auf Portugiesisch ›verrückt‹ bedeutet?«

»Meint ihr nicht, daß dieses Wort einen merkwürdigen, eigentlich magischen Klang hat?«

»Warum man sie wohl so nennt?«

»Wo liegen sie?«

»Wer kann das wissen? Irgendwo oder nirgendwo.«

»In jedem einzelnen von uns?«

»Glaubt ihr, der Kapitän weiß es?«

»Ist es ein Traum?«

»Eine Handvoll Träume?«

»Eine Flotte ohne Wind?«

»Ein Schiff?«

»Ein Grabstein?«

»Eine Grabinschrift?«

»Eine andere Tür?«

Wir haben wirklich viel geredet, Hoheit. Doch gab es in unseren Gesprächen Themen, die wir sorgsam vermieden. Genau wie ein Schiff, das den Riffen ausweichen will, die sich unter der harmlosen Wasseroberfläche verbergen, und im Kreis fährt, während die Mannschaft angespannt und konzentriert auf jedes Manöver achtet. So vermieden wir es, über den Mangel an Proviant zu reden oder über die Tage, die wie ausgelöscht vergingen und die wir längst nicht mehr zählten, und wir sprachen auch nicht über eine Rückkehr nach Hause. Wir sprachen auch nicht über die Kranken, von denen es jeden Tag mehr gab. Auch nicht über Gonzalvo de Vigo, der dabei überrascht wurde, als er sich an der Leiche von Gaspar Díaz zu schaffen machte. Gaspar war gestorben, ohne daß wir es bemerkt hatten, und Gonzalvo versteckte ihn in einem der leeren Spinde. Dort wurde er ertappt, da er wie ein Geier über der Leiche hockte. Aber wie ich Euch schon sagte, wir sprachen nicht über derlei Dinge. Der Hunger war ein persönliches Problem. Ein innerer Zweikampf. Eine individuelle Herausforderung. Namenlos wie der Gott der Hebräer. Es ist eine Lüge Deiner Chronisten, daß Don Hernando verboten hätte, über den Mangel an Proviant zu sprechen. Die Sache ist die, daß es niemand tun wollte. Der Hunger war unser Zwiegespräch mit Gott. Und jeder behielt ihn für sich. In der Überzeugung, daß darüber zu reden bedeuten würde, die letzte Barriere niederzureißen. Jenseits derer wir nichts weiter als eine Handvoll wilder Tiere, eine Meute von Hyänen sein würden.

Also tranken wir wortlos das stinkende Wasser, das uns zustand und jeden Tag knapper wurde. Und kauten ergeben das aufgeweichte Leder, das unser einziger Lebensunterhalt war, weil es nun auch keine Ratten mehr an Bord gab. Wir zogen das Leder von den Masten und Rahen ab, weichten es vier oder fünf Tage im Meer ein, und dann kauten wir stundenlang. Auch wenn die Zähne schmerzten und sich aus dem Zahnfleisch lösten, wir machten keinerlei Bemerkung, wir taten, als äßen wir dieses Zeug aus freier Entscheidung, und dann schliefen wir ein in der großen Ruhe, die uns umgab. Unter einem Himmel ohne Wolken, ohne Vögel und ohne Fliegen. Auf diesem Meer, das manchmal aus Glas war und manchmal aus Stein, doch aus Wasser nie. Weil es in dieser ganzen unendlichen Weite nichts anderes gab als Sonne und Stille. Und eine Handvoll Lebewesen, die im Schweigen und unter der Sonne langsam erloschen.

Als einziger lehnte sich Don Hernando auf, der im Schweigen und unter der Sonne Tag für Tag dieselbe Zeremonie abhielt.

Das Ritual beginnt um die Mittagsstunde, wenn er mit dem Astrolab auf das Quarterdeck steigt. Er schiebt den Daumen der linken Hand durch den Metallring, hebt das Instrument bis auf Augenhöhe, bewegt mit seiner rechten Hand den kleinen Bronzearm, und sobald die sengende Sonne des südlichen Meeres zu einem harmlos leuchtenden Punkt in der Öffnung am Ende des Arms wird, wendet er den Blick vom Himmel und liest die auf der

Blechscheibe markierte Höhe ab. Diese Operation wiederholt er dreimal, um dann, während das Astrolab von seiner Rechten herabhängt, als hielte er einen kaputten Schuh oder eine Geige ohne Saiten, einen Augenblick stehenzubleiben und den Himmel zu befragen. Danach steigt er herunter und begibt sich zum Kompaßhaus. Er hebt den Deckel ab und betrachtet ihn lange, als suche er Gott weiß was für Zeichen mit Hilfe der Magnetnadel. Sodann gleitet sein Blick über die Gegenstände, die sich in dem kleinen Raum häufen. Da ist eine Laterne, die unter normalen Bedingungen ständig brennt, damit der Steuermann den Kompaß lesen kann. Die Laterne ist kalt und glänzt oxydiert. Da ist ein Magnetstein, um die Nadeln aufzuladen. Dann mehrere kostbar geschmückte Kompasse. Verschiedene Lote mit ihren jeweiligen Senkbleien, die Tiefe zu messen. Die Logleine ist wie immer umständlich in ihrer mittleren Kerbe vertäut. Da sind die Uhren, einige auf dem Schrankbrett, andere liegen umgestürzt auf dem Tisch, bei einigen ist das Glas zerbrochen und der Sand verlorengegangen.

Der Kapitän bewegt sich unentschlossen hin und her, ohne zu wissen, welches der Instrumente er in die Hand nehmen soll, und als er sich nicht entscheiden kann, lenkt er seine Schritte schließlich über die Planken zum Schernockenluk und steigt in die unteren Schiffsräume hinab.

Wir sehen ihn nicht, doch der Klang seiner Schritte wird in der Stille zu einem genauen Signalbuch, mit dessen Hilfe wir jeden Ort und jede Bewegung seines ausführlichen Rundganges entschlüsseln können. Dann verwandelt sich der Grundriß des unteren Decks, den jeder im Kopf hat, in ein Spielbrett und Don Hernando in die Spielfigur. Doch die Figur schreitet, ohne aufgehalten zu werden, durch die leeren Spinde und betritt mühelos das Arsenal der Proviantkammer, da ihre Eisentüren weiterhin sperrangelweit offenstehen, und er macht auch nicht in dem Verlies halt, wo sich die restlichen Wasserfässer befinden; und das ist schlecht, Hoheit. Es bedeutet, daß wir am Verlieren sind. Denn die Figur kommt erst in dem Feld zum Stehen, das die Munitionskammer voller Schießpulver einnimmt und wo der Trödel liegt, kleine Spiegel und Glasperlenketten in allen Farben bis hoch zur Decke. Dann geht er weiter durch die entlegensten Spanten, zwischen leeren Körben und Fässern voller Algen, und er geht immer schneller. Das Spiel endet, als die Figur am Fuße der Luke ankommt, von wo aus sie den Rundgang angetreten hat. Stets verloren wir die Partie, Hoheit, wir konnten uns noch so sehr anstrengen, wir verloren immer. Es war, als ob die Würfel falsch wären. Doch war das Schlimmste nicht, zu verlieren, sondern nicht zu wissen, gegen wen wir spielten.

Don Hernando tauchte aus der Luke auf und setzte seine Inspektion auf der Steuerbordseite fort, bis zum Bugspier.

Nur er konnte es wagen, auf der anderen Seite des Ankerspills in die den Kranken vorbehaltene Zone einzudringen. Denn wir, die Kranken und die Gesunden, haben uns das Schiff geteilt, als ob die Barriere zwischen diesen beiden Welten etwas zu bedeuten hätte unter diesen Umständen. Und wir, die Gesunden, gehen unserer täglichen Routine nach und kümmern uns nicht um die Kranken, und sie in ihrer Agonie kümmern sich nicht um uns. Beide Zonen grenzen sich vollkommen voneinander ab. Sobald der Kranke selbst die charakteristischen Anzeichen seiner Krankheit bemerkt, verläßt er, ohne daß es ihm jemand sagen muß, das Achterschiff, er überquert den neutralen Streifen zwischen Ankerspill und Großmast und begibt sich in die Zone des Vorschiffs. Dort verstecken sie sich den Tag über. Dort erheben sich in den Mondnächten die bleichen schattenhaften Umrisse. Schatten dessen, was sie einmal waren. Denn die Krankheit entstellt sie. Macht aus ihnen Unbekannte. Grausam werden sie und selbstsüchtig. Und das befestigt die gedachte Grenze zwischen den beiden Welten. Eine Grenze, die nur Don Hernando zu überschreiten wagt bei seiner alltäglichen Inspektion des Schiffes. Er allein, taub für die Beschimpfungen, welche diese verfluchten Wesen ausstoßen. Er prüft die ächzenden Blockrollen, die Risse bekommen haben, weil sie zu lange der Sonne ausgesetzt waren. Er kontrolliert die Beweglichkeit der Leinen, die jeden Tag steifer werden. Schätzt die Spannung ab der schon viel zu lockeren Wanten. Läßt die Ankerwinde kreisen, welche das Salz schwergängiger gemacht hat. Überprüft sorgfältig den Fockmast, indem er mit den Händen seinen Umfang oben und unten abtastet, mit den Fingern eines Liebenden jedem seiner Risse im Holz folgt. Er hängt sich an die Ringe des Besansegels, um ihre Festigkeit zu prüfen. Betätigt die Schiffspumpe, nicht ohne sich vorher zu vergewissern, daß er von niemandem beobachtet wird. Klopft mit den Fingerknöcheln den Großmast ab in liebevollem Zwiegespräch. Betrachtet die rostzerfressene Hecklaterne. Bis er schließlich, als wären ihm die Füße schwer oder die Seele, sich ganz langsam zu seiner Kajüte begibt, deprimiert über den Verfall des Schiffes und über die Windstille. Denn es gibt weder Wind noch Anzeichen davon. Und ohne Wind gibt es kein Schiff, weil Wind und Schiff unzertrennlich sind. Denn was wäre ein Schiff ohne den Wind, der es vorantreibt? Ein merkwürdiger Haufen von Holz und Leinen und Segelleinwand, in allem der lächerlichen Unterkunft ähnlich, die Juan Serrano errichtet hatte. Eine Pyramide, in deren geheimen Gängen Männer ohne Zukunft und Hoffnung dahinfaulen. Ein Denkmal für die Träume der Vergangenheit. Das sind seine Gedanken, während wir, die wir im Schatten der großen Segel liegen, mit Zähnen, die zerbröseln wie Sand, mit aufgedunsenem und schwärigem Zahnfleich und einem Mund, der eine einzige rosafarbene und stinkende Wunde ist, unablässig reden. Wir unterhalten uns die ganze Zeit und beobachten dabei einander, so daß die Rede einen anderen Weg nimmt als die Augen. Von Zeit zu Zeit und in aller Stille steht einer auf und macht sich auf den Weg zum Vorschiff, weil ihn die entsetzlichen Bauchschmerzen gepackt haben, die ein Zeichen sind, daß er gehen muß. Doch hört deshalb das Gespräch nicht auf, und die dunkelvioletten, von Skorbut aufgedunsenen Münder öffnen sich wie Rosen in einem Frühlingsgarten.

Wie dies ganze nutzlose Palaver, in das sich unsere glorreiche Reise rund um die Welt verwandelt hatte, endete? Gewiß doch, Wundervolle Hoheit, Juanillo weiß sehr wohl, daß Du genug hast und ungeduldig bist und diese Chronik wahnsinniger Schwätzer verfluchst und den verrückten Autor dazu. Du willst Taten sehen.

Willst Deine Männer in den Wanten klettern sehen, wie sie sich an die Rahen werfen, die Seile spannen und sich ins Abenteuer stürzen. Willst das Knattern der Segel, das Brausen der von Deinen Bugen gespaltenen Wellen hören, das Durcheinander von Rufen und das Donnern der Kanonen. So viel Gerede wie von mir hier aufgesetzt, so viel Geschwätz kommt Dir schon zu den Ohren heraus und vor Langeweile stirbst Du. Müde bist Du vom schwindelerregenden Geruch der Schiffe, und Deine kaiserliche Nase verlangt nach dem würzigen Duft des Schießpulvers, dem süßlichen Geruch des Blutes (der noch in meiner Chronik fehlt) und vor allem nach dem Wohlgeruch der Gewürze. Und dennoch fahre ich fort, Dich mit so viel Blablabla zu ärgern, als hättest Du nicht schon genug davon gehabt. Haben nicht Pedro Martyr und der andere, Pigavetter oder wie er hieß, in zwei Absätzen diese ganze Angelegenheit erledigt, auf die ich so viele Seiten verwende? Hätte nicht der Hinweis genügt, daß eine monatelange Flaute uns erwischte, uns der Proviant vollkommen ausging und wir also großen Hunger litten; um dann abermals mit den Winden zu kommen, und ab geht die Reise ins Ziel? Warum so viel Umschweife? fragst Du Dich. Du hast schon genug aushalten müssen, sagst Du Dir, und Dein mächtiger Wille verlangt danach, das Geschwader erneut in Fahrt zu sehen. Und wenn Du könntest, Du würdest mir schreiend den Befehl dazu erteilen, würdest mich bestrafen, wenn ich Dir nicht gehorchte. Und schon denkst Du, ich werde mit diesem oder dem nächsten Satz Deiner Forderung nachgeben, wie es alle tun. Doch nein. Du irrst Dich, Majestät. Meine Ohren sind taub für Deine Befehle, und ich lasse die Flotte so lange im Meer des Südens halten, wie ich will, und schalte hier noch einen Satz ein.

Das ist, Hoheit, der eingeschaltete Satz: Um Dich daran zu erinnern, daß, wer diese Seiten schreibt, weder Gott ist noch irgendeine Muse oder irgendeine Entelechie, sondern Juanillo Ponce, aus Fleisch und Blut wie jeder Sohn seiner Mutter. Übrigens, falls der Bericht flüssig und zusammenhängend daherkommt und Euch den Eindruck macht, ich hätte ihn in einem Zug niedergeschrieben, ohne mir Zeit zu lassen, eine Tortilla zu essen oder auf die Pflanzen im Garten zu pinkeln, dann irrt Ihr Euch. Eine Lüge ist es. Nichts als ein Kunstgriff. Kniffe, die einer so lernt, seine

Schüchternheit zu verstecken, seinen Ehrgeiz zu verhehlen, seine Nöte zu bemänteln.

Aber langsam habe ich genug von so viel Vorstellung. Gerade heute hätte ich Lust, Euch zu sagen, daß ich Bauchschmerzen habe und daß Filomena, die Freude meiner Augen, seit Monaten krank ist und daß auch ich nachts den unmerklichen Vormarsch des Todes in der Zahnfäule spüre – wie ein Blinder aus einem meiner Nachbardörfer einmal sagte.

Und falsch ist auch das mit Filomena, die Ärmste ist nur eine groteske Maske, hinter der ich mit liebevoller Schamhaftigkeit diejenige verstecke, die ich wirklich liebe und der ich diese Erinnerung widme, die keine andere Widmung hat außer an der Stelle, an der wir gerade sind. Sie lautet: »Für R., die alles für mich ist.« Lust hätte ich, auch wenn es Dich nichts angeht oder Dich womöglich verstimmt. Auch wenn es meine Rede verpfuscht oder meine Chronik verunstaltet. Oder Du von mir denkst: er ist ein Dummkopf. Und wirfst meine Papiere ins Feuer, und bei Deinem nächsten Müßiggang unterhältst Du Dich lieber mit der Lektüre der königlichen Chronisten.

Ich gleiche ihnen nicht. Will es auch gar nicht. Sie, die ihr eigenes Elend umständlich verbergen, damit Ihr mit ruhigem Gewissen das Schauspiel genießen könnt. Lügner, Heuchler, Feiglinge, die mir leid tun, das ist dieser Pedro Martyr aus England, desgleichen die Dichter und die anderen Märchenerfinder, die so tun, als seien sie durchsichtig wie die Luft und allwissend wie Gottvater, um Euch zu gefallen.

Ihre Schuld ist es, wenn Euresgleichen meinen, es wäre niemand unter diesen Masken. Und nichts sagt Euch der falsche Reichtum ihrer Gewänder. Auch nicht die Grimasse, die Ihr für ein Lächeln haltet. Und nicht das Tambourin und die Drehsprünge, die Ihr für Freude haltet.

Zum Teufel mit euch allen. Wenn ihr euch unserer Kunst bedient, wann es euch gefällt, wann immer ihr einen freien Augenblick habt, um ein Musestündchen zu füllen, und den Rest der Zeit arbeitet ihr, eßt und scheißt, liebt und habt Kinder, leidet und hurt und sterbt, wenn ihr könnt – ja, was meint ihr denn, was wir tun, wenn wir keine Vorstellung geben? Was, meint ihr, ist mit uns geschehen zwischen der Seite 35 und 63? Ihr, die ihr lest, um euch zu erfreuen und um einschlafen zu können, und kommt der Schlaf, legt ihr die Chronik auf Seite soundso beiseite, wenn Don Hernando gerade dabei ist... Was wißt ihr denn von der wirklichen Geschichte dieser Seite? Woher wißt ihr, ob der Chronist nicht unterbrechen mußte, als Don Hernando gerade dabei war, weil er benachrichtigt wurde, daß seine Mutter gestorben ist, oder weil er vor Kälte schlottert und morgen ganz früh aus dem Haus gehen muß, sich sein täglich Brot zu verdienen, das ihr ihm nicht gebt? Deshalb, Hoheit, macht mich, wie gerade jetzt, oft der Zusammenhang meines Berichts zornig. Ich schäme mich dafür zu denken, daß die Ruhe, daß die Sicherheit, die Dir dieser Zusammenhang gibt, auf Kosten dessen geht, daß ich meine Wunden verstecken muß, hinter der Maske der Worte verschwinden muß, hinter den Gesichtern der Personen, hinter den erfundenen Sorgen dieser Phantasiewesen, die durch die Seiten gehen, die Dich so sehr entzücken oder betrüben. Deshalb, Hoheit, habe ich manchmal eine wahnsinnige Lust, meinen Bericht zu unterbrechen, wie jetzt, und zuzulassen, daß er so holprig wird und voller Zufälle wie das Leben selbst.

Bist Du noch da, Don Carlos? Bist Du böse auf Deinen Diener? Ich wette, Du bist es nicht. Denn mit olympischer Geduld wartest Du darauf, daß dieses mein Aufbrausen vorübergeht, das Du mit der den Mächtigen eigenen Güte toleriert hast, diesen Ausbruch des leibhaftigen Juanillo in Deiner Chronik, überzeugt davon, er würde am Ende sein Ningeln und Nörgeln schon sein lassen und zum Eigentlichen zurückkommen. Und da hast Du recht, wie Du immer recht hast; darin bist Du wie meine Filomena. »Denn was soll aus dir werden ohne Don Carlos?« hat sie zu mir gesagt. »Was hast du davon, wenn du ihn verwünschst? Wir werden beide vor Hunger sterben«, hat sie gesagt. »Also sei brav. Du wirst mir doch keinen Ärger machen wollen, nicht wahr? Ich werde sonst krank, und vielleicht sterbe ich sogar. Also denk ein bißchen an mich, du Egoist! Du wirst mich doch nicht vor Hunger umbringen wollen, oder doch?«

»Was weißt du schon, was Hunger ist, gefräßige Hexe? Willst du mir etwa sagen, was Hunger ist?« sprach ich zu ihr und gab ihr recht, während ich das Gegenteil dachte. »Du kennst keinen Hunger«, sprach ich zu ihr, »und seine Hoheit, Don Carlos, auch nicht.«

Meine Kontakte mit dem Generalkapitän sind nicht mehr so häufig. Er ist abwesend, gedankenschwer. Es interessiert ihn weder meine Geschichte, noch schenkt er meinen Visionen Aufmerksamkeit. Wir reden wenig und über banale Themen. Meine Späße gefallen ihm nicht, und für gewöhnlich übergeht er meine Anspielungen.

»Euresgleichen, denen man das Christentum in die Wiege gelegt hat, wächst der Bart schneller«, sage ich zu ihm.

Er gibt keine Antwort.

»Wer, wie man mir sagte, einen schrecklichen Bart hatte, war Siqueira, der Vizekönig von Malacca«, bohrte ich weiter. »Einen dichten und struppigen Bart, der ihm von den Backen fast bis zu den Augen reichte, was ihm das Aussehen eines Raubtieres verlieh. Es heißt, er sei wie ein Affe gewesen.«

Don Hernando sieht weiter die Uhren an, die er auf dem Regal zu Füßen seiner Koje hat.

»Und daß er, obgleich ein Mann der Waffen, weder den Geruch des Schießpulvers noch des Blutes vertrug, weshalb er, wenn die Schlacht tobte, ein parfümiertes Spitzentaschentuch aus Flandern hervorholte und daran roch«, füge ich hinzu und beobachte seine Reaktionen.

Obwohl er an der Seite des legendären Portugiesen gedient hat, antwortet mein Herr nicht.

Gewiß denkt er: »Er war ein mutiger Mann. Mutig und gewissenhaft.« Und er vermißt ihn sogar. Lieber stünde er unter seinem Befehl und nicht an der Spitze dieser unbeweglichen Flotte. Aber das sagt er nicht. Er sagt überhaupt nichts. Und er gibt auch keine Antwort, als sich sage: »Auch Cartagena war ein mutiger und gewissenhafter Mann. Glaubst du, er ist noch am Leben?«

Don Hernando antwortet nicht, weil er weiß, daß es sinnlos ist, sich jetzt um den Inspekteur zu sorgen. Seine einzige Sorge augenblicklich sind die Winde. Und die Zahl der Männer, die der Hunger ihm heute hinwegraffen wird.

»Du hast recht«, sage ich, meinen Monolog fortsetzend. »Besser man überläßt das alles dem Vergessen: diesem dunklen Brunnen ohne Ende, in welchen wir die erlittenen Kränkungen und die begangenen Fehler hineinwerfen, um weiterleben zu können.«

Da glaube ich eine Spur von Zustimmung zu bemerken, kaum wahrnehmbar, und hoffnungsvoll begebe ich mich auf diesen Weg.

»Als Kind«, sage ich, »empfand ich eine seltsame Faszination für Brunnen. Ich beugte mich gerne über den Rand des Brunnens im Hof und betrachtete in der Tiefe den ruhigen Wasserspiegel.«

Vielleicht denkt er: »Dieser Ozean ist auch ein ruhiger Wasserspiegel.« Aber er sagt es nicht.

»›Woher kommt das Wasser?‹ fragte ich damals. ›Vom Himmel‹, sagte mein Großvater, der Rabbiner war und versicherte, daß der fragliche Brunnen eine Zisterne war. ›Aus den Eingeweiden der Erde‹, beharrte meine Großmutter, die den Brunnen für eine Quelle hielt. Sie einigten sich nie, aber ich bevorzugte die Meinung meiner Großmutter. Weil ihre Erklärung dem Brunnen eine unendliche Tiefe verlieh. So daß ich nachts nicht schlafen konnte, weil ich daran dachte. Und den Tag verbrachte ich damit, mich über den Brunnenrand zu beugen, obgleich meine Mutter es mir verboten hatte, weil sie sagte, ich könnte hineinfallen und ertrinken. Diese Möglichkeit stachelte meine Neugier noch mehr an. Und ich stellte mir vor, in diesen blinden Wassern unterzugehen. Ich ging jahrelang unter. So viele, daß ich wuchs, während ich unterging, und mich in einen Mann verwandelte und alt wurde, und noch immer ging ich unter, weil jener Wasserspiegel für mich keinen Grund hatte. Seitdem stelle ich mir den menschlichen Verstand genau wie diesen Brunnen vor. Und Gott wie eine von diesen Schildkröten, welche die Leute auf den Grund der Brunnen werfen, damit sie das Wasser sauberhalten.«

»Und bei dir zu Hause«, frage ich weiter, »was gab es da, eine Zisterne oder eine Quelle?«

»Ich weiß nicht«, antwortet er mit sichtlicher Unlust. »Mich haben Brunnen nie angezogen. In Wahrheit verabscheue ich Brunnen. Eingesperrtes Wasser. Gestautes Wasser.«

»Jetzt bist du ins Fettnäpfchen getreten«, denke ich, »wenn du eine ganze Flotte hättest, die fast drei Monate lang nicht vom Fleck kommt, würdest auch du angestautes Wasser hassen«; und ich bin nahe daran, einen Scherz vom Stapel zu lassen, als ich mir sage: »Aber auch ich sitze in der Falle. Mein Leben werde ich verlieren. Und es ist seine Schuld. Er ist der Schuldige, wenn ich an Skorbut sterbe, an einem unbekannten Ort, der nicht einmal in den Karten verzeichnet ist.«

»Ich möchte nicht an deiner Stelle sein«, sage ich zu ihm. »Man wird über dich sagen: ›Das ist der, welcher vier Schiffe und zweihundert Mann verloren hat, ohne sich von der Stelle zu rühren.‹ Und das Schlimmste ist, daß dein Scheitern einen Schatten auf deine Angehörigen werfen wird. Dein Sohn wird sich prügeln müssen, um dein Andenken zu verteidigen, und wird dich insgeheim dafür hassen, was du ihm angetan hast. Weil er dein Scheitern wie eine persönliche Kränkung empfinden wird, du weißt doch, wie Kinder sind. Und er wird sich für dich schlagen mit der inneren Überzeugung, daß du ein Versager bist. Und wenn er auf seinen besten Freund einschlägt, wird er nicht sein Gesicht, sondern deines sehen, und vor Zorn wird er doppelt so heftig losschlagen.«

»Hör endlich auf, mich anzugreifen«, sagt er, sich in der Koje aufrichtend. »Du kommst dir wirklich komisch vor, ja? Dann will ich dir sagen, daß du es absolut nicht bist. Du bist anmaßend. Schäbig. Abstoßend.«

Da hülle ich mich in Schweigen und bin mir bewußt, übertrieben zu haben. Verzweifelt suche ich nach einem anderen Thema, mit welchem ich die Leere mit Worten füllen kann, die sich zwischen uns aufgetan hat. Und weil mir nichts einfällt, sage ich: »Weißt du, was abstoßend ist. Der Talggeruch dieser Kerze, warum machst du sie nicht aus? Ich hasse diesen Geruch. Er erinnert mich an Kirchen. Möge mir Gott verzeihen, aber ich hasse den Kirchengeruch. Als ich Meßdiener jenes Priesters war, machte mir der Geruch Angst. Und Übelkeit. Wußtest du, daß ich die Hostie erbrechen mußte, als ich die Erstkommunion erhielt? Das war schrecklich. Der Priester legte mir mit seinen kalten Wurstfingern den Leib Christi in den Mund, und ich begann zu schmecken und zu zittern. Denn dies war der Geschmack der Ewigkeit. Mein Speichel löste das Jenseits auf. So daß mir übel wurde. Ich wußte, daß ich das Zeug auskotzen würde, und mir klang schon das Raunen der empörten Versammlung in den Ohren. Der Priester fuhr fort mit seiner Litanei, wobei er mich mit dem Gesicht eines in die Mysterien des Lebens und des Todes eingeweihten Pharaos anschaute; einen goldenen Kelch in der Hand haltend, der mich mit seinem Glanz blendete. Und neben ihm die Engelsgesichter der die Weihrauchfässer schwenkenden Meßknaben. Und neben mir die entsetzten Mienen meiner Gefährten, die einer nach dem anderen heranrückten, vor dem Altar niederknieten mit geöffnetem Mund und herausgestreckter Zunge, darauf wartend, an die Reihe zu kommen. Und hoch droben über dem Altar die Füße, ähnlich denen einer Toten, der Jungfrau Maria, die eine Schlange zertrat. Und die Hände von Jesus, blutend am Kreuz, zwischen riesigen Wachskerzen. Bis ich mich nicht mehr beherrschen konnte. Kaum daß es mir gelang, mich aufzurappeln, mich ein paar Schritte vom Altar zu entfernen und meinem Brechreiz an einer Marmorsäule freien Lauf zu lassen, vor den entsetzten Augen der Anwesenden.«

»Du wirst dich deswegen sehr schlecht gefühlt haben«, sagt Don Hernando. »Es tut mir leid für dich. Deine Kindheit muß sehr schwer gewesen sein.«

Dieser zartfühlende und unerwartete Kommentar entwaffnete mich. Ich wußte nicht, was tun. So begann ich zu grinsen und die Glöckchen zu schwingen, die ich immer am Handgelenk trug, und ich tat, als tanze ich.

»Warum tust du das?« fragt er.

Und ich bleibe stumm, weil ich die Antwort nicht weiß. Ich hatte nicht die geringste Absicht, ihn zu unterhalten, und hatte doch plötzlich Lust, es zu tun. Ich war dabei, die Rolle zu spielen, die man mir bei der Besatzung zugedacht hatte. Es war die Maske, die ich meinem Gesicht angepaßt hatte, um die anderen nicht zu enttäuschen. Aber in Wirklichkeit war ich sehr verwirrt über den aufrichtigen Beweis seiner Zuneigung. Über dieses plötzliche Interesse an meiner Person. Es brachte mich in Verlegenheit, daß er mich ernstnahm.

»Der Graf Don Juan hat mich nie ernstgenommen«, sage ich schließlich. »Deshalb hatte er auch solches Vertrauen zu mir, daß er mir alles sagte, was ihm durch den Kopf ging.«

»Hat es dich nicht geschmerzt?«

»Das ist unser Beruf, weißt du. Ein Narr muß Geheimnisse hüten können. Denn ein Narr ist wie ein gemieteter Freund, verstehst du? Mit uns können sich die Leute entspannen und sich aussprechen ohne Folgen, denn wer nimmt schon ernst, was ein Narr sagt? Uns kann man Dinge sagen, die man seinem besten Freund nicht erzählen würde, und uns behandeln, wie man seinen Feind nicht behandeln würde; ohne Gewissenskonflikte, da wir ja dafür bezahlt werden. Deshalb sage ich, daß unser Beruf, gemeinsam mit dem der Huren, der älteste und notwendigste überhaupt ist. Und es geht uns genau wie ihnen. Denn es gibt Männer, die gehen zu den Huren, um mit ihnen Dinge zu machen, die sie sich nicht trauen würden, mit ihrer Frau zu tun. Und ich spreche nicht nur vom Bett. Ich sage, daß sie hingehen und ihnen von ihren wahren Sorgen erzählen und sich an ihrer Schulter, die nach billigem Parfüm riecht, ausweinen, und für eine Nacht schütten sie ihr Herz aus und dann: Ade und vergessen! Jetzt also weißt du, wenn du genug von mir hast, brauchst du es nur zu sagen. Du bist derjenige, der bezahlt.«

»Ich habe wirklich viel für dich übrig«, sagt er, mir das Knie tätschelnd. Und da ich den Kopf schüttle, weil ich gerührt bin: »Mir gefällt nicht, was du gesagt hast«, fügt er hinzu. »Ich habe mich an dich gewöhnt.«

»Und ich mich an dich«, sage ich stotternd. »Aber ich dachte, daß ...«

»Sei schon still«, sagt er. »Sobald du der Graf Maluco sein wirst, werden dich alle respektieren. Du wirst nicht mehr den Spaßmacher vor irgend jemand machen müssen. Ja, du wirst sogar deine eigenen Hofnarren haben, und vielleicht freundest du dich am Ende mit einem an, wie es mir mit dir ergangen ist.«

»Ich habe niemals Freunde gehabt ...«

»Dann wirst du Legionen haben.«

»Glaubst du, daß wir die Molukken erreichen werden?«

Das Lächeln verschwindet aus seinem Gesicht, und schon sieht er mich nicht mehr an und wird nachdenklich.

Ich weiß, er denkt, daß ihm kein anderer Ausweg bleibt, und in der Tat, er hat keinen. Daß er den Reedern und der Casa de Contratación nicht mit leeren Händen gegenübertreten und ihnen einfach sagen kann: »Ich habe mich geirrt.« Die Ausmaße, die Ruy Faleiro dem Meer des Südens zuschrieb, haben nichts mit der Wirklichkeit zu tun, und was auf seinen Landkarten und in seinen Berechnungen möglich schien, ist unmöglich. Dieser Ozean ist riesig, vielleicht unendlich, aber das konnte ich nicht wissen. Keiner wußte es. Und ich wußte auch nicht, daß die Neue Welt sich so weit nach Süden ausdehnte und daß die Meerenge, wenngleich es sie gab, sich an ihrem südlichsten Ende befand. Er weiß, man wird ihn fragen, warum er nicht umkehrte, als er feststellte, daß seine Berechnungen falsch waren, und er wird nicht antworten können. Er weiß, man wird ihm vorwerfen, entgegen jeder vernünftigen Meinung daran festgehalten zu haben und so viele (wie viele?) Männer und Schiffe verloren zu haben. Er weiß, man wird ihn zur Rechenschaft ziehen, weil er nicht auf die Ratschläge der anderen Kapitäne gehört hat, die darauf bestanden, umzukehren. Er weiß, daß nur eine gute Ladung von Pfeffer und Zimt, Safran und Nelken seine Hände vom Blut des ermordeten kastilischen Adels reinwaschen kann; und er hat sie nicht. Er weiß, daß man ihn des Verrats und Aufstandes anklagen wird. Daß Esteban Gómez, nachdem er ihm die *San Antonio* weggenommen hatte, unter den Richtern sitzen wird, ihn als Mörder anklagend. Daß er alle auf seine Seite gezogen haben wird und alles auf den Kopf gestellt haben wird, was vor und nach San Julián geschehen ist. Denn wenn er von etwas überzeugt ist, dann davon, daß die *San Antonio* zurückgekehrt ist. Und daß man, während ihn seine Unfähigkeit verzehrt, seine Güter beschlagnahmt und seine Familie dem Elend überlassen haben wird. Er weiß, niemand wird es wagen, sie zu beschützen, weil er die Feigheit der Leute zur Genüge kennt. Er weiß um den Haß, der in jedem Haus und in jedem Dorf gegen ihn geschmiedet wird. Er ist es, der allein verantwortlich ist für den Verlust so vieler Menschenleben. So vieler zerstörter Familien. So vieler zu großer Betten. So vieler stummer Tische, so vieler Kinder, die im Haß gegen seinen Namen aufwachsen werden. So vieler Frauen, die in der undurchdringlichen Stille jener Nächte, die so lang sind wie die Verzweiflung, den Mann verfluchen werden, der ihnen den Sohn, den Gatten, den Bräutigam genommen hat. Nein, er kann nicht als Besiegter heimkehren. Niemand wird ihm sein Scheitern vergeben. Allein Zimt, Safran, Pfeffer, Nelken, einzig und allein die Gewürze können etwas für ihn tun. Und er hat sie nicht. So daß er weiter nach den Molukken suchen muß, bis er sie findet, und sollten sie im Schoß des Todes zu suchen sein.

»Nicht einmal als ein toter Mann werde ich mich von der Rache befreien können«, sagt er, und eine riesige Last scheint ihn zu Boden zu drücken. »Mein Andenken wird verhöhnt werden, es wird meine Nachkommen wie einen Schatten verfolgen. Du selbst hast es gesagt.«

»Nimm mich nicht so ernst, ich habe es nur gesagt, um deine Aufmerksamkeit zu erregen. Du hast außerdem keinen Grund, so pessimistisch zu sein. Schließlich sind wir so weit gekommen wie keiner vor uns. Wir haben sogar die Durchfahrt zum Meer des Südens entdeckt, an die keiner geglaubt hat. In gewissem Sinne könnte man sagen, daß wir gesiegt haben – meinst du nicht?«

»Was meinst du?«

»Daß wir auf dem richtigen Weg sind und die Molukken erreichen werden, und daß ich Graf werde und man von mir sagen wird: Der ist Graf und brav.«

»Ich mache dich darauf aufmerksam, daß mir die wahre Ausdehnung dieses Ozeans unbekannt ist und ich nicht weiß, wieviel Zeit es uns kosten wird, ihn zu überqueren, wenn die Winde zurückkehren. Ich bin so sehr im Zweifel, daß ich nicht einmal sicher bin, ob dies der richtige Kurs zu den Molukken ist.«

»Ich weiß das«, sage ich zu ihm.

Er schaut mich überrascht an.

»Aber es beunruhigt mich überhaupt nicht, und weißt du warum?«

Er schüttelt den Kopf.

»Weil ich weiß, daß auf der anderen Seite dieser Linie, die man Horizont nennt, sich die Molukken befinden«, sage ich und täusche ein großes Vertrauen vor.

Er schüttelt abermals den Kopf, doch zeigt sich langsam ein Lächeln auf seinem Gesicht.

»Ist das wieder eine deiner Täuschungen?« fragt er.

Ich klettere auf die Koje und flüstere ihm ins Ohr: »Auf der anderen Seite befinden sich die Molukken.«

Wir verstummen beide. Das Schiff schaukelt fast gar nicht. Die Sonne versinkt in den toten Gewässern, und Schatten bemächtigen sich der Kammer. Dunkelheit zieht über die Magnetnadeln, Kompasse und Uhren. Mit einemmal bemerken wir beide das an die Wand gelehnte Schwert.

»Weißt du was?« sagt er, »wenn wir als Sieger nach Hause zurückkehren, verspreche ich dir, aus dem Schwert da eine Pflugschar zu machen, und die Ruder mache ich zu Jochen für die Ochsen.«

»Weißt du, ich glaube dir nicht. Aber auch so würde ich gern mit dir den Boden bestellen.«

»Kannst du ein Haus bauen?« fragt er nach einer Weile.

Diese ungewöhnliche Frage macht mich sprachlos. Ich weiß nicht, was zum Teufel ich denken soll. Ich stelle mir unsere kleinen Schiffe vor, wie sie festgehalten werden inmitten dieses gewölbten und blauen Kristalls, dessen Grenzen niemand kennt, und die Frage kommt mir noch absurder vor.

»Ein Haus wo?« sage ich schließlich, um aus der Beklemmung herauszukommen und zu sehen, nach welcher Seite der Schuß losgeht.

»Wo glaubst du?«

»Auf den Molukken vielleicht?«

»Ich habe gesagt, ein Haus. Also, kannst du es oder kannst du es nicht? Hast du eins gebaut?«

Seine Stimme verrät eine solche Sehnsucht, daß ich um jeden Preis ihm die Wahrheit sagen möchte.

»Ein Haus aus Holz oder aus Stein?« sage ich.

»Ein Haus muß aus Stein sein. Das Holz laß zum Schiffebauen.«

»Eine Art Festung.«

»Nein, du hast mich nicht verstanden. Weißt du denn nicht, was ein Haus ist? Wenn du es nicht weißt, wie kannst du dann wissen, wie man es baut?«

»Und du weißt es?« frage ich schnippisch. Langsam hatte ich genug von dieser Frage, die ich für eine bloße Laune hielt.

»Ich kann keine Häuser bauen, aber ich habe viel darüber nachgedacht und glaube, ich weiß, was ein Haus ist«, entgegnet er und ist nicht verärgert, eher versonnen.

Es war etwas in seinem Ausdruck, das mir sagte, sein Interesse, so unsinnig es mir auch scheinen mochte, sei aufrichtig und echt.

»Nun, ich glaube, man muß mit den Fundamenten anfangen. Man muß den Grundriß abmessen an dem gewählten Ort und dann die Fundamente graben. Die Erde, die du herausholst, kannst du verwenden, das Gelände auszugleichen. Die Fundamente müssen sehr tief sein, wenn du ein stabiles Haus willst. Und sie müssen aus Stein sein. Den Stein kannst du mit Erde oder Mörtel feststampfen.«

Ich hatte noch nie ein Haus bauen sehen, aber ich stellte mir vor, daß man auf diese Weise vorgehen müßte, und er nickte und schien so überzeugt, daß er mich aufforderte, weiter zu erfinden.

»Sobald du mit den Fundamenten fertig bist und den Boden ausgeglichen hast, kannst du anfangen, die Mauern hochzuziehen«, sage ich.

»Welche Mauern muß ich zuerst hochziehen?«

»Welche du willst, das ist egal«, sage ich zu ihm und habe es eilig, zum Dach zu kommen und diese lästige Angelegenheit zu beenden. »Das Wesentliche sind die Fundamente.«

»Das ist richtig, aber laß uns über die Mauern reden. Ich möchte, daß sie sehr dick sind. Damit weder Kälte noch Wind noch Lärm sie durchdringen können; damit das schlechte Wetter draußen bleibt.«

»Gut, ziehen wir die Wände hoch. Ich glaube, das beste wird sein, du machst sie paarweise; du kannst nicht eine zuerst hochziehen, denn wie soll sie sich halten? Vielleicht sollte man mit den

Ecken anfangen, die der Stützpunkt sind. Die Ecken des Grundrisses und wo dieser sich mit den Innenwänden trifft. Willst du die auch aus Stein haben?«

»Zieh zuallererst die Außenwände hoch, dann sehen wir weiter. Stein auf Stein bis zum Dach und dieses dann aus Schiefer.«

»Du hast dich darin eingesperrt«, sage ich mit freundlichem Lächeln auf den Lippen.

Er sieht mich zornig an. Mein Lächeln wird naiver. Der Ausdruck seiner Augen weniger aggressiv.

»Dein Haus hat weder Türen noch Fenster«, sage ich.

Jetzt lächelt er.

»So sehr fürchtest du dich vor dem Wetter?« frage ich.

»Ich hatte es vergessen.«

»Soll denn dein Haus deine neue Rüstung sein? Willst du darin eingesperrt leben, versteckt in seinem Inneren, sobald du diese Eisen an den Nagel hängst?«

»Gib dir keine Mühe, mich zu ärgern. Was hast du? Stört es dich, wenn man dich schätzt, oder hast du Angst?«

Ich bleibe nachdenklich. »Vielleicht hat er recht«, sage ich mir, »vielleicht habe ich Angst, diejenigen zu enttäuschen, die mich lieben.«

»Wenn du die Wände hochziehst, mußt du entsprechende Öffnungen für Fenster und Türen lassen. Du wirst ein paar Träger brauchen, um die Öffnungen herzustellen. Ich weiß, daß du den Stein vorziehst, aber es gibt sehr harte Hölzer, die so widerstandsfähig sind wie Stein und die dir sehr helfen können. Ich meine, dem Haus nützen. Anderenfalls wirst du einen sehr geschickten Steinmetz brauchen. Solche gibt es. Ich kenne einen in meinem Dorf, der baut Kirchen, so daß ...«

»Ich will keine Kirche bauen«, unterbricht mich Don Hernando.

»Das wäre letztlich keine schlechte Idee. Eine Kirche bauen, und wir gehen alle hinein, um zu beten, daß die Winde zurückkehren.«

»Du bringst mich nicht zum Lachen.«

»Im Ernst, ich kenne einen Steinmetz, der ...«

»Ich will jetzt nichts mehr davon wissen.«

»Ich wollte dir nur von dem Herd erzählen. Stell dir so einen Herd vor, der fast die ganze Küche einnimmt, voller Kochgeschirr und Ruß. Wo immer ein Feuer brennt. Mit einem großen Rauchfang, an welchem die Töpfe hängen und die Würste und Schinken trocknen. In Bustillo sind sie nicht so groß, aber meine Filomena, die Galicierin ist, hat mir davon erzählt. Ja, Herr, ein großer Herd in der Mitte der Küche, das Feuer brennt immer, und der Kochtopf dampft über dem Dreifuß; und zwischen den Füßen einer Alten schlummert eine Katze. Die Frau kann deine Mutter sein, eine Tante oder einfach ein Dienstmädchen; ganz wie du willst.«

»So schlecht ist dein Haus gar nicht«, sagt er lächelnd.

»Wir werden für jeden von uns eins bauen. Deins wird größer sein, selbstverständlich. Aber das Geheimnis müssen wir für uns behalten, denn wenn das Beispiel Schule macht, werden wir bald eine ganze Stadt auf dem Meer haben. Die könnten wir dann Maluco nennen, was meinst du? Und wir wären schon da und nach Hause zurückgekehrt, alles ohne uns von hier fortzubewegen, noch uns um die Flaute zu scheren. Du wärst der König und ich der Graf, und alle hätten ihre Ruhe.«

»Hilf mir mit der Rüstung«, sagt er und richtet sich auf. »Ich will versuchen, eine Weile zu schlafen. Für heute habe ich schon zuviel Unsinn gehört.«

Als ich ihm die Riemen löse, die den Brustpanzer mit dem Schulterteil verbinden, sagt er noch: »Du kannst bleiben, wenn du willst.«

Ich wollte bleiben, Hoheit. Ich wollte bleiben, weil draußen die Nacht einhergeht wie ein schwarzes und blindes Schaf, das überall anstößt.

Doch ich konnte nicht, Majestät. Während wir sprachen, bekam ich nämlich mit einemmal diese furchtbaren Bauchschmerzen, die ich nicht länger verbergen konnte. Der so sehr gefürchtete Augenblick war gekommen. Auch ich war krank und würde in einen anderen Bereich wechseln müssen. So verlangte es die stillschweigende Übereinkunft von mir, die niemand zu verletzen wagte.

Also verabschiedete ich mich vom Kapitän und lenkte meine Schritte zum Vorschiff.

Ich tappte im Dunkeln umher, ließ mich vom Gestank leiten, der aus jenem Bereich kam. Und als ich schließlich am Ankerspill anlangte, blieb ich stehen. Jenseits dieser Grenze erwartete mich eine fremde Welt, aus der es vielleicht keine Rückkehr gab. »Niemand hat etwas bemerkt«, sagte ich zu mir. Vielleicht konnte ich noch ein paar Tage so tun, als sei alles in Ordnung. Nicht einmal der Kapitän hat etwas gemerkt. Aber ich wußte, es war sinnlos, und so ging ich weiter. Als ich mich so fügsam sah, begriff ich, daß ich wirklich krank war.

Einen Augenblick später vernahm ich eine Stimme: »Wer da?«

Die Frage kam mir so absurd vor, daß ich nicht antworten konnte.

In dem gespannten Schweigen, welches folgte, hörte ich das immer lauter werdende Röcheln einer entzündeten Kehle, bis ich unverwechselbar ihren stinkenden Atem wahrnahm.

Da versuchte ich zu fliehen. Es war nichts weiter als eine ganz kurze Regung, aber die Glöckchen an meinem Handgelenk verrieten mich.

»Bist du es, Juanillo?« fragte die Stimme.

»Ich bin Juan Serrano«, sagte ich, ohne zu überlegen, wobei ich mich an die Glöckchen erinnerte, welche die Hutkrempe des Portugiesen schmückten.

»Juanillo ist hier«, sagte die Stimme.

»Ich bin nicht Juanillo. Ich bin Seine Kaiserliche Majestät«, sagte ich und ließ erneut die Glöckchen klingen.

Doch niemand lachte und niemand sagte etwas.

Ein riesiger roter Mond begann aus den Wassern emporzusteigen. In seinem rötlichen und gespenstischen Licht sah ich die ersten Schatten sich abzeichnen. Sie waren bis zum Kopf mit Lumpen bedeckt und bewegten sich langsam, einen Kreis bildend, der allmählich immer enger wurde.

Im Schein des Mondes kamen die vermummten Gesichter näher

und fingen an, mich genau zu betrachten. Auch ich schaute sie genau an, freilich suchte ich nach einem bekannten Gesicht oder einer vertrauten Miene. Doch sei es, weil die Krankheit sie brutal entstellte oder weil der Lichtschein sehr fahl war, es gelang mir in jener Nacht nicht, jemanden zu erkennen.

Einen Augenblick später, nachdem ihre Neugier befriedigt war, zerstreuten sie sich wieder, so langsam, wie sie herbeigekommen waren.

Ich blieb allein, ein Betrachter des trostlosesten aller Schauspiele. Ich suchte einen Platz. Eine Lücke, in die ich mich verkriechen konnte. Doch überall häuften sich die Leiber. Einige lagen auf dem Rücken. Andere saßen auf dem Boden. Oder in zerstreuten Gruppen. Die schwersten Fälle befanden sich auf dem Vorderkastell. In der Mitte des Bereichs brennt eine Kerze, aber sie verkriechen sich lieber in der Dunkelheit. In den Ecken sieht man nur Füße, die aus Marmor gehauen scheinen; der übrige Körper verschwindet in den Nischen. Von Zeit zu Zeit verlangt jemand nach Wasser oder etwas zu essen. Aber es gibt nichts mehr zu essen auf den Schiffen. Es gibt auch kein Wasser, um es an diese verdammten Wesen zu verschwenden. Da wiederholt die Stimme die Bitte, und für einen Augenblick bricht der ganze Chor in dasselbe Geschrei aus. Dann herrscht erneut Schweigen.

In meinem Entsetzen angesichts dieses grauenhaften Bildes stelle ich mir Eure Hoheit vor, wie sie mit Gleichmut die Speisen probiert, die Euren Tisch füllen, darüber diskutierend, wieviel Pfeffer die eine enthält oder wie wenig Safran die andere; und ich empfinde Wut, gewaltige Wut. Und gleich darauf Kummer darüber, daß Ihr nichts über den Hunger wißt. Denn Du, Don Carlos, weißt nichts über den Hunger. Nichts. Du sorgst Dich mehr darum, Deine Kanonen mit Pulver zu speisen, als die Bäuche Deiner Völker zu füllen. Und es ist ein großer Jammer, Majestät, daß Du Dich in einer solchen Sache nicht auskennst. Und es ist schade, daß keiner der Speichellecker, die Deine erlauchten Ohren mit Schmeicheleien und mit Gift erfüllen, Dir jemals davon erzählt hat, und daß ich es sein muß, der Dir die Kaiserlichen Ohren öffnen soll. Denn ich kann Euch versichern, hätten sie Euch nur einmal geraten, morgens auf die mit Milch, Zucker und Gewürzen angereicherte Hühnerbrühe zu verzichten, die Du so gern zum Frühstück ißt, wieviel großartiger, weil gerechter, wäre da Deine Herrschaft ausgefallen. Und wieviel ehrenwerter Deine Abdankung. Und so viel süßer Deine Träume. Und friedlicher Dein Lebensabend. Denn ein Monarch mag vieles kennen, nur nicht das, was wir ein wenig harmlos *Hunger* nennen. Dieser ist der gefürchtetste Deiner Feinde. Gegen den vermögen weder Kanonen noch Erlasse etwas auszurichten, weil er sich über alles lustig macht und mit seinen Zwängen alle besiegt. Er ist derjenige, der Deine Heere dezimiert und Deine Schiffe versenkt. Er bevölkert die Nächte mit Verbrechern und mit Gaunern die Plätze. Den Kirchenmännern verleiht er Ansehen und Macht. Die Frauen prostituiert er. Aus Kindern macht er Greise. Er ist der Vater aller Laster. Er verbreitet die Speichelleckerei. Befördert den Verrat. Verlockt zum Spiel. Verführt zum Wein. Steckt die Finger in fremde Beutel. Stößt den Dolch in den Leib. Den Hals ins Joch. So groß ist seine Macht, daß sie der von Gott gleichkommt. Denn das Leben gibt er oder nimmt er. Er bestimmt über das Schicksal der Seelen. Krieg macht er. Schafft Siege und Niederlagen. Zerstört Königreiche. Entdeckt Kontinente. Unterwirft Völker. Er kann alles.

So sehr ist Wahrheit, was ich Dir sage, daß wenn die Leute ihren König wählen könnten, dann seid versichert, daß viele Monarchen von ihren Köchen vom Thron verdrängt werden würden. Wollte Bañuleo versprechen, seine berühmte weiße Soße aus Rosenwasser, weißem Ingwer, Mandeln und einer ganzen Stange aufgekochtem Zimt auf alle Tische zu bringen, würde sich seine Macht nicht auf die Küche Deines Schlosses und die Kaiserlichen Gedärme beschränken, vielmehr könnte er sie auf ganz Spanien und auf die Bäuche in der ganzen Welt ausdehnen. Und ganz ähnlich erginge es Meister Sardinas, dem Koch von Don Álvaro de Luna; und mit Meister Jotxim, dem Küchenchef Deines Großvaters Ferdinand, dem Katholischen, für welchen der König mehr Zuneigung empfand als für die fromme Isabella, die vertrockneter war als eine Rosine; und dasselbe mit Lopera, der Deine Mutter Johanna die Wahnsinnige mit Konfitüren vollstopfte, und ganz zu schweigen von jenem berühmten Ruperto de Nola, dem Koch des Vizekönigs von Neapel und Autor des *Libro de guisados*. Es enthielt zweihundertdreiundvierzig Rezepte, womit Du Dir die Herrschaft vorstellen kannst, die er errichtet haben könnte, wenn er nur alle zwei Tage eines davon verordnet hätte: »Ich, Ruperto de Nola, König durch meiner Gerichte Gnaden von Kastilien, León, Aragón, Galicien, Valencia, Granada, Jerez, Mallorca, Beiden Sizilien, Neapel, Jerusalem, den Niederlanden, der Ost- und Westindischen Inseln usw., usw., unter Berücksichtigung der allerhöchsten Interessen des Königreiches und des Wohlergehens eines jeden seiner Bewohner, verfüge vor dem Ministerrat, daß heute, Donnerstag, den soundsovielten Oktober des Jahres Unseres Herrn Jesus Christus 1500 und etwas, an allen Tischen meiner Reiche geschmorte Auberginen gegessen werden. Hierzu sind die Auberginen zu häuten und anschließend jeweils in drei oder vier Stücke zu zerschneiden. Darauf sind sie in einer Hammelbrühe mit zwei Zwiebeln zu kochen. Sobald die Auberginen gut gegart sind, sollen sie in einer Pfanne fein zerschnitten werden. Man gebe einen guten aragonesischen Käse gerieben hinzu sowie ein paar Eigelb; sodann alles mischen und fein hacken, als würde es sich um eine Füllung für ein Zicklein handeln. Mit feinen Gewürzen anrichten: Ingwer, Muskatnuß, Petersilie. Den Schmortopf aufs Feuer geben. Zum Schluß, wenn das Gericht schön goldgelb ist, den Topf vom Feuer nehmen und Zucker und Zimt hinzufügen.

Die Ratsherren jeder Gemeinde sollen sich darum kümmern, die Auberginen und die oben angegebenen Zutaten bereitzustellen, wobei es der Bevölkerung mit strikter Verantwortung obliegt, sich an die in vorliegender Verordnung bekanntgegebenen Richtlinien zu ihrer Verarbeitung zu halten.

Jede Zuwiderhandlung gegen die hier ausgeschriebenen Regeln wird mit harten Strafen geahndet.

Verkündet, festgehalten usw.

Nun stell Dir, Hoheit, die Reaktion vor auf eine solche Verordnung. Auch wenn es nicht allen gefallen würde, an diesem Tag Auberginen zu essen, da es in der Regel immer welche gibt, die anderer Meinung sind und gewohnheitsmäßig allem widersprechen müssen, würde die Mehrheit es jedoch wie eine Segnung des Himmels aufnehmen. Nicht nur die Armen würden begeistert sein, auch die Reichen, da die Herzoginnen sich nicht länger den Kopf zerbrechen müßten, was sie zum Mittagessen bestellen sollen, und sie könnten, von diesem Joch befreit, ihre ganze Zeit darauf verwenden, sich zur größeren Pracht Deines Hofes herauszuputzen. Außerdem würden die Leute begierig und glücklich herumlaufen, um zu erfahren, was ihnen die nächste öffentliche Bekanntmachung zu bescheren hätte, und die königlichen Herolde müßten sich nicht länger anstrengen, um sich Gehör zu verschaffen, wie es jetzt der Fall ist, wenn die Leute, der Worte überdrüssig, die sie nicht verstehen und die am Ende auf Täuschungen und Prügel hinauslaufen, an ihnen vorbeigehen, weitergehen oder sich in völliger Gleichgültigkeit ihrer Beschäftigung hingeben. Denn ich sage Euch, die Welt hat genug von Versprechungen, die sich stets in nichts auflösen, und ihre Ohren sind taub gegenüber dem königlichen Redeschwall; doch mit welcher Wonne würden alle einem guten Küchenrezept lauschen! Das Wasser liefe ihnen im Munde zusammen, und mit Tränen in den Augen würden sie dem Himmel für den König danken, den er ihnen geschenkt hat. Amen.

VIII

Schön und gut, Hoheit, jetzt will Juanillo einmal sehen, wie Du lebst. Du hast Dich zurückgezogen auf Deinen Ruhesitz in Yuste. Du bist in deinem Schlafzimmer. Sie haben Dich auf Kissen gebettet wie ein Neugeborenes, neben dem Fenster, das sich zum Inneren der Kirche hin öffnet. Du selber hast befohlen, ein solches Fenster in den Wänden Deines Schlafgemachs öffnen zu lassen, und desgleichen hast Du angewiesen, die anderen, die auf die Felder und Hochebenen der Extremadura hinausgehen, zuzumauern. Von diesem Fenster aus, hinter den Vorhängen aus schwerem Brokat, die Dich vor den Augen der Mönche verbergen, verfolgst Du die Gottesdienste, die Du Tag und Nacht für die Seele Deiner Mutter und für die Deiner Schwester lesen läßt. Diese beiden unlängst erfolgten Todesfälle bringen Dich Deinem eigenen Tod näher. Du hast Angst. Die ganze Vergangenheit steht gegen Dich auf. Quält Dich. Klagt Dich an. Hat ihren Sinn verloren. Scheint ein großer und nicht wiedergutzumachender Fehler zu sein. Der mächtige Caesar Augustus, Herrscher über die ganze Welt, möchte gern noch einmal Kind sein. Eine Mutter haben, er, der nie eine gehabt. Sich in ihrem Schoß verstecken, er, der seine Mutter ein halbes Jahrhundert lang versteckt hielt. Möchte die Augen schließen und den Schlägen ihres Herzens lauschen. Einschlafen, wenn in seinen Ohren dieser elementare Rhythmus erklingt. Diese Sprache ohne Worte. Schlafen, während Musik aus diesem alten Herzen strömt wie Blut durch die Adern. Die Welt ringsum vergessen. Sich selbst vergessen. Aber es ist vergebens. Er kann diese Musik nicht zurückholen, die ihm der Tod geraubt hat. Dieses Herz ist eine Orgel ohne Wind. Eine Orgel mit angeschlagenem Blasebalg. Die Pfeifen voller Erde. Vielleicht weint es um sie, denkst Du, verborgen hinter dem Brokatvorhang. Meine arme Mutter, denkst Du. Zerrissen in den Kämpfen zwischen ihrem Vater und ihrem Gemahl. Geteilt zwischen den beiden Männern, die um sie stritten. Sie stritten um Kastilien, nicht um Johanna, aber Johanna war das Schlachtfeld eines erbitterten Zweikampfes. Duell zweier Männer, die sie zu lieben glaubten und vielleicht auch liebten. Und Johanna litt im stillen. Ihre Gesundheit zerbrach in stummem Protest. Immer war sie krank, meine Mutter, und ich kannte nicht den Grund. Immer hinfällig. Daniederliegend wie ein verwundeter Vogel. Mit dem stets gleichen Ausdruck unendlicher Müdigkeit. Meine arme Mutter, denkst Du, während der Klang der Kirchenorgel von allem Besitz ergreift. Jetzt treiben Deine Erinnerungen in ihrer Musik, die wie ein dahinfließender Fluß ist: der Tod Deines Vaters, als Du sechs Jahre alt warst, Du hast ihn kaum gekannt, und es geschah in einem weit entfernten Königreich, das man Spanien nannte; aber trotzdem hast Du geweint. Und die Tränen machten Dich wütend. Endlich würde sich Deine Mutter um Dich kümmern. Du würdest sie für Dich allein haben. Aber sie hatte ihn zu sehr geliebt. Sie gehörte ihm auch jetzt noch. Sie beschuldigte Deinen Großvater Ferdinand, der nichts damit zu tun hatte. Und Dein Großvater, da er sich abgewiesen sah, verdoppelte seine rasende Wut. Es gab unbestimmte Nachrichten von einem Krieg zwischen beiden. Gerüchte, daß man sie eingesperrt habe. Eine Wahnsinnige mit zerzausten Haaren. An ein totes Geschöpf sich klammernd, das man ihr nicht wegnehmen konnte und das sie säugen wollte. Sie wimmerte und heulte in dem kahlen Raum, in dem man sie eingeschlossen hatte. Sprach mit dem Gespenst Deines Vaters wie ein Mädchen mit seiner Puppe. Später erfuhrst Du die Wahrheit. Sie war gar nicht wahnsinnig, aber allen kam es gelegen, es zu glauben. Du hast Deinen Großvater dafür gehaßt. Doch Du hattest nicht den Mut, ihm die Stirn zu bieten. Du wolltest König werden. Kaiser. Sie war ein Hindernis. Du hast sie eingesperrt gelassen, solange Deine Herrschaft währte. Du hast erlaubt, daß das Volk sich über sie lustig machte: Johanna die Wahnsinnige, wahnsinnig aus Liebe. Nunmehr, im Abstand von kaum ein paar Monaten, ist Deine Mutter gestorben, und Du hast abgedankt. Wir haben unseren Frieden, denkst Du, während die Gebete der Mönche zu Deinem Fenster emporsteigen. Aber in der Stille der Nächte fühlst Du, daß Deine Mutter Dich ruft. In jeder Nacht hört Seine Hoheit die Stimme seiner Mutter. Und sein Herz macht einen Sprung. Das alte Herz des Königs schlägt einen Augenblick mit kindlicher Freude, weil es seine Mutter ist, die ihn ruft. Die Mutter, und sie löscht die Vergangenheit aus. Verscheucht den Tod. Aber Nacht für Nacht sagt ihm die Stimme seiner Mutter nur das: »Ich hatte einen schrecklichen Traum; ich träumte, daß ein Kater, riesenhaft und ungeheuerlich, weiß wie ein Hermelin, mein Innerstes verschlang.« Die bloße Erinnerung an diesen Traum erfüllt Dich mit Angst. Dann schließt Du die schweren Vorhänge und Dich mühsam mit Deinen von Gicht entstellten Händen an den Stock klammernd, lenkst Du Deine Schritte ins Arbeitszimmer. Schwarz tapeziert sind die Wände des Raumes, und die Samtvorhänge in der gleichen Farbe verdecken jede Öffnung. In diesem in Trauer gekleideten Gemach gibt es keinen weiteren Zierat als ein Kruzifix von natürlicher Größe und die Gemälde. Die Bilder von Tizian, von denen sich Seine Hoheit niemals trennt. Ein Porträt von Philipp in Lebensgröße. Eines von der Kaiserin Isabella und ein drittes von Deiner Schwester Leonore. Von den dreien ist das Leonores Dein Lieblingsbild. Und einmal mehr bleibt Don Carlos vor der Leinwand stehen. Mühsam hebt er den von den Jahren niedergebeugten Kopf und heftet seinen grauen, fast leeren Blick auf das Gemälde. Leonore trägt ein Kleid aus blauem Brokat, auf dessen Gewebe gold- und silberfarben umsponnene Fäden schlichte Rankenornamente zeichnen. Eine Halskette aus Korallenperlen und ein Paar silbergefaßte Ohrringe aus dem gleichen Material vervollständigen ihren diskreten Schmuck. Die einreihige Halskette fällt herab zusammen mit einer dunklen Haarsträhne, welche vom Nacken bis hinunter zum Gürtel entschlüpft und das Weiß der Büste und das Rot der Koralle hervorhebt. Das übrige Haar trägt sie, gehalten von ein paar Bändern in der Farbe des Kleides, zusammengebunden. Der verschattete Nacken wirkt sehr eigenartig und ebenso die kaum wahrnehmbaren Brustwarzen, die der Künstler auf die Brust gemalt hat. Was jedoch Seine Hoheit mit unwiderstehlicher Kraft anzieht, ist der Ausdruck, den der Meister den Augen zu geben vermocht hat. Da ist eine Tiefe und stille Traurigkeit, einem Abgrund gleich, der ihn schwindeln läßt. Sie bewirkt, daß seine berühmte Unterlippe zu zittern anfängt. Dann ergreift die Orgelmusik erneut von der Kirche nebenan Besitz und erfüllt, obgleich gedämpft von den schweren schwarzen Vorhängen, Dein ganzes Zimmer. Die Musik fließt wie ein Fluß dahin, alte Schuld und vergangene Erinnerung mit sich forttragend. Und Don Carlos erinnert sich daran, wie er bei einer aus Staatsgründen ausgehandelten Heirat dem König von Portugal seine Schwester übergab. Eine Frau, die sich öffnete wie eine Rosenknospe. Ein alter und mißgestalteter König. Ein glänzender Schachzug, der Portugal dem Kaiserreich sicherte. Eine Tochter. Eine Witwe. Eine nach Spanien heimgekehrte Schwester. Eine einzige Tochter, als Friedenspfand zurückgelassen. Eine Mutter, die ihr Kind nicht wiedersehen würde. Ein glattes Geschäft. Eine Witwe und eine Knospe, eine von ihrer Tochter getrennte Mutter, ein Weib für Franz I., ein Geschenk, seinen guten Willen zu beweisen und endgültig den Frieden mit Frankreich zu besiegeln. Ein meisterhafter Schachzug. Kein Sohn, kein Bruder, ein Schachspiel. Doch jetzt, da er sich mit Hilfe seines Stockes kaum auf den Beinen halten kann und vor dem Bildnis steht, würde er die Zeit am liebsten umschreiben. Oder besser noch, alle ihre Seiten ausreißen und von vorn beginnen. Oder noch besser, lieber Schachfigur als Schachspieler sein. Ein einfacher Bauer. Höchstens ein Läufer. In Zukunft wird sein Sohn es sein, der die Figuren aufstellt. Hierauf setzt er seinen Weg ein wenig erleichtert ins Arbeitszimmer fort. Schreitet langsam durch das graue Gemach. Zwischen riesigen Weltkarten, die schon nichts mehr bedeuten, ohne der tragbaren Orgel, die ihn auf allen Feldzügen begleitet hat, einen Blick zu schenken. Bis er zum Lehnstuhl gelangt. Dort bleibt er erneut stehen. Klettert mühsam hinein. Wie ein Kind, sich mit seinen vom Rheuma entstellten Fingern an den Baldachin aus schwarzem Samt klammernd. Der Stock entgleitet ihm. Er sucht Halt an der Rückenlehne. Schließlich gelingt es ihm, es sich bequem zu machen. Auf dem Stapel von Kissen und unter dem schwarzen Thronhimmel ähnelt er dem Bild eines Neugeborenen. Einem jener kränklichen Prinzen, die ihr Leben in der Wiege aushauchen. Dessen Bildnis, in schwermütigen und traurigen Farben, schließlich irgendeine vergessene Bildergalerie bereichern wird. In einer Reihe neben anderen Unbekannten. Seine Seele ist niedergeschlagen. Stumm betrachtet er die schwarzen Wände. Der Weihrauch, welcher aus der Kirche kommt und durch die Vorhänge seines einzigen Fensters kriecht, reizt ihn zum Husten. Er meint zu ersticken. Er zieht ein Taschentuch aus seinen Kleidern und wischt sich den Speichel ab, der seinen Bart näßt. »Ich errege Ekel«, denkt er. »Alle alten Leute erregen ein wenig Ekel«, denkst Du und hättest fast nach dem Spiegel mit dem Silberknauf gegriffen, der auf dem Tisch liegt, um Dich darin zu betrachten. Jetzt suchen Deine Augen etwas anderes in dem Durcheinander von Papieren und Büchern, das auf dem Schreibtisch herrscht. Die Blicke sind angstvoll, und mit einemmal belebt sie ein Lichtfunke. Du siehst das voluminöse Manuskript von Juanillo. Mit Mühe reckst Du Dich und ergreifst es mit zitternden Händen. Noch einmal fahren Deine entstellten Finger durch die Seiten auf der Suche nach der Stelle, wo Du Deine Lektüre wenige Stunden zuvor unterbrochen hast. Bei der Berührung mit den Seiten wird das Himmelblau Deiner Augen leuchtender, verwandelt sich in die Farbe des Ozeans. Und drei winzige Schiffe zeichnen sich in den verbrauchten Pupillen des Monarchen ab. Dann schließt Du die Augen. Deine Nase weitet sich, weil Du in der toten Luft Deines Zimmers eine leichte Erschütterung zu spüren glaubst. Der bedrückende Geruch nach Weihrauch, die Süße des Samtes und der Brodem der Kräuterdämpfe und Arzneisalben, alles wird hinweggefegt von Wind und Meer. Ein salziger Geruch ergreift Besitz von dem Gemach. Die Brise bewegt die Vorhänge. Du spürst ihre frische Liebkosung auf der welken Haut. Ein seltsames Durcheinander von Stimmen und Lauten bemächtigt sich Deiner Ohren, und nicht länger lauschst Du der Litanei der Mönche. Man hört die Orgel nicht mehr. Nicht länger fließt ihre Musik aus der Vergangenheit. In Deinen Ohren erklingen nun die Kommandostimmen, die Rufe der Männer, welche die Manöver ausführen, das Getöse, mit dem sich die Segel im Wind entfalten, das Schwirren der Blockrollen, das Knarren des Holzes von den Spanten bis zu den Masten, das Echo der leeren Schiffsräume. Da öffnet Seine Hoheit die Augen. Aber die Augen Seiner Hoheit sehen nicht mehr die Trauer tragenden Wände, nicht die Bilder Tizians, noch den Lehnstuhl neben dem Fenster, nicht das Fenster, das auf die Kirche hinausgeht, noch die tragbare Orgel, die ihn auf all seinen Feldzügen begleitet hat, nicht die Weltkarten, die nichts bedeuten, noch den großen Erdglobus, den jemand neben den Arbeitstisch gestellt hat, noch den Arbeitstisch mit seinem Berg von Papieren, nicht das voluminöse Manuskript, das er in den Händen hat, noch die von der Gicht entstellten Hände. Was Seine Hoheit sieht, ist etwas anderes. Männer sieht er, die sich in die Rahen werfen, die Wanten emporklettern, Seile spannen, Segel losmachen. Er sieht die *Trinidad*, die einem zerstörten Ameisenhaufen ähnelt. Die sich aufbäumt wie ein junges Fohlen. Weil an allen Masten sich noch mehr Segel entfalten. In fast vergessenen Formen. Das ganze Schiff eine weiße Pyramide, die auf den Wellen schaukelt. Und wenn Seine Hoheit sich die Augengläser aufsetzt, die wie das kostbarste Juwel in einem Köfferchen aus Gold und Edelsteinen von ihm aufbewahrt werden, wird er sehen, wie es den Männern die Sprache verschlägt und wie sie ganz benommen die gesetzten Segel betrachten. Als wäre es das erste Mal. Mit mystischer Verzückung. Wie Priester, die das strahlende Gesicht ihres Gottes bewundernd betrachten. Ohne daß nur ein einziger auf das Meer schaut. Dem wir mit ihnen die Stirn bieten wollen. Alle Opfer jenes Zaubers, dem nicht einmal Seine Kaiserliche Hoheit sich entziehen kann. Weil nach drei Monaten des Wartens der Wind wieder weht. Die Flotte ist in Fahrt. Der Bericht überstürzt sich. Füllt sich mit Wind dank der Kunst von Juanillo Ponce, Graf Maluco; Dein Hofnarr, Dein Sklave, Dein Freund, Dein Baby. Deine Mutter. Der einzige, der die Samtvorhänge abhängen kann, welche Deine Wände mit Trauer kleiden. Die verhängten Fenster öffnen kann. Mit Salpeter und Sonne das Grab überflutend, in welchem Du wohnst. Dich aus Deinem Ruhestand herausholen. Dich sehr weit forttragen. Die Vergangenheit auslöschen.

Den Tod verscheuchen. Solange ich Dir Augen gebe. Solange Du mir das Leben gibst. Solange diese Musik währt.

Von den Ereignissen abgeschnitten. Denn alles braut sich zusammen und entwickelt sich auf dem Achterschiff. Und wir stehen am Rand. Schweigsam. Verstohlen. Wartend. Darauf, daß sie von der anderen Seite, vom anderen Ende des Schiffes, wie ein Lauffeuer herüberkämen. Und in einem der kranken Münder haltmachten. Und zu einem Laut würden, zu einem Geräusch auf dieser Seite. Verstümmelt zwar. Kaum wahrnehmbar. Etwa die Nachricht, daß wir an zwei großen Inseln vorbeisegeln. Cipango, die Perle des Orients. Sumbid, oder so ähnlich. Denn so kommt es aus dem schwarzbleichen Mund. Der Kapitän hat es gesagt, sagt man. Einen venezianischen Reisenden hat er zitiert. Familienname Polo. Cipango. Sagt man. Die östlichste der Inseln im Indischen Meer. Die erste, die auftauchen muß. Sagt man. Und wir werden Lebensmittel an Bord nehmen. Und Wasser. Der Hunger hat ein Ende. Denn wir kommen siebzig Meilen jeden Tag voran, jetzt, da der Wind zurückgekehrt ist. Und einen Katzensprung entfernt: die Molukken. Das hat der Kapitän gesagt.

Aber nichts. Drei Tage hängen wir über der Reling. Und nichts. Hängen von den Wanten wie zerlumpte Puppen. Des kleinsten Zeichens harrend, das von den Mastkörben kommen könnte. Wo einer aus dem anderen Bereich wie ein Vogel nistet. Den Himmel ausspähend auf der Suche nach Vögeln. Das Meer nach anderen Zeichen. Und nichts.

Wir sehen die Inseln nicht. Wir wissen nicht, ob es sie überhaupt gibt. Cipango und Sumbid. Ob wir auf Kurs sind. Ob der Kurs richtig ist. Ob man sich über uns lustig macht. Dort auf der anderen Seite. Cipango. Sumbid.

Aber eines Nachmittags, doch. Wir belauern einander. Um zu sehen, wer noch am Leben ist. Und etwas klopft an den Bug. Und jemand geht hin und beugt sich hinunter. Und aus seinem Mund, der wie ein geöffneter Granatapfel ist, kommt ein Laut, der wie ein

Lachen ist. So daß wir alle hingehen. Und stützen uns einer auf den anderen. Die Schwächsten mitschleifend. Um schließlich verzückt diesen Ast zu betrachten. Mit noch grünen Blättern. Mit saftstrotzenden Früchten. Und so geht es eine Weile, bis sich jemand an die Schranke begibt. Taumelnd. Vor Krankheit und vor Freude. Alles zusammen. Und denen auf der anderen Seite Zeichen gibt. Bis sich jenseits des Ankerspills deren etliche zusammenfinden. Uns verdutzt ansehen. Und näher kommen. Stück für Stück. Doch als sie an der Schranke anlangen, bleiben sie stehen. Sehen sich unentschlossen an. Verharren so eine Weile. Und dann fragt der Wagemutigste, was denn los sei. Er schreit. Was denn los sei! Doch niemand wagt, ihm zu antworten. Um den Mund nicht zeigen zu müssen. Weil wir die Stimme verloren haben. Wegen der Neugierde, die in deren Augen ist. Weil sie immer näher kommen. So daß wir zurückweichen. Stück für Stück. Wir wollen uns im Vorderkastell verstecken. Mit unserem Geheimnis. Mit dem Ast mit den noch grünen Blättern. Den saftstrotzenden Früchten. Schon bereuend, daß wir Aufmerksamkeit erregt haben. Stück für Stück. Schamhaft. Aber bevor wir uns zurückziehen, sind vom anderen Ende des Schiffes Stimmen zu hören. Und die Gruppe der Neugierigen bleibt stehen. Kehrt uns den Rücken. Weil die Stimmen zunehmen und bald ein Geschrei im Bereich des Achterschiffes ist. So daß wir wieder Raum gewinnen. Stück für Stück in Richtung des Ankerspills, der die Grenzlinie markiert. Und ein Stückchen darüber hinaus. Denn der Tumult ist groß, und wir wollen sehen, was es da gibt. Alle umarmen sich dort, auf dem Achterschiff. Und betrachten den Himmel. So daß auch wir den Himmel betrachten. Und dort sind Möwen, Hoheit. Die um die Maste herumflattern. Aufgescheucht hinter den Schiffen herfliegen. Da umarmen auch wir uns. Aber wir schreien nicht wie sie. Wir bleiben stumm. Wir schauen, ja. Bis die Nacht hereinbricht. Schweigend. Verstohlen. Bis die Nacht hereinbricht und die Möwen davonfliegen. Wir hören ihre letzten Schreie, und dann fliegen sie davon. Dann kommt die Stille. Die diesmal nur einen Augenblick währt. Länger nicht. Und dann erneut die Stimmen. Stimmen, die von Nelken und von Zimt reden. Von türkisgrünen Lagunen. Von sauberen Wassern, darin wie Juwelen die Fische des Riffs schwimmen. Und der Stimmenchor schwillt an. Jenseits des Ankerspills. Im Bereich des Achterschiffs. Unter einem gleichgültigen Himmel. Kalt. Ohne Resonanz. Und uns erreichen Satzfetzen. Lose Worte. Einzelne Laute. Echos, die sich in der unendlichen Weite des Ozeans verlieren.

In dieser Nacht, aufgeregt, weil Land in der Nähe ist, träumen auch wir.

Schweigsam. Verstohlen. Träumer.

Und im Traum überrascht uns der bleiche Schimmer des Sonnenaufgangs.

In diesem unsteten Licht der Morgendämmerung sehen wir zum ersten Mal in vier Monaten den schwarzen Umriß einiger Inseln. Rauhe Silhouetten gegen einen weißen Himmel. Hohe und spitze Gipfel. Von weißen Dunstschwaden verhangen wie die Nebel der Nacht. Eine düstere Landschaft. Trostlos. Die nicht mit unseren Träumen übereinstimmt. So daß wir, von den Vorrechten Gebrauch machend, welche man den Kranken einräumt, noch einmal die Augen schließen. Wir kehren zurück zu unseren Träumen. Bis die Sonne hoch am Himmel steht. Und die Schiffe näher sind. Und wir die Barriere des Riffs sehen. Die in einer Schaumgirlande sich brechenden Wellen. Gigantisch. Dröhnend. Eine makellos weiße Girlande. Die Salzwasser atmet. Wie eine riesenhafte Kieme. Die Dampf ausstößt. Wie ein großer Walfisch. Wie eine ganze Gruppe von Walen. Und draußen auf dem Meer ist das Wasser blau. Von violettem Blau. Tief. Doch jenseits der Barriere hat es die sanfte Türkisfärbung, die wir ihm in der Nacht gegeben haben. Auch in unseren Träumen.

Was nicht in unseren Träumen erschien, ereignet sich in der Folge. Jedes Schiff nämlich schickt eine Schaluppe mit schwerbewaffneten Männern aus. Rudernd, was das Zeug hält, passieren sie das Riff. Und nähern sich dem Strand. Sie wollen Nahrungsmittel holen. Sagen sie. Wenn ihr Leute tötet, bringt uns ihre Därme mit, sagen wir. Und knüpft Kontakte, damit wir Gewürze bekommen. Im Tausch gegen unseren Trödel. Denn von den Mastkörben aus hat man ein Dorf am Strand gesichtet. Von hier aus nicht. Aber es gibt ein Dorf, sagen sie. Also frisches Wasser für unsere fiebrigen Münder. Sagen sie. Frische Därme sind eine gute Medizin gegen die Krankheit, an der wir leiden, beharren wir. Sie aber: Früchte des Landes, saftig und süß. Und der Hunger ist wie ein glühendes Eisen im Magen. Also an etwas anderes denken. Die leere Zeit des Wartens totschlagen. Aber man kann nicht, nein. Wie macht man das?

Eine Weile darauf bricht erneut der Tumult los. Jenseits des Ankerspills im Bereich des Achterschiffs blicken alle zum Strand. Sie machen Zeichen. Gestikulieren. Kleben an der Reling. Wir können sehen, wie sie hinüberschauen, aber nicht entdecken, was sie sehen. Weil das Schiff mit dem Heck zum Strand liegt. Alles, was wir sehen können, ist dicker schwarzer Rauch, der vom Strand aufsteigt. Er verliert sich in der Pflanzenbarriere, die sich dort erhebt, wo der Sand aufhört. Der Rauch taucht abermals über den Bäumen auf und steigt sehr weiß in den Himmel. Inmitten einer pechschwarzen Masse. Am Rand der türkisfarbenen Lagune. Aber wir sehen nicht, was da brennt. Wir wissen nicht, was dort geschieht. Weil niemand mit uns spricht. Sie reden unter sich. Machen Zeichen. Gestikulieren. Aber zu uns nichts.

So vergeht die Zeit und mit einemmal: das Geräusch der Ruder, die mit Gewalt den Kristall der Lagune durchbrechen. Und dazu einige Arkebusenschüsse. Dann sehen wir die zurückkommenden Schaluppen. Und Serrano, stehend am Bug. Von Blut gefärbt seine Hände. Und die einiger Männer, die ihre Ruder tief eintauchen. Alle stumm. Alle ernst. Serrano und die von der *Trinidad* kommen an Bord des Flaggschiffs. Und die anderen gehen. Und niemand spricht. Ein merkwürdiges Schweigen. Und wir auf dieser Seite der Barriere, ohne zu ihnen gelangen zu können. Ohne Fragen stellen zu können. Die leere Zeit des Wartens totschlagend. Darauf hoffend, daß irgendein Geräusch durch diese unsichtbaren Gitterstäbe dringen möge.

Eine Weile später kommen zwei Männer mit einem Eimer. Einem Eimer mit Wasser. Frisch. Klar. Das ein wenig nach Erde riecht. Nach fruchtbarer Erde. Nach Gartenerde. Nach Wurzeln. Nach Steinen, rundgeschliffen vom Wasser. Und das nach Wasser schmeckt. Nicht das schwarze und übelriechende Wasser. Ein Bottich mit richtigem Wasser. Den lassen sie auf dem Ankerspill. Wie eine Opfergabe. Und bevor sie sich davonmachen, ich: Woher ist dieses Wasser? Und sie: Von der Insel. Und ich: Was ist dort geschehen? Obgleich ich mich schäme, meinen Mund in diesem Zustand zu zeigen. Noch einmal: Was ist dort geschehen? Und sie, ohne mich anzusehen: Nichts. Nichts sei geschehen. Und sie kommen zurück mit anderen Dingen, und nichts ist geschehen. Und es wird Nacht, und es ist nichts geschehen. Und die Flammen erleuchten den Strand, und es ist nichts geschehen. Und wir setzen die Segel, weil die Molukken nur einen Schritt weit sind, und es ist nichts geschehen.

Und so Insel für Insel in jenem Archipel. Von jedem Schiff legt eine Schaluppe ab mit schwerbewaffneten Männern. Und auf dem Boden jeder Schaluppe die Säcke mit den Spiegelscherben und den Glöckchen und dem anderen Tand. Und sie rudern was das Zeug hält und passieren das Riff. Und nähern sich dem Strand. Sie wollen hinüber wegen der Nahrungsmittel. Sagen sie. Und um Kontakte zu knüpfen der Gewürze wegen. Im Tausch gegen unseren Trödel. Und manchmal kommen sie mit Fisch wieder. Mit Apfelsinen. Mit Kokosnüssen. Mit Öl. Mit Palmwein. Mit Bananen. Mit ein paar Hühnern. Und auch mit einer Handvoll duftender Nelken. Einer Winzigkeit Zimt. Einem Nichts an Pfeffer. Anzeichen dafür, daß wir uns ganz in der Nähe der Molukken befinden. Sagen sie. Und der Generalkapitän läuft ungeduldig an Deck umher. Weil er seinem Ziel immer näher kommt. Zwei Jahre ist es schon her, daß er über die Meere irrt. Blinder als ein Blinder mit den Berechnungen Faleiros. Aber nun ist er schon ganz nahe dran.

Und so Insel für Insel in jenem Archipel. Und von einigen kommen sie mit Essen wieder. Und von anderen kommen sie ohne irgend etwas. Die Arme blutbefleckt bis zu den Ellenbogen. Hinter sich lassen sie an den Stränden den schwarzen und dichten Rauch, der sich im Pflanzendickicht verliert. Und purpurrote Flammen, die in den Himmel schlagen. Aber es ist nichts geschehen. Auf keiner Insel geschieht etwas. Wenngleich die Gerüchte wie ein Lauffeuer sich auf dem Schiff verbreiten. Daß man uns auf der Insel soundso das Beiboot geraubt habe, das am Heck festgebunden war. Und daß der erzürnte Kapitän ihnen eine Lektion erteilen will. So daß er mit vierzig bewaffneten Männern an Land geht. Und vierzig Häuser niederbrennt. Das sind alle, die es auf der

Insel gibt. Und auch die Kanus. Und viele der Einwohner. Denen es nicht gelang, in den Urwald zu fliehen. Denn der Urwald ist undurchdringlich. Da wagen sie sich nicht hinein. Und wenn sie das Essen bringen, ich: Ob es wahr ist, was man sich von der Insel soundso erzählt. Und sie: Nein. Es ist wirklich nichts geschehen. Obgleich manchmal in der Nacht der Strand von Flammen erleuchtet wird. Und Serrano sich die Hände im klaren Wasser der Lagune wäscht, bevor er an Bord kommt, um mit dem Kapitän zu plaudern. Und Serranos Hände färben das Türkisgrün der Lagune rot. Und man vernimmt nur den Klang der Glöckchen, die seinen Hut schmücken, und das Prasseln der Flammen.

Und so Insel für Insel. Und auf keiner geschieht etwas. Sagen sie. Aber auf einer geschieht doch etwas, denn ich weiß, daß auf einer von ihnen Gonzalvo de Vigo desertiert. Der, welcher in seinen Kleidern den kleinen Beutel mit Maiskörnern trug. Gonzalvo, der den Verstand verloren hat, sagen sie, bleibt dort. Seit er vom Leichnam Gaspar Díaz', des Proviantmeisters der *Santiago*, gegessen hat. Sagen sie. Aber er ist nicht verrückt, niemals. Es ist, weil die Luft so sanft ist. Und der Strand so weiß. Und die Palmen so kerzengerade in den Himmel ragen. Und es gibt die so süßen und so saftigen Früchte. Überall. In Reichweite der Hand reifen sie unter der warmen Sonne. Und da ist das Geräusch von Wasser, das zwischen den Felsen hervorsprudelt. Immer frisch. Das Tümpel bildet, wo sie ihre Schläuche füllen. Dort kann sich ein Mann alles Salz der Meere abwaschen. Sagen sie. So daß er den Brustpanzer ablegt und die Sturmhaube und das zerschlissene Hemd und die Hosen, und er läßt sich von niemandem stören und taucht hinein. Weil er sich das Salz der Meere abwaschen will. Auch wenn sie ihm zurufen: »Gehen wir, gehen wir!« Die Augen auf den undurchdringlichen Urwald gerichtet, der diesen Tümpel umgibt. Und Gonzalvo, das Wasser reicht ihm bis zum Hals, betrachtet seine Füße, die ganz weiß sind auf dem Grund. Und er lächelt. Oder er schaut den kleinen Fischen zu, die um ihn herumschwimmen. Und alle: »Gehen wir, gehen wir!« Sie weichen vor der Pflanzenwand zurück, die sie, so spüren sie es, zum Strand schiebt. Wo die Schaluppen auf sie warten. In denen sie zu den Schiffen zurückkehren. Aber er will nicht zurückkehren. So daß ihm einige drohen. Und er lacht vor sich hin, wie die Verrückten vor sich hinlachen. Andere machen ihm Versprechungen. Und er betrachtet auf dem Grund des Tümpels seine so weißen Füße. Oder sie erzählen ihm was von der Basilia und vom Maisfeld seiner Großmutter. Und er spielt mit Kieselsteinen, die er über der Oberfläche fallen läßt und dann ihr Sinken durch das klare Wasser verfolgt.

So bringen sie eine Weile zu, bis Serrano kommt, der diese Aktionen leitet, und er befiehlt, sich zurückzuziehen und ihn dazulassen. Alle gehorchen Serrano, dessen Hände klein sind wie die eines Mädchens und in Blut getaucht. Das Gesicht rußgeschwärzt unter der schwarzen Hutkrempe und den Zauberglöckchen, die ihn schmücken. Und zurück bleibt Gonzalvo, nackt und lächelnd. Sich das Salz der Meere im klaren Wasser des Tümpels abwaschend.

Welches Schicksal wartete auf den Ärmsten an einem solchen Ort? Ob es ihm gelungen ist, zu überleben? Was mag aus ihm geworden sein?

Diese Fragen stellte ich mir jahrelang. Und weil ich eine Antwort auf diese und andere ähnliche Fragen suchte, litt ich Verfolgung, und man sperrte mich in unterirdische Verliese und nahm mir die Pension.

Wenn Du also wissen willst, was aus Gonzalvo de Vigo geworden ist, mußt Du es selbst herausfinden; denn was Juanillo weiß, behält er für sich. Geschworen hat er, nichts zu wissen.

Die nun folgende Episode spielt in Zubu, und ganz wie unsere ersten drei Wochen dort, ist ihr Tonfall ruhig, der Satz lang.

Die Sache ist, daß wir nach Ablauf von zwanzig Monaten, seit wir in Sevilla die Reise angetreten, und nach den vielen Entbehrungen, von denen ich Euch erzählt, und den mannigfachen, die ich für mich behalten habe, zum ersten Mal mit einer der unseren ähnlichen Welt in Berührung kamen. Einer Welt, deren Natur und te wir zu verstehen glaubten. Weniger verschlossen als die, welche wir zuvor nur mit einem Blick gestreift hatten. Weniger feindlich und abweisend. Von größerer Überschaubarkeit.

So wenigstens glaubten wir in den ersten drei Wochen, weil danach ...

Aber das Danach erzähle ich Dir später, Hoheit.

Jetzt ist Sonntag, der siebente April, und zu Beginn des Kapitels sind wir gerade dabei, sehr früh am Morgen in den Hafen von Zubu einzulaufen.

Die Schiffe gleiten über die Wasseroberfläche dahin wie die Schwäne auf den Teichen Deiner Schlösser, in aller Stille durchfurchen sie die ruhige Lagune, die vom Riff gebildet wird; befahren der Reihe nach den natürlichen Kanal, den die Lotsen an seiner Farbe erkennen, nähern sich gemächlich dem Strand, bringen die Federbüsche der Palmen mit der Luft, welche die Segel verdrängen, in Bewegung, werfen ihren Schatten auf das schlafende Dorf, und als die Senkbleie anzeigen, daß die Tiefe nicht mehr ausreicht, kreisen sie majestätisch auf ihren Bäuchen und bleiben in einem engen Kreis stehen.

Schweigend lösen die Männer die Seile und ziehen die Segel ein. Die Blockrollen quietschen nicht. Die Rahen ächzen nicht. Der Ankerspill dreht sich in aller Stille. Die Anker durchbrechen ohne Getöse den Kristall des Wassers, und kaum sind sie auf dem Sand des Meeresgrundes niedergegangen, werden sie von Schwärmen zutraulicher und neugieriger Fische umgeben.

Die Schiffe treiben. Das Licht nimmt zu.

Kaum sind die Manöver beendet, befiehlt der Kapitän, die Flaggen zu hissen und in dichter Folge aus allen Geschützen zu schießen.

Also machen sich die Lombardiere bereit. Ohne ein Wort zu verlieren, bringen sie die Geschütze in Stellung. Sie werfen einen letzten Blick auf die friedliche Lagune, den leeren Strand, das schlafende Dorf, und stumm setzen sie die Zündschnur in Brand.

Instinktiv halten wir uns alle die Ohren zu, doch ist der Donner gleichermaßen laut.

Der Urwald schüttelt sich in kurzem Krampf. Die Kugeln schlagen in der Lagune ein. Die Möwen fliegen erschreckt auf. Die Papageien flüchten ins Dickicht. Das schlafende Dorf ähnelt jetzt einem zerstörten Ameisenhaufen.

Eine Weile später, als das Bild sich zu beruhigen scheint, schickt Don Hernando seinen Sklaven Enrique als Dolmetscher.

Enrique ist in Sumatra geboren und spricht Malaiisch, eine Sprache, die von diesen Völkern anscheinend verstanden wird.

Er geht los, und ich sage Dir, so reich herausgeputzt, daß er wie ein Maurenprinz aussieht, und für den König und seine Frauen führt er prächtige Geschenke mit.

Auch hatte er einen so verschlagenen Blick an sich, daß ich denken mußte, er führe noch anderes im Schild.

Und das hatte er, Hoheit, aber er konnte es erst etwas später in die Tat umsetzen.

Während ich auf seine Rückkehr wartete und darüber grübelte, warum diesmal nicht Juan Serrano gegangen war und ob Enrique mit blutbefleckten Händen wiederkommen würde, wie der Portugiese, unterhielt ich mich damit, die Lagune zu betrachten.

Sie war trotz der Türkisfärbung des Wassers so kristallklar, daß ich von Bord aus den Grund sehen konnte sowie die Gebilde, die sich auf ihm bewegten oder dort ruhten.

Ich will Dich nicht mit einem vollständigen Katalog langweilen, um so mehr, als wir beide nur noch wenig Zeit haben; aber einiges muß ich Dir nennen, denn so verlangen es die Regeln von mir, welche diese oder sonst eine andere Erzählung bestimmen. Auf welch andere Weise könnte ich Dir den Eindruck von Zeit vermitteln, die vergeht, während Enrique geht und kommt?

Da waren Schwämme, so schwarz wie der Samt, der Deine Gemächer in Yuste verkleidet, und andere von der Farbe und dem Aussehen der Apfelsinen, die es in Deinem Palast der Alhambra gibt.

Da waren auch große Krebse von bläulicher Farbe, wie Schwerter im Mondlicht; und auch ihre Bewegungen waren kurz und nervös wie Schwerter im Mondlicht. Und Korallen, Hoheit. Weiß wie Schnee. Rot wie die Lippen der Barbara von Blomberg. Wie die Bäume auf den Schlachtfeldern von Tunis.

Aber was meine Augen gefangennahm, Majestät, waren die Fische. In meinem ganzen Leben habe ich mir nicht so launische und schreiende Formen und Farben vorstellen können. Sie waren wie Juwelen, Don Carlos, Juwelen, welche die bestgekleidete Frau vor Neid hätten erblassen lassen. Juwelen, wie sie die Kaiserin nie getragen hat und die Deine Kronen nie geschmückt haben. Juwelen, geschaffen vom Fieberwahn des größten aller königlichen Goldschmiede. Für die es keinen Schatzmeister gab, auf sie achtzugeben. Noch einen Juwelier, der fähig gewesen wäre, sie zu imitieren. Juwelen, bei denen man französisch vor *»joie«* und Freude jubilierte und ans lateinische *»iocus«* gleich Spiel dachte. Juwelen von unendlicher Phantasie. Und aus unendlich vielen kostbaren Materialien. Aus grünem Malachit. Aus glänzendem Azurit. Aus Lapislazuli, tiefblau und hart wie der Ozean. Aus gesprenkelter Jade. Aus Amber. Aus blutrotem Karneol. Aus Amethyst. Aus geädertem Jaspis. Aus Porphyr, wie das Glas, in welchem Du die Duftwässer aufbewahrst. Aus Kristall. Aus Sardonyx mit prunkvollen Rändern. Aus Perlmutt. Aus Ebenholz. Aus Amarant. Aus Gold. Aus blauem und rosafarbenem Diamant. Kaum Fische, die wie Fische aussahen. Doch Fische wie Juwelen beinahe alle. Fische wie byzantinische Mosaike. Wie Kirchenfenster aus Reims. Wie italienische Bronzen. Wie Emaille aus Venedig mit goldfarbener Zeichnung auf blauweißem Grund. Wie Emaillearbeiten aus Limoges mit Reliefs auf blauem Grund. Oder grau mit Gold abgesetzt. Oder mit gelben oder fleischfarbenen Reflexen wie Muscheln. Fische wie Fayencen mit ihren grotesken Malereien. Von der sanften Farbe von Milchrahm wie Florentinerfayencen. Fische wie diese römischen Elfenbeinbilder, welche die Tiere des Paradieses darstellen. Und andere feiner und zarter wie die Elfenbeinbilder aus Paris. Fische mit der Form von Drachen. Venezianische Kameen. Schachfiguren. Rotblonde Engel. Einhörner. Chimären. Greifvögel. Einer wie ein muselmanischer Wasserkrug. Eine Brosche. Ein Ohrring. Der Kaiserliche Adler mit den zwei Köpfen. Ein goldenes Zepter. Juwelen für einen Tag des Jubels.

Die ganze Lagune ein Juwelierladen, ein kostbares, türkisfarbenes Etui, eine flüssige Schachtel für ein flüssiges Juwel. Und auch das Altarbild einer Geschichte, die niemand erzählen wollte. Reliquienschrein mit größerer Bedeutung für Dein Königreich als der, welcher den Arm aufbewahrt, mit dem Karl der Große sein Schwert *La Joyeuse* führte.

Du verstehst nichts? Du wirst schon noch verstehen, wovon ich zu Euch rede, und dann wird es zu spät sein, wie gerade jetzt. Also schweig und hör zu, denn Enrique ist von seiner Gesandtenreise zurückgekehrt.

Enriques Gesandtschaft, Hoheit, war ein Erfolg. Der König von Zubu wünschte, daß wir seine Gäste seien. Er wünschte auch, den christlichen Glauben anzunehmen und Dich als seinen Herrscher anzuerkennen. Außerdem könnte er genau beschreiben, wo die Molukken lägen, nämlich weniger als eine Tagesreise entfernt. Er selber würde uns später dorthin geleiten, sobald wir auf seiner Insel Kräfte gesammelt hätten.

Don Hernando war sehr zufrieden. Er umarmte Enrique vor aller Angesicht. Nannte ihn »meinen getreuen und lieben Freund«. Und er schenkte ihm den Turban und den Samtumhang, die er vor dem König von Zubu getragen hatte. Er sagte auch, daß er Enrique bei seiner Rückkehr nach Spanien zu einem freien und angesehenen Mann machen würde.

Alle Anwesenden begrüßten stürmisch die Nachricht. Alle mit Ausnahme von Basco Gallego, der als Begleitung Enriques bei der Gesandtschaft anwesend gewesen war.

Dieser große, blondhaarige Mann, der stets nach Kuhmilch roch, mißtraute dem Handel des Mauren. Und da er offen und direkt sein konnte bis zur Grausamkeit, verkündete er in aller Offenheit, daß Enrique und der König von Zubu etwas gegen uns im Schilde führten. Aber niemand glaubte ihm.

Basco Gallego erzählte, wie unser Dolmetscher an einem gewissen Punkt der Begegnung aufgehört hatte zu übersetzen und sich in ein langes Gespräch mit dem König vertiefte. Sie redeten in ihrer Sprache und sie, die Männer seiner Begleitung, verstanden nichts, fanden aber nicht den Mut, das Gespräch zu unterbrechen.

Kaum war die Gesandtschaft beendet und noch ehe sie an Bord der Schaluppe gingen, um auf die Schiffe zurückzukehren, trat Basco zu ihm und warf ihm sein Verhalten vor. »Was hast du dem König gesagt?« fragte er ihn. Und Enrique: daß wenn er Frieden wolle, er diesen haben könne, wenn er jedoch an Krieg dächte, würden wir die Insel, die weniger als ein Hahnenschrei lang ist, dem Erdboden gleichmachen. »Nur das?« beharrte er. Und als der andere mit dem Kopf nickte: »Und dazu braucht man so viele Worte in deiner Sprache?« Und er, unerschütterlich: »Gewiß.« Hierauf Basco: »Und wozu das viele Gelächel und die verschwörerischen Blicke? Bedeuten etwa Lächeln und verschwörerische Blikke nicht in allen Sprachen das gleiche?« Und er, undurchschaubar: »Nein.« Und er solle ihn in Ruhe lassen, denn er schulde ihm, Basco, keinerlei Erklärung.

»Du bist ein Schurke«, sagte Basco leise zu ihm, als sie den Strand entlang zur Schaluppe liefen. »Du bist ein Schurke und ein Spitzbube.«

Da sie wieder auf dem Schiff waren, erzählte er diese Geschichte jedem, der sie hören wollte. Aber niemand hörte auf ihn.

So daß er, da er nicht dumm war, lieber den Mund hielt. Er sagte kein einziges Wort mehr und verhielt sich von nun an, als wäre er mit der offiziellen Version einverstanden.

Ob er Recht hatte oder nicht – wir wußten es damals nicht, und ich will Dir jetzt nichts verraten –, Tatsache ist, daß Enrique ohne seinen verschlagenen Blick zurückkehrte, mit dem er, zusammen mit den Geschenken, hingekommen war. Als er an Bord kam, setzte er erneut seine Maske des gefügigen und unterwürfigen Sklaven auf. Eine steife und ausdruckslose Miene wie die einer chinesischen Porzellanmaske. Und gleichermaßen undurchschaubar.

Am Morgen darauf schickte der Kapitän den Kaplan Balderrama mit einigen Matrosen aus, um die nötigen Vorbereitungen für eine Messe zu treffen.

Eine Weile später brachten die Schaluppen die Leute an den Strand. Sie alle gingen mit angelegten Rüstungen.

Auf den Schiffen blieben nur die Kranken sowie eine Handvoll

Männer, die den Auftrag hatten, ihnen Rückendeckung zu geben oder den Rückzug freizuhalten.

Es war ein strahlender Morgen, und als alle an der Stelle versammelt waren, die der Kaplan gewählt hatte, stand die Sonne hoch am Himmel. Langsam wurde es heiß.

Der König benutzte die gleiche chinesische Maske, die Enrique benutzte.

Er empfing ohne Regung die Geschenke, welche ihm mein Herr überreichte: eine Tunika aus gelber und violetter Seide, eine rote Mütze, Halsketten aus Kristallperlen und zwei Tassen aus vergoldetem Glas. Er verriet keinerlei Gefühlsregung.

Er zeigte ebenso keine Regung, als Don Hernando drei Männern befahl, ihm Säbelhiebe und Faustschläge zu versetzen, um dem König vorzuführen, daß er unverwundbar in seiner Rüstung sei.

Der von Zubu betrachtete unbeeindruckt das Schauspiel, und als es zu Ende war, sagte er zu Enrique, ein solcher Mann könne tausend seiner Leute besiegen.

Enrique ließ es den Kapitän wissen, welcher zufrieden lächelte.

Als die Messe zu Ende war, erklärte er dem König die Bedeutung des Kreuzes und die Mission, die sein Kaiser ihm anvertraut hatte, sie überall zu verkünden, wohin er käme. Auch ließ er den König fragen, ob er eine Allianz mit dem Kaiser wünsche und ob er bereit sei, den christlichen Glauben anzunehmen. Wenn ja, würde er persönlich ihn in der Heiligen Geschichte unterweisen und ihm die Dogmen unseres Glaubens erklären. Sobald er dies alles verstanden hätte, würde er ihn taufen, was ihn uns gleichstellen würde.

Der König, ohne die Maske abzunehmen, willigte in alles ein.

Der Kapitän ließ ihm voller Dankbarkeit sagen, daß, wenn er Feinde hätte, er sie mit Vergnügen schlagen würde; dies sei ein weiterer Vorteil, Christ zu werden.

Der König antwortete, gern würde er sich gegenüber einem gewissen Monarchen einer Nachbarinsel Respekt verschaffen, der ihm den Gehorsam verweigere.

Darauf versprach ihm der Kapitän, daß er sich selbst darum kümmern werde, ihm eine Lehre zu erteilen. Als Gegenleistung erbitte er lediglich zweierlei: Der König möge sich von Herzen zum

Christentum bekehren und ihm mit aller Genauigkeit beschreiben, wo sich die Molukken befänden.

Der König, ohne die Maske abzulegen, willigte in alles ein.

Der Kapitän sagte nun, er würde, da sie in allem übereingekommen seien, seine Leute an Land lassen, die sehr mitgenommen seien von der langen Reise, die wir gehabt. Er hätte einige Kranke an Bord, die Pflege und eine besondere Ernährung brauchten. Auch einen oder zwei Tote, denen er ein christliches Begräbnis geben wolle.

Der König erwiderte, daß wir seine Gäste seien, solange wir wollten.

Da trat der Kapitän zwei Schritte auf ihn zu und küßte ihn.

Der von Zubu zeigte nicht die geringste Regung, weder von Gewogenheit noch von Ablehnung.

Don Hernando ging zwei Schritte zurück, sagte, dies sei ein Tag der Freude für beide Völker, drehte sich auf dem Absatz um und tat zwei Schritte in Richtung Strand.

Enrique hielt ihn zurück. Der König wollte wissen, ob ihn die Anbetung des Kreuzes unverwundbar machen würde, wie den Kapitän.

Don Hernando drehte sich auf dem Absatz um, und lächelnd sagte er ja.

Dann machte er abermals kehrt und entfernte sich, überzeugt davon, der von Zubu habe den Eindruck eines vertrauenswürdigen und sehr vernünftigen Mannes gemacht. Und sie alle folgten seiner Meinung.

Alle mit Ausnahme von Basco Gallego, der dem König mißtraute, aber den Mund nicht auftat.

Er hatte es mir erzählt, weil ich womöglich dem Kapitän die Augen öffnen könnte. Doch wenn ich es nicht tun wollte, wäre ihm auch das egal. Er hatte, was Enriques Gesandtschaft betraf, seine Warnung ausgesprochen, und keiner hatte auf ihn gehört. Was er denn noch tun könne? Eins wüßte er genau: Er würde nicht in die Falle gehen. Basco Gallego, sagte er, würden sie nicht schlafend erwischen.

Ich wußte nicht, was ich von alledem halten sollte. Vielleicht war es nur eine fixe Idee, die sich in seinem Riesenschädel festgesetzt hatte. Aber mir gefiel es, ihm zuzuhören. Ich fühlte mich wohl an seiner Seite, der Geruch nach Kuhmilch, den sein Brustpanzer ausströmte, beruhigte mich. Weckte in mir eine seltsame Zärtlichkeit.

Außerdem war er meine einzige Verbindung zu allem, was sich ereignete. In den Tagen darauf, während ich mich allmählich von den Verheerungen erholte, welche die Krankheit in meinem Körper angerichtet hatte, schlossen wir enge Freundschaft. Er kam täglich, wenn es Abend wurde, mich besuchen, brachte mir Obst und andere Nahrung und berichtete von den wichtigsten Ereignissen des Tages. Ich erwartete sehnsüchtig seinen täglichen Besuch.

Man brachte uns in einer weiträumigen und kühlen, von Palmen umstandenen Feldhütte unter. Sie war wenige Schritte vom Strand entfernt, im Schutze einer mit dichter Vegetation bedeckten Landzunge, die ins Meer hineinragte.

Neben der Tür der Hütte wuchs ein Baum mit riesigen Blüten, mit weißen, fleischigen Blütenblättern von köstlichem Duft.

Unter diesem Baum wartete ich jeden Nachmittag auf Basco Gallego.

Den Rest des Tages verbrachte ich damit, die türkisfarbene Lagune zu betrachten und staunend dem Tosen des Meeres um das ferne Riff zu lauschen.

Ständig wechselte die Lagune ihre Farbe. Ihr Grün schwächte sich ab oder belebte sich auf launische Weise. Manchmal wurde das Wasser milchig wie Absinth. Oder wechselte ins Graue und wurde zur Farbe trauriger Kinder. Plötzlich wurde sie fast schwarz wie der Kummer der Erwachsenen. Doch die meiste Zeit war sie kristallklar und türkis wie in den Träumen.

Was sich nie veränderte, war das Meer, stets von leuchtendem Blau hinter der Barriere des Riffs.

Sobald der Schatten unter den Palmen sich auszudehnen begann, begab ich mich unter den Baum neben der Tür unserer Hütte. Während ich mich an dem Duft seiner Blüten berauschte und die kühle Brise spürte, welche vom Meer her wehte, wartete ich dort auf Basco.

Er tauchte aus dem Urwald auf wie ein Elefant, bei jedem Schritt Zweige zerbrechend und sich in den Lianen verstrickend. Stirnrunzelnd und bedrohlich blieb er am Rande der Lichtung stehen, auf der sich die Hütte erhob. Dann suchten mich seine Augen, obgleich ich mich wie immer an derselben Stelle befand, und sobald er mich sah, veränderte sich sein Gesichtsausdruck. Wie ein Schauspieler, der versucht, in die Haut einer anderen Person zu schlüpfen, ließ er sich Zeit für einen Augenblick der Verwandlung. Dann lief er weiter, lächelnd und unbekümmert. Das Lächeln war gezwungen, und der Ausdruck von Unbekümmertheit paßte nicht zu ihm, aber er war der Meinung, dies sei die angebrachte Form, sich einem kranken Freund zu zeigen, und ich schätzte sein Bemühen.

Wortlos stellte er sein tägliches Geschenk vor mich hin: Reis oder Schweinefleisch oder Apfelsinen, einen Kürbis, eine Handvoll Knoblauch oder einen Napf mit Honig; und er beobachtete genau meine Reaktion.

Ich mußte alles hinunterschlingen, auch wenn ich keinen Appetit hatte, und so tun, als bemerkte ich seinen erwartungsvollen Blick nicht. Wenn ich fertig war, noch immer ein krampfhaftes Lächeln auf den Lippen, klopfte er mir auf die Schulter.

Dann begann er von den Ereignissen des Tages zu berichten, er entspannte sich und wurde nach und nach wieder der Basco Gallego, den wir alle kannten.

Er liebte keine Umschweife und packte die Themen so direkt an wie das Leben; es war ihm außerdem ganz egal, ob mich seine Geschichten interessierten.

Mit Einwilligung des Königs hatte man den Hauptplatz des Dorfes zum Friedhof bestimmt.

Der von Zubu hatte zu Enrique gesagt, da nun einmal der Kapitän über sein Leben und das seiner Untertanen verfügen könne, stünde es ihm mit größerem Recht frei, auch über die Erde zu verfügen.

Enrique erzählte es Don Hernando, der zufrieden lächelte und als erstes ein Kreuz zu errichten befahl, um den Platz zu weihen.

Zwei Leute waren beerdigt worden und dann noch ein dritter,

der unbemerkt in einem der Schiffsräume der *Victoria* gestorben war.

Er war verwest, und sie mußten ihn in ein altes Segel gewickelt herausholen.

Basco sagte, daß sich Leichenreste in allen Schiffsräumen befänden. So daß man sie in Säcke steckte und ein viertes Grab schaufelte.

Das Problem bestand darin, daß die Leute von Zubu den Gottesacker weiter als Versammlungsplatz nutzten. Sie verkauften und kauften Produkte des Landes, Sklaven, die sie irgendwo machten, und andere Waren. Die Frauen kochten, und die Kinder spielten zwischen den Gräbern.

Man hatte ein Schwein an einem Grab wühlend gefunden, und so befahl der Kapitän, eine Mauer aus Stein zu errichten. Jetzt waren sie alle den ganzen Tag mit Steineklopfen beschäftigt. Wo es doch soviel Holz gab. Es war eine sinnlose Arbeit. Aber noch sinnloser war es, sich zu beschweren.

Der Kapitän verbrachte seine Vormittage damit, dem König die Heilige Geschichte beizubringen. Er erzählte ihm von Moses und dem ägyptischen Pharao, von den sieben Plagen, von Hiob, Jakob und Jonas, von Sodom und Gomorrha, von Lot und seinem Weib.

Der König, ohne die Maske fallenzulassen, nickte zu allem.

Don Hernando lächelte zufrieden. »Dies wird ein guter Vasall«, sagte er.

Es war ihm erzählt worden, daß es auf diesen Meeren große schwarze Vögel gibt, den Raben ähnlich, aber dickleibiger, welche den Walen folgen, und wenn diese das Maul auftun, stürzen sie sich in den Schlund und reißen ihnen das Herz heraus, um es zu fressen. Die von Zubu hatten mehrere dieser Vögel über die *Trinidad* fliegen sehen.

Die Frauen waren sehr hübsch und fast so weißhäutig wie die Europäerinnen, aber nicht so zimperlich. Jeder hatte mehr als eine ausprobiert. Sie zogen uns ihren Ehemännern vor, deren Glied klein war. Die Frauen waren alle verhurt und wir nicht minder. Wir hatten mehr als einer unseren Samen gegeben. Samen in der Möse. Samen auf den Brüsten. Und sogar im Gesicht. Zuerst wußte Baso nicht, was er dabei fühlte. Es war so lange her! Aber er kam schnell auf den Geschmack, und dann konnte er nicht mehr aufhören. Er konnte nichts anderes denken als das. Und daran, den Verrat, den man gegen uns ausheckte, aufzudecken. Aber darüber sprach er mit niemandem außer mit mir.

Andrés de San Martín lief gleichfalls unruhig umher, das Gesicht verzogen. Er hatte mehrere Offiziere um Papier und Tinte gebeten, und sie hatten es ihm verweigert. Der Kapitän hatte zwei Wächter auf ihn angesetzt, die ihn verfolgten. Sie waren hinter ihm her und machten alles unkenntlich, was er mit einem kleinen Stock in den Sand schrieb oder mit einer Klinge in die Rinde der Bäume ritzte. Also spazierte der Astrologe stumm am Ufer des Meeres entlang. Von Zeit zu Zeit blieb er stehen und malte mit den Zehen Zeichen in den Sand. Zeichen, welche die Wellen auslöschten, bevor seine Verfolger zur Stelle waren.

Man hatte ihm versichert, daß Nacht für Nacht die schwarzen Vögel kämen, von denen er mir erzählt hatte, um über die Hütten zu fliegen oder sich auf den Dächern niederzulassen. Das war der Grund, weshalb die Hunde den Mond anheulten. Sie bellten bis Sonnenaufgang, bis die Vögel aufs Meer zurückkehrten, nachdem sie einen seltsamen, abstoßenden Geruch in den Hütten zurückgelassen hatten. Das ganze Dorf schien davon angesteckt.

Mir sagte er es: etwas ereigne sich oder würde sich ereignen. Aber ihn träfe es nicht unvorbereitet. Nicht Basco Gallego. Das könne er mir versprechen. Inzwischen würde er die Frauen genießen. Er würde mir eine mitbringen, sobald es mir besser ginge. Das würde mich ganz und gar kurieren.

Es hieß, Juan Serrano treibe es mit einer der Frauen des Königs. Sie war jung und schön, von oben bis unten in ein weiß-schwarzes Tuch gehüllt und trug einen Hut aus Palmblättern in der Form eines Sonnenschirms. Ihre Fingernägel und den Mund hatte sie in einem sehr grellen Rot bemalt, was sie noch anziehender machte. Sie sei die Schönste von allen, die er gesehen. Und der Portugiese schlafe mit ihr. Und behalte dabei seinen Glockenhut auf. Der König wußte es, doch er ließ die Maske nicht fallen, die er stets über dem Gesicht trug.

Jeden Morgen hörte er dem Kapitän zu, der ihm von den Geheimnissen des Glaubens erzählte. Von der Heiligen Dreifaltigkeit, von der Auferstehung der Toten, vom Jüngsten Gericht. Und er nickte zu allem.

Als Don Hernando überzeugt war, er habe seine Lehren aufgenommen, bereitete er ihn für die Taufe vor.

Doch um ihm einen Beweis vom Nutzen seiner Bekehrung zu geben, befahl er den Männern vorher, ein Dorf auf der Nachbarinsel Matán zu zerstören. Die Insel gehörte Cilapulapu, welcher sich weigerte, dem König von Zubu zu gehorchen und ihm Tribut zu zahlen.

Sie brannten das Dorf nieder und stellten ein Kreuz auf. Sebastián sagte, wir hätten eine Steinsäule aufstellen sollen, um die Verhärtung seines Herzens zu zeigen. Dies hätte man den Mauren angetan, sagte er. Aber Juan Serrano, der das Kommando hatte, weigerte sich. Die Arme des Portugiesen waren bis zum Ellenbogen blutbespritzt.

Sie hielten sich lange auf, weil es ein ziemlich bevölkertes Dorf war, und deshalb kam Basco spät an dem Tag, als er mir eine Halskette als Geschenk mitbrachte.

Zu Enrique sagte der König von Zubu, er sei sehr froh und könne es nicht erwarten, sich zum Christentum zu bekehren.

Der Kapitän befahl, auszurufen, daß alle, die unseren Glauben annehmen wollten, ihre Götzenbilder auf dem Hauptplatz zerstören und von nun an nur noch das Kreuz anbeten sollten.

Am nächsten Morgen gab es einen riesigen Berg zerbrochener Götzenbilder. Alsdann ließ Don Hernando einen Altar bauen und den König in Weiß kleiden. Er hieß Humabon, doch tauften sie ihn Carlos, zu Ehren Eurer Hoheit. Danach wurde die Mutter des Königs getauft, der man den Namen Johanna die Wahnsinnige gab. Der Kaplan erklärte, *die Wahnsinnige* sei kein Name, und daß wir sie nur einfach Johanna nennen sollten. Die mit den bemalten Lippen und dem Hut in Form eines Sonnenschirms tauften sie Isabella. Juan Serrano, der neben ihr auf der Estrade stand, schenkte ihr ein kleines Bildnis der Jungfrau mit dem Jesuskind auf den Armen. Das Geschenk rührte sie sehr, und sie sagte, sie wolle es auf den Platz ihrer Heiligenbilder stellen.

Danach setzten sich die beiden Frauen auf Kissen aus bestickter Seide, und der Kapitän besprengte sie und ihr Gefolge sehr galant mit moschusgetränktem Rosenwasser.

An jenem Tag wurden mehr als achthundert Personen getauft. Nicht taufen aber konnte man den Bruder des Königs, der im Ruf eines großen Wahrsagers stand und als der weiseste Mann der Insel galt; denn eine rätselhafte Krankheit hatte ihn befallen.

Es begann damit, daß er lauter sinnloses Zeug sagte, das niemand verstand, trotz der sichtlichen Anstrengung, welche der Greis unternahm, um sich mitzuteilen. Später – es war der Tag unserer Ankunft – fing er an, Laute in einer fremden Sprache auszustoßen, welche weder die ihre noch die unsere war. Vier Tage später war er, erschöpft von der Anstrengung und verzweifelt, stumm geworden. Jetzt war er auch noch gelähmt.

Viele erkannten in dem, was mit dem sehenden Greis geschehen war, ein Zeichen. Aber sie wußten nicht, was es bedeutete.

Auch Basco Gallego glaubte, daß die Anwesenheit der großen schwarzen Vögel, die sich jetzt vor allem auf dem Dach der Kapitänshütte versammelten, irgendeinen geheimen Sinn enthielte. Aber er wollte nichts sagen. Er hatte bereits einmal gesprochen, aus Anlaß der Gesandtschaft Enriques, und man hatte ihm nicht geglaubt. Jetzt war es ihr Problem. Wie dem auch sei, ihn, Basco Gallego, würde es nicht schlafend erwischen.

Ganze Stunden verbrachte er unter dem Baum sitzend, der neben der Tür der Behausung stand, in welche man uns eingeschlossen hatte.

Rings um den abgeholzten Platz, auf dem sich die Hütte erhob, gab es nichts als Urwald sowie einen Pfad, der zum Strand führte.

Im Urwald gab es seltsame Vögel und Affen, die in den Baumwipfeln spielten.

Manchmal gerieten die Affen in Bewegung, sie eilten nervös über die Äste, sprangen von einem zum anderen, kreischten wie verrückt, die Anwesenheit irgendeines Fremden verratend. Es waren zumeist Neugierige, die herausfinden wollten, ob der eine oder andere von uns noch am Leben war.

Andere Male folgte dem Tumult in den Wipfeln ein Knacken von Zweigen und Blättern am Erdboden, und das verhieß die Ankunft irgendeines Besuchers.

Einmal tauchte auf der Lichtung Andrés de San Martín auf. Er brach nicht hervor wie Basco Gallego, alles vor sich niedertretend, er kam beinahe unhörbar. Gleich einem Hirsch, der sich einen Weg durch den Wald bahnt. Und immer wieder blieb er stehen, unentschlossen und bereit, bei der geringsten Gefahr davonzulaufen.

Er schaute um sich mit diesen eigenartigen Augen, die groß und sanft wie die eines Hirsches waren; und er fing an, sich im Kreis zu drehen, an die Pflanzenwand gedrückt. Er tat zwei schüchterne, fast zittrige Schritte und blieb stehen. Er schaute mit nervösen Bewegungen von einer Seite zur anderen und setzte dann seinen Weg fort.

Ich wußte, wenn ich ihn riefe oder mich zeigte, würde er die Flucht ergreifen, und also stellte ich mich schlafend.

Er beschrieb einen großen Bogen und begann vorsichtig, sich dem Baum zu nähern.

Sobald er unter der Krone stand, stellte er sich behutsam auf die Zehenspitzen, um eine der Blüten, weiß und von der Größe einer Taube, zu pflücken. Er bog den Zweig herunter, und als er die Blüte schon zwischen den Fingern hatte, als hielte er einen Kelch mit kostbarem Likör in Händen, entglitt sie ihm, er verlor den Halt und stürzte fast vor meinen Füßen auf die Nase. Ich wußte, er würde jetzt die Flucht ergreifen, und so gab ich mich zu erkennen.

Er zeigte mir ein entsetztes Gesicht, aber als er mich erkannte, schenkte er mir das natürlichste und ausdrucksvollste Lächeln der Welt. Kein Zweifel, er freute sich, mich zu sehen. Vielleicht war es das, was er mir, während er auf der Erde lag, sagen wollte. Aber als er die leere Höhle seines Mundes öffnete, brachte er keinen Laut hervor. Verzweiflung malte sich in seinem Gesicht. Das Lächeln erlosch. Dann ließ er den Kopf in den Staub sinken.

Ich half ihm aufzustehen und gab ihm zu verstehen, sich neben mich zu setzen.

Lange Zeit lehnten wir mit dem Rücken gegen denselben Baum und versuchten umsonst, die Gegenwart des anderen zu ignorieren.

Er konnte nicht mit mir reden, und ich wollte nicht, aus Angst, ihn das Unvermögen seiner Stummheit spüren zu lassen, die kaum von ein paar Gesten und Blicken gemildert wurde. »Es sieht so aus, als kämen wir nun doch zu den Molukken«, sagte ich schließlich. »Man hat mir gesagt, daß der Kapitän sehr zufrieden ist. Bald werden wir nach Hause zurückkehren. Wir werden reich sein. Die Reise hat sich gelohnt. Ich werde Graf werden.«

Ich sprach schnell, ohne Pause zwischen den Sätzen, sorgsam darauf bedacht, Fragen oder fragende Nuancen zu vermeiden.

Dann plötzlich hielt ich inne. Ich stand auf, suchte einen Zweig, den ich ihm gab, und mit den Händen glättete ich den Boden.

Sein Gesicht hellte sich auf, und eine kindliche Freude erschien in seinen für gewöhnlich traurigen Augen.

Er war gerade dabei, die ersten Buchstaben zu malen, als zwei bewaffnete Männer aus dem Urwald auftauchten. Kaum daß er sie sah, ließ er den Zweig fallen. Glättete den Boden, in den er geschrieben hatte: »Don Hern...« Er richtete sich auf. Schenkte mir einen hilflosen Blick und ging davon. Er verschwand in dem Urwald, aus dem er gekommen war, und die beiden Männer folgten ihm in geringem Abstand.

Es war zur glutheißen Mittagszeit, daß ich im duftenden Schatten des großen Baums Siesta hielt, als ich im Halbschlaf eine seltsame Erscheinung zu bemerken glaubte. Der Urwald schwieg, und es war lediglich das Summen der Insekten zu hören, doch etwas, das ich mir nicht erklären konnte, sagte mir, daß da jemand oder etwas herumschleiche.

Im Glauben, es könnte sich um irgendein Tier handeln, öffnete ich die Augen, versuchte aber, mich nicht zu rühren.

Über die Lichtung näherte sich mit katzenhaften Schritten Sebastián. Er war aus dem Urwald aufgetaucht mit der Vorsicht eines Tigers. Die Bewegungen, mit denen er durchs Dickicht glitt, waren wie Seide. Nicht einmal die Affen hatten seine Anwesenheit bemerkt. Und jetzt überquerte er das eingeebnete Gelände in

Richtung Hütte, bei jedem Schritt innehaltend, den Kopf nach der einen und anderen Seite wendend, bevor er weiterlief. Genau wie ein Tiger, der seiner Beute auflauert.

Als er die Hütte erreichte, umkreiste er sie noch immer mit derselben Vorsicht. Blickte durchs Fenster hinein und dann durch die Tür, umkreiste sie erneut und duckte sich nahe einer Ecke des Gebäudes. Dort zog er den Wind durch die Nase. Schaute von einer Seite zur anderen und schob dann mit der Geschmeidigkeit eines Tigers die Palmblätter, welche die Wände bildeten, auseinander und steckte einen Arm hinein. Er kramte eine Weile, als suche er etwas im Dunkeln, jeden Augenblick innehaltend, um nach hinten und nach beiden Seiten zu blicken. Dann zog er die Hand wieder hervor und schob sein Gesicht näher heran. Er schien mit jemandem durch die Wand zu sprechen. Dann trat er zurück, blickte erneut um sich, bevor er aufstand und sich mit derselben Vorsicht zu entfernen begann, mit der er zur Hütte gekommen war.

Er lenkte seine Schritte zu dem Baum. Er war ja nicht groß, aber stämmig und gut gebaut. Seine gemessenen und wohlbedachten Bewegungen verrieten eine Muskelkraft, die bei der geringsten Gefahr zuschlagen würde. Wie ein Tiger, Hoheit. Eine Ähnlichkeit, die sein rundes, breites Gesicht, der goldfarbene Schnurrbart sowie sein kurzes dichtes Haar von der Farbe alten Goldes noch vergrößerte.

Als ich ihn kommen sah, stellte ich mich schlafend, während ich mit halbgeschlossenen Augen seine Bewegungen beobachtete.

Kaum hatte er meine Gegenwart entdeckt, blieb er auch schon stehen. Verharrte regungslos. Es schien, als atmete er nicht einmal. Er betrachtete mich aufmerksam und entfernte sich, mich zweifellos für schlafend haltend.

Augenblicke später sah ich Juan Carvajo aus der Hütte kommen.

Seit sein Sohn kränkelte, lebte der Lotse bei uns, um ihm Gesellschaft zu leisten. Wie Du schon weißt, war Söhnchen das Licht seiner Augen. Und Carvajo war Vater und Mutter und alles für den Jungen. Deshalb trennten sie sich nie. Und sie lebten in Abhängigkeit einer vom anderen. So daß, als Söhnchen krank wurde, Carvajo zum Kapitän sagte, er wolle auf das Unternehmen verzichten, denn für ihn gäbe es nichts Wichtigeres als das Leben seines Sohnes.

Don Hernando, den die Beziehung zwischen den beiden weich stimmte, gab ihm die Erlaubnis, sich um den Jungen zu kümmern. Carvajo pflegte ihn mit dem Eifer und der Zärtlichkeit einer Mutter und wich keinen Augenblick von seiner Seite.

Und dennoch überquerte er jetzt die abgeholzte Fläche unter der sengenden Mittagssonne und begab sich dorthin, wo Sebastián auf ihn wartete.

Beide schienen beunruhigt, und während sie mit leiser Stimme sprachen, schickten sie ihre Blicke zur Hütte und zum Urwald, der uns umgab.

Neugier zwickte mich in den Därmen, nagte an meinem Verstand. Wovon mochten die beiden sprechen? Was hatten sie jetzt gemeinsam, wo sie sich auf der Reise die meiste Zeit gehaßt hatten? Führten sie etwas im Schilde?

Aber wenn ich mich bewegte, würden sie mich sehen, und ich war zu weit weg, um hören zu können, was sie sagten.

Ich suchte nach einer Möglichkeit, ihnen näherzukommen, als ich eine spitze, kindliche Stimme hörte, welche rief: »Papa! Papa!« Juan Carvajo rannte, so schnell er konnte, zurück zur Hütte, und Sebastián verschwand im Urwald. Ich nutzte die Gelegenheit, um Carvajo nachzulaufen.

Ich fand ihn, wie er seinen Sohn streichelte und ihn für ein kleines Spielzeugschiff zu interessieren suchte, das er ihm während unserer Gefangenschaft in San Julián gebaut hatte und das so jämmerlich aussah wie die übrigen Schiffe.

»Was ist geschehen?« fragte ich und trat näher.

Er schien überrascht und zögerte, als zweifle er am Sinn meiner Frage.

»Der Junge ist aufgewacht, und als er seinen Vater nicht wie sonst an seiner Seite sah, hat er Angst bekommen«, sagte Antón, der neben Söhnchen lag. »Wir haben versucht, ihn zu beruhigen, aber es war umsonst«, fügte er hinzu.

Carvajo ließ die Augen nicht von seinem Sohn, noch sagte er ein Wort.

Je mehr Tage vergingen, desto mehr kehrte ich dank des gemütlichen Lebens an Land, der guten Ernährung und dem gemäßigten Inselklima zum Leben zurück.

Ich spazierte am Strand entlang. Der Sand war weiß und fein. Ich sammelte Muscheln und Schneckenhäuser von wunderbaren Formen und ausgefallenen Farben. Ich sammelte Schildkröteneier und aß sie im Schatten der Palmen.

Ich badete auch in der Lagune. Das Wasser war warm und klar. Reglos trieb ich dahin, und die juwelenartigen Fische kamen neugierig näher. Sie waren so zutraulich, daß ich sie greifen konnte. Ich holte sie für einen Augenblick aus dem Wasser, um sie wie Edelsteine in der Sonne funkeln zu sehen, und dann ließ ich sie wieder frei.

Manchmal lief ich ein Stückchen in den Urwald hinein. Ich bestaunte die riesigen Blätter, die feucht und glänzend waren. Die gewundenen Baumstämme. Die Kletterpflanzen, die sie mit schlangenhafter Umarmung umspannten. Die Orchideen, die an feuchten Stellen die Felswände überzogen.

Dann setzte ich mich unter den Baum, der neben der Hütte stand und wartete auf Basco Gallego.

Eines Tages, ich war schon beinahe völlig genesen, sah ich Don Hernando aus dem Urwald auftauchen.

In seiner Rüstung verpackt, schritt er langsam und mühsam den Pfad entlang, der für ihn viel zu schmal war. Zweige schlugen ihm ins Gesicht, das er offen trug. Die großen Blätter knickten unter seinen Schritten, die morschen Stämme brachen unter seinem Gewicht, die Lianen verfingen sich in den Scharnieren seines Panzers; doch er schritt gleichmütig vorwärts mit der hartnäckigen Entschlossenheit jener Meeresschildkröten, die an Land gehen, um Eier am Strand zu legen.

Als er auf die Lichtung trat, spiegelte sich das Abendrot der untergehenden Sonne in seinem stählernen Brustpanzer.

Söhnchen, der nun wiederhergestellt war, lief ihm entgegen, sein Spielzeugschiff an einer Schnur durch den Staub ziehend.

Don Hernando blieb stehen, lächelte ihm zu, fuhr ihm freundlich über den Kopf und flüsterte ihm etwas ins Ohr. Der Junge lachte und entfernte sich, sein Spielzeugschiff hinter sich herschleifend.

Da trat ich ihm in den Weg.

»Sieh da, der Graf Maluco!« sagte er lächelnd. »Wie geht es dir?« fügte er in einem leutseligen Ton hinzu, den ich an ihm nicht kannte.

Sein Aussehen hatte sich verändert, seit ich ihn das letzte Mal gesehen hatte. Er war nicht mehr der wortkarge und schroffe Mann, den ich kannte. Er sah glücklich aus. Strahlend. Fast euphorisch. Es war augenfällig, daß es ihm gelungen war, all die Zweifel von sich wegzuschieben, die ihn während der Fahrt gequält hatten.

»Ich freue mich, dich wohlauf zu sehen«, sagte er und schlug mir auf die Schulter.

Überrascht bemerkte ich, daß er seine Panzerhandschuhe nicht mehr trug. Seine Hände erschienen mir sanft und zart.

»Möchtest du reden?« fragte ich.

»Gehen wir ein Stück.«

Wir begaben uns an den Strand. Ich war befangen. Ich nahm die Veränderung an ihm wahr, wußte aber nicht, wie ich damit umgehen sollte.

Wir liefen am Meer entlang.

»Söhnchen ist gesund geworden. Ich freue mich für ihn und für Carvajo. Der arme Vater hätte wohl sonst den Verstand verloren. Du weißt, wie gern sie einander haben. Der Junge wird ein guter Lotse werden. Er ist auf dem Meer großgeworden.«

»Und dein Sohn? Wird er auch Lotse werden?«

Früher hätte die bloße Erwähnung seines Sohnes ihn verdrossen. Sogleich hätten ihn Zweifel und Gewissensbisse geplagt.

»Ich hoffe schon. Auf die nächste Reise nehme ich ihn mit«, sagte er, ohne zu zögern.

»Willst du damit sagen, daß es eine nächste Reise geben wird?«

»Es wird noch viele geben. Du wirst schon sehen.«

»Davon kann keine Rede sein. Rechne nicht mit mir. Laß uns lieber von anderen Dingen reden. Ich habe wieder Visionen gehabt, weißt du?«

»In vier Tagen werden wir zu den Molukken aufbrechen. Vorher geben wir noch ein Fest zu Ehren des Königs. Ich werde dich brauchen, damit du uns mit deinen Späßen unterhältst.«

»Ich werde sehen, ob davon noch etwas übriggeblieben ist. Soll ich dir nicht von deiner Frau und deinen Söhnen erzählen?«

»Der König hat fest zugesagt, uns zu führen. Er hat einen kundigen Mann zu diesem Zweck ernannt. Sein jüngster Bruder wird auch mit uns kommen.«

»Dein Traum hat sich erfüllt. Hast du deshalb kein Interesse mehr, von ihnen zu sprechen? Oder ist es, weil du meine Visionen fürchtest?«

»Fang nicht wieder davon an, ja? Du hast dich nicht verändert.«

»Aber du schon. Du scheinst ein anderer zu sein.«

Er blieb stehen.

»Wenn du mich ärgern willst, ist der Besuch beendet«, sagte er.

Ergeben neigte ich den Kopf.

»Es ist, weil ich dich vermißt habe«, murmelte ich.

»Ich dich auch«, sagte er und klopfte mir abermals auf die Schulter.

»Laß uns reden, über was du willst. Und wenn du nicht reden willst, spazieren wir eben schweigend. Angenehm die Brise, die von der Lagune kommt, findest du nicht auch?«

Er fing wieder an zu laufen. Das Gewicht seiner Eisen und der feinkörnige, lose Sand erschwerten seine Schritte.

Ich lief an seiner Seite. Trat in seinen Schatten.

»Wenn du willst, können wir von der Rückkehr reden. Davon, wie wir mit Gewürzen beladen in den Hafen einlaufen werden«, sagte er.

»Es wird großartig sein. Du wirst es erleben. Wir werden in der Bucht von Sanlúcar vor Anker gehen, weil die Schiffe so beladen sein werden, daß sie nicht bis zur Mole können.«

»An diesem Morgen werden die Einwohner der Stadt starr vor

Staunen erwachen. Verwirrt. Die Häuser riechen nicht mehr nach kalter Tortilla, nicht nach schmutzigen Töpfen, auch nicht nach Feuchtigkeit oder Katzenpisse, weder nach Schlaf noch nach saurem Schweiß oder schmutzigen Laken.«

»In der Nacht hat das Aroma von Nelken und Zimt die Stadt eingenommen. Hat sich ins Innere der Wohnungen geschlichen. In die Träume gestohlen.«

»Und ich sage Euch, daß sie um den Verstand kommen werden. Halb angezogen werden sie auf die Straße laufen. In Rudeln zum Hafen stürzen. Werden wie Dummköpfe auf der Mole stehenbleiben und die Schiffe anstarren, die sich gegen den blauen Himmel abzeichnen.«

»Sie werden sie funkeln sehen wie Edelsteine. Die Flotte ist ein Diadem. Sie wird ihnen größer vorkommen als das Schloß von Medina-Sidonia. Nie haben sie weißere Segel gesehen. Nie so saubere. Nie solche Männer, die da in solcher Größe über das Deck laufen.«

»Eine Weile darauf wird der Herzog persönlich erscheinen. Er kommt mit einem Gefolge von fünfzig in Atlas und zitronengelben Brokat gekleideten Dienern. Und es sind die Harnische sämtlicher schwarzer Reittiere von derselben Farbe.«

»Am Freitag machen wir den Rebellen von Matán den Garaus«, sagt er. Wir werden Cilapulapu, ihrem König, eine Lektion erteilen und uns bei dem von Zubu, der ihn zu unterwerfen wünscht, beliebt machen. Ich werde ihm den Gefallen tun. Ich werde ihm den Kopf seines Feindes auf einem silbernen Tablett bringen. Dann wird er uns zu den Molukken führen.«

»Der König von Zubu glaubt, unsere ganze Macht liege in diesen Eisen. Ich werde ihm zeigen, was wir ohne sie können. Ich selbst werde mich an die Spitze stellen. Und ich werde nicht einmal die Rüstung tragen.«

»Er wird nicht eingreifen. Er wird nur Zuschauer sein.«

»Du willst sagen, daß du seinen Feinden ohne deine Rüstung gegenübertreten willst?«

»Hab keine Angst. Es wird ein großes Spektakel werden. Ich möchte dich dabeihaben.«

Ich schweige und betrachte die Lagune, welche die untergehende Sonne rot färbt. Ich denke an Basco Gallego. An die schwarzen Vögel, die, wie er sagt, des nachts auf der Hütte des Kapitäns nisten. An Andrés de San Martín, der Buchstaben in den Staub malt.

»Erzähl mir, wie es sein wird, wenn wir in Sevilla ankommen«, sagt er.

»Ich bin müde«, antworte ich. »Es ist besser, wenn wir umkehren.«

»Setzen wir uns doch eine Weile hin, um die Kühle zu genießen«, sagt er und hockt sich mühsam in den Sand.

Ich setze mich neben ihn. Er greift nach dem Sand und läßt ihn langsam zwischen seinen Fingern hindurchrieseln.

»Nun los, worauf wartest du?« sagt er. »Erzähl mir von Sevilla. Was wird sich dort ereignen?«

»Es wird der Himmel und das Paradies sein«, sage ich, indem ich mir einen Ruck gebe.

»Weiter. Laß deine Phantasie fliegen. Was siehst du?«

»Der gesamte Hof wird da sein. Ich kann den König sehen. Er trägt die Krone und über den Schultern den Hermelinmantel. Er sitzt unter einem Baldachin, auf welchem auf schwarzem Grund der Doppeladler prächtig zu sehen ist. Und die Königin ist an seiner Seite. Auch sie in Hermelin gekleidet und mit einem passenden Hut. Der Hut ist mit einer dreifachen Perlenschnur geschmückt, die ihre dunkle Schönheit noch mehr hervorhebt.«

»Und die Schiffe?«

»Die Schiffe tauchen jetzt hinter der letzten Biegung des Flusses auf, und die Erwartung wächst in den blauen Augen von Don Carlos. Sein vorstehender Unterkiefer schiebt sich nervös nach vorn. Die Adlernase bläht sich und zuckt, denn soeben hat er den Duft von Gewürzen wahrgenommen, der den Schiffen vorausweht.

Da mit einemmal beginnt das Te Deum, das der Bischof von Burgos höchstpersönlich zelebriert. Die Orgelmusik konkurriert mit den vielen improvisierten Orchestern, welche den Straßenfesten Schwung geben. Die ganze Stadt ist ein einziges Schlaraffenland. Man tanzt auf den Plätzen, liebt sich in den Torbogen. Veranstaltet Stierkämpfe, entzündet Feuerwerk am hellichten Tage. Die Weinfontänen, die Seine Hoheit für diesen Anlaß hat errichten lassen, sprudeln ohne Unterlaß.

Die Menschenmenge durchbricht alle Dämme wie ein Fluß. Sie strömt unter den Triumphbogen hindurch, die, durch bunte Girlanden verbunden, den Weg vom Hafen zum Schloß markieren. Sie ergießt sich auf das Marsfeld, wo dreitausend Veteranen der spanischen Truppen sich in einem gestellten Kampf mit einer maurischen Kavallerie messen müssen. Überfüllt sind die nach Vorlage unserer Schiffe gebauten Tribünen.

Plötzlich steht der König auf. Hoch wie ein Turm. Groß wie eine Kathedrale. Glänzend wie die Sonne. Weiß wie Schnee.

Er gibt ein Zeichen, und die Orgel verstummt. Die Musik schweigt. Die Schreie. Die Stierkämpfe. Die Küsse in den Torbogen.

Im Nu verstummt der Aufruhr. Niemand rührt sich. Die Stille ergreift Besitz von der Menge. Knebelt alle Münder. Und tausend Gesichter wenden sich erwartungsvoll dem Fluß zu.

Jetzt bedecken die großen Segel den Himmel. Verdunkeln die Sonne. Streifen wie ein Schatten über die Menschenmenge. Sie erzittert und träumt.

Die *Trinidad* nähert sich dem Pier, und es werden die ersten Leinen geworfen. Der König zeigt sich gespannt, sein großes Kinn weist nach vorn. Er steht aufrecht und betrachtet das Deck. Als suche er etwas oder jemanden.«

»Sucht er mich? Bin ich da?«

»Ich bin kein Hellseher. Außerdem bin ich müde. Lassen wir das.«

»Du kannst jetzt nicht gehen. Sag mir, was du siehst.«

»Ich sehe Don Carlos, der einen Schritt nach vorn tut. Und die Königin, die unruhig an den Nägeln kaut, ohne es zu merken.

Plötzlich nimmt der König die Krone ab und schwenkt sie zum Gruß. Wie es die Stierkämpfer tun. Er hat dich auf dem Achterdeck gesehen.

Die Menge bricht los. Die Kanonen des Alcázar begrüßen die Flotte. Die der *Trinidad* hallen in der ganzen Stadt wider. Die Musiker spielen unter der Estrade. In der Kathedrale ertönt die Orgel. Bist du jetzt zufrieden?«

»Du hast einen unverzeihlichen Fehler begangen«, sagt er. »Du hast Beatriz und die Kinder nicht auf die Estrade gestellt.«

»Ich habe geglaubt, daß du nicht von ihnen sprechen wolltest, deshalb habe ich sie nicht hingestellt.«

»Dann stell sie jetzt hin.«

»Laß mich gehen. Ich bin noch nicht ganz wiederhergestellt. Ich ermüde sehr leicht.«

»Komm schon, stell sie hin und sei es nur für einen Augenblick«, bittet er.

»Ist gut«, sage ich. »Beatriz steht neben der Königin. Sie trägt ein Brokatkleid, blau wie das Meer. Ihr Gesicht ist vor Rührung gerötet, und die feuchten Augen hat sie fest auf die *Trinidad* gerichtet. An ihrer Seite sehe ich ein etwa dreijähriges Kind, das auf der Estrade seine Spiele treibt. Es tritt zur Königin, und mit schelmischer Miene klopft es mit seinen Händchen an ihre Knie. Isabel lächelt und streckt die juwelengeschmückte Hand aus, um es zu streicheln, aber es entzieht sich ihr. Es stellt sich neben den Kaiser, der steht. Betrachtet die Ränder des Hermelinmantels. Schaut diesen sich in den Himmel erhebenden Schneeberg an. Und als der Kaiser sich umdreht, läuft es abermals davon. Es flüchtet sich in den Schoß seiner Mutter, die zu einer stummen Entschuldigung ansetzt. Don Carlos zeigt ein schwaches Lächeln. Dann entdecken seine Augen Beatriz. Ohne Zweifel findet er sie anziehend, denn sein Ausdruck verändert sich; du weißt schon, wie weiberröckisch er ist. Ein breites Lächeln ziert sein für gewöhnlich finsteres Gesicht. Er schenkt deiner Frau einen verführerischen Blick und streckt die Hand mit zärtlicher Geste nach dem Kind aus. Die Königin sieht ihn einen Augenblick mit eiskalten Augen an, und dann dreht sie sich um und schaut wieder auf den Fluß. Don Carlos nimmt den Kleinen auf den Arm, damit er seinen Vater begrüßen möge.«

»Und Rodrigo?«

»Siehst du ihn denn nicht dort zwischen seiner Mutter und der Königin stehen?«

»Was tut er? Sag es mir.«

»Er hat mit stolzgeschwellter Brust alles im Blick, was geschieht. Sieh dir nur sein Gesicht an. Es ist offensichtlich, daß er darum kämpft, sich zu beherrschen. Er hat sich vorgenommen, nicht eine einzige Träne zu vergießen. Er glaubt, daß Männer nicht weinen dürfen. ›Auch ich werde einmal Seefahrer sein‹, denkt er.«

»Also kannst du sogar sehen, was der Junge denkt?« sagt er.

»Du weißt doch, wie verlogen ich bin. Und du, was wirst du tun? Wirst du lachen oder zu weinen anfangen? Ich gehe lieber, ich vertrage keine weinerlichen Menschen.«

Die Nacht bricht herein, und ein gewaltiger roter Mond, blutigrot, erscheint jenseits des Riffs.

»Hilf mir, aufzustehen«, sagt er. »Diese Eisen erdrücken mich.«

»Und du willst wirklich ohne sie in den Kampf?«

Don Hernando gibt keine Antwort. Er schüttelt sich den Sand ab und begibt sich zum Saum des Wassers. Er hinterläßt eine Art Furche im Sand. Eine Furche, wie sie die Meeresschildkröten hinterlassen, wenn sie nach dem Eierlegen in den Ozean zurückkehren.

Darauf bleibt er einen Augenblick stehen, um den Mond zu betrachten, und tritt dann am Ufer entlang den Rückweg an. Die Flut ist gestiegen, und das Wasser löscht seine Spuren aus.

Weißt du, Hoheit, daß ich noch immer weinen muß, wenn ich mich an die Szene erinnere, die nun folgt?

Ist mir doch noch immer, als hielte ich seinen Kopf zwischen meinen Händen, und er schaut mich an wie aus der Tiefe eines Brunnens, und die Wahrheit ist, Don Carlos, daß ich nicht weiß, wo anfangen. Weil er liegt da, zu Boden gestreckt, und seine Augen sagen mir, er könne es nicht glauben. Nein, das geschieht nicht mir, sagen seine Augen. Es ist ein Traum, und ich muß aufwachen. Aber warum kann ich es nicht? Das sagen sie. Alles ist so absurd, daß es nichts anderes als ein Traum sein kann. Aber nichts ist so absurd, und dort liegt er, und Pfeilschäfte wachsen ihm aus der nackten, knochigen Brust. Grobe Pfeilschäfte aus grünem Holz. Duftendes Holz vom Nelkenbaum. Das wieder zu treiben scheint. Das Wurzeln in seiner Brust treibt, ihm den Lebenssaft auszusaugen. Das seinen Duft verströmt zwischen dem Geruch nach Staub und Blut. Denn gewiß ist da Blut. Aber nicht sein Blut, nein. Es kann nicht mein Blut sein, sagen seine Augen. Und es ist kein Entsetzen in ihnen. Nur Ungläubigkeit. Und das Blut färbt das Wasser der Lagune, welches von türkisgrüner Farbe ist. Und das Leben verläßt ihn in diesem roten Fleck, der seinen Schatten auf den klaren Sand des Grundes wirft. In diesem Fleck, der sich auflöst, seine Farbe verliert und in dem die Fische des Riffs juwelengleich umherschwimmen. Das alles ist so absurd, daß es nicht sein Blut sein kann. Aber es ist sein Blut, gewiß, und er ist es, der im Wasser der Lagune liegt. Nur sind die Wasser der Lagune so sanft, daß es ihm wie ein Traum erscheint. Es kann nicht wahr sein, wo die Wasser so sanft und klar sind. Vielleicht jenseits des Riffs, wo das Meer tost, denkt er. Aber nicht hier. Ich muß aufwachen, sagt er. Und kann nicht. Aber die Brise ist doch so sanft und lau, und die Palmen wiegen sich so sacht. Und er kann nicht. Aber die Luft riecht doch wie nach Magnolien und auch nach Nelken und Zimt. Aber nach Nelken vor allem. Und er betrachtet seine Brust, und alles ist so absurd, daß es nicht sein kann. Also hebt er seine erstaunten Augen und sieht wie in einem schmutzigen Spiegel das Gesicht Serranos. Aber es ist nicht Serrano, nein, denn er weint, und er hat Serrano niemals weinen sehen. Und außerdem sieht er ihn so starr an, wie man einen Toten ansieht. Warum sieht ihn Serrano so an und sagt nichts zu ihm? Weil der da nicht Serrano ist und ich nicht ich bin, sondern alles ein Traum ist. Und der da weiter hinten, der aussieht wie Odoardo und mich genauso ansieht wie der, der Serrano zu sein scheint und der wie angewurzelt dasteht, als möchte er einen Schritt tun und kann nicht. Es ist nicht Odoardo, nein. Der ist immer so entschlossen. Aber warum beißt er sich in die Hand und sieht mich so an? Alles ist so absurd, denkt er. Ich muß aufwachen. Und der mich da über der Schulter von Odoardo ansieht, den Kopf hält er gesenkt und die Sturmhaube mit einer fast religiösen Gebärde in den Händen. Und der andere dort, er nimmt den Kopf zwischen seine Hände, als möchte er nichts sehen, und er hockt sich hinter Serrano. Warum tun sie das, sagen seine erstaunten Augen. Ich muß aufwachen. Da versucht er mit aller Anstrengung, sich aufzurichten. Aber er kann nicht. Er will um Hilfe bitten, aber er kann nicht. Und alle sehen ihn an und verharren reglos in derselben Stellung. Ich muß es können, sagen seine Augen, in denen sich der Glanz einer absurden Entschlossenheit zeigt. Dann sucht sein Arm Halt im Sand des Meeresbodens, er spannt den Rumpf an und hebt den Kopf. Sein Blick findet den Strand und will ihn nicht. Er sucht das Riff, wo das Meer brandet und weiter weg die Schiffe sind. Sein Blick verweilt einen Augenblick bei den Schiffen, und dann fällt sein Kopf nach hinten wie eine tote Last und bricht in die ruhige Fläche der Lagune. Ich beeile mich, ihn hochzuheben und ihn abermals in meinen Schoß zu legen, denn er liegt hier, und ich sitze in der Lagune und halte seinen Kopf. Und bei der jähen Bewegung erklingen die Glöckchen meines Armbandes, und er sagt: »Du bist es, nicht wahr?« Aber ich bleibe stumm, weil ich nicht weiß, was ich ihm antworten soll. Da suchen mich seine Augen, sie tasten sich durch das Dunkel, und ich habe Lust, mich zu verstecken, damit sie mich nicht finden. Aber sie finden mich. Und er lächelt und bewegt die Lippen, als möchte er mir etwas sagen, das ich nicht hören will. Da komme ich mit dem einen meiner großen Ohren ganz nah an seine Lippen heran, ich spüre einen kalten Hauch, und eine Stimme sagt: »Hilf mir aufzuwachen.« Aber ich kann ihm nicht helfen, weil ihm Pfeilschäfte aus der nackten Brust wachsen und das Blut die türkisgrünen Wasser der Lagune rot färbt und der Fleck größer wird und das Leben aus ihm herausfließt. Also bleibe ich stumm und sehe, wie der Zweifel in seinen Augen kämpft. Denn er liegt hier, seine Augen aber haben die Schiffe jenseits des Riffs gesehen, also kann es nur ein Traum sein. Sogar das Knattern der Segel kann er hören, jetzt, da so große Stille herrscht. Und wie soll er da sterben, wenn er sogar das Knattern der Segel hören kann. Aber warum diese Stille, und alles geschieht wie hinter einer Glasscheibe. Warum haben die Stimmen, die Schreie, die Schüsse so plötzlich aufgehört. Warum sind alle so schweigsam. Warum diese Stille. Warum diese Ruhe. Warum hat plötzlich dieses wilde Hin- und Herlaufen aufgehört. Und warum sind alle so still. Und das Wasser so ruhig. Und die Brise so sanft und duftend. Was war, das vorher geschah, daß er sich nicht daran erinnern kann. Ein anderer Traum? Aber wenn er sich nicht daran erinnern kann, dann ist er aufgewacht, und das kann nicht sein, weil es ein Traum sein muß. Aber es ist kein Traum, nein. Denn er liegt hier, und Pfeilschäfte wachsen ihm aus der Brust, und der Fleck ist verschwunden, und das Wasser ist wieder klar, und der Sand auf dem Grund glänzt wieder makellos. Es war kein Blut, nein, sagen seine Augen, die nun ernster blicken. Weniger ungläubig. Weil die Schiffe des Riffs juwelengleich umherschwimmen, und über den Sand des Grundes bewegt sich, als wäre sie aus chinesischem Porzellan, eine Schnecke. Und eine reglose Palme wirft ihren Schatten. Und die Lagune ist von einem ganz reinen Türkis. Es gibt kein Blut, nein. Alles ist ein Traum gewesen. Alles. Aber es ist kein Traum, nein. Weil kein Blut mehr in der Lagune ist. Weil es mit der Strömung ins Meer hinausgetragen wurde. Und man hört nur das Knattern der Segel. `Und nichts weiter. Da sehe ich, daß sich seine Lippen bewegen, und ich beuge mich hinunter, und er sagt mir ins Ohr: »Nun siehst du, wie alles ein Traum war.« Und ich: »Gewiß, Herr, ja, Kapitän. Alles ist ein Traum. Und wenn du erwachst, fahren wir zu den Molukken. Und werden allen Pfeffer der Welt einladen. Und mich wirst du zum Grafen machen. Erinnere dich, daß du es mir versprochen hast. Und erreichen wir die Molukken nicht, ist es auch egal. Uns wird es auch so gutgehen. Was gehen uns die Molukken an. Weißt du, was wir tun sollten? Alle Pergamente und Kompaßnadeln und Quadranten und Uhren, die Uhren vor allem, sollten wir ins Feuer werfen und dann in Freiheit segeln. Nach unserem Gutdünken. Aus reinem Vergnügen an der Seefahrt. Ohne irgendwohin zu fahren. Ohne etwas zu suchen. Ja, Kapitän, es ist nichts als ein Traum. Du wirst schon sehen. Wir werden ein großes Haus aus Stein bauen. Ganz aus Stein. Und mit einem großen Herd. Und das Land werden wir bestellen. Wir werden Pflugscharen aus unseren Rudern machen und werden ein gutes Ochsengespann kaufen. In Bustillo gibt es welche von bester Qualität. Groß und kräftig. Du wirst sehen, daß alles nur ein Traum ist. Ja, Herr. Ja, Kapitän. Alles ein Traum, hörst du mich?« Aber er hört mich nicht mehr, Hoheit. Er hört mich nicht, nein. Er ist nicht da. Er ist gegangen. Nur die türkisfarbene und reglose Lagune gibt es, in der kein Blut ist, nein. Nur Fische wie Juwelen. Die ganze Lagune ist eine Schmuckschatulle. Ein kostbares, türkisfarbenes Etui. Eine flüssige Schachtel für ein flüssiges Juwel von der Farbe des Rubins. Das Richtung Meer verschwunden ist.

Wie es geschehen konnte? Ich wußte, Du würdest mir, kaum daß ich dir eine Atempause gönne, diese dumme Frage stellen. Alle stellten mir diese Frage. Die Damen in ihren Palästen, zwischen Seidenkissen und Düften aus dem Orient. Die Fuhrmänner in den Wirtshäusern, wenn sie mit ihren vom Wein stumpfen Augen ins prasselnde Feuer blickten. Die Kinder auf den Plätzen mit ihrem Geruch nach Fisch und fauligem Kohl.

Alle fragten mich dasselbe, als ob das wichtig wäre, als ob es nicht schon gesagt worden wäre, als ob man es nicht herausfinden könnte, wenn man gewissen Details, welche meinen Bericht würzen, die gebührende Aufmerksamkeit geschenkt hätte. Als ob es nicht besser wäre, sich den Rest zu denken, als alles zu erfahren.

Wie schwerfällig ihr doch alle seid! Und ich, wie schwach! daß ich auf eure Anfrage eingehe und euch sehr untertänig sage, was ihr hören wollt und was nun folgt.

Wir waren also um Mitternacht aufgebrochen, hatten zuvor im Überfluß gegessen und getrunken. Es gab Trommelschlag und Tanz, laute Stimmen und Gelächter überall (und nicht diese Stille in der vorhergehenden Szene).

Es gab einen großen Trubel in jener Nacht, aber später wurden wir ernst und legten auch Helme und Panzer an, weil wir bei Sonnenaufgang gegen die *Tagalos** ziehen würden.

Der Kapitän sagte, er würde drei Trupps bilden. Juan Serrano sollte die linke Flanke befehligen, wo die Musketiere stünden, und Sebastián die rechte, wo die Armbrustschützen sich befänden. Er selber würde von der Mitte aus vorrücken. Und jeder solle seine Leute auswählen.

* Tagalos: Einwohner der Insel Luzon. (A. d. Ü.)

Er wählte zwanzig für sich, und unter ihnen befand sich Basco Gallego, der nichts sagte, aber mir mit einem Auge zublinzelte, und das meinte: Mich werden sie nicht kriegen. In dieser Gruppe befand sich auch Andrés de San Martín, der etwas sagen wollte, aber kein Wort kam aus seinem leeren Mund.

Als die Trupps formiert waren, sprach der Kapitän von der Wichtigkeit des Unternehmens, das wir durchführen würden. Der König sollte sehen, mit wem er es zu tun hatte, damit er nicht wagte, uns zu täuschen. Es galt, die Leute von Matán aus der Welt zu schaffen, damit der von Zubu wisse, daß er ein Gleiches zu erwarten hätte, falls er, was die Molukken betraf, gelogen hatte.

Er sagte alles mit einer sehr sanften Stimme, die in der ruhigen und duftenden Luft der Nacht wie ein Murmeln dahinschwebte.

Alsdann fragte Juan Serrano ihn, ob er die Absicht habe, ohne seine Rüstung zu kämpfen. Er stellte die Frage laut und vor allen.

Und der Kapitän sagte, ja, er wolle dem von Zubu seinen Mut beweisen.

Wir brachen um Mitternacht auf, und der von Zubu führte uns. Er machte die Fahrt mit seinem Einmaster, und als wir Matán erreichten, warteten wir draußen auf dem Meer, daß es Tag wurde, weil wir keine Durchfahrt finden konnten, die es den Schiffen erlaubt hätte, das Riff zu umfahren.

Bis endlich der Tag anbrach, an den ich noch immer denke, als wären es viele Tage gewesen; weil es einen so langen Tag gar nicht geben kann. Außer es wäre ein geträumter Tag gewesen. Aber es war kein Traum, nein.

Kaum war es hell geworden, begannen wir mit dem Vormarsch durch die Lagune, das Wasser bis zu den Oberschenkeln.

Das Wasser war durchsichtig, und man konnte seine eigenen Füße sehen. Und auch die Fische waren wie Schmuckstücke und kamen neugierig herbei.

Wir schritten durch das Wasser, und alles blieb ruhig. So ruhig, daß hier niemand sterben konnte. So friedlich, daß nichts geschehen konnte.

Die Luft war durchsichtig. Das Licht klar. Der Strand makellos. Die Palmen hochgewachsen. Nichts konnte geschehen.

So daß wir, als die ersten Lanzen zu regnen begannen, diesen keine Aufmerksamkeit schenkten. Vertrauensselig liefen wir weiter, während die Pfeile in Schwärmen herbeiflogen und Steinwolken die Sonne verfinsterten.

Aber die Entfernung war groß, und unsere Helme und Panzer schützten uns.

Und so lief anfangs alles in großer Stille ab. Es war ein stummes Gemälde, voller gesenkter Helme und erhobener Rundschilde, aufgepflanzter Lanzen und emporgehaltener Banner, Riesenhände auf dem Knauf eines Schwerts oder dem Schaft einer Lanze, Mienen voller Schmerz, Augen voller Angst, in den verschwommenen, vor Anspannung entstellten Gesichtern.

Ich hatte den Eindruck, einen dieser großen Wandteppiche zu betrachten, welche die Galerien Deiner Paläste mit reglosen Kriegern im gewebten Stoff, mit stillen Schlachten, von Staub verschleiert, schmücken.

Aber auf einmal war es, als schüttete jemand den über Jahrhunderte angehäuften Staub ab und der Teppich würde von einem eisigen Wind bewegt.

Zuerst war da das blutüberströmte Gesicht desjenigen, der an meiner Seite kämpfte und den ein Stein getroffen hatte. Augenblikke später sah ich den ersten Mann fallen. Es war, als wäre er gegen eine unsichtbare Mauer geprallt. Er fiel jählings nach hinten und trieb mit einem Pfeil in der Stirn auf dem Wasser.

Dann brach das Chaos über uns zusammen. Befehle. Wütende Schreie. Schmerzensrufe. Die Schüsse der Musketen, der Donner der Kugeln. Das Knarren der Armbrüste. Das Wespengesumm der Pfeile. Der lautlose Flug der Lanzen. Der würzige Geruch des Pulvers. Der süßliche Geruch des Blutes. Der herbe Geruch der Eisen. Der von Leder und Harnisch und vom Schweiß der Körper. Die Exkremente eines Verwundeten. Die Lauheit des Wassers an den Beinen. Der Geschmack von Blut und Eingeweiden im Mund. Und der saure Nachgeschmack des Essens vom Abend zuvor. Ein Brennen im Magen. Ein Schmerz in den Därmen. Der mächtige Drang, sie zu entleeren. Und die Leute, die rennen. Sich überschlagen. Auf die Verwundeten treten. Scharenweise über die Toten hinweglaufen. Entsetzt zu fliehen beginnen, weil nichts so gekommen ist, wie sie geglaubt haben. Wie der Kapitän gesagt hat.

Was noch soll ich Dir sagen, Hoheit? Daß ich inmitten dieses schrecklichen Durcheinanders nach Basco Gallego suchte, aber Basco Gallego nicht auftauchte? Daß ich mir einen Weg durch die Reihen bahnte, diesen und jenen fragte, aber daß mir niemand antwortete? Daß ich ihn schließlich fand, auf dem Bauch schwimmend und sich über alle lustig machend, der große Basco Gallego? Oder schwamm er nicht? Seine Brust war gespalten. Er roch noch immer nach Kuhmilch. Aber nach saurer Milch. Er war ihnen in die Falle gegangen. Zu seiner Überraschung hatten sie ihn, den so gewitzten, getroffen. Sie hatten ihn tatsächlich erwischt. Was noch soll ich Dir sagen?

Dies alles geschah sehr früh am Morgen, bevor Sebastián sich geordnet zurückziehen konnte. Er schrie, es seien zu viele. Daß es mehr als tausend sein mußten und wir nur sechzig waren. Eine leichte Zielscheibe hier in der Lagune. Während sie unsichtbar blieben, in ihrem Urwald verborgen. Er rief es dem Kapitän zu. Und sagte es seinen Männern, sie sollten sich zurückziehen.

Don Hernando war wütend. Er solle die Armbrustschützen nicht mitnehmen, sagte er, er sei ein Verräter, sagte er.

Aber Sebastián wiederholte: sie sollten sich beeilen, sie sollten sich beeilen.

Dann kam der Angriff auf der rechten Flanke zum Erliegen, und als erster fiel Andrés de San Martín, der allein an diesem Ende geblieben war. Er war furchtbar erschrocken. Von Angst gelähmt wie ein aufgescheuchter Hirsch. Bis eine Lanze lautlos im Flug daherkam und ihn am Boden festnagelte. Sie fuhr ihm durch die Brust, und die Spitze bohrte sich in den Sand. So daß er noch stand, leicht nach hinten gebeugt. Gehalten vom Schaft der Lanze, die ihn durchbohrte. Derart aufgespießt, mit Stulphut und schwarzem Mantel, ähnelte er einer verlassenen Vogelscheuche auf einem Stoppelfeld. Was sonst noch soll ich Dir sagen? Daß er das Gesicht zum Himmel gewandt hatte, den er so viele Male befragt, und daß seine Augen denen jener Hirsche glichen, die Du, nach ihrem Tod, in Deinem Palast als Jagdtrophäen aufhängst?

Dies geschah am späten Vormittag, als die Sonne schon hoch am Himmel stand. Doch mir kam es vor, als sei es ein ganz anderer Morgen. Unmöglich konnten an ein und demselben Tag so viele Dinge geschehen.

Da sagte Juan Serrano, als er sah, was sich ereignete, zum Kapitän, daß wir den Rückzug antreten sollten. Daß seine Musketiere zu nichts mehr dienten, weil sie kein Ziel hätten, auf das sie anlegen könnten. Die Zielscheibe nämlich seien wir. Eine leichte Zielscheibe.

Und Don Hernando schaut zum Riff, und eine Weile betrachtet er den Einmaster des Königs von Zubu, und er weigert sich, zurückzuweichen.

»Es wird besser sein«, sagt Serrano, »wenn du die Rüstung anlegst. Tu es, bevor es zu spät ist.«

Doch hat er noch nicht zu Ende gesprochen, als es bereits zu spät ist.

Ein Pfeil bohrt sich in den Oberschenkel des Kapitäns und macht ihn stumm, er betrachtet sein Bein und weiß nicht, was er sagen soll.

Da ergreift Juan Serrano die Initiative. Er sagt, daß wir uns geordnet zurückziehen und daß wir denen auf den Schiffen Zeichen geben sollen, damit sie unseren Rückzug mit Geschützfeuer dekken.

Doch als die Leute ihren Anführer verwundet sehen, schwärmen sie aus. Sie ergreifen die Flucht, dem Feind den Rücken zukehrend. Sie stürzen in alle Himmelsrichtungen davon. Werfen Waffen und Schilde fort. Nehmen Helme und Panzer ab, um schneller laufen zu können. Und kaum sind sie außer Reichweite derer von Matán, fallen sie schon dem Feuer unserer eigenen Geschütze zum Opfer, welche, da sie zu weit entfernt sind, den Strand nicht erreichen, aber dafür diejenigen, die zu den Schiffen flüchten.

Dann konzentriert sich der Angriff auf die kleine Schar, die den Kapitän umgibt. Und sie schlagen sich alle wie die Löwen in einem ungleichen Kampf. Auch Don Hernando, der aus seiner Verblüffung herausgefunden, sich den Pfeil aus dem Oberschenkel gezogen hat und in der ersten Reihe kämpft.

Aber sie gönnen uns keine Atempause. Und die Munition geht zur Neige und die Kräfte ebenfalls. Also ruft er uns zu, daß wir uns zurückziehen sollen. Daß wir ihn allein lassen sollen. Ob wir denn nicht sähen, daß er weder das eine Bein noch den einen Arm gebrauchen könne. Er wolle keine Last sein. Wir sollen uns in Sicherheit bringen. Mehr Leute und Munition herbeiholen. Wir sollen auf ihn hören. Er sei es, der noch immer die Befehle erteile, er sei ja noch nicht tot.

Und Juan Serrano: Nein. Er lasse ihn nicht im Stich. Und Odoardo Barboza: Er lasse ihn nicht im Stich.

Dann wirft Juan Serrano die Waffen weg, packt ihn unter den Achseln und versucht, ihn mit aller Verzweiflung fortzuschleifen. Cristóbal Rabela will ihn bei den Füßen packen, als ihn etwas zurückhält. Er lacht ein merkwürdiges und dummes Lachen. Starrt auf die Füße von Don Hernando. Und fällt auf die Seite mit einem Pfeil, der ihn genau in der Mitte des Schädels getroffen hat. So daß Rodrigo Nieto seinen Platz einnehmen will, und er dreht sich um und will etwas sagen, kann aber nicht, weil sich ein weiterer Pfeil in seinen Hals bohrt.

Jetzt sind wir nur noch vier: Der schwule Filiberto, dessen Nerven versagen und der wie ein Mädchen greint; Serrano, der mit aller Kraft versucht, Don Hernando außer Reichweite der Pfeile zu schleppen; Odoardo, der ihm helfen will; und Juanillo, der vor Schreck zittert und nicht weiß, was er tun soll.

»Gebt uns Deckung«, schreit wütend Serrano.

Da versuchte der Kapitän, auf die Füße zu kommen, sich auf die beiden Portugiesen stützend.

Dies war am Mittag. Die Sonne stand sehr hoch, und die Lagune war ein Spiegel, der uns mit seinen Reflexen blendete. So daß niemand den aus dem Holz des Nelkenbaums geschnitzten Geier sehen konnte, der nach seiner Brust suchte.

Don Hernando fiel nach hinten mit einem Ausdruck grenzenloser Überraschung im Gesicht.

Was noch soll ich Dir sagen, Don Carlos? Daß wir zu Stein wurden, stumm angesichts dessen, was vor unseren Augen geschah, und taub gegenüber allem, was außerhalb des engen Kreises geschah, den wir bildeten? Daß plötzlich all die fernen Stimmen und Schreie und die Schüsse der letzten Arkebusen aufhörten? Daß weder das Rauschen des Meeres noch das Flüstern des Windes, der die Palmen wiegt, zu hören war, noch sonst etwas?

Daß wir den Statuen glichen in einem verlassenen Park? Granitfiguren, welche die Königsgräber schmücken. Ein Gefolge aus Marmor, wie man es in den Grabstätten der Päpste sehen kann.

Ich hielt Don Hernandos Kopf in meinem Schoß. Serrano weinte lautlos. Odoardo wollte sich nähern, konnte aber nicht. Und Filiberto, der den Kopf hängen ließ, hielt die Sturmhaube in den Händen mit einer fast religiösen Geste.

Serrano reagierte als erster. Er nahm den Hut ab und legte ihn mit besonderer Sorgfalt auf das Gesicht Don Hernandos. Die Glöckchen an der Krempe ertönten in der gewaltigen Stille wie zerbrochenes Glas.

»Niemand darf erfahren, was geschehen ist«, sagte er, als er sich aufrichtete. Und da niemand Antwort gab, fügte er hinzu: »Wir werden den richtigen Augenblick abwarten, es den Leuten mitzuteilen. Aber nicht jetzt, nach unserer ersten Niederlage. Schon gar nicht darf es der König von Zubu wissen, der gesehen hat, wie verwundbar wir sind, und die Situation ausnützen könnte. Außerdem könnten die Kastilier versuchen, erneut das Kommando der Flotte zu übernehmen. Einstweilen darf es niemand erfahren«, wiederholte er.

»Was sollen wir tun?« fragte Odoardo und konnte die tränenverschleierten Augen nicht von dem Leichnam Don Hernandos abwenden.

Serrano verstand die Frage. Er trat zu ihm und legte ihm den Arm um die Schulter.

Jetzo nimmt Seine Hoheit die Brille ab und legt sie mit zittrigen Händen behutsam in ihr goldenes Etui.

Hernach ergreift er mit seinen knochigen, von der Gicht entstellten Händen das schwere Manuskript und legt es beiseite.

Dann betrachtet er ängstlich wie einer, der aus einem Traum zurückkehrt, die ihn umgebende Welt. Die Papiere, die sich auf seinem Arbeitstisch häufen, den großen Erdglobus, die Weltkarten, die nichts bedeuten, die tragbare Orgel, die ihn auf all seinen Feldzügen begleitet hat, die Ölgemälde Tizians, die von den trauertragenden Wänden hängen, den Lehnstuhl neben dem Fenster, das Fenster, welches auf die Kirche hinausgeht.

Alles kommt ihm fremd vor. Irgendwie unwirklich. Wie der Weihrauchduft, der das Zimmer durchdringt. Wie die aus der benachbarten Kirche anschwellende Orgelmusik, die aus der Vergangenheit fließt. Dann beugt er sich mit Mühe über den Tisch, um nach dem Spiegel mit dem Silberknauf zu greifen.

Nun betrachtet er sein Gesicht in dem kleinen Oval: die welke Haut von grünlich-gelber Farbe. Den zahnlosen Mund. Die zitternde Unterlippe. Den Speichelfaden, der aus dem rechten Mundwinkel rinnt und sich in dem graumelierten Bart verliert. Das vorspringende, im Alter spitzer gewordene Kinn. Das weiße Haar. Und die Augen. Die Augen, die nicht mehr himmelblau und türkis sind wie die Farbe der Lagune. Die schon fast keine Farbe mehr haben. Die glanzlosen Pupillen, darin keine drei Schiffe mehr zu sehen sind, sondern ein ovales Porträt. Ein abblätterndes Gemälde. Fast eine Miniatur. Eine Gemme, vielleicht.

Don Carlos legt den Spiegel mit dem Glas nach unten beiseite. Aus seinen Kleidern zieht er ein Taschentuch hervor und wischt sich den Bart ab.

»Man muß sich vor mir ekeln«, denkt er. »Alle alten Leute erregen ein wenig Ekel.«

Mit von Kummer gebeugter Seele betrachtet Don Carlos die schwarzen Wände des Gemachs. Die Weihrauchschwaden, die von der Kirche herüberkommen und sich in die Vorhänge seines einzigen Fensters setzen, lassen ihn husten. Er glaubt zu ersticken. Dann, sich mit seinen von Rheuma gekrümmten Fingern an die Rückenlehne klammernd, versucht er, von der Höhe des Kissenturms, auf den man ihn wie ein Kind gebettet hat, den Boden zu erreichen.

Endlich gelingt es ihm, sich auf die Rückenlehne des Sessels stützend, auf die Füße zu kommen.

Nun gönnt er sich eine Atempause, bevor er den langen und beschwerlichen Weg durch das Zimmer antritt, das ihm riesengroß erscheint, wie es Kindern geschieht, obwohl es nicht so ist.

Langsam bahnt er sich seinen Weg durch das Trauerzimmer. Zwischen gigantischen Weltkarten, die nichts mehr bedeuten. Ohne der gewaltigen tragbaren Orgel, die ihn auf all seinen Feldzügen begleitet hat, Aufmerksamkeit zu schenken. Feldzüge, die er gar nicht erst aufzuzählen versucht. Die er vergessen hat.

Bis er beim Bildnis Leonores anlangt, das ihm zum ersten Mal viel zu groß erscheint. Es kostet ihn Mühe, diese Gestalt, die so kolossal ist, wiederzuerkennen. Und dann setzt er seinen Weg fort, sich auf den Stock stützend.

Auch die Kaiserin scheint ihm riesig zu sein auf ihrer Leinwand. »Warum hat Tizian diese Bildnisse so groß gemacht«, fragt er sich. Dagegen ist das von Philipp kleiner geworden. Er hatte es größer in Erinnerung. »Warum hat ihn Tizian so klein gemalt«, fragt er sich.

Verwirrt durchmißt er den letzten Teil. Vorübergehend schweigt die Orgel, und in der Stille der Nacht strengt Don Carlos seine Sinne an. Sein müdes Herz schlägt schneller, weil er meint, daß seine Mutter sprechen wird. Er wird ihre Stimme hören, wie jede Nacht. »Ich hatte einen schrecklichen Traum«, wird sie einmal mehr sagen, »ich träumte, daß ein Kater, riesenhaft und ungeheuerlich, weiß wie ein Hermelin, mein Innerstes verschlang.«

Aber in dieser Nacht erscheint die Stimme seiner Mutter nicht. Er wartet noch einen Augenblick, und als die Orgel wieder erklingt, geht er die letzten Schritte, die ihn vom Fenster, das sich zum Innern der Kirche hin öffnet, trennen. Er selber hat befohlen, dieses Fenster öffnen zu lassen und die anderen, die auf die Felder und Ebenen der Extremadura zeigten, zuzumauern.

Von der Anstrengung erschöpft, klettert er auf den Sessel, der sich vor dem Fenster befindet. Oben auf dem Kissenturm, im Laufe der Jahre zusammengeschrumpft, ähnelt Don Carlos dem Bild eines Neugeborenen.

Dann schiebt er mit zitternden Händen ein klein wenig die schweren Brokatvorhänge auseinander, die ihn vor den Augen der Mönche verbergen, und versucht, sich auf den Gottesdienst zu konzentrieren, den er Tag und Nacht für die Seele seiner Mutter und die seiner Schwester halten läßt.

»Morgen werde ich ein tägliches Requiem für meine Seele anordnen«, denkt er.

Dann fließt die Orgelmusik und hüllt ihn ein und trägt ihn weit fort, sehr weit fort von hier.

IX

Bist Du noch da, Don Carlos? Fällt der Regen auch auf San Jerónimo de Yuste? Hier in Bustillo fallen die Tropfen prasselnd auf die Dächer. Es ist ein trauriger Rhythmus, findest Du nicht auch? Es ist nun einmal so, daß Bustillo ein trauriges Dorf ist. Die Dächer sind braun und stumpf und überziehen sich, kaum daß der Herbst anbricht, mit grünem Moos, denn es regnet viel in Bustillo. Es regnet ganze Wochen und Monate. Und das Leben schwindet langsam aus den Straßen und stirbt. Die Nachbarn verwandeln sich in Schatten, vermummt und flüchtig unter den Vordächern ihrer Häuser. Und verwaist sind die Straßen. Der Regen wäscht die Steine auf dem Fahrdamm. Man hört weder das melancholische Geläut der Viehglocken noch das eintönige Knarren der Fuhrwerke. Und die Felder sind leer. Nichts als Erde und Regen. Alles still nun. Eine große und alte Stille. Sie läßt sich nicht stören vom Klang einiger Schritte, die es eilig haben, oder von dem einsamen Glockenschlag, der von Zeit zu Zeit heranrollt und sich in der trostlosen Landschaft verliert.

Gewiß, Hoheit, Bustillo ist ein trauriges Dorf. Aber es war ganz anders, als ich Kind war und das kräftige Licht die Farben steigerte und die Umrisse der Dinge in ein Glänzen auflöste. Als käme es aus deren Seele. Die einem dann wie neu erschienen. Als hätte ich all diese Dinge nie zuvor gesehen. Und über dieser Entdeckung verbrachte ich Stunden mit der Unbekümmertheit, die wir als Kinder hatten. Denn Du und ich, wir sind Kinder gewesen. Zumindest ich in Bustillo. Womöglich war ich ein trauriges Kind. Aber eines, das auf den Straßen herumtollte und auf den Plätzen spielte. Sie sind eng, die Straßen in meinem Dorf, und klein und dunkel seine Plätze. Aber für mich waren sie damals breit und sonnig. Und ich konnte mich nach Lust und Laune darin tummeln. Und bei diesen Streifzügen gelangte ich für gewöhnlich zu einem Laden, der sich unter den Kolonnaden des größten Hauses befand. Der Laden roch nach Spitzen und Borten, aber auch nach Katzenpisse und ranzigem Essen. Der Besitzer war Witwer und hatte eine schlaksige und triste Tochter, welche den ganzen Tag durch die staubigen Scheiben auf den Platz hinaussah. Sie war meine erste Braut, obgleich sie es nie erfuhr. Ich verbrachte Stunden damit, ihrem Schauen zuzusehen. Auch wenn ihre Augen starr auf einen schmalen, von zwei dicken Säulen begrenzten Ausschnitt gerichtet waren, so war es doch offensichtlich, daß sie weit darüber hinausblickte. Ihre Augen waren wie Vögel, die hoch hinausfliegen. Eine Reise unternahmen sie weit fort von hier. Und ruhten nur selten auf den Dingen oder Personen, die sie vor sich hatten. Doch wenn sie es taten, mußte man sich auf eine langsame Rückkehr von Gott weiß welchen fernen Orten einrichten. War sie abwesend, blätterte ihr Vater unaufhörlich in einigen ziemlich abgegriffenen Heften, in denen er die Rechnungen eines jeden seiner Kunden aufbewahrte; dabei murmelte er vor sich hin: »Wir wollen doch mal sehn, was wir hier haben.« Und gleich darauf: »Du weißt doch, Isabel, es geht nichts über eine beizeiten gemachte Bilanz.«

Aber Isabel hörte ihm nicht zu, flog sie doch weit weg von hier.

Eines Tages flog sie so weit, daß sie nicht mehr wußte, wie zurückkehren. Der Laden blieb ein paar Tage wegen Trauer geschlossen. Später entfernte jemand das Schild, doch er blieb geschlossen. Die Leute sagten, Isabel sei gestorben. Ich habe es nie geglaubt. Ich stellte mir vor, jemand habe die Ladentür offen gelassen und sie sei davongeflogen. Wie ein Vogel. Seit jenem Tag wollte auch ich fliegen. Ganz weit fort gehen von diesem Dorf, das für mich anfing, ein trauriges Dorf zu werden.

Und Dein Dorf, Don Carlos? Weißt Du, es fällt mir schwer, mir Dein Dorf vorzustellen. Und noch schwerer fällt es mir, Dich mir als Kind vorzustellen. Sag mir, sind Könige auch Kinder? Spielen Könige mit anderen Kindern? Erlegt man ihnen Strafen auf? Entwischen sie durchs Fenster auf die Felder, wenn sie nach dem Essen schlafen sollen? Rauchen sie heimlich? Machen sie Schweinereien unter der Brücke? Haben sie Bräute, ohne daß diese davon wissen? Fliegen sie wie Vögel davon, diese Bräute?

Ein Jammer, daß wir uns damals nicht gekannt haben. Stell Dir vor, zwei Einzelkinder wie wir. Zwei ein klein wenig traurige Kinder, die zusammen herumtollen und sich beide heimlich in irgendein älteres Mädchen verlieben.

Nun denn, Don Carlos-Carlitos; da kann man nichts mehr machen. Nicht einmal Du mit der ganzen Macht, über die Du verfügst, kannst die Zeit zurückholen, womit Du siehst: Wozu ist es gut, König zu sein?

Also bin ich lieber still und kehre zu meinem Kram zurück, und das ist, diese Chronik zu Ende zu bringen, bevor jemand das große Fenster offen läßt und auch ich davonfliege.

Es ist der Abend jenes Tages, der viel zu lang war, um ein einziger Tag zu sein. Ein freundlicher und wolkenloser Abend, an welchem die Ereignisse des schrecklichen Morgens nichts als ein Traum zu sein scheinen. Ein so friedlicher Abend, daß die Gebete für die Seele der Gefallenen wie das Summen der Bienen klingen an einem sommerlichen Abend in einer Weinlaube. Ein Abend mit einer so sanften Brise, daß die Fürbitten, daß der Kapitän sich wieder erholen möge, wie die vom Frühjahrswind bewegten Blätter der Schwarzpappeln klingen.

Ein Abend, der keinen Morgen gehabt hat. Dem keine Nacht folgen wird. Ein Abend – nichts weiter.

Ein Abend, um an nichts zu glauben. Um nicht zu glauben, daß Odoardo gerade Enrique auf die Insel schickt, den König um Erlaubnis zu bitten, die Toten dort zu beerdigen. Ein Abend ohne Tote. Verstehst Du, Hoheit, was ich meine?

Ein Abend, um alles zu glauben. Um Odoardo zu glauben, wenn er zu Enrique sagt, er dürfe den Kapitän nicht stören, wenn er wolle, daß er wieder gesund werde.

Enrique will Mantel und Turban holen, welche ihm Don Hernando bei seiner ersten Gesandtschaft nach Zubu geschenkt hat.

Mantel und Turban befinden sich unter der Koje des Kapitäns. Der Kapitän ruht und erholt sich auf der Koje von seinen Wunden. Jedes Ding an seinem Platz.

Ein Abend, um Enrique zu glauben, wenn er darauf besteht, seinen Herrn sehen zu wollen, und Odoardo, der ihm verspricht, daß er ihn nach seiner Rückkehr von der Insel sehen wird.

Ein Abend, da für Odoardos dröhnende und drohende Stimme kein Raum ist, wenn er Enrique fragt, was zum Teufel er denn vom Kapitän wolle.

Ein Abend, an dem die Stimme Enriques ein wenig seltsam klingt, wenn er sagt, daß der Kapitän ihm die Freiheit versprochen habe, sobald sie nach Spanien zurückkehrten oder wenn der Tod ihn treffen sollte.

Ein Abend, an dem das Wort Tod hohl klingt. Vielleicht ist es das, was Odoardo stört, der den Abend nicht heiligt, als er Enrique einen Scheißneger schimpft und schwört, daß er nie im Leben frei sein werde, weil er persönlich ihn Beatriz übergeben werde, an dem Tag, da der Kapitän nicht mehr da sein würde; er wolle dafür Sorge tragen, daß er und seine Nachkommen den Nachkommen Don Hernandos dienen werden.

Ein Licht so sanft wie die Worte Juan Serranos, wenn er sagt, der Kapitän beklage sich, daß Odoardos Geschrei ihn nicht schlafen lasse.

Sanft wie der Schatten der Hutkrempe über dem gebräunten Gesicht des Portugiesen. Wie das Läuten der Glöckchen, welche seine Hutkrempe zieren. Wie die Worte, die er Odoardo ins Ohr flüstert. Wie die freundschaftliche Geste, mit der er Enrique beruhigt.

Ein Abend so ruhig wie das Gesicht Enriques. Kristallklar wie das Wasser, auf dem die Schiffe treiben. So träge wie der Rhythmus, in welchem der Sklave rudert und sich von den Schiffen entfernt, gedankenversunken in weiß Gott was für Abgründen, wie der Ausdruck auf Enriques Gesicht.

Ein Abend, stehengeblieben in der Zeit. Wie die Sonne am Himmel. Wie die Toten im Schiffsraum der *Victoria*. Wie Enrique auf der Insel. Wie das im Schoß seines Vaters schlafende Söhnchen.

Ein Abend ohne Stimmen. Zum Reden gibt es keinen Grund. Ein Flüstern in des anderen Ohr. Wie Serrano zu Odoardo. Wie Sebastián zu Carvajo. (Gleich einer Schlange auf der Lauer.) Ein Abend rund wie eine Orange. Tief wie ein Weinglas. Strahlend wie ein goldener Kelch.

Ein Abend, der eine Nacht in sich trägt, aber der nicht sterben will, Don Carlos.

Denn die Nacht ist von einem anderen Stamm, Du weißt schon. In der Nacht wachsen die Umrisse und Kanten der Dinge auf launische Weise und ohne jede Regel. Vertiefungen entstehen. Mauern türmen sich auf. Türen werden aufgestoßen, die es nicht gibt.

Die Nacht ist ein anderes Gewächs, Hoheit. Ein seltsames Gewächs. Fleischig. Klebrig. Mit großen Blättern voll von Krümmungen und wolliger Haarigkeit.

Da ziehe ich mich zurück, um den Abend nicht sterben zu sehen, und suche Schutz in der Kajüte des Kapitäns.

Aber ich bin zu spät gekommen, Hoheit. Sie ist schon in der Kajüte. Die Nacht braucht keiner zu rufen, sie kommt dennoch. Sie ist wie der Tod, der alles verändert. Es ist kalt in dem kleinen Raum. Es riecht nach Pilzen und nach Modrigkeit, nicht nach dem duftenden Holz der *Trinidad*. Als beträte man eine seit Tausenden von Jahren versiegelte Grabkammer. Voll von Gegenständen, die auf einmal ihren Sinn verloren haben. Nutzlos geworden. Rätselhaft. Wie die Spuren einer antiken Zivilisation. Sonderbare Glasampullen, mit Sand gefüllt, sind die Uhren auf dem Tisch, Figuren eines geheimnisvollen Schachspiels und nichts weiter als Schmuckstücke. Die geschliffenen Zirkel sind wie verstreute Überreste irgendeines sonderbaren mechanischen Kunstwerks, eines verrückten Projekts, Zeiger einer Art Uhr, die noch nicht erfunden wurde. Das Astrolab ist ein Kleinod, eine Waffe, ein Spiegel aus Blech, zur Benutzung ferner Damen. Und die Rüstung auf der einen Seite ein absurdes Gewand, das nie jemand getragen haben kann.

Unter der Koje des Kapitäns seine leeren Pantoffeln. Auf der Bettstatt liegt reglos Serrano. Es ist Nacht. Nichts ist an seinem Platz.

Wir sollten etwas sagen, aber keiner wagt es, die althergebrachte Stille zu brechen, die in diesem Raum herrscht.

Außerdem, es ist Nacht. Und ein jedes Wort in der Nacht könnte uns dahin führen, wohin wir nicht gelangen wollen. Es könnte Türen öffnen, die wir verschlossen glaubten. Es ist nicht wie bei Tage, Du weißt schon, Hoheit. Am Ende schweben die Worte einsam und allein in der Finsternis. Wie Fledermäuse, die aufgeschreckt in einer Höhle herumflattern. Sie würden uns in immer tiefere Abgründe treiben. Wir verlören uns in Labyrinthen, aus denen wir nicht herausfänden, bis zum Aufgang der Sonne.

So daß wir schweigend nach einem bestimmten Satz suchen, der uns sicheres Geleit in dieser Finsternis geben soll. Ein Satz klar und hell wie eine Laterne. Der allein unsere Schritte erhellt und alles andere im Dunkeln läßt. Mehr als ein Satz, ein Stück Holz. An das wir uns klammern können, um die Nacht nicht zu spüren, die uns umgibt, und nicht das Meer unter unseren Füßen.

Mir kommen nur Fragen, Don Carlos, und ihm nur Zweifel, was er antworten soll.

So daß wir stumm und gedankenverloren wie zwei Spieler vor einem Schachbrett sind. Unseren ersten Zug erwägend, versuchen wir dem zuvorzukommen, den der andere tun wird, und dabei denken wir schon an den folgenden sowie an den, welchen er dann machen wird. Und so ins Unendliche.

Ich könnte ihn fragen, was er hier tut. Aber ich kenne seine Antwort. Ich könnte es mit einem anderen Zug versuchen (der bereits klassisch ist in meinem Repertoire) und zu ihm sagen: »Wir hatten immer lange Gespräche mit dem Kapitän, willst du nicht, daß wir reden?«

Und er wird beim ersten Zug nicht alles aufs Spiel setzen wollen und ja sagen. Er wird vorsichtiger sein. Vielleicht sagt er: »Worüber willst du reden?«

Ich weiß, diesen Zug könnte ich rückgängig machen. Doch könnte er auch eine andere Richtung einschlagen und antworten: »Ich habe sehr wichtige Dinge zu entscheiden.«

Ein Zug wie dieser kann mich in seinen eigenen Spielplan hineinziehen.

Mit einemmal ertappte ich mich dabei, wie ich an die gleichen Dinge dachte wie er. Ich dachte daran, daß unser Don Hernando tot ist. Daran, daß wir weitere acht Tote haben, für die man jetzt an Deck der *Victoria* die Totenwache hält. (Das Licht der großen Wachskerzen verleiht dem Schiff ein gespenstisches Aussehen.) Und auch, wenn es mir gelingen würde, ihn zu mir herüberzuziehen, indem ich beispielsweise zu ihm sage: »Dein Vater wird sehr stolz sein, wenn er sieht, wie du das Kommando einer mit Gewürzen beladenen Flotte übernimmst, nachdem du die ganze Welt umsegelt hast. Auch er war gewiß ein großer Seefahrer.«

Und auch wenn er darauf sagt, sein Vater habe nie das Meer gesehen, habe sein ganzes Leben hinter einem vollgepackten Schreibtisch mit staubigen Papieren verbracht, auch wenn er mir sagt, er habe das Eintreiben der Steuern in einer elenden Provinz überwacht, werde ich weiter daran denken müssen, daß sich unter den Toten, über die man auf der *Victoria* trauert, Andrés de San Martín, der Kosmograph, befindet. Daß nach seinem Tod niemand in der Lage ist, das Studium der Sterne mit den lückenhaften Berechnungen in Einklang zu bringen, die Ruy Faleiro angestellt hat. Daß niemand in der Lage sein würde, seine Messungen zu entschlüsseln, jetzt, wo der Kapitän die wenigen Schlüssel, über die er wohl verfügte, mit sich in dem Himmel genommen hat. Daß niemand in der Lage sein würde, die Flotte zu den Molukken zu führen, weil der König von Zubu sein Versprechen nicht halten wird. Womöglich gelangen wir zu den Molukken und erkennen sie nicht und suchen weiter nach ihnen, Insel für Insel, jahrelang, bis die Schiffe mit ihrer Besatzung nunmehr alter Männer auf dem Meeresgrund landen werden. Ohne nach Spanien zurückkehren zu können, weil niemand in der Lage ist, die Flotte nach Spanien zurückzuführen, jetzt, wo der Kapitän tot ist und Andrés de San Martín, welcher der Kosmograph des Geschwaders war, auch.

Also werde ich doch in sein Spiel einsteigen müssen. Ihm beispielsweise sagen: »Zweifellos genoß dein Vater die Gunst des Königs.«

Und zu hören bekommen, daß für seinen Vater der König nur ein Bild an der Wand war, das über seinem Kopf hing und nach etlichen Jahren durch ein jeweils anderes ersetzt werden mußte. Die Gesichter der Könige änderten sich nicht, ihre Namen aber schon. Für seinen Vater waren Einzelheiten nicht von Belang, denn für ihn war es immer: *Der König*. Es gefiel ihm, sich wichtig zu tun mit *Der König*. Eine anonyme, serienmäßig erteilte Anweisung, die seine Unterschrift trug, wurde ihm zur persönlichen Botschaft, zu einer freundschaftlichen Bitte, zu einem intimen Bekenntnis. Und von Zeit zu Zeit tauschte er das eine Porträt gegen ein anderes aus. Zuweilen dauerte es so lange, bis sie ankamen, daß er das Bild des einen Toten gegen das eines anderen Toten austauschte. Was er nicht wußte. Oder was ihm nicht wichtig war.

So war sein Vater. Aber er wollte seinem Vater nicht ähnlich werden.

Nun war ich am Zuge. Ich würde mich genau seiner Richtung anpassen. Würde beispielsweise sagen: »Ich wollte schon. Das Problem war nur, daß ich nicht wußte, wer mein Vater war. Und mir erging es ein wenig so wie deinem Vater mit den Königen. Jeder Mann von den vielen, die bei mir zu Hause verkehrten, war: mein Vater. Meine Mutter tauschte sie mit derselben Gleichgültigkeit aus, mit der dein Vater die Bilder der Könige wechselte, aber für mich hatten sie alle dasselbe Gesicht: es war das Gesicht meines Vaters.

Ein Zug wie dieser kann womöglich die ganze Partie umdrehen. Als ob wir die Plätze getauscht hätten und er mit den Schwarzen und ich mit den Weißen spielen würde. Dergestalt, daß er, während ich meine Rolle als Waisenkind ausspiele und ihn zu rühren versuche und das Gespräch auf diesem Feld festhalte, an Dinge denken würde, an die ich denke, und er würde die Figuren setzen, die ich einen Augenblick zuvor in meinem Kopf gesetzt hatte.

Also daß wir ihn selbst, Juan Serrano, sowie den guten Eduardo Barboza zu neuen Befehlshabern der Flotte haben. Also daß Sebastián gerade mit den anderen kastilischen Offizieren dabei ist, eine Verschwörung auszuhecken, um ihnen das Kommando zu entreißen. Sebastián glaubt nicht daran, daß Don Hernando gesund werden wir, und ist zu allem bereit, um den Oberbefehl zu bekommen.

Und auch, wenn ich ihm sage, wie meine Mutter Kinder machte mit diesen Caballeros, die sie zu Hause besuchten, und später niemand wußte, wohin mit diesen Kindern, die meine Geschwister waren, würde er weiterhin daran denken, daß Don Hernando tot ist und er glauben machen muß, daß er am Leben sei. Und daß er nicht weiß, wie lange ihm dies gelingen wird, noch was dann geschehen wird. Und der König von Zubu, der gewiß dabei ist zu überlegen, wie er sich unser entledigen kann, weil er nun weiß, wie sehr verwundbar wir ohne die Eisen sind, wie jeder andere auch. Der von Zubu, Hoheit, der gerade einen Hinterhalt plant. Und an sich denkt er, Juan Serrano, und daran, wie er vorgehen soll. An Enrique, zu dem er kein Vertrauen hat, den er aber als Dolmetscher braucht. An das Begräbnis morgen. An die Einladung des Königs, der versprochen hat, den Ort bekanntzugeben, wo sich die Molukken befinden. Und ob er hingehen soll. Und ob er anwesend sein muß, weil er jetzt der neue Generalkapitän ist. An die Lügen, die er dem König über Don Hernando erzählen wird, weil, wenn der ihn für tot hält, er sein Wort nicht halten wird. Und daran, daß er vielleicht schon weiß, daß er tot ist. Daß die Leute von Matán den Leichnam vielleicht gefunden haben, den wir mit Steinen versenkt haben. Der Leichnam, so klein und weiß ohne seine Rüstung. Ohne sein Leben. Und daß man ihn vielleicht nicht erkennen würde, falls sie ihn gefunden haben. Daß ihn vielleicht niemand erkennen würde und daß es so am besten sei; er wollte nicht, daß sie plötzlich mit der Leiche Don Hernandos auftauchten. Und daß nur ich, Odoardo und er, Juan Serrano, die Wahrheit kannten. Der schwule Filiberto war gestorben, was ein Glück war, weil man sagt, daß Schwule große Schwätzer sind. Aber er weiß, dem Narren kann er vertrauen. Und seinem Freund Odoardo auch.

Das sind die Dinge, an die wir denken, während es immer stiller wird in der Kammer und immer schwieriger, den passenden Satz zu finden, das Schweigen zu brechen.

So bringen wir die Stunden hin, bis Serrano plötzlich den kühnsten aller Schachzüge macht.

»Hilf mir, Hernandos Rüstung anzulegen«, sagt er.

Wie ich das höre, läuft mir eine eisige Kälte den Rücken herunter, und ich bleibe wie versteinert sitzen.

»Jetzt kann man nichts mehr tun. Mach schon, hilf mir.«

Ich betrachte die sich auf einer Seite des Arbeitstisches des Kapitäns türmenden Eisen: einen Haufen Schrott, den der Mond weiß färbt.

»Er hat mir viel beigebracht«, sage ich.

Serrano hört mir zu.

»Er hat mir beigebracht, wie wichtig ein Traum ist. Die Unmöglichkeit, für die sich zu leben lohnt. Und ich habe seine Träume befördert.«

»Dann seid ihr im Frieden miteinander. Ich werde dir andere Dinge beibringen.«

»In aller Ehrfurcht, es wird nie wieder so sein.«

»Du hast ihn gut gekannt. Du weißt, wie er mich geschätzt hat«, sagt Serrano.

Ich betrachte die Gegenstände in der Kammer. Ich schaue auf die Uhren, die Kompaßnadeln, das Astrolab, die Seekarten, die Pantoffeln unter der Koje. Serrano auf ihr. Nichts ist an seinem Platz. Ich zweifle, ob ich ihn gekannt habe. Zweifle, daß es ihn gegeben hat. Fürchte, daß er eine von mir erfundene Person gewesen ist. Doch ich sage nichts. Vielleicht, wenn der Tag anbricht, verschwindet dieses Gefühl.

»Er hat dich immer vorgezogen«, sage ich.

»Und dich auch«, sagt Serrano. »Er schätzte dich wirklich.«

Beide versinken wir erneut in Schweigen.

Ich betrachte unentschlossen die Rüstung, und er sieht mich abwartend an.

»Ich werde dir helfen«, sage ich nach einer Weile.

Da erhebe ich mich und greife schnell nach dem Brustpanzer. Dabei fällt der Eisenhaufen mit einem metallischen Laut in sich zusammen, und Serrano setzt sich erschrocken auf die Bettstatt.

Ich betrachte das Stück, das der Mond mit seinem Licht versilbert, und rieche daran.

»Wonach riecht es?« fragt er.

Gern würde ich ihm sagen, daß es ein wenig nach Meer, nach Teer, nach der Leinwand der großen Segel riecht. Und auch nach Gewürzen. Und dazu noch ein wenig nach Apfelblüten. Aber es riecht nach Urin und Gebrechlichkeit.

»Nach gar nichts«, antworte ich. »Nach gar nichts. Aber wir machen es sauber und polieren es ein bißchen.«

»Laß das für später. Ich will sie nur anprobieren.«

»Willst du sie vollständig anlegen?« frage ich und suche nach dem Panzerhemd mit den Ärmeln aus Eisenmaschen. Es liegt unter dem Tisch und sieht aus wie die abgestoßene Haut einer Riesenschlange.

»Wußtest du, daß die Schlangen im Frühling ihre Haut wechseln, damit sie weiter wachsen können? Als Kind habe ich immer diese durchsichtigen schuppigen Schläuche gesammelt, die zwischen den Felsen im Gestrüpp hängenblieben. Ich hob sie ängstlich auf, denn ich dachte immer nur an das gefährliche Tier, das sein Gewand abgelegt hatte, um ein neues anzulegen, das noch mehr in der Sonne glänzen würde. Aber nach einer Weile verschwand die Angst, und ich spielte mit diesem toten Ding und versuchte, es auszustopfen, um die anderen damit zu erschrecken.«

Serranos Augen unter der Hutkrempe haben wieder ihren alten hämischen Ausdruck angenommen.

»Du hattest Glück, dich nicht zu irren und nach einer lebendigen zu greifen«, sagt er.

»Wie soll man denn eine abgestoßene Haut mit einer Schlange verwechseln.«

»Es hätte dir auch passieren können, während du dich mit der Schlangenhaut abgabst, daß die Schlange mit ihrer nagelneuen Haut gekommen wäre und dich mit ihren Zähnen gepackt hätte. Denk daran.«

»Lassen wir es dabei«, sage ich. »Wirst du das Panzerhemd anziehen oder nicht?«

Er nickt und streckt mir, auf der Bettkante sitzend, die Arme entgegen.

»Willst du nicht vorher daran riechen?« sagt er.

»Ich weiß, wonach es riecht. Es riecht nach saurem Schweiß. Und nach dem Sand dieser Uhren«, antworte ich, während ich es ihm über den Kopf ziehe.

»Für mich riecht es nach Gewürzen.«

»Nach Gewürzen auch«, sage ich nach einer Weile, während ich die Schnallen richte, welche den Brustpanzer mit dem Rückenteil verbinden.

Dann halte ich ihm die Handschuhe hin.

»Wirst du die Beinpanzer anlegen?«

Er nickt, die Beine ausstreckend, damit ich sie überstreife.

»Den Helm auch?«

Serrano nimmt den Hut ab. Ich gehe zu ihm, den Helm mit der Geste eines Priesters tragend, der in seinen Händen den Kelch hält.

Als er ihn angelegt hat, schließt er das Visier und kann sich mit Mühe auf das Bett legen.

Im bleichen Licht des Mondes erinnert er mich an den Krieger aus Stein in der Krypta.

Ich fühle, wie die Zeit vergeht und sich wiederholt. Die Nacht sich ausdehnt und anderen Nächten zum Verwechseln ähnlich wird. Daß der Morgen nicht kommt.

»Wußtest du, daß der Kapitän auf der *Concepción* Erde aus Oporto aufbewahrte, damit seine Überreste damit bedeckt würden?« sage ich, um ein paar Koordinaten zu behalten. Um mich nicht ganz zu verlieren.

Aber Serrano ist in der Rüstung verschwunden, und niemand gibt Antwort.

Da beschließe ich, mich in den Abgrund zu stürzen. Ich setze mich ihm zu Füßen wie eine liebevolle Mutter und sage zu ihm: »Willst du eine Romanze hören? Vielleicht kommt dir der Schlaf, und du kannst eine Weile ruhen.«

Ich beginne, die Verse des Infanten Arnaldos aufzusagen:

»... seine Segel sind aus Seide,
eine goldne Schnur das Tau,
die Anker aus Silber sind,
aus feinem Korall der ganze Bau.
Ein Seemann steht am Steuer,
auf sein Wort dreht ab der Wind.
Das Meer ist tief als wie ein Grab,

die Fische in der Tiefe,
die Vögel, die er riefe,
sie alle kämen und ruhten aus, –
sein Schifflein fährt nach Haus.«

»Hernando hat eine Dummheit begangen«, sagt Serrano und unterbricht mich. Er hätte sich der Gefahr nicht aussetzen sollen, ohne Rüstung zu gehen. Er hätte vorsichtiger sein sollen.«

»Er hat sie auf der ganzen Reise nicht abgelegt«, sage ich.

»Eben. Es war eine Dummheit.«

»Jeder macht Fehler. Eine Unachtsamkeit.«

»Ein einziger Fehler, und du bist ein toter Mann.«

»Das ist wahr. Das ist wahr«, sage ich, während sich der neue Tag am fernen Horizont abzeichnet und der dunkle Rumpf der *Victoria* sich gegen einen Himmel aus Porzellan abhebt.

Jetzt ist es Tag, Hoheit, und sie sind dabei, vom Deck der *Victoria* die Toten von gestern herunterzulassen.

Der Sonnenaufgang ist die Stunde der Toten, Don Carlos. Die endgültige Stunde der Nichtauferstehung, der Resignation der Anverwandten. Es ist eine kalte und grausame Stunde, zu der die Toten bereits zu Dingen geworden sind und das Vergessen ihre Schritte auslöscht, ihren Gesichtsausdruck, den Klang ihrer Stimme, den Geruch ihrer Haut, die Wärme ihrer Hände, alles.

Ein Sonnenaufgang, unbestimmt wie der Ausdruck der Toten. Schweigsam wie das Kommen und Gehen der Lebenden, die sich auf das Begräbnis vorbereiten. Hart wie das Gesicht Sebastiáns, der Serranos Anstrengung beobachtet. Marmorn wie das von Carvajo, der Odoardo aus den Augenwinkeln beobachtet, während seine Hände zärtlich über das Haar von Söhnchen fahren, der in seinen Mantel gewickelt und fern von alledem zwischen seinen Beinen schläft.

Ein Sonnenaufgang, der sich verstohlen zwischen die schwarzen Schiffe schleicht, wie Enrique über Deck.

Der von den Toten ausgeht wie ein kalter Heiligenschein. In dessen Licht die Lebenden unwirklich scheinen.

Die Lebenden mit ihren triefenden Augen und stinkenden Mündern laden die Toten in die Schaluppen. Gehen selber wie Schlafwandler an Bord.

Ein Sonnenaufgang aus Kristall, wie die Wasseroberfläche, die sie mit ihren Rudern durchbrechen. Kurz wie die Bewegung der Ruder, die auf und niedergehen. Zart wie der Blütenduft, der ans Ufer weht.

Ein Sonnenaufgang wie eine Schmetterlingspuppe, mit einer Sonne im Innern. Eine Sonne, die aufgeht und ihre goldenen und blauen Flügel wie ein Schmetterling entfaltet. Eine Sonne, die leuchtet wie das Gesicht von Söhnchen, der nun aufgewacht ist und seinen Vater anschaut und arglos lächelt.

Eine Sonne für die Lebenden. Dunkel und schwarz für die Toten. Die sie verscheucht, wie das Licht die Fledermäuse verscheucht, die in der Tiefe ihrer Höhlen fliegen.

Und schon haben die Lebenden die Küste erreicht und öffnen die Höhlen für die Toten, während immer mehr von uns ankommen, und es kommen auch die von Zubu herbei, und sie halten sich etwas abseits, als wollten sie sagen: Das sind ihre Toten.

Eine Sonne voll von Versprechungen, Hoheit. Wie alle Sonnen. Wie der Blick, den Serrano der Königin von Zubu zuwirft. Die Königin von Zubu, die strahlend und sinnlich ist wie der Morgen, den diese Sonne verspricht. Vielsagend wie der Blick, den Carvajo, neben einem Grab stehend, Sebastián zuwirft. Verschwörerisch wie der, den Sebastián Carvajo erwidert. Verräterisch wie der, den Enrique dem von Zubu zuwirft, der Serrano nicht aus den Augen läßt. Boshaft wie das Lächeln des Königs, als er sich nach unserem Generalkapitän erkundigt und sagt, er bewundere ihn ob seiner Tapferkeit und er wünsche ihm baldige Genesung. Verlogen wie die Antwort, die Serrano Enrique erteilt, damit er sie dem König übermittle.

Eine Sonne, bei der sich ein Vogelgezwitscher im Urwald erhebt und die Litanei aufsteigt, mit der der Kaplan für die Seele der Toten, die neben ihren Gräbern liegen, betet.

Bei der das hohe Kreuz, das Don Hernando an dieser Stelle errichten ließ, einen Schatten wirft und die Wände der Gräber erleuchtet werden, ohne daß man ihre Tiefe sehen kann. In die man die Toten unter dem traurigen Quietschen und dem wütenden Gekreisch der Affen hinabläßt.

Man läßt sie an Seilen hinunter, wie man Wasser aus einem Brunnen holt. Und man geht ganz behutsam zu Werke, als lebten sie noch. Oder mehr als das.

Dann segnet der Kaplan die Gräber von oben, ohne sich zu ihnen hinabzubeugen. Dann verstummen alle Geräusche. Nur der dumpfe Klang der Schaufeln und der Erde ist zu hören, welche auf die Toten fällt, wie der Sand in einer Uhr fällt, in völliger Stille.

Die Erde, welche die Augen von Andrés de San Martín bedeckt, Augen eines einbalsamierten Hirsches. Welche Filiberto der Finsternis übergibt, der sich so sehr vor der Dunkelheit fürchtete. Den Mund füllt sie von Cristóbal Rabelo, der ein so großer Schwätzer war. Erstarren läßt sie Rodrigo Nieto, der stets so unruhig war. Den Milchgeruch von Basco Gallego deckt sie zu mit Humuserde, die nach Mist und alten Blättern riecht. Beschmutzt das Blondhaar von Francisco Espinoza, das er so sehr gepflegt hatte, denn der dumme Mensch dachte, es verleihe ihm eine gewisse Ähnlichkeit mit Gaspar de Quesada, den er wegen seiner Schönheit so sehr bewundert hatte. Die Nase von Nuño deckte sie zu, der sich rühmte, den besten Geruchssinn der ganzen Flotte zu haben. In die Ohren von Antón de Goa dringt sie, der immer das hörte, was er nicht hören sollte, und dann wie eine Maus zitterte, ohne den Mut zu finden, jemandem zu erzählen, was er wußte.

Die Erde, die ihre Schatten in die Gräber schickt, und die Sonne, die mit ihrem Licht die Erde erfüllt. Die Höhlen der Nacht polstert sie aus. Die Segel des neuen Tags entfaltet sie. Verwandelt das Leben in einen sonnigen Morgen.

Denn, Hoheit, jetzt ist es Morgen, und die Toten sind endlich fortgegangen. Jetzt ist die Zeit der Lebenden, und es gibt keinen Platz für etwas anderes.

Ein fröhlicher Morgen, Don Carlos. Voller Ahnungslosigkeit, wie Söhnchens Gesicht. Unbekümmert, wie die Art und Weise, in der er sein Spielzeugboot zwischen den eben erst geschlossenen Gräbern hindurchzieht. Liebevoll wie der Blick, den ihm sein Vater schenkt, während er leise mit Sebastián spricht.

Ein Morgen, um zufrieden zu sein. In Festtagsstimmung. Um Geschenke zu bekommen. Um viel zu essen. Um sich richtig zu betrinken. Um mit der Königin und den Damen ihres Gefolges ein wenig Spaß zu haben. Um aus dem Munde des Königs die genaue Stelle zu erfahren, wo sich die Molukken befinden.

Lediglich die Offiziere, und das sind vierundzwanzig, werden der Einladung des Königs folgen; wir übrigen gingen daran, zufrieden mit dem Morgen, auf die Schiffe zurückzukehren.

Ein glänzender Morgen wie die Wasser der Lagune von Bord der Schaluppen aus gesehen. Ein Morgen strahlend wie ein Edelstein. Funkelnd wie ein Diamant. Mit lebhaften Farben wie die Fische in der türkisfarbenen Lagune. Makellos wie der Sand des Strandes, wo die Eingeladenen zurückgeblieben sind, die zusammen mit dem König aufbrechen. Ruhig wie die Palmen und wie die nahe bei der Küste ankernden Schiffe. Klar wie der tiefblaue Himmel. Voller Wohlgerüche wie ein Markt am Morgen. Der nach Blumen, nach Fisch, nach reifen Früchten und nach Meer riecht. Ein Morgen, wie er stets einer Nacht voller Alpträume folgt.

Ein Morgen, um der Ruhe zu pflegen, an Deck in der Sonne zu sitzen. Dummes Zeug zu reden. Still dahinzuträumen. Während die Sonne kleiner wird und am Himmel emporsteigt und die Zeit vergeht, ohne daß man ihren Gang bemerkt. Als fließe sie dahin in der Ferne. Am Rande unserer Route.

Ein Morgen, da nichts von Bedeutung ist. Nicht einmal das, was wir reden. Noch was wir träumen. Weder Sebastián noch Carvajo, die beide auf die *Trinidad* zurückgekehrt sind und mit beklommenen Augen zur Insel schauen, als gäbe es irgendeinen Grund zur Beunruhigung. Als könnte etwas den lauen Kristall des Morgens zerbrechen. Als könnten diese Schreie, die jetzt zu hören sind, Schreie des Entsetzens sein. Als könnten sie aus den Mündern unserer Offiziere kommen. Denn würden sie sich etwa nicht mit Schüssen verteidigen, wenn man sie angriffe? Und dennoch, jemand muß Befehl gegeben haben, und Leute gibt es, die heraustreten aus dem Morgen, den Ankerspill kreisen lassen und in aller Eile Segel setzen. Und die Lombardiere machen ihre Geschütze fertig. Und langsam setzen die Schiffe sich in Bewegung auf die Küste zu.

Dann zerspringt er doch, der Himmel aus Porzellan, Hoheit.

Dann zerbricht er doch, der Kristall des Morgens und des ruhigen Wassers der Lagune. Die klare Luft riecht nach Pulver, nicht nach Blumen, und die Häuser brennen, weil wir auf sie schießen, und inmitten des schwarzen Rauchs und der Flammen sehen wir, daß man den verwundeten Juan Serrano herbeiführt, der schreit, sie sollten mit den Kanonen aufhören, weil man ihn sonst umbringen werde.

Das Geschützfeuer hört auf, und eine große Stille folgt wie von etwas Totem, in der nur das Tosen des Meeres zu hören ist, das gegen das Riff prallt, und die Schreie Serranos, der sagt, wir sollten nicht mehr schießen, weil sie ihn sonst umbringen würden.

So daß auch ich aus dem Morgen heraustrete, mich zur Steuerbordreling begebe, und schreiend, weil mir der Morgen nun egal ist, frage ich ihn, was denn geschehen sei. Und er, während er versucht, sich seiner Häscher zu entwinden: Man habe sie in einen Hinterhalt gelockt. Alle seien enthauptet worden, sagt er und färbt den Morgen rot. Daß es Enrique gewesen sei, der sie verraten habe. Und daß sie ein Lösegeld wollen im Tausch gegen sein Leben.

»Bringt eine Schaluppe voller Spiegel und ein paar Rüstungen her!« schreit Serrano.

»Wir müssen den Kapitän fragen!« erwidert Carvajo.

»Entscheide du!« schreit Serrano. »Ich gebe dir einen Befehl!«

Aber Carvajo rührt sich nicht von der Stelle und besteht darauf, daß er nicht noch mehr Leute aufs Spiel setzen kann ohne Zustimmung des Kapitäns. Und das ist auch die Meinung Sebastiáns, der zustimmend nickt.

»Jetzt kommandiert ihr die Flotte!« sagt Serrano mit Nachdruck. Ihr werdet mich doch hier nicht zurücklassen? Gebt ihnen das Lösegeld, bei Gott! Wollt ihr mich vielleicht in diesem Zustand zurücklassen?«

Carvajo führt ein viel zu langes Gespräch mit Sebastián. Zu lang, weil die Zeit jetzt fliegt. Sie hat sich hier konzentriert und gleicht dem Auge eines Hurrikans. Sie sind ganz ruhig, die beiden, während der Wind um sie herum alles zerstört. Sie geben den Befehl zum Wenden und mit allen Segeln Fahrt zu machen, und der Wind trägt alles davon. Er trägt die Worte Juan Serranos davon, der bald flehend, bald Juan Carvajo verfluchend, Gott bittet, er möge ihn am Tag des Jüngsten Gerichts für sein Verbrechen bezahlen lassen. Der Wind trägt den Rauch der brennenden Häuser davon und den des Kreuzes, das Don Hernando hatte errichten lassen. Er trägt die Häuser fort, die Palmen, den Strand; immer kleiner werden sie, je näher wir dem Riff kommen und die Durchfahrt suchen, die uns hinausführt. Er trägt Juan Serrano davon, der nun wie ein Püppchen aussieht. Er trägt die Schiffe davon, die bereits auf dem offenen Meer sind. Die immer mehr Segel setzen, bis die Insel aus dem Blickfeld verschwunden ist.

Auch Juan Carvajo trägt er davon, der verzweifelt durch das Schiff läuft und nach seinem Sohn ruft, ohne daß jemand ihn beruhigen kann. Sein Vater hatte ihn spielend auf dem Schiff geglaubt, doch war er auf der Insel geblieben, wohin wir nicht zurück konnten. Jemand erinnert sich, ihn hinter seinem Spielzeugboot herlaufen gesehen zu haben. Das Boot hatte Schlagseite, wie das bei Spielzeugschiffen so ist. Eine sanfte Brise trieb es davon und Söhnchen lief glücklich hinterdrein.

Ich wette, es regnet noch immer im Tal von Plasencia. Und die Berge der Extremadura verschwinden hinter schwarzen Wolken. Der Schlamm macht die abschüssigen Maultierpfade, welche nach Yuste führen, unpassierbar. Das Wasser rinnt über die Schieferdächer des Dorfes Cuacos. Es bildet Pfützen in der Klause des benachbarten Klosters. Wäscht die steinernen Heiligen blank im Vorhof der Kirche. Belebt die Düfte Deines hängenden Gartens. Wetteifert mit den Springbrunnen. Läßt die Vögel erstarren in den großen Volieren. Verleiht den aus Byzanz geholten Orangen- und

Zitronenbäumen ein irgendwie paradiesisches Aussehen. Macht den traurigen Anblick der Feigenbäume aus Korinth noch trauriger und das Rot der Nelkenbäume aus Indien lebhafter. Klopft gegen das Glas der Tür, die zum Garten führt. Trommelt auf die Dächer und rinnt durch die steinernen Kanäle zum Ziehbrunnen und zur Zisterne. Dringt als fernes Rauschen in Dein Zimmer. Der schwarze Samt an den Wänden dämpft den Klang, und alles, was draußen geschieht, scheint sehr weit entfernt. Fern in Zeit und Raum.

Abgeschieden von der Welt, in der Mitte des verschatteten Zimmers, brütet Don Carlos über einer einsamen Schachpartie.

Das Schachbrett, Geschenk eines persischen Monarchen, ist aus Kristall, und auf den Feldern befinden sich ganz kleine Krieger, winzige Türme und Miniaturpferde.

Über die Figuren gebeugt, die Du kaum noch unterscheiden kannst, denkst Du an andere Zeiten, als Du Dich in Deinen Mußestunden damit unterhieltest, am Schachbrett erbitterte Schlachten mit so mächtigen Königen wie Du selbst auszutragen.

Damals warst Du unbesiegbar. Keiner setzte die Figuren mit mehr List. Das Spiel begeisterte Dich. Du hast jeden Zug ausgekostet, der Dir den endgültigen Sieg bringen würde. Das erstaunte Gesicht Deines Gegners zu sehen, belustigte Dich. Die Ausrufe und der Beifall derjenigen, die stundenlang das Spiel verfolgten, schmeichelten Dir. Sehnsüchtig wartetest Du auf den Moment, da Du mit gespielter Bescheidenheit die Hand des Besiegten drücken konntest.

Jetzt ist es anders. Fast siehst Du die Spieler nicht mehr, und Du mußt mit der Nase auf das Brett, willst Du die winzigen Figuren betrachten, die von ihren Feldern eingeschlossen sind. Außerdem langweilt es Dich, allein zu spielen. Ohne Gegner, ohne Zuschauer. Mühsam den Sessel wechselnd, um Züge auszudenken, die Du aus dem Gedächtnis kennst. Denen niemand Beifall spenden wird. Um Dich mit einem Sieg zu brüsten, der gleichzeitig eine Niederlage ist. Der nichts bedeutet und Dir einerlei ist.

Dein einsamer Zeitvertreib endet immer gleich. Du wischst mit einer Hand die Figuren beiseite und klopfst, kraftlos schon, mit der anderen auf das Brett.

Du betrachtest Dich in dem glatten Kristall, das Dein müdes

Gesicht widerspiegelt, und dann beugst Du Dich tiefer, heftest die Augen auf das Schachbrett und betrachtest die winzigen Figuren.

Da gibt es gefallene Krieger, schiefe Türme und auf dem Rücken liegende Pferde. Morgen wird Dein Kammergehilfe jeden wieder an seinen Platz stellen. Und wenn Du erneut genug hast vom Spiel, wirst Du mit einem Schlag alles wieder umstoßen.

Doch Dein Atem beschlägt das Schachbrett, und Deine Augen erfassen nichts mehr, und alles verschwimmt. Der unter das Spiegelglas gefallene Krieger erinnert Dich an Don Hernando, wie er in der türkisfarbenen Lagune liegt. Und der andere, der über den Rand des Feldes gefallen ist, als wolle er fliehen, an Juan Serrano. Und der, welcher sich auf den Beinen hält, an Sebastián. Und das auf dem Rücken liegende Pferd kommt Dir vor wie ein Schiff.

Da wirfst Du Dich über das Spiegelglas, jetzt bist Du erschöpft, und Du denkst, daß Schach ein dummes Spiel ist und daß Du es nie wieder spielen wirst.

Ihr müßt wissen, Majestät, daß wir nach der Geschichte mit Zubu viele Tage umherirrten, der Willkür der Winde und der Strömungen ausgeliefert.

Ihr müßt wissen, Hoheit, daß wir an den beiden Unglückstagen viele Menschenleben verloren, und wir verloren auch das bißchen Vertrauen, das wir dort wiedererlangt hatten, und dazu noch den spärlichen Mut, der uns geblieben war.

Der Kaiser möge wissen, daß wir in einem Labyrinth von Inseln, die alle gleich waren und uns genauso gefährlich erschienen wie Zubu, verloren waren.

Don Carlos möge wissen, daß die Tage in einem schrecklichen Durcheinander verliefen und es mir noch heute, so viele Jahre später, schwerfällt, die Geschehnisse zu ordnen und dazu noch zu wissen, bei welchen ich nicht dabei war und welche bloße Ausgeburten meines verängstigten Herzens waren.

Denn ich kann Dir sagen, es waren Tage von einem schrecklichen Durcheinander. Sebastián hatte das Kommando über die

Flotte, weil Carvajo nie mehr zu Verstand kam und seine Tage am Fuße des Großmastes sitzend verbrachte, mit abwesenden Augen den Himmel betrachtend oder aus einem Stück Holz ein anderes Spielzeugboot schnitzend. Sebastián aber war aus dem Nichts aufgetaucht, und der Tod der wichtigsten Offiziere im Hinterhalt von Zubu hatte, auf eine jähe und grausame Weise, Lücken hinterlassen, die er nicht füllen konnte. Die Leute unterhielten sich über die Toten, als ob diese noch am Leben wären. Sie konjugierten die Verben schlecht und mußten sich jäh mit verblüfftem Gesicht korrigieren, und ein schwarzes Loch tat sich auf in ihren nur zur Hälfte vollendeten Sätzen. Sie bemühten sich, ihren Namen nicht zu nennen, und bildeten Sätze ohne Subjekt. Aber das Prädikat, so behutsam sie auch damit umgingen, und vor allem das stets in der Möglichkeitsform gebrauchte Verb verrieten sie. Es war nur, daß wir einfach Zeit brauchten, um uns an die plötzlichen Abwesenheiten zu gewöhnen und sie als endgültig hinzunehmen. Dies war das Schwierigste. Wir hatten zwanzig Monate lang den engen Raum der Schiffe miteinander geteilt. Und den noch engeren der Angst und des Hungers. Und das fensterlose Geviert der Ungewißheit. Und den dunklen Kerker der Angst. Und den Brunnen der Verzweiflung. Wir alle saßen gemeinsam darin. Und auf einmal sind da weiße Flecken, wie auf einem Bild im Entwurf. Simple Umrisse, in denen das Muster der Leinwand nackt erscheint. Und vergiß nicht, daß diese Lücken die Offiziere meinten. Also Leute, die uns die Befehle erteilten, denen zu gehorchen wir gewohnt waren. Manchmal mehr aus Notwendigkeit denn aus Überzeugung hatten wir ihnen Glauben geschenkt. Sebastián selber und mit ihm ein paar überlebende Offiziere waren ebenso Opfer dieses Durcheinanders, so daß niemand Befehle erteilte, weder herrschte Klarheit über den nächsten Schritt noch über den Kurs, dem wir folgen sollten. Die Flotte gehorchte den Winden sowie irgendeinem zufälligen und unregelmäßigen Ruderschlag auf der *Trinidad*, die ja die Fahrt anführte, weshalb auf den übrigen Schiffen jeder das Steuer drehte, sobald er den Kurswechsel bemerkte, um dem Flaggschiff folgen zu können. Aber das war alles. Niemand sagte, welche Segel zu setzen waren. Niemand kümmerte sich um die

Spannung im Takelwerk. Noch darum, die Magnetnadel zu lesen oder die entsprechenden Aufzeichnungen zu machen, noch die Lote oder die Logleinen auszuwerfen. Wir waren auf der Flucht, nichts weiter. Fort von Zubu und so weit wie irgend möglich. Nicht so sehr, um die Gefahren hinter uns zu lassen, als vielmehr, um eine Entfernung zwischen uns und die schrecklichen Dinge zu legen, die sich dort ereignet hatten. Und wir segelten aufs Geratewohl, ohne Kurs noch Kontrolle, wie wenn man mitten in der Nacht durch sein Haus spaziert, weil man einen schrecklichen Alptraum vergessen will. Und man läuft und läuft, weil man fürchtet, daß der Traum einen ein weiteres Mal heimsucht und man ihm erneut ins Netz geht. Das Chaos wurde noch größer, weil die Inselgruppe, durch die wir uns bewegten, unendlich zu sein schien, angesichts ihrer Inseln, Eilande und Riffe, die sich alle untereinander glichen. In einem Maße, daß wir gut im Kreise hätten fahren können, ohne jemals wieder hinauszufinden. Niemand kam auf den Gedanken, das Astrolab zu benutzen, und wir wußten nicht, ob wir uns im Norden oder im Süden befanden. Außerdem, jede dieser Inseln konnte die Molukken sein, aber niemandem kam es in den Sinn, nach ihnen zu suchen oder sich überhaupt an sie zu erinnern. Im Zentrum aber all dieser widersprüchlichen Situationen, die ein Klima der Verwirrung schufen, in welchem wir versanken, stand die Frage nach Don Hernando. War er tot oder war er nicht tot? Das brachte uns in die absurdesten Situationen. Sebastián zum Beispiel, der, wie ich ganz sicher bin, nie an die Lüge Juan Serranos geglaubt hatte, war ganz durcheinander, als er die Wahrheit erfuhr; doch entschied auch er sich dafür, ihn wie eine Rückversicherung am Leben zu lassen. So daß er in der leeren Kajüte aus und ein ging, und im Mund trug er die Sätze, die ihm der Kapitän gesagt haben sollte und die ihm niemand abnahm. Weil es keinen Sinn mehr machte, das Geheimnis weiter zu hüten, und so lief die Nachricht um wie ein Lauffeuer. Doch nicht alle wollten ihr Glauben schenken oder mit ihr fertig werden. Viele gab es, die auch weiter von den Verletzungen des Kapitäns sprachen und daß sich alles, wenn er wieder gesund sei, regeln würde. Dies geschah in einem Maße, Hoheit, daß ich selbst schließlich daran glaubte und mich eines nachts in seine Kammer begeben mußte, um der Täuschung ein Ende zu machen. Seine Anwesenheit in dem kleinen Raum schien freilich glaubhafter, greifbarer, als zu den Tagen, da Serrano mit allen Mitteln versuchte, uns glauben zu machen, daß er am Leben sei. Es schien, als wären die Uhren wieder Uhren geworden, die Kompasse Kompasse und nicht anders das Astrolab und die Pantoffeln unter dem Bett und sogar die Rüstung obendrauf. Das waren nicht mehr die Gegenständen die einen Menschen überlebt haben. Das waren nicht mehr die Zeugen einer zugrunde gegangenen Zivilisation. Es war, als wäre der betreffende Mensch einfach hinausgegangen und könnte wiederkommen. Dieser Eindruck war es, was mir Mut machte. Ich setzte mich auf die Koje neben der Rüstung und betrachtete sie eine Weile. Dann berührte ich den Helm mit den Fingerspitzen und streichelte die einzelnen Teile. Ich roch nicht daran, weil ich meinte, Serrano würde seinen Geruch an ihnen hinterlassen haben, und ich fürchten mußte, diesen nicht von dem Don Hernandos unterscheiden zu können. Doch legte ich ein Teil der Rüstung an. Und dann ein anderes und schließlich Stück für Stück die ganze Rüstung. Ich muß Euch sagen, daß sie mir trotz meiner Statur nicht zu groß war. Den Helm setzte ich nicht auf, weil ich zu ersticken fürchtete. Ich hatte den Eindruck, er würde mich festhalten wie in einer Falle. Die Welt würde, ließe ich nur das Visier herunter, um mich herum verschwinden. Es gäbe in diesem Todesdunkel vielleicht noch ein wenig feuchten Speichel des Kapitäns. Irgendein Kopfhaar oder ein Barthaar, das im Scharnier des Eisens verklemmt, noch lebte. Daß ein Rest warmen Atems dort noch pulsieren könnte. Daß der Helm ein Kürbis sei und sein Mark die Gedanken und Gefühle Don Hernandos, seine Samenkörner vielleicht seine Träume oder der Keim zu anderen Gedanken, die nicht mehr zum Tragen gekommen waren, Gefühle und Empfindungen, die er nicht hatte ausleben können. Während ich auf dem Bett lag und an diese Dinge dachte, verführte mich diese Vorstellung, ohne daß ich mir dessen bewußt wurde. Als ich es wahrnahm, versuchte ich es abzuschütteln, aber ich war schon ganz und gar davon eingenommen. Ich wußte, ich würde dem Drang nachgeben, und so legte ich in aller Eile die Rüstung ab und floh aus der Kajüte. Ich rannte über das Deck, stieß mit Carvajo zusammen, der wie immer am Fuße des Großmastes saß, und stürzte ins Vorderkastell, ohne hinter mich zu blicken.

Möge Eure Kaiserliche Hoheit wissen, daß der Zustand, den ich weiter oben beschrieben habe, nur einige Tage währte, wenngleich ich nicht genau angeben kann, wie viele es waren. Es wurde bald anders.

Sie möge wissen, daß Sebastián, was zu sagen die Gerechtigkeit gebietet, den Toten Stück für Stück das Terrain abnahm und sich zum Herrn der Flotte machte.

Dabei war der Schneid entscheidend, den er an den Tag legte, um eine für alle schmerzliche Entscheidung zu treffen. Als wir von Zubu aufbrachen, hatte die Besatzung des Geschwaders so abgenommen, daß wir nicht genügend Männer hatten, die drei Schiffe zu steuern. Nach Ablauf von Tagen zeigte sich, daß wir ein Schiff zuviel hatten, aber keiner fand den Mut, es zu sagen, geschweige es sich selbst einzugestehen. Denn die Schiffe waren das einzige Bindeglied, das uns mit Spanien verband. Sie waren die Nabelschnur, die uns mit jenem Mutterkuchen verband. Diese durchzuschneiden, hätte bedeutet, für immer auf die Welt zu verzichten, zu der wir gehörten. Und wir hätten nicht länger die Augen verschließen können vor dieser anderen Welt, die so kalt, so fremd, so anders war. Die Schiffe waren das Tor zu unserer Rückkehr. Sie waren spanische Tiere. Geboren auf unserer eigenen Scholle. Hatten dort wie wir ihre Wurzeln in der Sonne zurückgelassen. Man hatte sie wie uns aus der Erde gerissen und ins Meer geworfen. Sie hatten widerstanden, als wir schwach geworden waren. Und obgleich sie so übel zugerichtet waren wie wir, waren sie besser und wichtiger als wir. Außerdem hatten wir bereits zwei von ihnen verloren. So daß es niemandem einfallen konnte, sich von einem weiteren zu trennen. Niemand. Mit Ausnahme von Sebastián. Er sagte, daß eines zuviel sei und wir besser zurechtkämen, wenn wir nur zwei Schiffe hätten, die mit Leuten und anderen Dingen gut versorgt wären. Da aber kam es zum Streit. Am ersten Tag widersetzten sich alle der Vorstellung, die sie nicht nur für verrückt, sondern auch für grausam hielten. Es erhob sich ein großes Gezeter bei all denen, die nicht einverstanden waren, und es lief von Schiff zu Schiff und hielt an bis weit in die Nacht. Doch das Samenkorn war gelegt. Zwei oder drei Tage später sagte Sebastián, als ob nichts geschehen wäre, man müsse sich nun darüber einigen, welches Schiff wir aufgeben sollten. Die Empörung brach diesmal zwischen den Verfechtern der einen und der anderen Meinung aus. Es wurde heftig gestritten und auch mit Fäusten argumentiert. Es kam zu keiner Einigung, aber das Samenkorn keimte und wuchs. Wenige Tage später versammelte Sebastián die noch verbliebenen Offiziere. Jeder erstattete Bericht über sein Schiff, und keiner war unparteiisch. Die Versammlung ging auseinander, ohne daß man zu einem Entschluß gekommen wäre. Schließlich teilte Sebastián dem ältesten Lotsen, Francisco de Albo, seinen Entschluß mit.

Er würde die *Victoria* behalten, weil sie am wendigsten war. Er würde die *Trinidad* behalten, weil sie schließlich und endlich das Flaggschiff war, aber er würde die *Concepción* verbrennen.

»Verbrennen?« fragte Albo.

»Kümmere du dich darum auszuwählen, was wir noch gebrauchen können, und laß es auf die anderen beiden Schiffe bringen. Und die Leute verteilst du dort, wo sie am nötigsten sind«, war seine lakonische Antwort.

»Könnten wir sie nicht retten?« beharrte Albo, der eine andere Meinung als Sebastián hatte.

»Schau sie dir an, und du wirst dich davon überzeugen«, erwiderte er.

Möge Eure Majestät wissen, daß Juanillo als ein neugieriger Mensch sich der kleinen Gruppe von Sachkundigen anschloß, die mit Albo aufbrach, das Schiff in Augenschein zu nehmen.

Sie möge wissen, daß wir im Beiboot fuhren und darüber sprachen, was zu tun war, während wir von weitem das Schiff mit Augen ansahen wie: hier ist nichts los.

Und sie möge wissen, daß wir nicht einmal um den Schiffsrumpf herumgefahren waren, als es uns allen die Sprache verschlug.

Das war kein Schiffsrumpf. Das war ein Felsen. Ein umgekehrtes Vorgebirge, das aus dem Meer ragte. Das Eichenholz hatte sich mit so viel Meeressalz vollgesogen, daß es versteinert war. Es waren weder die Verbindung zwischen den Holzbohlen noch die Zapfen, noch die Keile, noch die Bronzenägel zu erkennen. Der alte Rumpf war eine Heimstatt für eine sonderbare Welt von Algen und kleinen Tieren geworden, die sich während der Reise an ihn gehängt hatten. Da waren große Seetulpen, rosig wie die Wangen eines Mädchens, aber unverletzbar wie Soldaten in ihrer Rüstung. Da waren auch solche, die sich auf einem Schildkrötenpanzer festsetzen und andere, wie man sie auf der Haut der Wale findet. Harmlose Napfschnecken von der Form kleiner Hüte, die man beim Kielholen nur mit Mühe wegbekommt. Entenmuscheln, die sich an den Rumpf klammerten wie ein Kreuzfahrer an seinen Glauben. Weiße und schwarze, wie die Figuren eines Schachspiels. Da gab es kleine Krebse und Sterne so viel, wie ich sie am Himmel von Bustillo nie gesehen habe. Und natürlich waren da diese Würmer, die man Spott des Holzes nennt, weil sie darin ihre tiefen und labyrinthischen Gänge graben. Während oben das Schiff sich am Wind berauscht, tritt durch die geheimen Gänge unter Wasser langsam der Tod herein. Doch am meisten gab es Algen, grüne und grüngelbe Algen. Kleine und gekräuselte wie frisch gesprossener Kopfsalat. Stachlige wie Bärte. Fleischige und dunkle. Große und wogende, die ihren Schatten auf den sandigen Meeresgrund warfen. Sie verliehen dem ganzen einen Hauch von Finsternis.

Die *Concepción* hatte Schlagseite, und die heimliche und einzigartige Meereswelt hatte sich über den Rumpf ausgebreitet, auf welchem sie saß, und dehnte sich auf die Seite hin aus, zu der dieser sich neigte, und es gab keine andere Grenze als die Wasserlinie.

Möge Eure Hoheit wissen, daß keiner etwas sagte und wir schweigend an Bord gingen.

Es war schwierig, sich auf der geneigten Ebene zu bewegen, aber die Mannschaft, die zweifellos daran gewöhnt war, bewegte sich auf dem Schiff mit überraschender Natürlichkeit.

Sobald wir uns auf unseren Füßen halten konnten, betrachteten wir ein außergewöhnliches Schauspiel.

Laubwerk wuchs überall. Blühende Kletterpflanzen rankten aus den Schiffsluken. Überfluteten die Decks. Kletterten um die Maste und breiteten sich über die Rahen aus. Überzogen das Achterkastell und suchten Unterschlupf in den Schießscharten.

Inmitten dieses grünen Dickichts hing das Takelwerk schlaff herab, ähnlich den Schlingpflanzen, die überall im Urwald wuchern. Eisen- und Bronzebeschläge verschwanden unter einer grünen Kruste. Und die Segel, die ihr Weiß für immer verloren hatten, waren übersät von Schimmelpilzen.

Das Ganze hatte das Aussehen eines verlassenen Parks, in dem nur der versiegte Springbrunnen und die zerbrochene Statue fehlen.

»Wie konnte das geschehen?« fragte ich mich im stillen. Ich selber war Zeuge des Befehls von Don Hernando gewesen, als er in der Bucht von Santa Lucía alle Pflanzen, die ihm das Schiff wegzunehmen drohten, hatte ins Meer werfen lassen. Ich selber hatte die Apfelsinen unter Wasser schimmern sehen. Im sanften Licht der Abenddämmerung schienen sie noch reifer, obgleich sie längst tot waren. Dagegen wirkten die Zitronen auf dem Sand des Meeresbodens blasser. Doch funkelten die Oliven wie eingefaßte Rubine in den grauen Zweigen der Olivenbäume, die sich in ihren Töpfen unter dem Schiffsrumpf in die Höhe reckten.

So daß das, was hier geschah, nicht in Verbindung mit jenem schwimmenden Garten zu bringen war, der einst das Schiff von Gaspar de Quesada gewesen war.

Außerdem war es nicht mehr der Duft eines Gartens aus Sevilla, was meine Judennase wahrnahm. Es war weniger ein zarter als ein penetranter Geruch, der in der ruhigen Atmosphäre der Decks lag.

Dann sah ich die Vögel der Inseln, wie sie bei den Schiffsräumen durch die Luken aus und ein flogen. Ich sah Insekten, die in den Schießscharten krochen, und sah Bienen ihre Waben in den Mündungen der Kanonen bauen. Ich hörte, wie das Summen lauter wurde und das Flügelschlagen zunahm in den leeren Spinden. Und da fiel mir die Erde aus Oporto ein.

Die Erde, die aufzubewahren der Kapitän befohlen hatte. Die Vögel hatten sie auseinandergescharrt und mit den Samen gedüngt, welche sich in ihrem Kot befanden, und das feuchte Klima dieser Inseln und die Sonne, die sie keimen ließ, und die Pollen fremdartiger Blumen, welche die Insekten an ihren Beinen trugen, waren der Grund für dieses Wunder.

Abermals war die *Concepción* ergrünt. Sie hatte zu ihrem pflanzlichen Ursprung zurückgefunden. Es war ein sonderbares, duftendes grünes Wesen, das anderen Gesetzen gehorchte und sich unserem Gebot nicht mehr unterwarf.

Dennoch hatte ich keine rechte Vorstellung von dem, was hier geschah, bis wir hinunterstiegen, um die Schiffsräume zu inspizieren.

Es herrschte hier ein völliges Durcheinander. Die leeren Fässer hatten ihre Vertäuung zerrissen und trieben oder rollten nach Belieben umher, schlimme Verwüstungen anrichtend. Eines hatte sich in einem Spind festgesetzt, wo die Spiegel und andere Trödelwaren aufbewahrt wurden, und das meiste war in Scherben gegangen. Es gab Stellen, wo uns das Meerwasser bis zum Gürtel reichte. Das ganze Unterdeck stank nach verfaulten Algen und nach Urin, welcher aus der Latrine aufstieg. Doch das Leben pochte auch in dieser schmutzigen Finsternis. Die Vögel nisteten auf den zerbrochenen Spiegeln und zwischen den bunten Halsketten. Flatterten zwischen den Deckenbalken umher. Paarten sich auf den umgestürzten Fässern. Und sie pickten in allen Ecken herum, auf der Suche nach alten Samenkörnern. Verlorenen Samenkörnern, welche den Hungersnöten entgangen waren. Von damals noch, als man die Schiffe in Sevilla belud. Körner, die aus einem kaputten Sack gefallen waren. Oder mit dem Schlamm an den Schuhsohlen irgendeines Kalfaters auf das Schiff gelangt waren. Alte und kostbare Samenkörner, die sich später über die Inseln verstreuen würden.

Wieso wir diese ganze Verwandlung nicht schon früher bemerkt hatten?

Hoheit, Du weißt, wie der Mensch ist. Er sieht, ohne zu sehen; vor allem, wenn Liebe im Spiel ist. Und wenn nicht, schau Dir meinen Fall an. Ich habe meine Mutter immer für das größte Juwel gehalten, das es in Bustillo gab, und ich merkte erst, wie häßlich sie war, als ich sie tot sah. Die Macht der Gewohnheit, wie man so sagt, Don Carlos. Ich bin sicher, daß es Dir mit der Königin ebenso erging. Oder daß es Dich am meisten überrascht hatte, als Du sehen konntest, wie aus Philipp ein richtiger König wurde. Ich wette, bis zu diesem Augenblick hast Du in ihm nur das Kind gesehen. Es fällt Dir gewiß noch heute schwer, ihn Dir anders vorzustellen.

Nun, uns widerfuhr ähnliches mit der *Concepción*. Nur Sebastián, der ein nüchterner Mann war, konnte sie so sehen, wie sie war. Und damit wir nicht länger zweifelten, gab er Befehl, sie zu verbrennen.

Das Schiff, das zuerst Gaspar de Quesada gehört hatte und später Juan Serrano. Das in seinem Schoß die ganze nahrhafte Idylle Don Hernandos getragen hatte mit seinen Kühen und seinen Hühnern und seinen Apfelsinen und seinen Auberginen. Das den Jungfrauen als Versteck und Verlies gedient hatte. Das in einem Spind im Vorschiff ein wenig von der Erde enthielt, die der Kapitän dazu bestimmt hatte, seine Gebeine zu bedecken. Die *Concepción*, Hoheit, mit ihrem hübschen Namen, sollte verbrannt werden! Wie eine Hexe oder ein Ketzer. Die Gründe waren praktischer Natur. Und auch, weil sie sich gegen den Willen ihrer Erbauer aufgelehnt hatte, um sich anderen Kräften zu beugen mit einer Folgsamkeit, wie sie nur das Holz hat.

Der dazu bestimmte Tag war ein Trauertag für alle. Sebastián wies auf ein Riff, an welchem man es stranden ließ und dann, ohne es überhaupt abzuwracken, so wie es war, so wie es ausah, setzte er es in Brand.

Anfangs glaubten wir, daß es widerstehen würde, aber dann sahen wir die Flammen aus den Luken schlagen und von den Segeln Besitz ergreifen.

Die *Concepción* brannte wie ein großes Feuerwerk. Die Segel brannten und fielen in Fetzen herab. Das Feuer lief die Rahen entlang und deutete die Umrisse des Mastwerks an, dann stieg es gefräßig die Maste empor. Das Achterkastell war eine weißglühende Masse, und am Bug brach alles zusammen, und die Flammen breiteten sich auf dem Deck aus. Es war die Stunde, da der Wind drehte, und der Wind, der so viele Male ihre Segel gebläht hatte und der ihr ganzer Daseinsgrund gewesen war, fachte den Scheiterhaufen an.

Kurze Zeit danach verschlang das Feuer den Rumpf. Verwandelte das Holz in Glut und eilte wie ein Lauffeuer durch die geheimen Gänge des Wurmfraßes. Ein schwarzer und dichter Rauch, der nach Teer roch, mit welchem Sebastián den Brand entfacht hatte, der aber auch die im Holz verborgenen Aromen freisetzte: Wohlgerüche alter Wälder, ferner Häfen, salzige Gerüche sowie ein schwacher Duft nach Orangenblüten hüllten das Schiff ein, stiegen auf zum Himmel und verdunkelten die Sonne.

Da konnte ich nicht mehr. Ich schaute mich um und sah nur stumme Männer, die mit tränenden Augen das Schauspiel betrachteten. So schnell ich konnte, flüchtete ich mich in die Kajüte des Kapitäns.

Ich legte mich in die Koje und schloß die Augen, um nicht den rötlichen Schein der Flammen sehen zu müssen. Doch das Prasseln des Feuers wuchs in der Dunkelheit. Wurde ohrenbetäubend. Ich hielt es nicht aus.

Mit einemmal hatte ich wieder diese Vorstellung in meinem Kopf. Diesmal hielt mich nichts mehr zurück. Ich nahm Don Hernandos Helm, setzte ihn mir auf und schloß das Visier.

Anfangs war die Finsternis vollkommen. Ich hatte Angst, und das Herz schlug mir heftig in der Brust und vervielfachte seine Schläge in den Halsadern. Es kostete mich Mühe, in diesen Eisen steckend zu atmen. Aber einen Augenblick später begannen sich meine Augen daran zu gewöhnen. Durch den Spalt im Visier sah ich Einzelheiten der Kammer in rötliches Licht getaucht. Ich sah als Streifen den Tisch und das Fenster. Ich sah eine halbe Uhr, die Spitze eines Kompasses, den Rand eines Astrolabs. Und wenn ich vorsichtig den Kopf bewegte, sah ich die andere Hälfte, das zum Kompaß gehörende gehobelte Holz, eine halbe Blechscheibe. Auf diese Weise rekonstruierte ich Stück für Stück alle Gegenstände; sogar die, die mir am nächsten waren, denn diese waren von den Schutzstäben des Visiers am meisten zerstückelt. Daß ich die

Kammer wiedererkannte, beruhigte mich ein wenig. Ich gewann die Kontrolle über meine Atmung wieder, und die Angst ließ nach. Wenigstens würde ich nicht im Helm ersticken und sterben müssen. Da begann ich, ihn mit meinen fünf Sinnen zu untersuchen. Von außen war er wie der Kopf eines Greifs, und meine Hände scheuten die Berührung mit dem kalten Metall. Doch von innen war er angenehm warm. Meine Nase nahm den neutralen, dem von kaltem Wasser ähnlichen Geruch des Eisens wahr; und das verwirrte mich. Wie oft hatte ich diesen Geruch für den Don Hernandos gehalten. Doch wonach roch er in Wirklichkeit? Der Geschmack dagegen war bitter und klebrig. Genauso wie bei jedem anderen Eisenstück.

Nun hatte ich keinen Zweifel mehr: Don Hernando befand sich nicht hier.

Also streckte ich mich mit aufgesetztem Helm in der Koje aus und schloß die Augen.

»Willst du, daß ich dir von ihnen erzähle?« sagte ich. Niemand antwortete, aber ich fuhr fort, eines von diesen Gesprächen wiederzugeben, die wir zu führen pflegten, bis mich eine Vision überfiel.

Ich sah eine Frau in Trauerkleidung, und sie hatte überhaupt keine Ähnlichkeit mit der Beatriz, die ich für ihn erfunden hatte. Sie hatte wirres Haar und eine merkwürdige Starrheit im Blick. Wie bei einer Wahnsinnigen. Sie befand sich in einem riesigen kahlen Raum. Ein Raum, der zu groß und zu öde war, als daß es sich um eine Wohnung handeln könnte. Sie saß in der Mitte des weitläufigen Saals und schaukelte hin und her, als wiege sie ein unsichtbares Wesen im Arm. Von Zeit zu Zeit lief ein etwa dreioder vierjähriger Junge durch das Bild. Womöglich spielte er, aber wie auch immer, sein Spiel war traurig, lustlos.

Auf einmal öffnete sich eine Tür. Ein Lichtkegel fiel auf den Fußboden, der, wie ich jetzt entdeckte, aus weißen und schwarzen Fliesen bestand wie ein Schachbrett. In dem Lichtkegel, der die Ausmaße des Raumes ins Riesenhafte zu steigern schien, hob sich die dunkle Gestalt eines Soldaten ab. Das Kind löste sich aus dem Hintergrund und brauchte lange, um zur Tür zu gelangen. Alsdann reichte ihm der Schatten einen Suppennapf. Das Kind riß ihn mit einer schnellen Bewegung an sich, und nachdem es den riesigen Saal durchquert hatte, verbarg es sich in einem Winkel. Der Schatten bewegte sich über eine endlos weite Strecke, erreichte die Frau und stellte behutsam einen zweiten Suppennapf und einen Krug neben sie hin. Ohne ihn anzusehen, fragte die Frau: »Ist die Flotte zurückgekehrt?«

Der Schatten gab keine Antwort. Doch blieb er reglos stehen neben der Frau.

»Gibt es noch immer keine Nachricht von der Expedition zu den Molukken?« fragte sie noch einmal, diesmal in einem höflicheren Ton.

Der Soldat antwortete nicht, aber er beugte sich zu ihr und berührte kurz ihr graues Haar.

»Wenn mein Gatte zurückkehrt, werde ich ihm sagen, daß Ihr sehr gut zu uns gewesen seid. Er ist ein sehr bedeutender Mann und sehr reich, er wird es Euch zu vergelten wissen«, sagte sie, ohne ihn anzusehen.

»Ihr solltet essen«, sagte der Schatten.

»Habt Ihr von den Molukken reden gehört?« entgegnete sie. Er nickte zustimmend mit dem Kopf. Sie hat es, da sie starr geradeaus blickt, nicht bemerkt. Dann fügte sie hinzu: »Die Molukken sind...«, aber sie brachte den Satz nicht zu Ende.

»Ihr solltet essen«, beharrte der Soldat. »Und sei es um des Kindes willen«, fügte er hinzu und schaute auf die leeren Arme der Mutter.

Sie hob die Augen, und zum ersten Mal sah sie den Schatten an. Sie lächelte ihm zu.

»Es ist schon fast zwei Jahre alt«, sagte sie. »Es ißt schon alles.«

Eine lange Pause entstand, und als sich die aufrecht stehende Gestalt zurückziehen wollte, sagte die Frau: »Wie wir ausgemacht haben. Ihr sollt mich benachrichtigen, sobald die Flotte eintrifft. Ich muß mich doch zurechtmachen. So kann ich nicht zum Hafen gehen. Seine Hoheit und der ganze Hof wird dort sein.«

Die dunkle Gestalt zog sich weiter zurück zur Tür. Blieb einen Augenblick in dem Lichtkegel stehen, der den Fußboden erleuchtete, und warf einen letzten Blick auf die Frau, die wieder angefangen hatte, hin- und herzuschaukeln.

»Du wirst schon sehen, wenn dein Vater zurückkommt...«, sagte sie, den Jungen betrachtend, der schnell aus dem Hintergrund kam und sich über den Suppennapf der Mutter hermachte.

Der Schatten verschwand und schloß hinter sich die schwere Tür, den Satz abschneidend. Man hörte noch den Lärm der Riegel, und wieder wurde es in dem weiten Saal so still und trostlos wie zu Beginn der Vision. Nur daß jetzt niemand darin war.

»In Sevilla gibt es einen Platz und eine Frau, die sich dort ergeht, ein Kind auf den Armen und ein anderes an der Hand. Ein Hund bellt an einer Ecke, und das ältere Bürschchen klammert sich erschrocken an den Rock seiner Mutter. Sie lächelt und...«

Aber es hatte keinen Sinn. Ich hatte keinen Grund zu lügen, weil mir niemand zuhörte. Da kam mir erneut jene Vorstellung von dem Kürbis und seinen Samenkörnern in den Sinn, und ich nahm den Helm ab.

Als ich an Deck trat, war die Sonne untergegangen und die *Concepción* eine brennende Schmiede auf dem Riff.

Auch wenn die Begebenheit, die ich Euch soeben erzähle, uns derart erschütterte, daß sie unseren Mut reichlich dämpfte, die Autorität des neuen Generalkapitäns aber festigte, so war doch ihre Wirkung nicht von langer Dauer.

Die *Trinidad* und die *Victoria* waren noch immer verloren in diesem Labyrinth von Inseln, von denen eine wie die andere war.

Auf jeder von ihnen landete ein kleiner, schwerbewaffneter Trupp. Es war jedes Mal dasselbe. Nie hörte man Stimmen, nur das Donnern der Arkebusen. Nie brachten sie Nachrichten über die Molukken mit, nur ihre blutbefleckten Hände. Immer war es dasselbe.

Anfangs wuschen sie sich die Hände, bevor sie auf die Schiffe zurückkehrten, doch war es vergebens, weil an den Rudern oder am Rand des Beiboots immer Spuren blieben.

Später kümmerte es sie nicht mehr, und sie liefen mit dem vertrockneten Blut unter den Fingernägeln oder an ihren behaarten Armen umher.

Für gewöhnlich blieb ihr Mund stumm, und die Augen hatten einen sonderbaren Blick, so daß niemand sich zu fragen getraute. Manchmal kamen nicht alle zurück, doch niemand erwähnte den Abwesenden; er wurde einfach nur ersetzt.

Was sie nie mitbrachten, waren Nachrichten über die Molukken.

So daß die Lücken, welche die Toten hinterließen, sich erneut bemerkbar zu machen begannen, insbesondere bei den Kapitänen. Es war diese bodenlose Tiefe, über der Sebastiáns Autorität jeden Augenblick Schiffbruch zu erleiden drohte. Er war bemüht, alle Löcher zu stopfen, doch umsonst. Diese Gespenster waren überall, und die Zeit, der schlimmste Feind Sebastiáns, arbeitete zu ihren Gunsten.

Nach und nach festigte sich im Verlauf vieler Wochen in der Seele eines jeden von uns das Gefühl, daß die Reise ihr Ende erreicht hatte.

Und so verwunderte es uns nicht, daß nach vielen Monaten des Umherirrens die Männer vom Trupp eines Morgens mit sauberen Händen zurückkehrten, ohne daß wir Arkebusenschüsse gehört hatten, und sagten, daß wir uns in Kastilien befänden.

Gewiß doch Don Hernando hatte schon immer gesagt, daß die Welt rund sei und wir, wenn wir nach Westen steuerten, an denselben Punkt zurückkehren würden, von dem wir aufgebrochen waren.

»Aber woher wollt ihr wissen, daß wir uns in Kastilien befinden?« fragte Sebastián und fuhr sich mit nervöser Hand durch das einst rötliche Haar.

Die vom Trupp, sonst waren sie immer so stumm, redeten alle auf einmal, und man verstand sie kaum.

Sie kommen an den Strand, und da taucht fast im selben Augenblick diese Gruppe auf. Sie gleichen den Mauren. Wie sonst auch, geben sie ihnen Befehl stehenzubleiben. Sie gleichen eher den Leuten von den Inseln als wirklichen Mauren. Und sie zeigen sich sehr freundlich. Also fragen sie: wie denn dieses Land heiße. Wie sie immer fragen, um herauszufinden, ob es die Molukken sind. Außerdem war da ein Junge, vielleicht zehn Jahre alt. Der freilich hatte eine Haut wie ein jeder von uns. Das Land heiße Kastilien, der Junge Serrano, und er habe einen Brief für Don Hernando. Er hatte ihn in ein Stück Wildleder gewickelt.

»In diesen Zeiten gibt es so viel Verkehr mit Neuindien, daß es sich gut und gern um Leute handeln könnte, die irgendein Seefahrer mitgebracht hat, um sie der Neugier der Europäer zu präsentieren«, sagte Pigafetta in seiner gelehrten Art.

Aber keiner hörte auf ihn, denn alle hingen an den Worten der Männer vom Trupp, die in der Stille hängengeblieben waren, wie der Duft des Jasmins fortdauert, nachdem der Jasmin längst verblüht ist.

Alle schauten wir zur Küste hinüber, die zunächst in nichts der Spaniens ähnelte, doch je mehr wir uns im Geiste einige Worte wiederholten, wurde sie immer ähnlicher.

Dann meint einer, er könne ganz in der Nähe sein Dorf wiedererkennen. Und ein anderer versichert, das, was dort in der Ferne hervorscheint, müsse der Glockenturm seines Dorfes sein. Und ein dritter erinnert sich, wie er mit seinem Onkel auf eben diese Felsen kletterte, um zu fischen. Und weiter hinten ist einer beunruhigt wegen seines Aussehens. Und jener versucht schweigend ein Lächeln, das ihm nicht gelingen will. Und ein anderer fragt sich, was er wohl sagen wird. Und alle zeigen sich gefaßt und zurückhaltend, als warteten sie auf ein Zeichen. Sie sehen zur Küste und sehen Sebastián an, denn nur er kann ein Zeichen geben, doch er scheint unentschlossen, verwirrt.

Eine Pause entsteht, die lang ist wie die ganze Reise, und schließlich verkündet Sebastiáns Stimme ohne jede Begeisterung: »Wir sind nach Hause gekommen.«

Da bricht der Jubel los. Viele umarmen sich und tanzen. Viele haben Tränen in den Augen. Viele sind stumm vor Staunen. Andere steigen in aller Eile in die Schaluppen. Und die Lombardiere bereiten die Geschütze vor, der Welt zu verkünden, wir sind hier.

Nun sag mir, Hoheit, ob Du Dir vielleicht vorstellen kannst, was wir in jenem Augenblick empfanden?

Nein, nein, Don Carlos, die Wahrheit ist, Du kannst es nicht. Denn erstens: Dein Haus ist die ganze Welt; und ich sage das mit Bedauern, denn es ist so, als hättest Du überhaupt kein Haus. Für Dich sind alle Städte gleich, denn Du siehst sie stets im Schmuck ihrer Girlanden und Triumphbogen und römischen Götter. Und auch ihre Bewohner zeigen Dir, wenn sie Fahnen schwingen und den König hochleben lassen, ihr schönstes Sonntagsgesicht, bis der ganze Hofstaat vorübergezogen ist. Dann kehrt ein jeder zu seinen täglichen Verrichtungen zurück. Zu seinen leeren Kochtöpfen, seinen häuslichen Streitereien, zu dem weinenden Kind oder zu der Katze, die ihn zusammengerollt am Feuer erwartet. Und er ist zufrieden damit, hier zu sein, weil er, ob er nun arm ist oder nicht, hier seinen Platz unter dem Himmel hat, und es genügt ihm, wenn er die Tür zumachen und das Unwetter draußen lassen kann, um sich besser zu fühlen und unbestritten der Herr über sich selbst zu sein. Euch dagegen, Hoheit, am Ende der langen Flucht aus Papiergirlanden und Triumphbogen aus Pappkarton da erwartet dich ein leerer Palast. Ein Palast, der genauso ist wie alle Paläste. Mit zu vielen Fenstern. Mit endlosen Gängen. Mit stets verschlossenen Türen, hinter denen sich nichts befindet. Die Leute preisen die großartige Fassade, doch Du haßt dieses labyrinthische Bauwerk, wo Du von Kindheit an Angst hattest, Dich darin für immer zu verlaufen.

Deshalb also kannst Du Dir nicht vorstellen, was wir für ein Gefühl hatten, als Sebastián ohne Begeisterung sagte: »Wir sind nach Hause gekommen.«

Und auch nicht die Aufregung, die uns erfaßt, als wir uns dem Strand nähern. Auch nicht das Gefühl von Sicherheit, das uns gerade dieses Land und kein anderes gibt. Und nicht die Enttäuschung, die wie ein schleichendes Gift sich in unseren Köpfen ausbreitet. Weil man Sebastián in einem schlechten Spanisch erklärt, daß der König uns seit Jahren erwartet und daß er uns zu Ehren den Namen seiner Insel geändert hat, ihr den Namen Kastilien gebend. Ihr Spanisch war nicht gut, vielleicht lag es daran, daß wir sie zuerst nicht richtig verstanden hatten. Und daß sich einige verwirrt entfernten und andere heimlich weinten. Womöglich wollten sie auch die Fragen nicht hören, die Sebastián stellte. Noch die Antworten, die er bekam. Daß man von unserem Kommen durch einen gewissen Francisco Serrano wußte, einem portugiesischen Freund unseres Kapitäns Don Hernando. Neun Jahre lebte er dort und diente dem König von Ternate. Er kümmerte sich um seine Armee und um seinen Handel. Er wußte von unserer Ankunft, denn so hatte er es mit unserem Generalkapitän kalkuliert. Das war viele Jahre her. Sie hatten gemeinsam Schiffbruch erlitten, nachdem sie den Sultan von Malacca unterworfen hatten. Sie waren auf der Suche nach Nelken gewesen, als ihr Schiff unterging. Don Hernando hatte ihm das Leben gerettet und versprochen, Geld zusammenzubringen, um eine Flotte auszurüsten und wiederzukommen. Aber wir waren zu spät gekommen, weil Serrano vor einigen Monaten gestorben war. Er hatte zwei Kinder hinterlassen, ein Mädchen von der Hautfarbe der Inselmenschen und einen Knaben von der Farbe seines Vaters. Serrano hatte ihnen Spanisch beigebracht, als er erfuhr, daß wir unter der Flagge Kastiliens segelten. Der Junge war neun Jahre alt. Und er hatte auch einen Brief für den Generalkapitän.

Während sie ihre Erklärungen machten, verstreuten sich unsere Leute mit abweisenden Mienen in der Gegend. Ein paar liefen am Strand entlang. Andere im Kreis. Einige tauchten auf den Urwaldpfaden auf. Marcos de Bayas, der Barbier der *Trinidad*, ging ins Meer mit den Worten: »Was hat ein Barbier hier zu suchen?« Und ward nicht mehr gesehen.

Schließlich war Sebastián alleingeblieben mit dem Kind. Er hatte Mühe, ihm zu erklären, daß Don Hernando gestorben war; genau wie sein Vater, und daß er der neue Generalkapitän sei; so daß er ihm bitte den Brief übergeben könne. Und der Junge wies auf den wildledernen Umschlag und weigerte sich, ihm diesen auszuhändigen.

Da es mich verdroß, immer dasselbe zu hören, weil alle Worte, die gesagt wurden, nur die eine Bedeutung hatten, daß wir nicht zu Hause waren, entfernte auch ich mich. Ich lief ein wenig auf und ab, ohne recht zu wissen, wohin ich meine Schritte lenken sollte, und dann fing ich an, einen großen Baum zu betrachten, der sich von der übrigen Vegetation unterschied. Sein Stamm war von der Dicke eines Mannes, und seine Krone bildete eine Art Pyramide. Die Rinde war olivgrün, und die Blätter glichen denen des Lorbeerbaumes. Was jedoch meine Aufmerksamkeit erregte, war, daß die jüngsten Zweige in einer Art Nelken endeten, einige von roter und die meisten von schwarzer Farbe. Da pflückte ich eine dieser Nelken und steckte sie in den Mund. Sie hatte einen so kräftigen Geschmack, daß mir beim Kauen die Zunge taub wurde. Ich riß eine Handvoll ab und roch daran.

Hoheit, es war ein Nelkenbaum. Es war der Baum der Nelken, und wohin mein Blick reichte – die Insel war voll davon.

Ich konnte es nicht glauben, aber neben mir stand Joan de Acurio mit seinen Händen, groß und warm wie Tauben, und sie waren voller duftender Nelken. In seinem Gesicht war ein Ausdruck wie von Verwirrung, und seine Hände schienen nicht zu wissen, was damit tun.

Da wandte ich mich an Sebastián.

»Frag sie, wie die Insel heißt«, rief ich.

»Molukken«, antwortete der Junge. »Mein Vater nannte sie Molukken.«

Jetzt fährt Don Carlos erschrocken hoch. Jemand spricht zu ihm, aber er ist über dem Schachbrett eingeschlafen und taucht allmählich aus den Nebeln des Schlafes auf. Die Stirn auf die Arme gelegt, öffnet er die Augen und rührt sich nicht. Durch das beschlagene Kristall lassen sich kaum die winzigen Figuren wahrnehmen, die Gefangene ihrer Felder sind. Aber Don Carlos weiß, daß sie dort sind. Umgefallene Soldaten, schiefe Türme und auf dem Rücken liegende Pferde. Und daß sein Kammerdiener sie morgen wieder aufrichten wird.

Dann macht er Anstalten, den Kopf zu heben. Doch er spürt, wie ihm der Speichel über den Bart läuft, und er schämt sich; und so bleibt er in derselben Haltung liegen.

Er weiß, daß sein Kämmerling neben ihm steht und daß er steif wie eine Karyatide das schwere Silbertablett in den Händen hält. Er kann den ranzigen Schweißgeruch wahrnehmen, der dem Samtanzug des Dieners entströmt, aber er ist nicht in der Lage zu erkennen, was das dampfende Tablett enthält. In früheren Zeiten hätte Seine Hoheit, mit dem Geruchssinn eines Jagdhundes, jedes Aroma aufgespürt; in seinem Geist konnte er die verschiedenen Geschmäcker kombinieren, ohne sich jemals in der Speise zu täuschen. Am ganzen Hof war nur er allein fähig, den zarten Duft der Muskatnuß wahrzunehmen. Den des Ingwers herauszufinden. Den weißen vom schwarzen Pfeffer zu unterscheiden und das Rezept zu nennen, ohne das Gericht probiert zu haben. Jeder vermochte zu sagen, ob es mit Nelken angerichtet war, aber nur er traf die genaue Anzahl. Und so war es mit Anis, Kümmel, der Olivenmistel, Moschus, Sandel, mit welchem er den Weißwein würzte, und sogar mit gemahlenem Amber. Was ihm von allen Gewürzen am wenigsten behagte, war die Duftnelke. Ihr Aroma verursachte ihm Ekel, ihren Geschmack fand er ziemlich vulgär und dominierend. Speisen mit Nelken verabscheute er, und die Köche hüteten sich, sie für ihre Rezepte zu verwenden. Aber so war es früher. Jetzt hören sie nicht mehr auf ihn. Und wenn er protestiert und den Teller auf den Boden wirft, behandeln sie ihn mit herablassender Miene, wie man ein schlechterzogenes Kind behandelt.

Don Carlos hebt den benommenen Kopf, und mit einer Geste, die majestätisch sein will, aber kindisch wirkt, bedeutet er, daß man ihm das Tablett auf das Schachbrett stellen solle.

Der Kämmerling gehorcht. Er stellt das Tablett hin und knüpft ihm ohne Umstände eine große Serviette um den Hals. Dann zieht er sich zurück, ohne ein Wort zu sagen.

Der König deckt mit zitternden Händen eine Tonschüssel von der Form eines Fisches auf, darin ein in Knoblauch goldgelb gebratener Steinbutt, mit Pfeffer und Anis verfeinert, dampft. Früher war dies eine seiner Lieblingsspeisen, aber jetzt hat er einen Widerwillen dagegen. Die Nachspeisen sind ihm lieber. Seine glanzlosen Augen leuchten einen Augenblick auf, als sie das dunkle Rot einer kleinen Kirschtorte entdecken. Doch der Freudenfunke verwandelt sich in Zorn. Eine dicke Girlande von Duftnelken verziert die Torte, und nicht genug damit, in ihrer Mitte hat man eine ganze Handvoll davon gelegt. Die frischen Kirschen, mit dem ekelhaft aufdringlichen und alles beherrschenden Gestank der Nelken verseucht, sind mehr, als der Monarch ertragen kann. So daß der alte König mit seinen von der Gicht entstellten Händen dem schweren Tablett einen Stoß versetzt, bis es über den Rand des Schachbretts rutscht und krachend auf den Teppich fällt. Darauf beschaut er eine Weile sein Werk. Die Tonschüssel ist zerbrochen. Überall liegen Kirschen, und die lächerlichen kleinen Nelkenstöckchen reichen bis an den Bronzefuß des riesigen Erdglobus. Stolz auf sein Werk, schwingt Don Carlos die Glocke. Aber niemand eilt herbei. In der Kirche neben dem Schlafzimmer hat die Orgel wieder ihr Spiel begonnen. »Vielleicht können sie mich nicht hören«, denkt er. Dann weiß er nicht weiter. Er will seinen Geist auf etwas richten und kann nicht. Er wünscht zu schlafen, aber er ist nicht müde. Er kann jetzt immer eine Weile und zu jeder beliebigen Stunde einnicken, und in den Nächten wacht er. Sie sind lang und leer, seine Nächte. Wieder heftet er den trüben Blick auf das heruntergefallene Tablett. Der Reihe nach betrachtet er die Reste auf dem Teppich und verweilt bei einer Handvoll Duftnelken, die sich mit einer unförmigen Masse Kirschen vermengt haben. Da fällt ihm die Chronik von Juanillo ein. Er strengt sich an, sich an das zu erinnern, was er am Morgen gelesen hat, aber alles verwischt sich ihm, wie eine durch ein schmutziges Fensterglas betrachtete Landschaft; wie die Soldaten in ihren Feldern unter dem beschlagenen Schachbrett. Dennoch, er will sich nicht geschlagen geben. Er weiß, daß die Erinnerung auf Juanillos Seiten alles ist, was er zur Hand hat, um die Nacht zu überstehen. Er könnte sich sogleich zu ihnen begeben, doch befinden sie sich am anderen Ende dieses Gemachs, das ihm jeden Tag größer erscheint, und er hat nicht die Kraft, um bis dorthin zu gelangen. Außerdem macht ihm der lange Fußmarsch, bei dem er sich mit beiden Händen auf den Stock stützen muß, Angst. Er müßte wieder an den Bildern vorbei, und wieder könnte er nicht umhin, stehenzubleiben und sich zu fragen, warum Tizian sie so übernatürlich groß gemalt hat. Er müßte sich auf die tragbare Orgel stützen, die er bei so vielen Feldzügen dabei hatte; Feldzüge, deren Name und Datum ihm nicht mehr einfallen. Er müßte sich einen Augenblick vor dem elfenbeinernen Christus verneigen, und um sich aufzurichten, müßte er sich an den schwarzen Samtvorhängen, über denen er hängt, festhalten. Außerdem wird er sich die Füße und die Schleppe des Gewandes mit den Resten vom Tablett schmutzig machen. So bleibt er lieber vor dem Schachbrett sitzen und ruft sich meine Chronik ins Gedächtnis. Er kann sich nicht an meine Worte erinnern, aber vielleicht kann er einige Tatsachen wieder ans Licht holen oder irgendeine Empfindung wiederbeleben. Er erinnert sich, wie bei der Abreise von den Molukken der großen Fracht wegen, die man an Bord genommen, ein mächtiges Wasserleck an der *Trinidad* entsteht. Er erinnert sich, wie diese Dummköpfe in ihrem Eifer, das Schiff zu retten, einen guten Teil der Ladung ins Wasser werfen. Der kostbaren Ladung. Und wie sie einen Teil verschwenden, indem sie ihn für Nahrungsmittel tauschen, von denen sie nur noch sehr wenig hatten. »Gewürze gegen Essen, was für Riesendummköpfe«, sagt er sich. Er erinnert sich, wie wir die *Trinidad* aufgaben und Juanillo dagegen war und sich in seine Kajüte flüchtete. Er weiß noch, daß er die Rüstung des Kapitäns mitnehmen wollte und daß man es ihm nicht erlaubte, des großen Gewichts wegen, das sie besaß. Er weiß jetzt nicht, wie der Kapitän hieß, aber vielleicht fällt es ihm später wieder ein. Doch erinnert er sich, wie Juanillo sich ein weiteres Mal den Helm aufsetzte, doch waren seine Bemühungen umsonst, sich, wie er sagte, die Frau und den Sohn von diesem seinem Generalkapitän in Erinnerung rufen zu wollen. Er erinnert sich, wie wir durch portugiesische Gewässer steuerten, weil das Schiff nicht in der Lage war, den gleichen Kurs wie auf der Hinreise durchzuhalten, was er für eine Unbesonnenheit ansieht. Er erinnert sich, daß man wenig Lebensmittel mitführte, um mehr Platz für die Gewürze zu haben, und daß der Hunger mehr als zwanzig ihrer Leute umbrachte. Er erinnert sich, daß wir so demoralisiert waren, daß ... Aber weiter kommt er nicht. Mit einemmal kann er sich nicht mehr erinnern. Sein Kopf weiß nicht mehr weiter. Erschöpft stützt er die Stirn auf das Schachbrett und fühlt die kalte Liebkosung des Kristalls auf der Haut. Seine Augen durchforschen vergeblich die Felder. Er weiß, daß dort die gefallenen Soldaten, die schiefen Türme, die auf dem Rücken liegenden Pferde sind. Aber er kann sie nicht erkennen. Der Nelkenduft sättigt den Raum und bereitet ihm Übelkeit. Die Orgelmusik, Entsetzen. Mit zitternden Fingern schwingt er die kleine Glocke und wartet. Aber niemand eilt herbei. Da faßt er einen Entschluß. Er wird den Fußmarsch aufnehmen. Er wird das schwarze Gemach durchqueren. Er wird sich an seinen Arbeitstisch setzen. Wird meine Chronik in seine Hände nehmen und sie nun nicht eher fortlegen, als bis er ihr Ende erreicht hat.

Juanillo sitzt im Mastkorb des Hauptmastes wie ein großer Vogel in seinem Nest, als er in der Ferne ein bläulich schimmerndes Vorgebirge ausmacht, das sich von der eintönigen Linie des Horizonts abhebt.

Anfangs ist es ihm nicht wichtig. Er sitzt nicht als Späher hier. Es ist schon lange her, daß jemand diese Aufgabe erfüllt hat. Er ist hier, um von dem Elend abzurücken, das an Deck herrscht. Von dieser hohen Warte aus ähneln die Männer, die schattengleich über das Schiff wandeln, den Figuren in einem Altaraufsatz.

Juanillo macht sich den Spaß, sich das Deck als eine Art Theater vorzustellen, auf dem eine Handvoll Schauspieler ihre Rollen vor dem Auftritt probt. Und er bewundert, wie gut einige vortäuschen, Angst zu haben, andere Hunger und alle zusammen Verzweiflung. Und er betrachtet ihre Kostüme. Die meisten tragen mehrere Kleidungsstücke übereinander, die alle gleichermaßen zerschlissen sind. Einige tragen über ihren Lumpen sogar einen verbeulten und grünlich schimmernden Brustpanzer, was ihr heruntergekommenes Aussehen noch ärger macht. Auch ihre Gesichter haben sie auf wunderbare Weise geschminkt. Die ganze Truppe zeigt ein schmutziges Weiß. Dazu violette Augenringe, welche die Augenhöhlen so betonen, daß sie alle wie Leichen aussehen. Aber nicht nur das mittels Schminke und Verkleidung erreichte Aussehen der Komödianten macht ihren Auftritt so überzeugend. Als gute Schauspieler, die sie ja sind, geben sie wohl acht auf ihre

Bewegungen. Sie sind wahre Meister in der Kunst, Traurigkeit, Gleichgültigkeit, Angst und Verwirrung anschaulich zu machen. Bei ihrem Gang über die Bühne proben und wiederholen sie diese Bewegungen ein ums andere Mal, weil es ein stummes Stück ist, es hat keine Dialoge.

Sich seinen Gedankenspielen am höchsten Punkt des Schiffes überlassend, schenkt Juanillo dem Vorgebirge nicht eher Aufmerksamkeit, als bis sie schon ganz nahe herangekommen sind.

Dann glaubt er, seine Augen täuschen ihn oder sein Kopf hält ihn zum Narren, und er versucht, an etwas anderes zu denken. Aber das noch immer trübe Bild des Vorgebirges überfällt ihn immer wieder. Schließlich steht er auf. Es ist schwierig, sich im Mastkorb auf den Beinen zu halten, weil das Schiff Schlagseite hat, doch er klammert sich an den Mast und betrachtet lange Zeit den Felsen. Als es Abend wird, sind sie schon so nahe, daß er keinen Zweifel mehr hat: Es ist der Felsen von Gibraltar, der sich in der Ferne abzeichnet wie eine Mutter, die ihre Kinder an der Tür ihres Hauses erwartet.

So daß er anfängt zu rufen und nach Backbord zu zeigen. Doch niemand schenkt seinen Rufen Aufmerksamkeit. Niemand achtet auf seine Zeichen. Niemand scheint diese gewaltige Felsmasse zu bemerken, die mit der Zeit anwächst und riesig wird.

Juanillo klettert eilig an Deck und sagt zu dem Erstbesten, der ihm begegnet: »Es ist der Felsen von Gibraltar!«

Doch Juan de Santander, der Proviantmeister der *Santiago*, spielt weiter mit einer Schnur, ohne ihn überhaupt anzusehen.

Dann eilt er über den Mittelgang und trifft auf Miguel de Rodas.

»Meister, der Felsen«, sagt er. »Der Felsen von Gibraltar!«

»Laß die Späße«, antwortet dieser. »Schau, wir sind nicht aufgelegt für Narrenpossen.«

Juanillo bleibt hartnäckig. Aber der andere geht murmelnd davon. So macht er sich auf die Suche nach Sebastián. Der lehnt an der Backbordreling und betrachtet den Felsen.

»Jetzt sind wir wirklich angekommen«, sagt Juanillo.

Sebastián schaut ihn an mit einem Gesicht, als verstünde er nicht.

»Es ist Gibraltar, nicht wahr?« fragt Juanillo.

»Es hat eine gewisse Ähnlichkeit«, erwidert Sebastián mit liebenswürdiger Geste.

»Was heißt hier Ähnlichkeit, es ist der Felsen«, behauptet Juanillo.

»Ich wünschte mir so sehr wie du, daß er es sei«, sagt Sebastián und schenkt ihm ein schwaches Lächeln.

Juanillo hat Lust, ihn zu beschimpfen, ihn in Wut zu bringen und ihn herauszulocken aus seinem Gehäuse, damit dieses einfältige Lächeln aufhört. Aber er beobachtet ihn einen Augenblick, und dann hält er sich zurück. Das ist nicht mehr Sebastián. Er ist in diesen letzten Monaten um Jahre gealtert, fast kahlköpfig, und die Wangen sind ihm der fehlenden Zähne wegen eingefallen.

Mit dem gleichen freundlichen Lächeln setzt ihm Sebastián auseinander, daß es nicht Gibraltar sein kann, weil Karten und Instrumente anzeigen, daß es nicht so ist. Er gibt die große Ähnlichkeit zu, aber er sei dutzende Male an dem Felsen vorbeigefahren, und er würde der Erste sein, ihn wiederzuerkennen.

»Mach dir keine Sorgen«, fügt er hinzu. »Der richtige wird schon auftauchen.«

Juanillo antwortet nicht. Stumm sieht er, wie das Schiff seinen Kurs hält und das Vorgebirge sich entfernt.

Eine Stunde später ist ein Dorf an der Küste zu sehen. Da sagt Sebastián, in dessen Gehirn das Tropenfieber und die Hiobskrankheit schwere Schäden angerichtet haben, daß man Anker werfen solle. In der Nacht würde man das Dorf im Sturm erobern. Man werde sich mit Wasser und Essen versorgen, um die Reise fortzusetzen. Es kann nicht mehr lange dauern, und Spanien wird auftauchen.

»Aber wir sind in Spanien«, protestiert Juanillo.

Keiner antwortet ihm.

Eine Weile darauf spricht er mit Joan de Acurio, den er für einen vernünftigen Mann hält.

»Es war der Felsen«, sagt er zu ihm, »und das ist die spanische Küste.«

Doch auch Joan de Acurio ist nicht mehr derselbe wie vor ein paar Monaten. Sogar seine Hände, groß und warm wie Tauben, sind vom Rheuma knotig und kalt geworden. Gewiß ist er überrascht und sucht nach einer Antwort. Aber er sagt nichts.

Als die Nacht hereinbricht, nähern sie sich der Küste auf angemessene Entfernung, und dann bringt sie eine Schaluppe, die von allen Seiten Wasser zieht, an Land.

Barfuß und zerlumpt ähneln sie Gespenstern, die sich in der Finsternis bewegen. Jeder nimmt seinen Platz ein, entsprechend dem zuvor vereinbarten Plan, und schweigend warten sie auf das Zeichen von Sebastián.

Es wird ein unsinnig langes Warten, als könne sich der Kapitän nicht entschließen, und unterdessen steigt der Mond am Himmel auf und hüllt das schlafende Dorf in sein Licht.

Das Dorf ist weiß, und die Häuser haben blaue Türen und Fenster. Der Glockenturm wirft seinen Schatten auf die Dächer, und die gepflasterten Straßen spiegeln den Mond wider.

Juanillo sucht nach Sebastián, welcher aus dem Hinterhalt regungslos die Häuser betrachtet.

»Bist du jetzt überzeugt?« fragt er ihn.

Sebastián nickt mit dem Kopf.

»Es ist eine portugiesische Kolonie«, sagt er. »Es wird besser sein, daß wir uns zurückziehen.«

(Ich für meinen Teil, Hoheit, glaube, daß Sebastián weder, als wir in Sanlúcar ankamen noch später in Sevilla, und auch nicht, als Du ihm in Valladolid die Ehre erwiesest, davon überzeugt war, sich in Spanien zu befinden. Er war so besessen von den Portugiesen und einer vermuteten Verschwörung, ihm die Gewürze wegzunehmen, daß er zutiefst glaubte, alles sei eine von ihnen inszenierte Farce. Das ging so weit, daß er, als Du ihm vier Jahre später das Kommando einer neuen Expedition zu den Molukken anvertrautest, seinen engsten Freunden mitteilte, daß alles nur ein Trick von seiner Seite wäre, um endlich nach Spanien zu gelangen.)

Einige Tage nach jener absurden Landung sahen wir unverkennbar das Schloß des Herzogs von Medina-Sidonia sich abzeichnen und in seinem Schatten die weißen Häuser von Sanlúcar de Barrameda.

Keiner sagte ein Wort. Und ohne uns untereinander abzusprechen, gingen wir daran, das Schiff leichter zu machen. Denn Eure Hoheit müssen wissen, daß die *Victoria* derart übel zugerichtet war, daß sie jeden Tag weniger Fahrt machte und es ein Wunder war, daß sie sich über Wasser hielt. Außerdem hatte sie eine solche Schlagseite, und die Segel hingen derart in Fetzen, daß sie nicht mehr zu steuern war.

So daß wir in Sichtweite des Hafens von Sanlúcar unsere letzten Kräfte dafür gaben, sie abzuwracken. Wir fällten den Fock- und den Besanmast. Warfen den Ankerspill über Bord und trennten uns vom Anker. Wir entledigten uns der Uhren, des Astrolabs, der Kompasse und auch der Seekarten. Zuvor hatten wir uns der leeren Fässer, der Offizierskojen und sogar der Matratzen und Dekken des Vorderkastells entledigt. Auf dem Schiff blieben nur die Säcke mit Pfeffer, Nelken und Zimt, welche die Laderäume bis obenhin füllten.

Als es Abend wurde an jenem Tag, glich die *Victoria* einem abgeholzten Wald, einem hohlen Baumstamm, einer verlassenen Bretterbühne nach einem Fest.

Doch sie rührte sich nicht einen Daumenbreit vorwärts. In einer letzten Anstrengung machten wir uns mit blindem Eifer daran, die Stützgerüste abzutakeln, während die Nacht hereinbrach und Sebastián gleichmütig herumging oder uns mit einem spöttischen Lachen beobachtete und Sanlúcar so fern und unerreichbar schien wie zuvor.

Aber unser Tun war nicht nur vergebens. Die von ihren Stützgerüsten befreite *Victoria* bekam schließlich volle Schlagseite und fing an, in geringer Entfernung des Hafens ganz langsam unterzugehen.

Unsere einzige Hoffnung war, daß jemand ihre Anwesenheit bemerken und uns Hilfe schicken würde, doch die winzigen Figuren, die auf Straßen und Pieren kamen und gingen, nahmen nichts wahr. Wir waren so fern von ihrer Welt, ihrer Alltagsroutine so fremd, daß wir unsichtbar geworden waren.

Zu allem Übel hatten wir uns des Beibootes und der Schaluppen entledigt, so daß wir nur noch beten konnten und auf den neuen Tag warteten in der Hoffnung, daß die Winde oder die Strömung uns an die Küste treiben würden.

Von der Anstrengung erschöpft, sahen wir, wie die letzten Lichter verloschen.

Gegen Mitternacht erhob sich von See her eine genügend starke Brise.

Da verbreitet der Wind das Aroma von Nelken und Zimt in den Straßen und Plätzen von Sanlúcar. Der Wohlgeruch dringt durch offene Fenster. Schlängelt sich unter den Türen hindurch. Kommt in den Höfen zum Stehen. Strömt in die Häuser hinein. Parfümiert die Nacht. Ergreift mit seinen Ausdünstungen von der ganzen Gegend Besitz.

Einen Augenblick später gehen die Lichter an in allen Fenstern des Ortes. Sogar das Schloß des Herzogs, für gewöhnlich dunkel, erstrahlt im Lichterglanz wie für ein Fest. Die Glocken läuten unaufhörlich. Die Leute gehen auf die Straße, und auf den Pieren drängt sich eine Menschenmenge im Schein der Fackeln.

Aber die *Victoria*, der das alles gleichgültig ist, geht ganz langsam unter. Da fassen wir den Entschluß, den wir stets von uns gewiesen und aufgeschoben, den wir niemals für möglich gehalten hatten.

Wir mußten die ganze Gewürzladung, die zu erlangen uns so viel gekostet hatte, für die wir alle Arten von Leiden und Qualen ertragen hatten, über Bord werfen. Für die wir drei Jahre lang auf See gewesen sind. Für die wir die ganze Welt umrundet und auf die wir unsere letzten Hoffnungen gesetzt hatten, damit nicht alles umsonst gewesen sein möge.

Ich weiß, Hoheit, daß es Euch absurd erscheinen wird, aber es gibt keine andere Möglichkeit. Die *Victoria* geht unter, ohne den Morgen abzuwarten. Es würde sowieso alles verlorengehen. Sie wird mitsamt der Ladung auf den Meeresgrund sinken. Zumindest werden wir auf diese Weise unser Leben retten. Das ist nicht viel, aber immerhin besser als gar nichts. So daß wir uns daran machen, den Schiffsraum zu leeren und die Säcke ins Wasser zu werfen.

Keiner spricht. Einige weinen in aller Stille. Sebastián lacht sein trauriges und wahnsinniges Lachen vor sich hin. Acurio steckt sich heimlich eine Handvoll Nelken in die Hosentasche. Während wir die Säcke über Bord werfen, ziehen sich die Leute allmählich von den Molen zurück, und die ersten Pechfackeln verlöschen.

Als wir fertig sind, ist der neue Tag nicht mehr weit. Noch immer bläst der Wind aus derselben Richtung, aber er riecht nicht mehr nach Nelken und Zimt. Die letzten Neugierigen verlaufen sich. Die Lichter verlöschen. Alles erlischt. Als sei es ein Traum gewesen.

Von ihrer Last befreit, erholt sich die *Victoria* ein wenig, und mit Hilfe der Winde, die ihr wohlgesonnen sind, fährt sie mit dem ersten Morgenlicht in den Hafen von Sanlúcar ein.

Eine Weile später laufen achtzehn Überlebende von insgesamt zweihundertfünfzig Männern, welche die Besatzung der fünf Schiffe bildeten, durch die leeren Straßen von Sanlúcar.

Bei jedem Schritt dieser Zerlumpten, die sich kaum auf den Beinen halten können und einander stützen, dicht zusammengedrängt, schließen sich alle Fenster, und man hört das Geräusch der Türschlösser.

Der Ort ist wie ausgestorben, als wäre ein Heer von Aussätzigen in ihn eingedrungen.

Keiner weiß, wohin, aber wir taumeln weiter durch die Straßen und spüren, wie wir von einer Vielzahl hinter den Türspionen verborgener Augen beobachtet werden. Wir brauchen Hilfe, aber keiner traut sich, an irgendeine Tür zu klopfen. Und so irren wir weiter hin und her in der Hoffnung, daß uns irgend jemand Hilfe anbieten wird.

Von der am Pier vertäuten *Victoria* dringt jetzt ein schwindelerregender Geruch, stinkend und grausam.

Am nächsten Tag brechen wir in aller Frühe auf nach Sevilla, ohne einen einzigen Bewohner dieser Eurer Stadt gesehen zu haben.

Nun verteilt der Wind den Geruch des Schiffes über den verlassenen Landstrich. Das Schiff riecht nach fauligem Holz, ausgetrocknetem Leinen, nach vom Rost zerfressenen Bronzebeschlägen, von Pilzen befallenen Segeln, nach leeren Laderäumen, nach Urin und nach Kot. Es riecht auch nach zerstörten Träumen. Nach fernen Inseln. Nach dem Salz vieler Meere. Und nach Wut, nach Angst und nach Verzweiflung.

Der Fluß zeigt mehr und mehr Windungen, er schlängelt sich zwischen Hügeln und Olivenhainen dahin, und Trebujera, die Windreiche, lugt in der Ferne zwischen den Hügelketten hervor.

Dann kommen schon die Felder mit der roten, staubigen Erde. Ein Landmann beim Pflügen hinter einem Ochsengespann. Eine Gruppe schlanker Palmen, die sich im Winde wiegen. Ein Hirt, der winkt.

Bald zeigt sich La Puebla, die Schattige, in der Strommündung des Repudio, schüchtern zwischen Weiden und Schwarzpappeln hervorlugend. Und ein Hund, der dem Schiff nachläuft und es anbellt, und ein junger Mann, der regungslos an der Tür seiner Kate das vorüberfahrende Schiff betrachtet und dann den leeren Fluß.

Coria, die Taubenreiche, bleibt hinter uns zurück, ohne daß jemand erschienen wäre, uns vorüberziehen zu sehen. Nur das ohrenbetäubende Gurren der Tauben, der Fluß, der das Meer sucht, und das schwarze Schiff, welches wie ein Schatten im hellen Sonnenlicht dahingleitet.

Der Wind bläht die Segel, die Strömung erfaßt das Schiff, und die Bilder von Dörfern und unbewohnten Weilern folgen einander mit der Geschwindigkeit eines Traums.

Danach wieder Felder und hier und dort etwas Vieh und weiter vorn, über der Reling an Backbord, Gelves, die Weiße Stadt.

Einiger Sandbänke wegen fahren wir so dicht vorüber, daß wir fast ihre Häuserwände berühren und den Duft wahrnehmen, mit dem die Zimmer voll und die Schränke gefüllt sind.

Die Segel bewegen die ruhige Luft, und ihr Schatten streift die Mauern und dringt in die Wohnungen.

Es war, als glitte das Schiff durch die staubige Straße, zwischen den niedrigen weißen Häusern mit den Blumenkästen ohne Blumen hindurch.

Doch niemanden gab es, der unser Kommen begrüßt hätte, mit Ausnahme von ein paar alten Leuten, die an der Lehmwand eines Hauses sich in der Sonne wärmen. Da ist eine schwarzgekleidete Alte, die Bohnen schält, indem sie die Kerne in ihrer Schürze sammelt und die Hülsen in einen Korb fallen läßt. Ihr Blick folgt nur kurz dem Schiff, ohne daß ihre Hände die Arbeit unterbrechen.

Da sind zwei alte Männer, einer trägt eine Mütze aus Berbertuch und der andere einen Hut aus verblichenem Korduanleder. Sie sitzen vor einem Schachbrett. Und da ist noch ein dritter, der an der Wand lehnt und vor sich hin döst. Keiner von ihnen scheint der Gegenwart der *Victoria* gewahr zu werden, die wenige Meter von ihrem Ruheplatz entfernt vorüberzieht.

Fast könnten wir sie berühren, wir brauchten nur die Arme auszustrecken, aber wir wären nicht in der Lage, in ihre geschlossene und abgeschirmte Welt einzudringen.

Gleich darauf, hinter einer Flußbiegung, entfernt sich Gelves, die Weiße Stadt.

San Juan de Alfarache, reich an Weingärten, taucht jetzt an Backbord auf.

Es scheint ausgestorben, bis auf ein paar Kinder, die von den Ruinen einer alten maurischen Brücke herab angeln.

Als das Schiff vorüberfährt, vergessen sie ihre Angelruten und winken uns, auf einem der Brückenpfeiler stehend, mit erhobenen Armen zu.

Sie verharren eine Weile in dieser Stellung, und dann wenden sie sich wieder ihren Angelruten zu, und man sieht sie sorglos spielen und lachen.

In den Weinbergen außerhalb des Ortes bleiben die mit riesigen Körben beladenen Menschen einen Augenblick lang stehen, um uns vorbeisegeln zu sehen. In der Nähe einer Hütte winken uns drei junge Männer, die in einem Zuber Wein stampfen, mit erhobenen Armen zu, ohne dabei ihre Arbeit zu unterbrechen.

Zwischen den Weinstöcken erheben sich eine nach der anderen die Frauen, den Blick auf den Fluß gerichtet, und sogleich beugen sich die schwarzgekleideten Gestalten mit den weißen Kopftüchern, die Vögeln über einer offenen Saatfurche gleichen, erneut über die Weinreben.

Der Fluß fließt jetzt unter dem Schiff dahin, und die Erde dreht sich.

Unfruchtbare Felder, staubige Olivenhaine, gepflügte Erde im Wechsel. Eine einsame Palme wiegt sich im Wind.

Alsdann erscheinen, hinter der letzten Biegung des Flusses, die Kathedrale, die Alcazare, die hundert Türme, die Glockentürme von Sevilla, der Roten.

Da war es, Hoheit, daß alles für einen Augenblick stillzustehen schien.

Der Fluß hörte auf zu fließen. Die Sonne am Himmel emporzusteigen. Die Wolken vorüberzuziehen.

Und nun, Don Carlos, magst Du rühmen und wägen, was ich Dir erzählt habe, was nichts als die Wahrheit ist, und mir sagen, ob es in der Welt einen Lustigmacher, Spaßmacher, Witzemacher, eine Schalkslippe, einen Trottel, einen Witzling und Allesfresser, einen Irren, Hanswurst, Zwerg oder, wie die Franzosen sagen, einen Buffo gibt oder geben kann, der Deinem Reich größere Dienste erwiesen hätte als dieser Juanillo Ponce, Graf Maluco.

Kann sich vielleicht die Hofnärrin Felipa, diese alte und lasterhafte Säuferin, die Du Deinen Töchtern gegeben hast, mit mir vergleichen? Vielleicht Doña Lucía, die Verrückte, die Diego de Rojas gehörte, zu der Zeit Deiner Großeltern, der Katholischen Könige? Vielleicht Davihuelo, Hofgauner am Hofe von Juan II. von Kastilien, den der Dichter Alfonso Álvarez de Villasandino mit Fug und Recht der albernen Verse wegen beschimpfte, mit denen er sich als ein gelehrter Mann ausgeben wollte?

Vielleicht der Allesfresser Borra aus Aragón, der mit seinen miesen Zoten den Hof Martins I. des Menschlichen entsetzte und der im Thronsaal von einem gedungenen Mörder erdolcht wurde? Vielleicht Don Guzbet, der die Truhen seiner Herrschaft ausräumte und Gold und Edelsteine durch Sand ersetzte, wodurch er sich lauter Ländereien kaufen konnte, die an das Kloster von Sahagún grenzten? Und der andere, dieser Martiñiano, der seine Herrin vögelte, jedes Mal wenn der Graf zu Felde zog, und der sogar die Dummheit beging, sie zu schwängern? Doch wozu von den Possenreißern der Vergangenheit reden, wenn das Benehmen der heutigen so ist, daß man sich unseres edlen Berufes schämen muß, wenn man ihn mit Würde betreibt. Ihr braucht Euch doch nur Perico de Ayala anzuschauen, den Unterhalter des Marqués de Villena, eines sehr guten Freundes Deines Favoriten Francesillo de Zúñiga. Ja, diesen hast Du mit Ehren und königlichen Geschenken überhäuft, obwohl er ein gemeiner Witzemacher und Beschnittener dazu ist. Denn ich sage Euch, sie waren beide vom gleichen Kaliber, und der Beweis dafür ist, wie sie geendet haben. Und was ist mit Gabriel, der ein Diener Deines Vetters Don Fadrique war? Nun, ich weiß nicht, ob er lebt oder tot ist, doch sollte er Deinen Weg kreuzen, hüte Deine Taschen, denn er ist zu plump in der schwierigen Kunst, andere zum Lachen zu bringen, wie er geschickt ist in der Kunst, seine Finger in fremde Taschen zu stecken. Und was ist mit Valdesillo, dem Buffo – wie er sich selbst gern nannte – von Gonzálo Pizarro? Der vergeudete das für Deine Truhen bestimmte Gold Neu-Indiens in einer schrecklichen Unverschämtheit, wie sie zu ihm als einem lasterhaften und genäschigen Zwerg paßte.

Kann sich etwa irgendeiner von ihnen mit Juanillo Ponce vergleichen hinsichtlich der Dienste, die er der königlichen Sache erwiesen hat?

Und doch, was wurde mir zum Lohn? Ich bekam weder Ländereien noch Titel, außer dem, welchen mein Herr mir verlieh und auf den ich um nichts in der Welt verzichten werde; noch habe ich prächtige Gewänder, Silbergeschirr noch sonst etwas für mich behalten; nicht einmal mein Name kommt in den Chroniken vor, und aus der Liste der Überlebenden jener Expedition zu den Molukken hat man mich gestrichen, für die ich so viel getan habe; denn in der Seefahrt wie bei den Waffengängen setzen die einen den Verstand und die anderen das Schwert ein; und zu allem Übel hat mir Dein Sohn Philipp die Pension gestrichen, die Ihr mir für meine Teilnahme an jenem großen Unternehmen bewilligt hattet.

Nun gut, Don Carlos, ich will Dir sagen, was wir machen werden. Du wirst Sepúlveda rufen lassen. Du wirst ihm von meiner Chronik erzählen und ihm auftragen, er soll in Erfahrung bringen, ob wahr ist, was ich Euch erzählt und gesagt habe. Und wenn Sepúlveda Dir sagt, daß ich nicht lüge, wirst Du Philipp schreiben und ihm sagen, daß er mir die Pension zurückgeben soll.

Dann werde ich, wenn ich sie habe, Dich in Yuste besuchen, und von dort werden wir, Du und ich, gemeinsam durch die Welt ziehen. Irgendwohin. Mit einem Schnappsack auf dem Rücken und wohin uns unsere müden Füße tragen wollen. Eine Schenke hier, ein Weg dort, ein Dorf und ein Pinienwald, ein Wirtshaus mit Eintopf und gutem Wein. Du wirst sehen, wir werden leben wie die Fürsten.

Eins nur, Du mußt Dich beeilen. Weißt Du, uns plagen beide schon die Altmännerkrankheiten, und bald wird uns nicht einmal mehr der Stock auf den Beinen halten, auf diesen Wegen Gottes, die wir gehen wollen.

Weißt Du, sie werden uns mit Geringschätzung betrachten, die Kinder werden uns auslachen, und alle werden sagen: »Da gehen diese zwei. Der eine bildet sich ein, ein Graf zu sein und der andere der Kaiser. Ganz schön mies sehen sie aus, Dero Majestäten!«

Aber uns wird das nichts ausmachen, seitdem wir gemeinsam die Welt entdecken wollen.

An Seine Kaiserliche Hoheit, Karl V., durch Gottes Gnaden König von Kastilien, León, Aragón, Navarra, Granada, Jerez, Galicia, Valencia, Mallorca, beider Sizilien, Neapel, Jerusalem, der ost- und westindischen Inseln und vieler weiterer Königreiche.
Euer untertäniger und treuer Diener Juan Ginés de Sepúlveda

Hochwohlgeborener und mächtiger Herr!

Als Antwort auf Euer Schreiben vom 20. August, in welchem Seine Majestät nach meiner bescheidenen Meinung über einige Angelegenheiten in Verbindung mit der ersten Expedition zu den Molukken oder Gewürzinseln verlangt, und mit der ruhigen Gewißheit, alles in meiner Macht Stehende getan zu haben, um die gesunde Neugierde eines so ruhmreichen Fürsten auf ehrenvolle Weise zu befriedigen, teile ich Euch mit:

1. Daß Seine Hoheit in der Tat eine Expedition zu den Molukken befohlen und finanziert hat, welche am 10. August 1519 von Sevilla aufbrach und zum nämlichen Hafen am 8. September 1522 zurückkehrte.

2. Daß besagte Expedition zum Ziel hatte, zu beweisen, daß die genannten Molukken gemäß dem Vertrag von Tordesillas in die Demarkation Spaniens fielen.

3. Daß besagte Expedition einem gewissen Hernando de Magallanes, gebürtig aus Oporto, anvertraut wurde.

4. Daß besagter Magallanes behauptete, die Molukken erreichen zu können, indem er nach Westen steuerte, denn er wisse, wie er sagte, von der Existenz einer Durchfahrt oder Meerenge südlich von Neuindien, welche es ihm gestatten würde, hin- und zurückzugelangen, ohne die Jahre zuvor zwischen den Königreichen Spanien und Portugal unterzeichneten Demarkationsverträge zu verletzen.

5. Daß zu diesem Behuf ihm Seine Hoheit eine Flotte bestehend aus fünf Schiffen, mit zweihundertsiebenunddreißig Mann an Bord, anvertraute.

6. Daß genannter Hernando de Magallanes anscheinend die Durchfahrt fand, nach der bereits andere zuvor gesucht hatten. Zumindest bestätigt es so Fray José de Acosta, ein gelehrter Mann, in einer *Natur- und Sittengeschichte Neuindiens*, welche er dieser Tage schreibt. Freilich nimmt erwähnter Mönch an, daß die Risiken, welche sie aufgrund ihrer Lage und Eigenart für die Seefahrt bedeutet, derart groß sind, daß besagte Durchfahrt in einem solchen Maß in Vergessenheit geraten sei, daß man an ihrer Existenz zweifelt; wobei auch die Meinung kursiert, sie habe sich aufgrund eines Meerunglücks oder Erdbebens geschlossen. So glaubt es Don Alonso de Ercilla y Zúñiga, ein großer Kenner des Gebiets, welcher in einer Dichtung, die noch unveröffentlicht ist und welche er *La Araucana* nennt, schreibt:

»War es, weil es an Lotsen fehlte in schlimmem Maße,
lag ein andrer Grund vor, der ungekannt,
die geheimnisvolle neuentdeckte Meeresstraße,
uns blieb sie verschlossen nur und unerkannt.«

7. Daß das Schicksal der Molukken betreffend, ich mir gestatte, Seine Majestät daran zu erinnern, daß durch die Kapitulation von Zaragoza Seine Kaiserliche Hoheit den Gegenstand so vieler Streitigkeiten an den König von Portugal verkaufte, denn wie schon Sandorval sagt: »Die Kosten, welche der Kaiser in den vergangenen Kriegen verursacht hatte, und diejenigen, welche notwendig und unumgänglich für die zu erwartenden waren, desgleichen der kaiserliche Aufenthalt in Italien anläßlich der Krönung, waren derart und so groß, daß die königlichen Einkünfte und freiwilligen Staatssteuern, welche man an ihn entrichtet hatte, nicht ausreichten, und er war sehr knapp mit dem Geld, so daß man die Spezereien der Molukken für dreihundertfünfzigtausend Dukaten verpfänden mußte, welche ihm König Don Juan III. von Portugal gab.«

Und auch daß, wie es Antonio de Herrera in seinen *Dekaden* (IV,

5. Buch, Kap. 10) sagt und nicht ich: »Weder der eine noch der andere begriffen, was sie gaben oder nahmen.«

8. Daß bezüglich des von Seiner Hoheit bekundeten Interesses an dem Schicksal bestimmter Teilnehmer der Expedition sowie anderer mit ihnen in Verbindung stehender Personen ich folgendes in Erfahrung bringen konnte.

9. Daß erwähnter Ruy Faleiro oder Rodrigo Faleiro in der Tat der Urheber des Kurses der Flotte und der zu seiner Einhaltung notwendigen Berechnungen und Messungen war.

Daß anscheinend alle seine Berechnungen sich im nachhinein als phantastisch erwiesen, sowohl was die wirklichen Ausmaße der Welt als auch was die Auswirkung betrifft, welche seine Unkenntnis derselben auf die für die Seereise geschätzte Zeit hatte.

Daß Barros zufolge, dem Verfasser einiger *Dekaden*, welche er mir zur Verfügung stellte, obgleich er sie nicht abgeschlossen hat, Faleiro nicht mit der Flotte fuhr, weil »er als Astrologe das verhängnisvolle Schicksal der Expedition voraussehen konnte, weshalb er sich wahnsinnig stellte, um nicht fahren zu müssen und alle seine Geheimnisse zu offenbaren; doch wurde ihm der Wahnsinn ein wirklicher.« (Band III, 5. Buch, Kap. 8).

Daß seinerseits Gonzálo Fernández de Oviedo in seiner *Geschichte Neuindiens* (Teil II, 20. Buch, Kap. 1) sagt: »Ruy Faleiro, der sehr scharfsinnig und sehr seinen Studien hingegeben war, verlor wegen dieser, oder weil Gott es ihm so gewährte, den Verstand und war sehr umnachtet, und es mangelte ihm an Vernunft und Gesundheit, und der Kaiser befahl, ihn zu heilen und gut zu pflegen; doch war er nicht in der Lage, die Reise weiter zu unternehmen, und so mußte der Kapitän Hernando de Magallanes allein in Verhandlung treten.«

Anscheinend wurde besagter Faleiro ins Irrenhaus von Sevilla gesperrt, wo er in Tollheit starb. So wird es berichtet von Ellescas in seiner *Pontifikalgeschichte* (Teil II, 6. Buch, Kap IV, Seite 534) und von Juan Francisco de San Antonio in seiner *Chronik der Barfüßermönche des Heiligen Franziskus auf den Philippinen* (Teil I, 2. Buch, Kap. 4).

Daß über den genannten Ruy Faleiro ich die Dokumente finden konnte, welche ich im folgenden aufführe:

a) Einen Brief aus Sevilla mit Datum vom 22. März 1523, in

welchem er Seine Majestät bittet, ihm seinen Kapitänssold auszahlen zu lassen. Er schreibt, daß man ihm Angebote gemacht habe, nach Portugal zurückzukehren, und bittet um Erlaubnis, auf seine Rechnung ein oder zwei Schiffe nach Amerika zu entsenden, »von deren Erträgen der dritte Teil für den König bestimmt sein würde«.

b) Eine Königliche Verordnung mit Datum vom 13. Februar 1523 aus Valladolid, in welcher verfügt wird, daß man den erkrankten Ruy Faleiro aus der Casa de Contratación, wo er Herberge fand, wegschicken und ihm ein geeignetes Haus als Wohnstatt suchen solle.

c) Eine Königliche Verordnung aus Granada mit Datum vom 9. November 1526, in welcher verfügt wird, daß die Casa de Contratación an Eva Alonso, der Frau Ruy Faleiros, den Sold zahlen solle, der ihm bestimmt sei, »gesetzt den Fall, daß sie mit ihrem Gatten zusammenlebe, welcher, geisteskrank und nicht im Besitze seines natürlichen Verstandes, sich in den Schiffszeughäusern von Sevilla aufhalte. Besagte Eva Alonso gibt an, daß sich ihr Gemahl in der Gewalt seines Bruders Francisco Faleiro befände, welcher die fünfzigtausend Maravedís an sich genommen habe, die besagter Bakkalaureus jährlich von der Casa erhalte.«

d) Sieben Teile Prozeßakten des Rechtsstreites zwischen Francisco Faleiro und seiner Schwägerin Eva Alonso über die Pflegschaft von Ruy Faleiro mit dem Titel *Beweismaterial* und datiert in Sevilla Anno 1527.

In dem genannten Beweismaterial verteidigt sich Francisco Faleiro gegen die Beschuldigungen seiner Schwägerin, welche er beschuldigt, seinen Bruder verlassen zu haben und sich seinen Sold zum eigenen Vorteil aneignen zu wollen. Dort heißt es neben anderen Ausführungen von Interesse unter Ziffer 17: »Man fragt, ob die Zeugen wissen, daß besagter Komtur Ruy Faleiro oftmals so von Sinnen und rasend sei, daß fünf oder sechs Personen benötigt werden, ihn an- oder auszukleiden.«

Die Zeugen erklären sich bejahend, und einer von ihnen sagt, daß man mit Schilden bewaffnet ihm das Essen bringen müsse, weil er sie mit Ziegelsteinen bewerfe, und einmal wäre einer von einem Ziegelstein getroffen worden, dem es davon sehr schlecht erging.

10. Daß ich über den genannten Hernando de Magallan in Erfahrung bringen konnte, daß er 1517 nach Spanien kam und sich mit Doña Beatriz Barbosa vermählte. Anno 1519, als die Expedition zu den Molukken aufbrach, hinterließ er seiner Frau eine Vollmacht, damit sie seinen Sold in Empfang nähme, sowie ein vom 24. August datiertes Testament; sind beides Dokumente, die ich in meinen Händen hatte und deren Existenz ich bezeuge.

In dem erwähnten Testament schreibt er, daß die Herrschaft und Statthalterschaft, die Seine Majestät ihm verliehen habe, nach seinem Tod an erster Stelle an seinen Sohn Rodrigo fallen solle, der damals sechs Monate alt war; an zweiter Stelle an das Kind oder die Kinder, die seine zum damaligen Zeitpunkt schwangere Frau gebären würde; an dritter an seinen Bruder Diego de Sosa und letztendlich an seine Schwester Isabel de Magallanes.

In demselben Dokument vererbt er einen Teil des ihm von Vertrags wegen Zustehenden den Klöstern Santa María de la Victoria, Santa María de Montserrat und Santo Domingo in Oporto. Er vermacht gleichfalls einen Silberreal dem Heiligen Kreuzzug und bestimmt einen weiteren zur Befreiung eines christlichen Gefangenen aus den Händen der Ungläubigen. Er verfügt gleichfalls, daß man am Tage seines Begräbnisses drei Bettler mit je einem Anzug aus grauem Stoff, einer Mütze, einem Hemd und einem Paar Stiefel bekleide, damit sie für seine Seele beten. Er wünscht gleichfalls, daß an diesem Tage nicht nur diesen drei Bettler Speisung gegeben werde, sondern noch zwölf weiteren, damit auch sie für seine Seele beten mögen; und weiter, daß man einen Golddukaten als Almosen für die Seele im Fegefeuer spenden möge. Dito gibt er seinem Sklaven Enrique die Freiheit und verfügt, daß ihm 10 000 Maravedís ausgehändigt werden, um ihm beizustehen. Er bestimmt und versichert ihm dieses Erbe, weil er sich zum Christentum bekehrt habe und damit er zu Gott um sein Seelenheil bete.

Über besagten Magallanes fand ich außerdem die folgenden Dokumente:

a) Eine Königliche Verordnung vom 5. Mai 1519, datiert in Barcelona, in welcher verfügt wird, daß während der Abwesenheit von Hernando de Magallan sein Sold an Doña Beatriz Barbosa de Magallanes zu zahlen sei.

b) Einen Brief des Bischofs von Burgos an die Beamten der Casa de Contratación von Sevilla, datiert in eben dieser Stadt im Mai Anno 1521. Dieser ist die Antwort auf einen Brief, in welchem besagte Beamte ihn von der Ankunft des Schiffes *San Antonio* unterrichten, das zur Flotte gehörte, welche zu den Molukken unterwegs war. Darin schreibt der Bischof: »Zuallererst und auf die beste Weise, die Euch möglich scheint, möge man Frau und Söhne von Hernando de Magallanes in sehr guten Gewahrsam nehmen, und obgleich sie nicht in unehrenhafter Weise behandelt werden sollen, möge man sehr wohl über sie wachen, so daß sie auf keinen Fall nach Portugal gelangen können, bis wir sehen werden, was es damit auf sich hatte, und bis Seine Hoheit etwas anderes befiehlt.«

c) Ich erfuhr durch einen Beamten der Casa, daß Doña Beatriz Barbosa in der Tat schwanger war, als die Flotte aufbrach, daß sie jedoch eine Fehlgeburt hatte. Des weiteren, daß ihr Sohn Rodrigo 1521 starb, etwa im Juli dieses Jahres, im Gefängnis; und daß die Unglückliche ihm 1522 folgte.

d) Letztendlich nenne ich Seiner Majestät ein Dokument mit dem Titel *Steuerakten von Jaime Barbosa und seinen Brüdern als Erben von Hernando de Magallan*, in welchem darum ersucht wird, den Vertrag zu erfüllen, welcher mit ihm geschlossen wurde, bevor die Flotte zu den Molukken aufbrach.

11. Daß in bezug auf das Schicksal, welches Juan de Cartagena und den Priester Sánchez de Reina ereilte, die an der Küste Patagoniens ausgesetzt wurden, wie ein Brief berichtet, welchen Juan López de Recalde aus Sevilla mit Datum vom 21. Mai 1521 an den Bischof von Burgos schreibt, worin er ihn von der Ankunft des Schiffes *San Antonio* in Kenntnis setzt, ich Seiner Hoheit lediglich sagen kann, daß einige Entscheidungen getroffen wurden, wenngleich ich nicht weiß, ob sie ausgeführt wurden oder nicht.

Derart, daß man in einem Brief von Don Juan Rodríguez de

Fonseca, dem Bischof von Burgos, in Beantwortung des zuvor genannten im vierten Absatz liest: »Ich denke, daß es angebracht sei, eine Karavelle auszuschicken, um Juan de Cartagena zu suchen, wozu ich empfehle, daß die fünftausend Silberrealen, die soeben von der Insel San Juan eingegangen sind, zum Teil für diesen Zweck genutzt werden.«

Der portugiesische Historiker Barros gibt seinerseits in seinem Werk *D'Asia* zu verstehen, daß beide von der *San Antonio* aufgenommen wurden, als sie nach Spanien zurückkehrte, und sie seien von der Flotte desertiert, als diese unter dem Kommando von Magallanes Kurs auf die Molukken nahm.

Falls Seine Majestät diesbezüglich meine Meinung wissen möchte, würde ich sagen, daß keiner der beiden zurückkehrte. Ich stütze mich dabei auf eine Königliche Verordnung vom 10. Oktober 1537, mit welcher verfügt wird, daß an Doña Catalina de Cartagena, Tochter und Erbin Juan de Cartagenas, 48217 Maravedís zu zahlen sind, auf die er als Teilnehmer an der Expedition zu den Molukken ein Recht hatte.

12. Daß, was Juan Serrano anbelangt, Seine Hoheit per Königlichem Erlaß vom 4. April 1526 verfügt hat, daß die Casa de Contratación seiner Witwe 5000 Maravedís als Beihilfe aushändigen solle, weil sie sich in großer Not befinde.

Desgleichen erließ Seine Majestät eine Königliche Verordnung, datiert in Ávila am 24. Juli 1531, in welcher verfügt wurde, der Frau Juan Serranos zwanzig Dukaten als Almosen zu übergeben, »denn solange man nicht wisse, ob er am Leben sei, dürfe ihr kein Teil seines Soldes ausbezahlt werden«.

13. Daß in bezug auf den erwähnten Sebastián Elcano, dem Seine Hoheit, wie sie sich sicherlich erinnern wird, den Titel *Primus Circumdedisti* verlieh, damit er ihn in seinem Waffenwappen führe, ich erfuhr, daß er sich nach einer kurzen Erholung in seiner Geburtsstadt Guetaria, da es ihm anscheinend schlecht ging, am 25. Juli 1525 erneut auf See begab mit Kurs auf die Molukken.

Desgleichen wurde ich unterrichtet, daß er am 26. Mai 1526 erneut die Meerenge passierte und wenig später mitten auf dem Pazifischen Ozean starb, wo man seine Leiche ins Meer warf.

Ich erfuhr gleichfalls, daß er, sein Ende nahe fühlend, bevor er starb, dem Gerichtsschreiber, der sich an Bord der Flotte befand, ein sehr merkwürdiges Testament diktierte.

14. Was einen gewissen Francisco Serrano anbetrifft, den Freund von Hernando de Magallan, welcher neun Jahre auf den Molukken lebte, so behauptet Barros (*Dekaden* III, 5. Buch, Kap. 7 und 8), daß er vergiftet auf Ternate starb, am selbigen Tag, als Magallanes in Matán ums Leben kam.

Anscheinend fand sich unter den Papieren, die Serrano hinterließ und die Antonio de Brito einzusammeln befahl, ein Brief von Hernando de Magallan, in welchem er verspricht, sich bald mit ihm zu treffen, sei es auf dem Wege von Portugal oder über Kastilien, ihm ans Herz legend, auf ihn zu warten.

15. Daß, was die Schiffe selbst angeht, ich Seiner Hoheit lediglich das folgende berichten kann:

a) Die *Santiago* erlitt Schiffbruch in Patagonien, in der Nähe eines Flusses mit Namen Santa Cruz, wobei Mannschaft und Fracht gerettet werden konnten.

b) Die *San Antonio* kam am 6. Mai 1521 im Hafen von Las Muelas an. Ihr Kapitän fand sich in Ketten gelegt und das Schiff unter dem Kommando von Esteban Gómez. Álvaro de la Mezquita, so hieß der vorherige, wurde beschuldigt, die Hinrichtungen angestiftet zu haben, welche Magallanes in San Julián vornahm, und er wurde den Beamten der Casa de Contratación übergeben, welche ihm den Prozeß machten und seine Besitztümer beschlagnahmten; wobei angeordnet wurde, ihm das für seinen Lebensunterhalt Notwendige zu gewähren, solange besagter Prozeß andauern würde.

c) Die *Concepción* wurde auf der Insel Bohol verbrannt.

d) Die *Trinidad* zog beim Verlassen der Molukken Wasser durch den Kiel, und es war notwendig, sie zu entladen und kielzuholen, um sie reparieren zu können. Ich kann nicht angeben, Hoheit, welches Schicksal sie später ereilte.

e) Und was die *Victoria* betrifft, so legte sie am 8. September 1522 in Sevilla an. Ihr Zustand war so schlecht, daß nichts von ihr geborgen werden konnte, weshalb man den Armen gestattete, Brennholz daraus zu machen.

Zum Schluß und was den Verfasser dieser Denkschrift anlangt, die bei seiner Hoheit ein solches Interesse erweckt hat, da sie vom gleichen unruhigen Geist zeugt, den Ihr während Eurer Herrschaft zum Nutzen und Wohle aller bewiesen habt, sage ich Euch:

16. Daß weder der getreue Chronist Gonzálo Fernández de Oviedo die Gelegenheit hatte, mit den Überlebenden besagter Expedition zusammenzutreffen, noch Juan Bautista Ramusio, welcher darüber geschrieben hat, noch irgendeiner der Geschichtsschreiber, welche den Fall behandelt haben, die Anwesenheit irgendeines Buffos auf den Schiffen erwähnen. Welcher auch nicht in der offiziellen Liste besagter achtzehn Überlebender erwähnt wird.

17. Daß in dieser kein Juanillo Ponce erwähnt wird, von welchem auch die genannten Chronisten nichts berichten.

18. Daß es dennoch möglich ist, daß jemand dieses Namens dabeigewesen ist, da mehrere Listen derjenigen existieren, die zur Expedition gehörten, und in fast allen diesen Listen weichen Namen und Geburtsorte, wie sie jedem einzelnen zugeschrieben wurden, voneinander ab, so daß diesbezüglich eine große Verwirrung herrscht.

19. Daß ich nichts über die Behauptung des genannten Juanillo Ponce in Erfahrung bringen konnte, daß sein Name aus den Listen entfernt und ihm die Pension gestrichen worden sei, die ihm zustünde; wenngleich Seine Hoheit zur Genüge weiß, wie zurückhaltend das Heilige Offizium in diesen Angelegenheiten ist.

20. Daß ich wegen all dessen weder bestätigen noch mit Bestimmtheit bestreiten kann, daß besagter Juanillo Ponce in der Armada zu den Molukken in der Eigenschaft als Buffo oder unter irgendeinem anderen Titel gedient habe.

21. Daß ich dessen ungeachtet Seine Hoheit darauf aufmerksam mache, daß sowohl Daten und Namen wie auch der Kurs und die Mehrheit der Fakten, die er in seiner Chronik anführt, mit dem übereinstimmen, was wir von der genannten Expedition wissen; wenngleich er alles gut erfunden haben könnte, indem er sich auf eine dieser Chroniken oder auf das direkte Zeugnis eines Überlebenden stützt, den er womöglich kennen könnte.

In jedem Fall muß ich zugeben, Majestät, daß der Verfasser, wer immer er sei, sich einer großen Anstrengung hingegeben hat, um seine Chronik zu schreiben, und wenn man mir eine persönliche Meinung gestattet, so hat er mir mit dieser viel Freude gemacht, und er verdiente sehr wohl die Pension, um die er bittet.

In Sevilla, am 21. September 1558, Euer untertäniger und ergebener Diener, der Euch Füße und Hände küßt.

Juan Ginés Sepúlveda